아시아 선교신학 입문

아시아 선교신학 입문

2023년 2월 24일 처음 펴냄

지은이 | 황홍렬
엮은이 | 부산장신대학교 세계선교연구소
펴낸이 | 김영호
펴낸곳 | 도서출판 동연
등 록 | 제1-1383호(1992. 6. 12)
주 소 | 서울시 마포구 월드컵로 163-3
전 화 | (02)335-2630
팩 스 | (02)335-2640
이메일 | yh4321@gmail.com
인스타그램 | http://www.instagram.com/dongyeon_press

ISBN 978-89-6447-854-7 93230

아시아
선교신학
입문

황홍렬 지음
부산장신대학교 세계선교연구소 엮음

동연

책을 펴내며

목회는 거룩한 고민이 끊임없이 이어지는 자리입니다. 목회자가 직면하는 삶의 자리가 간단치 않기 때문입니다. 특별히 선교적인 과제가 그러합니다. 국가적인, 사회적인, 교회적인 그리고 성도 개개인의 삶의 정황은 끊임없이 답변을 요구하고 있습니다. 이런 점에서 목회자는 선교신학자일 수밖에 없습니다. 이런 생각은 목회를 할수록 더 깊이 느끼는 바입니다.

부산장신대 세계선교연구소에서는 지난 12년간 부산장신대 세계선교연구소 소장으로 섬기고, 16년간 부산장신대 선교학 교수로 섬겼던 황홍렬 교수님께서 그동안 틈틈이 기고한 글들을 엮어 "아시아 선교신학 입문"이라는 제목으로 책을 펴내게 되었습니다. 생소한 아시아 신학자들과 주제를 다루고 있지만, 그 의의가 크다가 여겨지는 것은, 아시아 선교신학자들의 신학적인 고민은 오늘을 사는 한국 목회자들에게 던지는 울림이 크기 때문입니다. 기독교가 아직 한국 사회에서는 주류 종교에 속하긴 하지만, 현실은 다종교 시대, 다문화를 경험하는 시대가 오늘 한국 목회자들이 직면한 삶의 자리이기 때문에 아시아 선교신학자들이 오랫동안 고민하고 나름대로 답을 내놓은 것은 통찰력을 주기에 충분하다고 여겨집니다.

그동안 부산장신대 세계선교연구소는 선교사 특강을 비롯하여 부울경 이주민 선교 포럼, 회복적 정의 특강, 환경 교육 워크숍 그리고 최근 3년 동안 선교적 교회 세미나를 진행했습니다. 부산장신대 세계선교연구소는 2015년에 『에큐메니칼 협력선교: 정책, 사례, 선교신학』(꿈꾸는터), 2018년에 『'헬조선'에 응답하는 한국교회 개혁』(동연), 2020년에 『코로나19와 한국교회의 회심: 신학·목회·선교의 과제』(동연), 2022년에 『선교적 목회 길잡이: 선교적 목회부터 마을 목회까지』 등을 출판했습니다. 한 가지 아쉬운 것은 한아봉사회와 부산장신대 세계선교연구소가 한아봉사회 30주년을 맞이하여 인도차이나 선교지 네 곳에 대한 디아코니아·선교 공동 연구를 2019년부터 2022년까지 진행하기로 했었는데 코로나 때문에 진행이 되지 않은 점입니다.

이제 황홍렬 교수님이 정년을 맞이해 부산장신대학교를 떠나게 되어 아쉬움이 크지만, 학교 밖에서도 계속 연구하여 귀한 학문적 업적을 이어가기를 그리고 지역 교회들이 선교적 교회로 거듭나는 일에 계속 힘을 모아 주기를 희망합니다. 그동안 부산장신대 세계연구소 소장의 역할을 너무나 잘 감당하신 황홍렬 교수님에게 깊이 감사를 드립니다.

아울러 여기까지 뜻을 모아 함께해 주신 전 이사장 허원구 부산장신대 총장님 그리고 이사로 수고하신 광안교회 함영복 목사님, 김해교회 조의환 목사님, 생명숲교회 노헌상 목사님, 주닮교회 정현곤 목사님, 항서교회 나재천 목사님께 감사드립니다. 세계선교연구소 간사로 헌신해 주신 김현정 목사님과 지난 3년 동안 선교적 교회 세미나에 동참하신 목사님들께도 또한 감사의 말씀을 전합니다.

2023년 1월

한영수

(부산장신대학교 세계선교연구소 이사장)

추천의 글

부산장신대에서 긴 세월 선교신학을 가르치던 황홍렬 교수께서 정년 은퇴에 즈음하여 『아시아 선교신학 입문』을 펴냈다. 본 책 속에 담긴 아시아 신학 사조들이 그간 주로 조직신학적 차원에서 다뤄졌다면, 이번 책은 선교신학적 차원을 지녔기에 앞선 책들과의 변별력이 돋보인다. 이곳에 실린 5편의 논문들의 완성도 역시 아주 뛰어나 읽는 이의 지적 호기심을 온전히 충족시켰다. 더욱이 어려운 주제를 쉽게 표현하는 글쓰기 능력 덕분에 아시아 신학의 매력에 쉽게 빠져들 수 있어 좋았다. 은퇴를 앞둔 바쁜 여정일 터인데 아시아 선교의 과제를 신학적 차원에서 명쾌하게 설명해 준 저자에게 깊이 감사한다.

가톨릭교회의 경우 오래전부터 아시아를 비롯한 제3세계 국가들의 토착화 신학 작업에 깊이 관심해 왔다. 쇠퇴하는 유럽을 대신하여 아시아 지역이 특별히 미래의 기독교인들의 터전이 될 것을 전망했던 까닭이다. 한국 천주교의 경우도 정책적으로 '토착화신학연구소'를 만들어 이 땅의 선교적 미래를 염려해 왔다. 흔히 오해되듯 토착화를 종교혼합주의가 아니라 기독교 선교를 위한 신학적 과제로 여겼던 것이다. 이런 점에서 위 책은 아시아 선교뿐 아니라 한국교회의 과제를 일깨운 소중한 책이라 할 것이다.

본 책의 첫 글에서 남미 대륙까지 포함하여 제3세계 신학의 현황과 논의의 역사를 상세히 소개했다. 원주민까지 아우르며 이들 신학적 문제의식이 소위 제1세계의 그것과 다른 것을 밝혔고, 신학은 물론 선교방법론

역시 변별되어야 할 이유를 적시한 것이다. 그간의 역사 중심의 기독교 이해를 넘어서 가난, 여성, 생태, 문화, 영성 등의 주제가 선교신학의 대상이 되어야 함을 역설했던바, 시의적절한 문제 제기라 생각한다. 그 일환으로 인도의 달릿신학을 서술했고, 이들을 위한 선교 과제를 제시했다. 힌두교 내 카스트 제도의 산물인 불가촉천민인 달릿인들을 성서의 '암하레츠'(땅의 사람들)와 견주며 지배문화의 이원적 구조를 벗겨내는 것을 선교 과제로 부각시킨 것이다. 이 땅의 민중신학자들이 '달릿신학'을 수용하는 과정도 잘 소개했다. 일본인으로서 태국 선교사였던 고야마 고수케의 '물소신학'도 잘 정리되었다. 서구 식민화의 경험을 했었던 아시아 국가로서 서구 문화 및 서구적 근대화 나아가 서구 기독교를 비판하지 않을 수 없었다. 물소로 상징되는 태국 농부가 경험하는 기독교란 과연 어떤 것인지를 밝히는 것이 선교의 과제였던 것이다. 또한 무아를 강조하는 불교 국가의 경험을 히브리적 사유로 역사화시키는 일도 선교신학적 과제로 여겼다. 교회 중심적 서구 신학과 달리 교회 밖에서 활동하는 하느님 실상을 강조했으며 서구에서 배척, 홀대받는 야고보서가 오히려 인과응보 사유에 익숙한 이곳 사람들에게 복음이 될 수 있음을 흥미롭게 역설했다.

한국에도 널리 소개된 대만 신학자 송천성의 소위 '민담신학'이 본 책 네 번째 글이 되었다. 송천성은 토착 문화적 차원에서 서구 배타주의 선교를 비판하는 대표적인 신학자이다. 신의 인간됨이라는 성육신 사상에 기초하여 기독교 선교는 아시아적 풍토에서 자기 정체성을 부정할 때 가능하다고 강변해 왔다. 그럴수록 서구 신학은 절대(일방)적 주체일 수 없고, 오히려 아시아 문화 풍토 속에서 평가받을 대상이 되었다. 이를 위해 그는 특별히 아시아 민중의 마음이 담긴 민담을 강조했다.

민담 속에 담긴 아시아 민중의 마음, 바로 그것을 송천성은 서구인들이 결여한 '제3의 눈'이라 일컬었던 것이다. 이렇듯 아시아에 대한 서구인들의 무지를 일깨우는 것을 선교의 우선적 과제라 여겼다. 그렇기에 서구인의 무지를 오히려 '축복된 무지'라고 말할 수 있었다. 이런 전제 속에서 기독교와 아시아 종교들은 종래처럼 진리 판단의 관계가 아니라 사랑의 관계라는 것이 송천성의 지론이다. 그의 신학 속에 아시아의 빈곤, 즉 정치·경제적 측면이 약하다는 비판도 유념할 부분이겠다.

마지막 글에서는 스리랑카의 가톨릭 신학자 A. 피에리스의 선교신학을 매우 상세히 서술했다. 선교신학적 정언명령과도 같은 피에리스의 유명한 말이 여기서 언급된다. "서구 신학은 가난과 종교성이라는 아시아의 요단강에서 세례를 받고 들어와야 한다." 영국 식민지 치하에서 기득권이 되었고, 서구인보다 더 서구화된 소수의 기독교인에 반해 다수의 빈곤한 불교인들을 위한 기독교를 말할 목적에서였다. 피에리스는 이런 자신의 선교신학적 과제를 '아시아 해방신학'이라 불렀다. 마르크스 사조에 빚진 남미의 해방신학과의 변별되기 위함이었다. 이런 선교신학을 위해 필요한 것이 한국에서도 필히 요청되는 '교회론적 혁명'이었다. 가난한 자들, 아시아 종교(불교)성에 더해 교회를 복음화하라는 것이다. 한마디로 해방적 기독론을 구성코자 했다. 이에 대한 피에리스의 답변은 간단명료했다. 기독교인들은 아시아 종교성을 배워 세상과 거리를 두고(여성적) 불교인들은 기독교를 수용하여 세상을 변혁(남성적)시키라는 것이다. 이렇듯 상호 문화 이입 과정을 통해 피에리스는 교회가 우주 생태 구원의 발판이자 도구가 될 것을 역설했던 바, 이것이 그의 선교신학의 요체였다.

이상에서 보듯 이들 아시아 선교신학자들은 인습화된 서구적 관점에서 볼 때 과격한 측면이 있다. 하지만 아시아 선교를 위해 서구화된 기독교는 성육신적 복음에 더욱 철저하게 자기부정의 에토스를 갖고 재탄생되어야 옳다. 이런 면에서 아시아 선교신학은 서구 및 한국의 교회 개혁과 맞물려 있다. 교회(건물) 중심적 사유와 아프지만 헤어질 결심을 해야 할 때가 된 것이다. 교회의 존재 이유가 하느님 나라를 대망하며 그 뜻을 이 땅에 이루는 데 있다면 재차 복음화를 서두를 일이다. 한국교회가 복음화될 때 아시아 선교는 훨씬 수월하며 깊어질 수 있을 것이다. 본 책에 대해 한 가지 아쉬운 점은, 인도에도 달릿신학 외에 익명의 논쟁을 불러일으켰던 R. 파니카의 선교신학도 있고, 대만의 경우 송천성과 결을 달리하는 소위 '천일합일'의 신학 사상(장춘센)도 존재하는바, 이들을 충분히 다루지 못했다는 것이다. 한국적 토양에서 생긴 다양한 토착화 사조도 소개되었으면 더 좋았을 것이다. 같은 나라에서도 다른 신학이 존재할 수 있고, 선교의 폭도 더 넓혀질 수 있음을 알리는 일이 중요하다. 신학과 교회는 교리적으로 결코 획일화될 수 없다는 것이 초대교회 및 신학의 가르침이었다. 신학적으로 다양하되 교회는 '복음의 정치학'이란 차원에서 공통적이어야 한다고 생각한다. 저자의 노고에 재차 감사하며 한국교회가 이 책을 통해 아시아 선교의 새 차원과 씨름할 수 있기를 소망한다.

이정배

(감리교신학대학교 은퇴교수, 현장아카데미 원장)

추천의 글

이번에 부산장신대학교를 은퇴하는 황홍렬 교수가 『아시아 선교신학 입문』을 출판한 것을 먼저 축하합니다. 한국 신학자들과 한국 신학교가 여전히 서구 신학 중심으로 연구하고 가르치는 가운데 우리가 아시아 교회에 속하고 아시아 선교신학을 해야 한다는 고민이 담긴 책이 출판되어 기쁩니다. 한국교회가 성장하여 세계 선교의 중요한 부분을 감당하는 것은 귀한 일이지만 현지 교회와 협력하는 것을 넘어서 현지 교회의 신학적 고민을 함께 나누며 대안을 모색할 선교사가 많지 않은 것이 현실입니다.

본서는 아시아 선교신학을 먼저 제3세계 신학자 에큐메니칼협의회(EATWOT)의 역사 속에 설정했습니다. 제3세계 신학자 에큐메니칼협의회에 대한 이해가 부족한 상황에서 이 글은 제3세계 신학자 에큐메니칼협의회를 이해하고, 아시아 신학과 교회를 제3세계 교회와 제3세계 신학의 맥락에서 보게 하는 글이 될 것입니다. 인도 달릿신학에 대한 글이 드문 상황 속에 나온 글은 달릿신학에 대한 깊이 있는 소개이고, 인도 달릿신학과 한국 민중신학을 생명 사상의 관점에서 비교한 글입니다. 고수케 고야마와 송천성은 아시아 문화의 주제를 중심으로 아시아 신학을 수립한 아시아 출신 세계적 신학자들입니다. 고수케 고야마가 일본 출신 태국 선교사로 불교도 농민들과 대화하며 그들로부터 배운 것을 정리한 『물소신학』이나 대만 출신 신학자 송천성의 『희망의 선교』

는 아시아 선교신학을 어떻게 재구성할지에 대해 논의한 아시아 선교신학의 고전이라고 생각합니다. 피어리스는 스리랑카 출신 세계적 신학자로 불교학으로 박사학위를 받은 기독교와 불교 대화의 전문가입니다.

아시아 현실은 가난, 다문화, 다종교 상황입니다. 본서는 가난의 문제를 인도 달릿신학에서, 다문화 주제는 고수케 고야마와 송천성에 대한 글에서, 다종교 주제는 피어리스를 다룬 글에서 주로 다뤘습니다. 아시아에 있는 교회와 신학자들이 아시아의 현실과 신학적으로 씨름하며 아시아 교회로, 아시아 신학자로 거듭나는 일에 본서가 밑거름으로 쓰일 수 있다고 생각하여 추천합니다.

이홍정
(한국기독교교회협의회 총무)

추천의 글

정말 감사한 마음으로 황홍렬 교수님의 글을 읽었다. 고야마 고수케, 송천성, 알로이시우스 피어리스, 이름만 들어도 가슴이 뛰는 세 분의 위대한 아시아 신학자들을 다시 우리의 기억 가운데로 불러올 생각을 했다는 것이 너무나 감사하고 고마웠다. 그들은 내가 처음 신학을 시작하던 시절, 아시아에서 그것도 한반도에서 그리스도인으로 살아야 하는 이유를 처음으로 묻기 시작했던 그 시절, 그 모든 막막함과 불투명함을 이겨낼 수 있는 용기와 희망을 주었던 신학자들이다. 하지만 우리의 귀와 마음은 어디를 향하고 있었던 것일까? 가까이 있는 것들에 대해서 마음을 주는 데 인색하기 짝이 없는 우리는 그분들의 이름을 거의 잊고 있었던 것처럼 보인다. 그리고 그분들과 함께 한국 민중의 구체적인 삶의 현장에서 복음을 육화하기 위해서 헌신했던 귀한 선각들의 이름도 우리의 마음 한구석에 가두어 두고 있었던 것 같다.

지금은 지구화를 거쳐 제4차 산업혁명을 이야기하는 시대다. 위기도 지구적이고, 해결도 지구적이어야 한다는 생각이 모든 구체적인 것을 압도해 버리는 시대다. 그래서 문명 전환 담론이나 생명 담론 같은 거대 담론들이 차별과 억압과 식민화를 강요당하는 사람들의 구체적 삶에 대해 오히려 관심을 낮설게 만드는 시대다. 거대 생명 담론은 있어도 구체적 개별 생명의 고난과 투쟁에 대해서 둔감해지기 쉬운 시대다. 하지만 구체적 삶의 현장과 맥락을 잊어버린 지구적 혹은 초국적이라는 말은 그야말로 몸을 잃어버린 정신, 곧 관념이자 육화하지 못하는 꿈일 뿐이다. 이처럼 몸을 잃어버린 관념들이 무질서하게 뒤엉키는 이런 시대에 황홍렬 교수는 이 책을 통해 잊고 있었던 우리의 신학과 선교 여정의 출발점을 다시 일깨워 주고 있다. 그리고 이 책은 선교적 실천의 순례가 출발한 곳이자, 동시에 순례를 이어가야 할 곳이며, 그래서 신학과 선교적 실천이 진정으로 육화되어야 할 곳인 구체적이고 지역적인 삶의 현장으로 우리를 다시 초대하고 있다.

황홍렬 교수는 단순히 지난 세기 아시아 선교신학의 중요한 화두였던 상황화나 토착화를 위한 열정만으로 아시아 신학을 평가하고 있지 않다. 아시아 신학자들과 제3세계 신학자 에큐메니칼협의회에 대한 황 교수의 소개를 읽어 가다 보면, 오늘 우리 시대의 선교적 신학적 질문들과의 연결점을 새롭게 발견하는 기쁨이 있다. 포스트모더니즘, 지구화 그리고 기후 위기와 생태 위기, 포스트휴머니즘, 탈인간 중심주의 등등 우리 시대의 신학을 지배하는 화두들이 이미 아시아 선교신학의 경험과 노력 속에 깊이 자리 잡고 있음을 볼 수 있다는 것이다.

'포스터' 혹은 '뉴' 등의 이름으로 등장하는 새로운 사상적 혹은 신학적 조류들은 단순히 서구의 자기반성으로부터만 오는 것이 결코 아니다. 식민화를 총으로 근대화를 약으로 그리고 자본주의와 제국주의적 선교를 화약으로 비유했던 고야마 고수케의 식민주의와 근대화와 자본주의에 대한 비판은 단순히 선교적 소통 관계만을 변화시키기 위한 주장이 아니다. 근대 휴머니즘이 말하는 인간의 지위를 결코 온전히 인정받아 본 적이 없는, 아시아인들의 식민주의를 극복하기 위한 삶과 투쟁의 경험 그 자체가 휴머니즘에 대항한 포스트휴머니즘의 꿈을 이미 담고 있었다. 생태 위기의 시대에 정신과 물질의 이분법을 넘어서기 위한 노력이 새롭게 철학적 신학적 관심 주제가 되고 있다.

하지만 인도의 불가촉천민의 해방 투쟁과 함께해 온 달릿신학은 오래전부터 이미 그것이 인간의 해방은 물론이고, 인간과 물질 세계 사이의 올바른 관계의 회복을 위해서 중요한 과제임을 인식하고 있었다. 그뿐만 아니다. 식민주의적 선교 관계가 결국은 아시아에서 교회와 아시아인들 사이의 관계를 왜곡하고 있다고 보는 송천성의 이야기는 인간과 자연 사이의 착취적인 관계에 대한 비판을 포함하고 있다고 보는 것이 맞을 것이다.

그렇다. 선교와 신학을 탈식민화하기 위한 아시아 신학자들의 노력은 고야마 고수케의 말대로 갈라지고 파편화된 세계에 대항해서 모든 인간과 피조물들의 상호의존성을 보다 깊이 이해하고 파악하기 위한 노력이었다. 그리고 이것이 바로 아시아 신학자들이 추구했던 신학과 영성의 탈식민화가 지향하는 방향이었다고 생각한다. 아시아 신학자들은 이와 같은 자신들의 노력이 진리에 대한 특정 문화나 지역 중심주의의 편협한 시각을 극복하고 확대하는 일이어야 한다는 것을 깊이 자각하고 있었다. 식민주의와 자본주의 근대화가 가진 폭력성은 그와 같은 편협한 진리 인식에서 비롯된다는 것을 잘 알고 있었다. 더 나아가 아시아 신학자들은 편협한 진리 인식과 그로 인한 서구 근대의 폭력성을 극복하는 길은 바로 예수의 십자가의 길에 있다고 보았다. 다시 말해 네 이웃을 네 몸같이 사랑하라는 명령을 보다 급진적으로 확대하는 과정을 통해서 이루어진다는 것을 잘 알고 있었다. 이는 아시아인들의 가장 구체적인 삶의 현장에서 복음을 생명의 말씀으로 선포하고 실천해 내는 과정을 통해서, 그 과정을 보다 철저화하고 급진화하는 과정을 통해서 주어진 이해와 인식의 한계를 넘어설 수 있다고 보았다.

그래서 이들에게는 아시아의 가난과 억압의 현실이 가장 구체적인 선교와 신학의 현장이었고, 아시아의 종교와 문화, 아시아 민중의 해방 투쟁의 역사가 그들의 선교와 신학을 위한 자원이며 대화 파트너들이었다. 그런 점에서 이들은 이미 정해진 복음을 전하는 사람들이 아니었다. 자신들을 보호해 주던 울타리를 넘어 살아계신 하느님의 복음을 지금 육화해 내고 있는 바로 그 현장에서 복음의 진리를 새롭게 발견하려 했던 사람들이었다고 생각한다.

기후 위기로 일컬어지는 지금의 위기는 인간들 사이의 관계 문제뿐만 아니라, 인간과 기술의 관계와 인간과 다른 (생물과 무생물을 포함한) 피조물과의 관계를 근본적으로 변혁해야 하는 때다. 지금까지 우리가 가지고 있던 하느님 이해, 그리스도 이해, 사랑과 구원에 대한 이해를 포함한 교회와 신학에 대한 전통적인 이해가 심각한 도전에 직면해 있다고 생각한다. 하지만 이 위기 상황을 가장 책임 있는 자세로 응답하며 넘어서는 길도 아시아 신학자들이 걸어왔던 선교와 신학과 영성의 탈식민화를 향한 길과 크게 다르지 않을 것이라고 생각한다. 인간 중심주의적으로 이해해 온 편협한 진리 이해와 이기적인 관계 이해를, 예수의 이웃 사랑의 명령을 인간을 넘어 생물과 무생물을 포함한 모든 피조세계를 향하여 급진적으로 확장해 가는 과정을 통해서 새로운 길이 열릴 것이라고 본다.

그런 점에서 황홍렬 교수의 아시아 선교신학은 새로운 길잡이가 되리라고 본다. 우리가 새롭게 하느님을 만나고, 새롭게 이웃을 만나고, 그래서 새롭게 교회를 세워 나가는 그 길에 옛 스승들을 초대해서 함께 걸을 수 있게 해 준 황홍렬 교수에게 다시 한번 깊이 감사드린다.

양권석

(성공회대학교 명예교수)

추천의 글

언젠가 인도 마두라이에서 사람들로 북적이는 시장 한가운데를 걷고 있었다. 뒤에서 딸랑딸랑 종 치는 소리가 들렸다. 뒤돌아보니 남루하기 짝이 없는 걸인이 손에 자그마한 종을 들고 인파를 헤치며 걷고 있었다. "저 사람이 누구요?" 통역자에게 물으니, "달릿(Dalit)입니다" 한다. "그런데 왜 종을 치고 걷습니까?" "사람들에게 자기를 피해 가라는 경고입니다." "무슨 경고이지요?" "나는 불가촉천민(Untouchable)이니 더러운 내 몸을 피해 가라는 경고입니다."

그때 받은 충격을 나는 잊을 수가 없다. 21세기 대명천지에 그 큰 인도 국민의 4분의 1이 불가촉천민이란다. 태어날 때부터 '저주받은 피'란다. 브라만 마을의 우물을 소가 마시면 괜찮지만, 달릿이 접촉하면 그를 죽인다. 달릿은 아무도 하려 하지 않는 고된 직업만 가질 수 있다. 그들에게 예수 그리스도는 누구인가? 거기에서 달릿신학이 일어났다.

언젠가 스리랑카의 콜롬보를 방문했을 때 공항을 빠져나간 지 5분 후에 차량 폭탄 테러가 났다. 다행히 내 목숨은 건졌다. 스리랑카는 1983년부터 불교도 싱할라족과 기독교도 타밀족 사이의 내전으로 심한 고통을 받고 있었다. "우리의 아름다운 강이 한때 아름다웠던 소년들과 소녀들의 몸뚱이가 떠다니는 강으로 변했습니다. 이런 상황에서 어떤 종교인들은 현실도피로, 다른 종교인들은 보복과 성전을 선동하고 있습니다." 이 양극단 사이에서 종교 간의 대화를 위한 신학이 일어났다.

지적 호기심에서가 아니라 불교-기독교 내전이라는 상황에서 생명과 평화를 찾기 위한 몸부림이다.

지구 위에 사는 모든 사람의 절반 이상이 아시아에 산다. 세상에서 가장 가난한 나라도 아시아에 있다. 세상에서 가장 큰 무슬림 국가도 아시아에 있다. 아시아의 서쪽 끝은 예수께서 탄생하신 팔레스타인 땅이다. 영국인들은 그들의 자리에서 거기를 중동(中東, Middle East)이라 불렀지만, 우리가 선 자리에서는 거기가 서아시아(West Asia)이다. 아시아의 남쪽은 태평양의 수많은 섬과 호주 그리고 아오테아로아-뉴질랜드에 이른다. 한국도 이 광활한 아시아 안에 있다. 그러나 우리는 아시아를 잘 모른다. 아니, 아시아를 무시한다. 과거의 일본처럼 탈아(脫亞)하려고 한다. 서양에 대한 콤플렉스(열등감) 때문이다. 신학자들도 아시아의 신학자들을 인용하지 않는다. 유럽과 미국의 신학자들을 인용하는 것을 자랑으로 여기면서.

아시아는 모든 경전 종교의 발원지다. 기독교를 포함하여 모든 주요 종교들이 다 아시아에서 일어났다. 그중 유일하게 기독교만이 아시아를 떠났다가 '서양 종교'의 옷을 입고 고향으로 돌아왔다. 기독교는 아직도 모국어를 모른다. 어머니와 아버지의 문화를 존중하지도 않는다. 고향 땅이 어떤 상황 속에서 고통받고 있는지도 모른다. 그러다 보니 다른 대륙들과 달리 아시아 인구의 약 3%만이 기독교인이다. 그나마 절반은 필리핀에 있다. 한국은 아시아 전체에서 개신교인이 가장 많은 나라다. 유일하게 서구 기독교 국가의 식민 지배를 받지 않아 기독교에 대한 나쁜 이미지를 비껴갈 수 있었기 때문이다. 여전히 이 광활한 아시아에서, 수많은 언어와 문화와 종교가 얽혀 있는 아시아에서 기독교는 소수자다.

역사는 하나님께서 자신의 힘과 사랑으로 인간을 만나는 장소입니다. 침실과 기도실에서만 비통해합니까? 역사의 빛이 비취도록 당신의 심장을 여십시오. 민중의 고통으로 결박된 역사의 현장, 하나님의 마음을 아프게 하는 바로 거기가 아시아 신학이 시작되는 자리입니다(C.S. Song/송천성).

한평생 누구보다 한국과 아시아 땅을 사랑하고, 거기 사는 사람들의 삶을 연민하고, 예수 그리스도는 오늘 그들에게 누구인지 성찰한 황홍열 교수가 이 책을 펴냈다. 제3세계 신학자 에큐메니컬협의회(EATWOT), 달릿신학, 고수케 고야마, 송천성(C.S. Song) 그리고 알로이시우스 피어리스…. 듣기만 해도 가슴 뛰는 단어들이고 이름들이다. 아시아의 현장 그 밑바닥에서 오늘 아시아인들에게 예수 그리스도는 누구인지 성찰한 그들의 철저히 주체적이고 자주적이며 복음적인 신학을 한국의 대표적인 선교신학자가 성찰한 이 책은 우리 모두 읽어보아야 할 필독서이다.

장윤재
(이화여자대학교 기독교학과 교수)

감사의 글

지난 2007년부터 부산장신대학교에서 선교학 교수로 섬기다가 이제 은퇴하게 된 것을 먼저 하나님께 감사드립니다. 지난 16년 동안 학교생활을 돌이켜 보면 학내 사태와 같이 기억하고 싶지 않은 일들도 있었지만, 그보다는 하나님께서 행하시는 새 일을 목격하고 감사하던 시간이 더 많았음을 고백합니다. 학교에 부임한 지 얼마 안 되어 일어난 '아프간 피랍 사태'는 모두에게 충격적인 사건이었습니다. 저는 이에 대해 논문*을 작성했지만, 그보다 2008년 학교가 재정을 지원하여 선교의 대안으로 제시한 '사랑의 집짓기'를 신대원생 20명과 함께 베트남 빈롱성(김덕규 선교사)에 가서 한 것이 기억에 남습니다. 배현주 교수님이 기획하고 교수진 모두가 동의해서 "생명 목회와 생명 선교" 과목을 신대원 2학년 1, 2학기 필수과목(2학점)으로 2009년부터 시작하되 수업은 제가 맡기로 하여 진행한 것도 하나님의 은혜였습니다. 이 과목을 시작하던 당시에 배 교수님의 재임용에 문제가 생겨 학내 사태가 발생했지만, 곧 복직하셨습니다. 생명 목회 과목은 초기에는 『생명목회와 생명선교 I, II』(올리브나무, 2011)의 저자들이 강의했습니다. 초기에는 텃밭을 하느라 고생했습니다만 코로나 덕분에 멈추게 되었습니다. 가장 기억에 남는 것은 생명 목회 현장을 방문하는 시간이었습니다. 제게

---

* 황홍렬, "아프간 사태 이후의 선교는 달라져야 한다," 한국기독교장로회신학연구소, 「말씀과 교회」 45호(2008년 1월), 46-87.

기억에 남는 과목으로는 대학원에서 개설한 "평화선교", "제3세계 선교 신학", "아시아 선교" 등이었고 마지막 학기에 신설한 "생명 선교신학과 생명 선교 과제"라는 과목입니다. 아쉬운 것은 대학원 석·박사 과정 학생들을 위해 매 학기 두 과목씩 개설하다 보니 신대원이나 학부에서 선택과목을 거의 개설하지 못한 일입니다. 대신 학부 신학과나 신대원의 필수과목인 선교학에서 필자는 매 학기 학생들과 WCC 문제로 갈등을 겪었습니다. 처음에는 학생들에게 WCC 문서를 소개하거나 텍스트를 읽으면 학생들이 달라질 것을 기대했지만, 학생들은 텍스트를 보고도 잘 수용하지 않았습니다. 그것은 30-50년 동안 "WCC가 이단이다, 종교다원주의다, 좌경용공이다, 동성애자들이다"라고 몸으로 배운 것을 몇 권의 책을 읽고, 한꺼번에 바뀌는 것이 무리라는 것을 깨닫기까지 시간이 걸렸습니다. 이제는 WCC 문서와 로잔 문서를 읽고 토론하고, 스스로 비교하도록 하며 필자는 '하나님의 교육'을 기다리는 것으로 바뀌었습니다. 필자는 신대원 시절 영성신학을 공부하고 싶었습니다. 서독으로 유학을 가려고 독일문화원을 3년 다녔습니다. 파더본대학의 헤르베르트 뮐렌 교수님으로부터 필자의 지도교수를 하겠다는 편지를 받았지만, 가톨릭신학 8학기 이수라는 학교 내규 때문에 유학을 가지 못했습니다. 대신 1987년 봉천동 달동네로 유학(?)을 가서 빈민선교를 통해 가난한 사람들로부터 많은 것을 배울 수 있었습니다. 진짜 유학 생활이었습니다. 하나님의 은혜와 축복의 시간이었습니다. 그런데 학교에서 학부 교양 필수과목으로 "생활과 영성" 과목과 신대원 "영성 훈련 2" 과목을 두 번씩 가르친 것이 필자에게는 유익했습니다. 일부 영성가들에 대한 소개와 가정과 영성, 평화 영성, 생태 영성, 노동의 영성, 여성과 영성, 일상의 영성 등을 소개한 것은 학생들에게뿐 아니라 필자 자신에게도 큰 도전이었습니다.

WCC 부산총회(2013) 당시 NCC가 주도하고 8개 교단 신학교가 참여했던 KETI(Korean Ecumenical Theological Institute) 당시 오전에는 WCC 총회를 참관하고, 오후 3시부터는 부산장신대학교에 모여 그날 배운 것을 나누고, WCC 참석 중인 세계적인 신학자들을 초대해서 특강을 들었습니다. 숙소가 마땅치 않아 모두 고생했지만 귀한 만남과 대화와 도전을 받았던 소중한 시간이었습니다. 배현주 교수님이 여러모로 수고를 많이 하셨고, NCC 이근복 목사님이 학장으로, 필자는 부학장으로 섬겼습니다. 아쉬운 것은 당시 참여하셨던 교수님들이 서로 교류하자는 제안이 있었지만 이뤄지지 못한 것입니다. 필자는 2016년에 처음이자 마지막으로 연구년을 맞았습니다. 원래 연구 계획은 기독교 종교신학과 종교 간 대화였지만 그 해 여러 신학 회의에 참석하느라 연구를 제대로 하지 못했습니다. 3월에는 그리스 볼로스에서 열린 WCC 기후 정의 분과가 "생태신학, 기후 정의, 신학 교육"이라는 주제로 주최한 신학 회의에서 일정이 겹쳐 참석 못한 영신대 박성원 교수님을 대신해 필자가 참여해서 우리나라의 대안적 신학 교육인 오이코스를 소개했습니다. 참석자가 20명에 불과해서 닷새 동안 개인적으로 만날 수 있는 시간이 있어 깊은 사귐이 있는 기억에 남는 시간이었습니다. 특히 생태신학자 콘라디(Ernst M. Conradie)는 2012년 마닐라에서 WCC 2차 선교 문서 검토할 때 만났던 적이 있어 더 깊은 대화를 나눴습니다. 선교신학자 베르너(Dietrich Werner)는 세 번 만났습니다. 첫 번째는 2002년 WCC 브레클름 선교대회였고, 두 번째는 WCC 부산총회를 앞두고 신학 교육 분과 책임자로 부산장신대를 방문했을 때 만났습니다. 세 번째 만남 당시에는 '세계를 위한 빵'(Bread for the World) 대표였습니다. 연배가 비슷해서 속을 터놓고 많은 얘기를 나눴습니다. 저는 역사가 35년이 넘는 기독교환경운동연대를 비롯해서 녹색교회, 마을목회 등을 소개했습니다. 오이코스에 대해 관심을 가졌던 독일 뮌스터대학 박사 과정 학생은 귀국해서 오이코스와 같은 활동을 시에 요청해서 진행하겠다고 했습니다. 오이코스는 장신대, 대전신대, 호남신대, 영신대, 부산장신대와 이화여대 신학생들과 교수님들이 함께 대안적 신학 활동을 하던 모임으로 주로 여름학교와 겨울학교로 진행되었습니다. 각 학교에서 참여하는 교수님들과 학생 대표들이 사전 모임에서 여름학교와 겨울학교를 준비해서 시행했습니다. 저는 지역별 이슈를 가지고 학교별로 발표했던 모임과 세월호 참사가 일어났을 때 호신대 오현선 교수님과 호신대 학생들이 주도하고 부산장신대 학생들과 함께 여름에 진도체육관으로부터 목포 쪽으로 30km 도보 행진을 한 것이 제일 기억에 남습니다. 학교의 어려움 때문에 필자는 적극적으로 참여하지 못했고, 박성원 교수님, 정경호 교수님, 정원범 교수님, 한국일 교수님, 장윤재 교수님, 신재식 교수님, 홍지훈 교수님, 배현주 교수님께서 헌신해 주신 것에 감사드립니다.

4월에는 인도 코친에서 열린 아시아기독교협의회(CCA)가 주관한 아시아신학자협의회(CATS)에 참석하여 가난 분과에서 한국 비정규직 선교에 대해 발표했습니다. 참석자가 100명이 넘어 깊은 사귐을 가지지 못한 대신에 많은 분들을 만났습니다. 6월에는 한국선교신학회와 나가사키 평화연구소가 공동 주최한 평화선교대회가 일본 나가사키에서 열려 필자가 탈핵을 주제로 발표했습니다. 이때 발표에 도움이 된 것은 학교 논총에 발표했던 탈핵 관련 논문이었습니다. 『나가사키의 종』의 저자의 생가를 방문하고, 원폭 기념 공원을 비롯해서 17세기 박해 현장, 『침묵』의 저자 엔도 슈사쿠의 기념관 방문 등이 기억에 남습니다. 나가사키가 일본 가톨릭의 중심지였다는 것도 그때 배웠습니다. 그런데 『침묵』에 나오는 기독교인 중 다수는 여러 섬에 흩어져 살다가 일부는 본토로 나오고, 일부는 나왔다가 다시 섬으로 되돌아가고, 일부는 아예 나오지 않았다는 이야기를 듣고 '그들에 대해 연구해야 하지 않나?' 하는 생각을 잠시 가졌습니다. 8월에는 서울장신대에서 세계선교신학회(IAMS)가 열려 회심을 개인적 변화와 사회적 변화가 일어나는 성령론적 사건이라는 논문을 발표했습니다. 그런데 대회 전체구조가 분과별 접근으로 필자가 보기에는 중첩되는 부분이 많았습니다. 당시 임원인 버밍엄대학 동창인 키르스틴 킴과 따로 대화했더니 다음 날 전체 토론 시간에 자신이 사회니까 그때 제안하라고 했습니다. 그런데 시카고연합신학교 교수인 스티븐 베반스가 이번 대회에서 발표된 논문이 신학적이지 않다 해서 많은 논쟁이 일어났습니다. 저도 분위기가 마땅치 않아 그 전날 논의된 것 중 일부만 언급하고 말았습니다. 장신대 박보경 교수님이 IAMS 부회장으로 선임되어 축하하고 격려했습니다.

9월에는 월드비전 부회장으로 북한 사역 16년을 하신 박창빈 목사님의 사역을 정리하여 발표했습니다. 친국교회 개척 후 총회 사회부에서 사회선교 훈련 담당 간사로 2년 재직 중 모신 총무님이 박창빈 목사님이었습니다. 박 목사님의 북한을 향한 평화 사역이 필자에게는 큰 배움의 시간이었습니다. 10월에는 호신대 강성열 교수님으로부터 마을목회의 신학적 근거에 대한 원고를 청탁받았습니다. 아버님의 장례를 치른 직후라 연기를 요청했지만, 11월에 책으로 나오기 때문에 연기가 어렵다고 해서 어쩔 수 없이 원고를 작성했습니다. 12월에는 태국 선교 60주년을 맞아 당시 주태 한국 선교사 회장인 최승근 선교사님으로부터 태국 선교 60주년 기념 선교대회에 초대를 받아 태국을 방문해서 태국 선교 역사를 정리한 논문을 바탕으로 몇 가지 태국 선교에 대해 제안했습니다. 대회 기간 중 조준형 선교사님의 도움으로 선교 경력이 20년 이상 된 선교사 열세 분을 인터뷰하여「부산장신논총」18집(2020)에 실었습니다. 김해 교회의 후원으로 선교대회 장소인 파타야에 가기 전에 치앙마이를 방문했습니다. 치앙마이에서는 여러 선교사님을 만났고, 태권도 선교를 하는 오무일 선교사님의 안내로 태국기독교총회(CCT) 본부를 들렀습니다. 사전에 약속도 하지 않았고 임원회의 중이었는데 회장님과 총무님을 비롯한 임원들이 필자를 잠시 만나주셨습니다. 총무님은 CCA 총무를 지냈던 에큐메니칼 지도자이었습니다. 맥길버리신학교로부터 시작해서 파얍대학으로 발전한 곳에 CCA 본부가 있습니다. 마침 방문한 날이 성탄절 축하 예배를 드리는 날이었습니다. 거기서 영국 유학 시절 알았던 미얀마 출신 신학자를 만났습니다. CCA 총무님의 자리 배치 권유를 무시하고 저는 그 친구 옆에 앉겠다고 했는데 나중에 보니 그 친구가 예배 설교자였습니다. 2017년 CCA 창립 60주년 기념대회를 미얀마에서 열릴 예정이어서 미얀마 교회를 대표해서 준비 회의차 그 신학자가 온 것이었습니다. 열심히 사진을 찍던 분은 CATS에서도 만난 분인데 나중에 보니 파얍대학 총장을 지내신 평신도 에큐메니칼 지도자였습니다. 그의 겸손함과 성실함에 놀랐습니다. 신대원 동기로 맥길버리신학교 교수인 염신승 선교사님의 안내로 맥길버리신학교를 방문했습니다. 방학이라 교수님들과 대화를 못 했지만, 신학교에 졸업생이 그린 수준급 그림들이 걸려 있어 부러웠습니다. 우리 학교에도 저런 그림들이 있으면 좋겠다고 생각했는데 신대원 2학년 학생인 송미숙 전도사님이 화가로 자신의 작품을 돌려가면서 전시하고 있어 기쁩니다.

2001년 학술진흥재단 지원으로 필자는 달릿신학을 연구했습니다. 이 연구 프로젝트는 2002년에『제3세계 신학에 나타난 생명 사상의 비교연구』으로 출판되었습니다. 한일장신대 이남섭 교수님이 주관하고 강남순 교수님, 차정식 교수님이 함께 참여했습니다. 2006년에는 이주노동자 선교를 주제로 박사 후 연수 과정(Post-Doc.)을 장로회신학대학교에서 진행했습니다. 전국적으로 이주노동자 선교를 하는 10개 교회와 선교 기관 여섯 곳을 방문해서 41명을 심층 면접했고, 10개 국가 이주노동자 546명에 대한 설문을 한 결과를 논문에 정리했습니다. 부산장신대에 부임한 후 2008년부터 2년간 신진교수 연구지원으로 결혼 이주 여성에 대해 연구했습니다. 부산과 울산과 경남 지역을 범위로 설문조사 99명, 심층 면접은 결혼 이주 여성 13명과 남편 3명 그리고 교회와 기관 대표자 9명을 했고, 그 결과를 두 편의 논문으로 2009년과 2012년에 발표했습니다. 2012년에는 KD한국교회희망봉사단 지원으로 필자를 책임 연구원으로, 노일경 목사님, 정노화 목사님, 박흥순 박사님, 한진상 교수님 등 박사급 연구원 네 분과 전국적으로 이주민 선교 기초조사를 하여 2013년에『이주민선교 기초조사 보고서』를 제작하여 출판했습니다. 2015년에는 연구재단 지원으로 "학교폭력으로부터 평화교육으로"라는 주제로 좋은교사운동의 회복적 생활교육을 연구했습니다. 여기에 참여하는 교사 여덟 명에 대한 심층 면접과 회복적 정의 전문가 4명에 대한 인터뷰를 중심으로 논문을 2018년에 발표했습니다. 코로나가 시작되었던 2020년부터 2년 동안 연구재단 지원으로 '생명 선교 신학'에 대한 연구와 '생명 선교 현장' 연구를 진행했습니다. 1년 차에는 샐리 맥페이그, 로즈마리 류터, 매튜 폭스, 제이 맥다니엘을 연구했고, 2년 차에는 마을 목회, 녹색교회, 사회적기업, 협동조합, 생명 농업 등 생명 선교 현장 30여 군데를 방문해서 목회자들을 인터뷰했습니다. 은퇴 직전 큰 선물이었습니다.

평생교육원을 통해 2019년에 "회복적 정의" 입문 과정을 20명이 수료했고, "다문화 지도자" 과정을 16명이 수료했습니다. "회복적 정의" 과정을 주도했던 엄정희 목사님은 수료자 중 심화 과정, 전문가 과정을 인도하여 7명이 전문가 과정을 수료했습니다. 필자가 평신도신학원장으로 재직하면서 2021년에 총회 교육자원부(총무 김명옥, 담당 우진하 목사)의 지원으로 "평신도 교육사" 과정(20주 과정과 2회 워크숍, 코디네이터 안효찬 목사, 간사 김한별 전도사)을 지역 7개 노회 교육자원부 임원들과 함께 진행하여 44명이 등록하여 41명이 수료했습니다. 이 과정은 지역 교회로부터 좋은 반응을 얻어 금년에 다시 진행될 예정입니다. 코로나 중이지만 2년 동안 중단되었던 "평신도 지도자" 과정 16기를 2022년에 진행해 16명이 수료했습니다. 이를 위해 수고하신 박천일 장로님과 동문회장 장태일 장로님, 곽영수 장로님, 남태우 집사님께 감사드립니다. 필자가 평생교육원장으로 섬기면서 2021년에 총회 사회봉사부(총무 오상열, 담당 조상식 장로)와 MOU 체결하고, 기독교환경운동연대(사무총장 이진형)의 자문을 받아 진행했던 "교회 환경지도사" 과정(간사 김현정 목사)에는 24명이 등록하여 21명이 수료했습니다. 수료자 중에 2022년 녹색교회로 선정된 창원 새빛교회의 조신제 목사님과 성도교회의 박희광 목사님이 있고, 김해에서 '기후행동' 카페를 개설한 남아름 전도사님이 있습니다. 2022년 1월 말에 지역 7개 노회 목회자들을 대상으로 설문 결과에 따라 7개 노회 훈련원, 교육자원부 임원들과 준비하여 진행한 "미래 목회 지도자" 과정(간사 김현정 목사)에는 상반기(12주)에는 49명이 등록하여 평균 20-30명이 참여했으나 하반기(12주)에는 사회적 거리 두기 해제로 목회 영역이 확대되어 10-20명이 참여했습니다. 그래도 여러 노회가 내년에도 계속하자는 제안을 해서 금년에 9주, 내년에 9주로 진행될 예정입니다. 이 모든 과정은 총회의 지원과 7개 지역 노회 교육자원부와 훈련원 임원들의 헌신으로 열매를 거두게 되어 임원 여러분께 감사드립니다.

세계선교연구소는 이사장님이 당시 산성교회 허원구 목사님(현 부산장신대 총장)이고, 필자가 소장으로 이사 10여 명으로 2012년에 창립되었습니다. 창립 후 학생들을 위한 선교사 특강을 비롯해 여러 과정을 개설했는데 10년 동안 지속된 프로그램 중 하나가 부울경 이주민 선교포럼이었습니다. 세계선교연구소가 출판한 도서로는 총회 에큐메니칼 협력 선교 정책을 따르는 9개 선교 사례를 포함하여 정책과 신학을 정리한『에큐메니칼 협력선교: 정책, 사례, 선교신학』(꿈꾸는 나무, 2015), 종교개혁 500주년을 기념해서 필자가 한국선교학회장으로 2017년 4월 학회에서 발표한 글을 포함한『'헬조선'에 응답하는 한국교회 개혁』(동연, 2018), 코로나19를 다룬『코로나19와 한국교회의 회심: 신학·목회·선교의 과제』(동연, 2020) 그리고 목회자들을 대상으로

2년 동안 진행했던 선교적 교회 특강을 묶은 『선교적 목회 길잡이: 선교 목회로부터 마을 목회까지』(동연, 2021)이 있습니다. 본서는 세계선교연구소가 발간하는 마지막 책입니다. 첫 8년 동안 이사장님으로 수고하신 허원구 목사님과 뒤를 이어 4년간 이사장님으로 수고하신 한영수 목사님 그리고 11년 동안 이사로 수고하신 나재천 목사님(항서교회), 노헌상 목사님(생명숲교회), 정현곤 목사님(주닮교회), 조의환 목사님(김해교회), 함영복 목사님(광안교회)께 감사드립니다. 중간에 은퇴나 교회 사정으로 이사를 사임하셨지만, 힘을 실어주셨던 임대식 목사님(평화교회), 이현진 목사님, 이삼균 목사님(대성교회), 조성일 목사님(애광교회)께 감사드립니다. 간사로 오랫동안 헌신해 온 김현정 목사님께도 감사합니다. 세계선교연구소가 한아봉사회에 제안해서 한아봉사회의 인도차이나 4개 선교지에 대한 디아코니아-선교 공동 연구 3년 계획을 수립하여 연구를 진행하다가 현장 연구를 가야 했는데 코로나로 이뤄지지 못한 것이 크게 아쉽습니다. 공동 연구진(선교: 김영동 교수, 황홍렬 교수, 디아코니아: 이승열 박사, 김옥순 교수)에 속한 김옥순 교수님과 김영동 교수님이 저보다 앞서 은퇴하셨습니다.

7-8년 전에 조의환 목사님이 부산노회 훈련원장을 맡았을 때 목사님 34명과 장로님 6명과 함께 사회봉사 현장을 1박 2일 방문한 것이 기억에 남습니다. 당시 방문 현장은 노인 부문으로 제천명락교회, 다문화 부문으로 안산 이주민센터와 코시안의 집, 마을 목회로 부천 새롬교회였습니다. 학교 재직 중 김해교회 협동목사로 봉사했습니다. 천병석 교수님도 협동목사여서 필자는 짝수달 마지막 주일 오후예배에 설교했습니다. 그런데 2월 말에는 3.1절과 6월 말에는 한국전쟁과 12월 말에는

교회학교 발표회와 겹쳐 1년에 다섯 차례를 설교하되 2번은 3.1운동과 한국전쟁에 대해 설교할 수밖에 없었습니다. 그래서 다른 설교를 할 기회가 제한적인 것이 아쉬웠습니다. 김해교회와 조의환 목사님은 신대원생 10명을 인솔하여 2박 3일 생명 목회 현장 방문(쌍샘자연교회, 진천반석교회, 제천 명락교회, 부천 새롬교회, 안산 이주민센터와 코시안의 집, 창동 염광교회 장애인부, 고기교회)을 위해 차량과 100만 원 예산을 요청했는데 모두 다 지원하셨고, 전영도 장로님이 직접 운전을 해주셨습니다. 참여자 중 한 학생은 신대원 3년 교육 중 최고의 시간이라 했습니다. 필자가 안식년 기간 중 국제학회에 참석할 예산 신청을 너무 늦게 해서 지원받지 못하고 있을 때, 태국 선교 60주년 방문을 위해 김해교회에 요청했는데 흔쾌히 지원해 주셨습니다. 여러모로 김해교회와 조의환 목사님에게 감사드립니다.

부산국제선교회는 선교 컨설팅을 요청해서 선교학 교수로서 지역 선교회에 도움이 된다고 생각하여 보람을 느꼈습니다. 현재는 부산국제선교회 40년사 작성을 요청받고, 선교사와 임원들에 대한 인터뷰를 진행 중입니다. 이 원고 작성을 위해 "기독교 세계선교역사 기술 목적에 관한 연구"를 「부산장신논총」 제21집(2022)에 실었습니다. 총회를 위해서는 연단협(총회산하연구단체협의회, 회장 고용수) 총무로『하나님 나라와 생명살림: 생명살리기운동 10년의 신학적 기초와 방향』(총회, 연단협, 2005), 『하나님 나라와 생명목회: 생명목회 실천을 위한 신학적 길라잡이』(총회, 연단협, 2007), 『하나님 나라와 생명살림 실천: 노회의 사례와 신학적 평가』(총회, 연단협, 2008), 『생명을 살리는 교회』(총회, 연단협, 2010) 등의 출간에 임원과 7개 교단 신학교 교수님들과 협력했습니다.

2012년에 출범한 총회의 "치유와 화해의 생명공동체운동 10년" 신학선언문을 정원범 교수님(연단협 회장)과 함께 부회장으로 기초했습니다. 『화해의 공동체』(총회, 연단협, 2015)라는 성서 연구 교재를 발간했습니다. 그러나 여러 가지 사정으로 연단협을 해체하게 되어 마음이 아픕니다. 총회가 목회 세습 문제를 해결하지 못하는 시점 이후에는 총회 활동에 직접적으로는 참여하지 않았습니다. 그 이전에 기억나는 일은 사회봉사부가 사회선교 지침서 작성 30주년을 맞아 디아코니아-사회선교지침서를 만드는 데 책임자로서 김옥순 교수님과 초안을 작성하고 확정한 일입니다. 총회 특별위원회인 남북한선교평화통일위원회가 10년 전에 새로운 평화통일 문서를 작성할 때 필자가 책임자로 참여하여 다른 교수님들과 문서를 완성한 일도 감사한 일이었습니다. 그 밖에 다문화, 마을목회, 산업 선교, 세계 선교, 장애인 신학 등 다양한 주제로 연구하고 성과물을 내는 데 참여했습니다.

한국선교신학회와 학회지 「선교신학」은 필자가 연구한 것을 발표하는 주된 장소였습니다. 연구재단 등재지가 되도록 수고하신 선배님들과 후배님들에게 감사합니다. 박창현 교수님이 학회장을 할 때 필자에게 감사를 요청했는데 그것이 화근(?)이 되어 별로 학회를 위해 기여한 것도 없었는데 2016년에는 학회장이 되었습니다. 그래도 감사한 것은 종교개혁 500주년을 맞아 2017년 4월 경동교회에서 열린 선교신학회에서는 노동(영등포산업선교회 홍윤경 실장), 학교폭력(임종하 좋은교사운동 대표), 평화통일(윤환철 미래나눔재단 사무총장), 환경(이진형 기독교환경운동연대 사무총장)에 대해 학회 회원이 아닌 각 분야 전문가들이 발표했습니다. 필자가 소장인 부산장신대 세계선교연구소가 이 글들과 이에 응답하는 글들을 묶어 책으로 2018년에 발간했습니다. 당시 1년 동안 선교신학회 장소를 대여해 주시고 후원해 주신 황순환 박사님(서원경교회), 손신철 목사님(인천제일교회), 채수일 박사님(경동교회), 류영모 목사님(한소망교회), 손윤탁 목사님(남대문 교회), 박봉수 목사님(상도중앙교회)께 감사드립니다. 어려운 여건 속에서 학회를 위해 헌신한 임원들, 특히 총무로 수고하신 정기묵 교수님께 감사드립니다.

에큐메니칼 운동과 관련해서 2002년 독일 브레쿨름에서 열린 WCC 선교대회는 한국선교신학회 추천으로 필자가 참가했습니다. 2004년 WCC 평화 대회는 르오나다 학살 10주기를 맞아 르완다 수도 키갈리에서 열렸습니다. 불과 100일 사이에 80만 명이 학살되었던 사실과 투치족과 후투족의 갈등의 연원이 벨기에 식민 시대로 거슬러 간다는 역사 앞에서 참석자들은 깊은 충격을 받았습니다. 당시에 들었던 학살에 대한 증언과 학살 현장과 추모관 방문은 인간의 죄성의 깊이와 영향력의 범위에 새삼 놀라움을 감추지 못하게 했습니다. 저녁에 모여 식사하면서 여러 가지 이야기를 나눌 때 필자는 황석영 작가의 『손님』을 소개했습니다. 귀국 후 필자가 섬기던 한민족평화선교연구소에 제안하여 2005년 1년 동안 폭력적 갈등의 현장 이해와 그 속에서 교회가 펼치는 평화선교 이야기를 여섯 차례 진행해 그 결과를 『다름의 평화 차이의 공존』(동연, 2009)으로 출판했습니다. 2006년에는 필자가 WCC 9차 총회 옵서버로 초대받았으나 필자가 섬기던 을지로교회 청년부의 비전트립 인솔자로 가는 바람에 불참했습니다. 초대해 준 WCC 금주섭 박사님(현 CWM 총무)에게는 미안하고 감사했습니다. 2012년에는 WCC 2차 선교문서 초안을 검토하러 마닐라 대회에 참석했다가 이듬해 열리는 부산총회를 앞두고 상징적으로 필자가 전체 청중에게 마지막 시간에 인사와 초대를 했습니다.

부산장신대가 위기에 처했을 때 총장으로 오신 허원구 목사님께 감사드립니다. 학교를 위해 교회 집회를 하러 가셨을 때 학교가 필요한 모금 액수를 들으시고 충격으로 쓰러지셔서 수술까지 하셨습니다. 그래도 허 총장님 덕분에 학교 위기를 잘 넘어갔습니다. 처장을 비롯해서 보직을 맡으신 교수님들의 헌신으로 위기를 넘겼습니다. 교수님들 한 분 한 분 모두 귀한 분들이십니다. 마지막으로 한 분 한 분 성함을 불러봅니다. 구약학 민경진 교수님, 김정훈 교수님, 최중화 교수님, 신약학 김형동 교수님, 왕인성 교수님, 조직신학 박만 교수님, 천병석 교수님, 교회사 탁지일 교수님, 기독교윤리 박종균 교수님, 예배학 차명호 교수님, 기독교교육 주연수 교수님, 목회상담 장보철 교수님, 그리고 기독교복지상담학과 심석순 교수님, 김재환 교수님, 특수교육과 이경면 교수님, 박명화 교수님, 김정은 교수님, 오혜림 교수님 그리고 총장님으로 수고하셨지만 여러 사정으로 교회로 떠나신 최무열 교수님, 필자에게 은퇴 이전에 필자와 똑같은 교수를 세우고 은퇴하라고는 먼저 학교를 떠나신 배현주 교수님, 기독교복지상담학과의 모집 중단으로 학교를 떠나신 이인숙 교수님과 변은주 교수님, 필자보다 1년 먼저 은퇴하신 손영진 교수님, 모두 보고 싶고 죄송한 마음뿐입니다. 필자가 은퇴할 때 기념 강연을 하도록 배려하신 교수님들께 감사합니다. 3주 전에 갑작스러운 결정으로 준비하기 어려웠지만 두 시간 동안 생명 선교 신학에 대한 최근 연구 결과를 신대원생들과 나눴고, 두 시간 동안 "나의 신학 수업"이라는 강의를 통해 저 자신을 돌아보게 해 주셔서 감사합니다. 그리고 학교가 위기에 처했을 때 황미숙 실장님을 비롯해서 윤정현 팀장님과 배성희 팀장님, 나효선 팀장님께서 교무처와 기획처와 행정지원처를 든든히 붙들어 주셔서 감사드립니다. 새로 오신 직원 선생님들의 헌신도 감사합니다.

본서의 발간을 위해 재정을 지원해 주신 세계선교연구소에 다시 한번 감사드립니다. 본서의 발간사를 건강이 안 좋으신 중에도 써 주신 한영수 목사님(이사장, 구포교회)에게 감사드립니다. 추천사를 써 주신 분들께도 감사의 말씀을 전합니다. 이정배 감신대 명예교수님께서는 프린터 된 원고를 꼼꼼히 읽으시고 크게 격려해 주시고, 새로운 과제도 주심에 깊이 감사드립니다. 한국기독교교회협의회 총무로 도저히 추천사를 작성할 수 없는 상황임에도 불구하고 누구보다 먼저 추천사를 보내 주셔서 이홍정 총무님께 감사드립니다. 감기 몸살로 고생하다가 병원에 가서 검사까지 받으시는 중에 추천사를 써주신 성공회대학교 양권석 신부님께도 깊이 감사드리며, 오래전에 쓴 글들을 우리 시대 과제와 연결해 주셔서 귀한 배움의 시간이 되어 감사드립니다. 이대 장윤재 교수님께서는 격무로 시달리던 중에도 기쁜 마음으로 추천사를 써주셔서 감사드립니다. 은퇴를 기념하면서 만든 책을 기꺼이 출판해 주신 동연출판사 김영호 장로님과 편집으로 수고하시는 이경훈 선생님을 비롯한 직원 여러분께도 감사드립니다.

표지 그림은 본래 인도 화가 로이(Jamini Roy)의 〈최후의 만찬〉으로 하려 했는데 연락의 어려움을 겪어 말레이시아 화가 한나 체리얀 바기스(Hanna-Cheriyan Varghese)의 〈최후의 만찬〉으로 결정했습니다. 이 과정을 맡아준 김현정 목사님께 감사합니다. 김 목사님은 표지 그림

비용까지 후원을 받아 주었습니다.

　세계선교연구소가 지난 3년 동안 선교적 교회 세미나를 하면서 만났던 목회자들을 중심으로 작년 12월에 선교적 교회-마을목회연구소를 창립했습니다. 이사장은 조의환 목사님(김해교회), 감사 한영수 목사님(구포교회), 서기 정현곤 목사님(주닮교회), 회계 서용진 목사님(신현교회) 그리고 이사진에 김찬효 목사님(성덕교회), 나재천 목사님(항서교회), 노헌상 목사님(생명숲교회), 박희광 목사님(성도교회), 송준섭 선교사님(캄보디아), 신충우 목사님(부산진교회), 우기진 목사님(동산교회), 이근형 목사님(소정교회), 이필숙 목사님(희망교회), 정승진 목사님(해운대소정교회), 조신제 목사님(새빛교회), 함영복 목사님(광안교회), 소장은 필자입니다. 제 인생 이모작을 응원하시는 목사님들께 진심으로 감사드립니다. 지역 7개 노회 안의 지역 교회들이 선교적 교회로 전환하고 마을 목회를 지향하는 교회가 늘어나도록 연구하고, 교회와 목회자들을 지원하겠습니다. 지난 3년 동안 회복적 정의, 다문화/이주민 선교, 장애인 선교, 마을 목회, 환경/생태 교육, 녹색교회, 단독 목회, 문화 선교, 여성, 세계선교, 노숙인 선교, 사회적기업, 미디어, 학술 등 다양한 부문에서 힘을 모아 주는 든든한 후학들, 동역자들에게도 감사합니다. 선교학 박사 과정에서 땅광헌에 대한 논문을 쓰고 있는 김현정 목사님, 박사 과정을 마친 우기진 목사님, 정명숙 목사님, 정민교 목사님, 홍정기 목사님 그리고 석사 논문을 쓰는 김혜림 전도사님, 이지혜 전도사님 그리고 선교학을 함께 공부하는 유효민 목사님, 정시경 목사님, 김정은 목사님, 하나라 목사님 등 여러 목사님이 늘 든든합니다. 영역별로 사역하거나 관심 있는 목회자들을 모아 훈련하고 네트워크를 만들어 전문가로 양성하고, 각 영역을 다시 네트워크로 묶는 모임을 필자는 한국교회 전환 네트워크라 부릅니다. 은퇴 후 필자가 본격적으로 할 활동입니다. 귀한 일꾼들과 동역자들을 보내 주신 하나님께 감사드립니다. 은퇴 기념 강연회에 커피와 차, 간식을 제공한 제자들에게 고맙습니다. 은퇴 기념 예배 시 커피와 차, 간식을 제공한 딸들과 사위에게도 고마움을 전합니다.

마지막으로 신학교와 교회를 위해 봉사하도록 헌신해 준 아내 지금옥에게 말로 다 할 수 없는 감사와 위로를 드립니다. 이제부터는 아내의 뒤를 밀어 주고 격려하는 남편, 아니 아내 편이 되고자 합니다. 그동안 세월에 비할 수 없겠지만 힘닿는 데까지 당신의 삶을 응원하고자 합니다. 사랑하는 세 딸에게도 고마운 마음을 전한다. 잘한 것보다는 못해 준 것이 많은데도 다 잘 자라서 자기 삶을 열심히 살고 있으니 고맙고 기쁘구나. 하나님의 은혜구나! 민혜와 병산이가 새 가정을 이뤘으니 믿음 가운데 서로 의지하고 격려하며 새 가정을 잘 이뤄가기를 기도한다. 민회와 민정이의 삶도 아빠가 늘 기도하고 응원하니 각자에게 주어진 길을 잘 가기를 바란다.

2023년 1월

황홍렬

머리말

이 책은 필자가 은퇴하면서 그동안 선교신학에 대한 변변한 책을 내놓지 못 한 부끄러움을 면하려고 그동안 아시아 선교신학에 대해 쓴 글들을 모아 출판한 것이다. 예외가 있다면 마지막 장에 실린 스리랑카 출신 세계적 신학자인 알로이시우스 피어리스에 관한 글은 어디에도 발표되지 않았고, 이번 책을 위해 새로 쓴 글이다. 한국 신학자는 한국에서 신학하는 자들이 아니라 한국적인 문제를 신학적으로 규명하는 신학자이다. 2002년 독일 브레클룸에서 열린 WCC 선교대회에서 만났던 세바스찬(J. Jayakiran Sebastian)이라는 인도 신학자는 독일에서 박사학위를 받았다. 필리핀 선교사로 활동하다가 뉴질랜드 선교사로 가기 전에 인도를 방문했던 한경균 선교사로부터 그를 만났던 이야기를 전해 들었다. 그는 독일에서 공부하던 중 한국 신학자들을 여럿 만났지만, 한국적 신학을 고민하는 신학자를 만나기 어려웠는데 이 모임에서 제가 발표한 민중교회에 관한 논문*이 한국적 신학이라고 평가했다고 말했다. 실제로 선교대회를 마치기 전에 그는 내게 내 논문을 자기네 학회지에 실어도 좋으냐고 해서 허락한 적이 있다. 한국에서 한국적 문제를 신학적으로 고민하는 신학자들이 많지 않지만, 더 찾기 어려운 것은 아시아 신학자가 아닐까 생각한다.

---

* Hong Eyoul Hwang, "Searching for a New Paradigm of Church and Mission in a Secularized and Postmodern Context in Korea," in International Review of Mission, Vol. XCII No. 364(January. 2003), 84-97.

일본이 탈아입구(脫亞入歐)를 실천한 것처럼 한국인들도 아시아인이기보다는 근대화 과정 이후 서구적인 것을 추구해 왔다. 다수의 한국 신학자들이 신학함에서 서구 신학을 잣대로 삼았다는 말이다. 이는 한국 신학의 정체성 형성에 치명적 결과를 가져왔다. 또한 한국교회의 세계 선교 역시 선교지의 교회와 에큐메니칼 협력 선교를 무시하고 한국교회식으로 일방적으로 선교할 뿐 아니라 현지 목회자와 신학자들의 고민으로부터 배우려는 자세를 찾기 어려웠다. 이런 문제의 뿌리는 서구 신학 중심의 신학교육에 있다. 필자는 이를 개선하기 위해서 장로회신학대학교에서 2002년과 2006년에 "제3세계 선교신학"이라는 과목을 개설했다. 부산장신대학교에서는 "제3세계 선교신학"과 더불어 "아시아 선교"라는 과목을 개설하여 아시아 선교의 현황과 아시아 각국의 선교신학자들로부터 배우고자했다. 그런 맥락에서 필자가 아시아 선교신학에 대해 고민하며 아시아선교신학자들로부터 배운 것을 정리한 것이 이 책이다.

1장에 실린 "제3세계 신학자 에큐메니칼협의회의 역사(Ecumenical Association of Third World Theologians, 이하 EATWOT, 1976~1992)와 선교신학적 의의와 과제"는 EATWOT의 태동으로부터 역사적 발전을 다뤘으며 아프리카, 아시아, 라틴 아메리카 대륙별로 현실을 분석하고, 각 교회의 선교 과제를 규명하고 신학을 재구성하고자 했다. 6차 대회(1983)는 제3세계 신학과 제1세계 신학과 대화를 했고, 7차 대회(1986)는 제3세계 신학자들 사이의 공통점과 차이점을 찾으려 했다. 9차 대회가 열렸던 1992년은 소비에트 연방의 해체와 신자유주의로 인해 제3세계는 많은 좌절을 겪던 시기였다. 그 속에서 생명에 대한 절규, 여성의 침입으로 새로운 도전을 받았다. 세상의 변화 못지않게 EATWOT의 변화도 추적

할 수 있다. EATWOT는 여전히 남성 중심적이었음을 반성하며 조금씩 여성 신학자들에게 문을 열기 시작했고, 영성에 대한 언급을 하지 않다가 3차 총회(1992)는 주제를 영성으로 정했고, 제3세계에 대한 이해도 여성과 원주민을 비롯하여 제1세계에 사는 유색인들을 포함하는 것으로 확대했고, 가난에 대한 이해도 인간 중심이었다가 인간에 의해 멸종 위협을 받는 피조물로 확대했다. 필자는 아시아 선교신학을 이와 같은 EATWOT의 역사 속에서 보고자 했다. 아시아 신학이 아프리카 신학이나 라틴 아메리카 신학과 공유하는 관심사나 신학적 방법론이 있지만 차이도 있다는 것을 염두에 두어야 한다.

2장에 실린 "달릿신학에 나타난 생명 사상"은 아시아의 세 가지 선교 주제인 가난, 다문화, 다종교 중 가난의 문제를 주로 다룬 글이다. 그동안 달릿은 '불가촉천민'으로 불렸지만 1970년대부터 그들은 자신을 달릿(억눌린 자, 짓밟힌 자)으로 부르기 시작했다. 이 글은 달릿의 정체성을 역사적 뿌리로부터 규명하고, 달릿 의식을 강화함으로써 달릿 해방을 위한 투쟁을 활성화하며, 달릿의 미래에 대한 비전을 제시하는 달릿신학을 소개한다. 달릿신학은 달릿을 위한 성서적 전거, 기독론, 성령론, 종말론, 해석학 등의 제시를 통해 이런 과제를 감당하고 있다. 그러나 달릿신학은 카스트 제도가 단순한 사회제도가 아니라 문화적, 철학적, 종교적 요소들이 한데 어울려 있음을 알기 때문에 달릿신학은 카스트 제도에 대응하기 위해서는 문화적, 철학적, 종교적인 과제와 심층적인 대화를 하고자 한다. 달릿이 문맹자가 많고 구전 전통을 가지고 있으니 민속 이야기, 노래와 춤 등을 통한 달릿신학 작업이 요구된다. 그런데 카스트 제도는 계급과 가부장제와 견고하게 결합되어 있다.

이러한 카스트-계급-가부장제의 삼자 연대의 연결 고리는 여성이다. 삼자 연대 자체에 대한 심층적인 연구도 필요하지만 달릿신학은 '달릿 가운데 달릿'인 달릿 여성에 대한 신학을 발전시키지 못하면 달릿신학도 한계를 가질 수밖에 없다. 카스트-계급-가부장제의 삼자 연대가 달릿의 생명을 죽임으로 내모는 죽음의 연대라면, 달릿과 '부족' · '원주민'의 연대는 생명의 연대가 될 것이다. 달릿신학과 민중신학에 나타난 생명사상은 역사적 경험의 차이에도 불구하고 지배 문화의 이원론을 극복하고, 독점적 소유욕으로부터 해방되어 지배자와 피지배자가 정의로써 화해를 이루고 새로운 공동체로 나아가야 함을 말하고 있다. 달릿신학과 민중신학은 생명 운동의 주체가 이제까지 억압과 착취 속에서 신음하던 달릿과 민중임을 깨닫게 한다. 이렇게 달릿과 민중의 자기 초월을 위해서 필요한 것이 성령이다. 성령을 통해서 달릿과 민중은 자기의 본래적 정체성을 깨닫고 불의한 현실을 변혁하고 정의로써 화해하고 새로운 미래를 건설하는 일꾼이 된다. 또 달릿신학과 민중신학은 서로를 풍요롭게 하는 자원을 갖고 있다. 이를 통해 이제까지 민중이나 달릿을 가난하고 억압받는 자로 보았는데 이들이 생명 지향적인 문화의 담보자임을 발견하게 된다. 이러한 발견은 앞으로 민중신학과 달릿신학의 발전에, 생명 신학의 발전에 크게 기여할 수 있을 것이다.

3장에 실린 "고수케 고야마 선교신학의 주요 이슈와 과제"는 일본 출신 선교신학자인 고수케 고야마가 태국 불교도 농부들에게 선교한 경험을 바탕으로 쓴 『물소신학』을 비롯하여 주로 아시아의 역사와 문화와 종교와 씨름한 것을 다루고 있다. 이 글은 고야마의 선교 이해, 하나님의 선교 이해를 비롯해서 가난한 자에게 복음을 어떻게 전하려 했는지에 대해, 다종교 상황에서의 선교를 무엇으로 이해하는지를 밝히고자 했다. 그리고 이런 흐름에서 아시아 선교신학을 수립하는 내용에 대해 다룬다. 고야마에 의하면 아시아 (선교)신학은 성서에 비추어 아시아 역사를 성찰하되 성령(과 악마)의 활동을 식별하고, 아시아 상황을 지속적으로 하나님의 통치로 변화시키도록 성찰하는 작업이다. 아시아 선교신학의 접근 방식은 아래로부터의 선교신학이다. 신학적 사고와 신학 저술을 읽는 관점을 정할 때 그는 서구 신학자들보다는 선교 현장의 농부들에게 우선권을 주었기 때문이다. 그리고 신학적 상황화와 토착화의 자리를 고난에서 찾았다. 야훼의 고난 받는 종인 예수 그리스도에게서 볼 수 있는 것처럼 신학적 상황화나 참된 토착화는 다른 사람을 위해 고난 받는 사람, 그런 삶으로부터 나온다.

상황화 신학자로서 고야마의 선교신학의 특징은 독특한 신론, 하나님과 우상을 구별하는 기준인 십자가에 달린 정신과 십자가 영성에 대한 강조, 다종교 상황에서의 선교와 관련해 교회나 기독교 바깥에서도 하나님의 창조와 구원 활동이 펼쳐지는 것에 대한 강조, 태국 선교사로서 자신의 소명을 태국 북부의 농부들에게 이웃이 되는 것으로 이해했던 이웃론으로서의 선교 이해, 아시아에서 제기되는 많은 선교신학적 이슈에 대해 답을 제시한 것이 아니라 문제들을 제시함, 그의 선교신학의 중요한 성과를 신학교육에 적용하고자 노력함 등이다. 그의 선교신학의 과제로는 첫째 우상숭배로 패망한 일본에 대한 성찰에서 제기된 것처럼 문화적, 종교적 측면만 강조하고 경제적, 사회적, 정치적 측면에 대한 분석이 부족하다는 점이다. 둘째로 그의 선교 이해로서의 이웃됨, 또는 환대로서의 선교에는 경제적, 사회적, 정치적 측면의 분석의 결여와 연관된 온정주의적(paternalistic) 태도가 있다.

4장에 실린 "송천성(C. S. Song)의 선교신학의 특징과 과제"는 송천성의 아시아 선교신학에서 가난, 문화, 다종교의 주제를 다룬다. 다종교 상황과 다문화 상황에서 선교 이해와 하나님의 선교에 대한 그의 이해를 소개한다. 그리고 가난한 자에게 복음을, 다문화 상황에서 선교, 다종교 상황에서의 선교를 다루고, 아시아 신학 방법론을 다룬다. 이러한 논의를 바탕으로 송천성 선교신학의 특징과 과제를 제시한다. 아시아 선교신학은 아시아의 역사적, 사회적, 경제적, 정치적, 문화적, 종교적 상황에서 아시아인들의 눈으로 제기된 문제들을 성서와 신학에 근거해 답을 제시해야 한다. 그렇지만 서구의 아시아 선교가 종말을 고하고 아시아의 대안적 선교신학이 나와야 하는 데 그렇지 못한 과도기이기 때문에 답변보다는 여전히 질문을 더 많이 하는 것이 아시아 선교신학이다. 아시아 선교신학은 아시아의 가난한 자들로부터 나오는 질문과 문제의식, 가난한 자의 필요에 충실한 아래로부터의 신학 접근 방식을 취해야 하며, 신학의 자료는 아시아인의 삶 전체이지만 특히 아시아 문학, 역사, 종교 등을 중시해야 한다. 기독교 바깥에서 펼쳐지는 하나님의 구속과 창조 활동에 대해 주의를 기울여야 한다. 다종교 상황에서 종교 간 대화의 가능성과 한계에 대해서도 심층적인 연구가 이뤄져야 한다. 그리고 근대화와 도시화, 산업화가 초래한 생태학적 위기는 인류와 지구 생명 공동체의 지속이 불가능해지는 상황이기 때문에 이런 문제들에 대한 문명사적 성찰도 필수적이다. 그렇지만 아시아는 다종교 사회일 뿐 아니라 가난의 대륙이기 때문에 가난의 문제에 대해서는 경제적, 사회적, 정치적 분석도 중요한 연구 방법으로 채택되어야 한다. 지구화가 진행되어 전 세계적인 경제 위기와 생태계 위기가 동시에 진행되고 있기 때문에 아시아 상황에 대한 이해만으로는 전 지구적 위기와 아시아의 위기를 제대로 이해하기 어렵기 때문에 전 지구적 차원의 경제 위기와 생태계 위기에 대한 연구가 병행되어야 할 것이다. 아시아 신학 방법론으로는 마음 중심의 신학, 제3의 눈, 전위 신학, 상상력, 열정, 친교(코이노니아), 꿈 등을 포함하는 아시아 모태 신학, 역사적이고 신학적인 기독론과 민중 해석학을 송천성은 제시하고 있다.

5장에 실린 "알로이시우스 피어리스의 아시아 선교신학 이해"는 불교학 박사학위를 받은 피어리스의 기독교와 불교의 대화에 초점이 있지만 가난의 문제도 그의 선교신학에서 중심적 지위를 차지한다. 피어리스는 선교를 가난과 아시아의 종교성에서 이해하고자 한다. 그래서 먼저 가난의 문제와 해방·구원의 주제를 다룬다. 그의 아시아 선교신학의 주제는 문화화와 해방, 종교 간 대화와 해방, 페미니즘과 해방, 아시아 해방신학으로 이어진다. 이러한 논의에서 핵심은 각각의 주제가 어떻게 가난과 아시아 종교성을 다루면서 해방·구원으로 나아가게 하는가를 해명하는 일이다. 이런 논의들을 피어리스는 아시아 선교신학의 특징과 과제로 제시했다.

그의 아시아 선교신학의 주제는 아시아 현실인 가난과 종교적 다원성이고, 목적은 해방(구원)이다. 그의 아시아 선교신학을 이해하는 것은 가난과 종교성이 어떻게 해방(구원)에 통합되는가를 이해하는 것이다. 그는 이러한 통합을 영성을 통해서, 십자가를 통해서, 종교에 대한 새로운 이해를 통해서, 페미니즘을 통해서 이룬다. 둘째, 피어리스는 가난을 영성의 측면에서 이해하면서 동시에 가난한 자의 해방(구원)을 십자가와 연결 짓는다. 가난은 교회 영성의 출발점이며 목적지이다. 셋째, 십자가를 중심에 두지 않는 영성으로 인해 전례와 영성과 세속 활동에의 참여 사이에 삼중의 이분법이 발생한다. 넷째, 피어리스는 서구 아시아 선교의 실패를 종교적인 측면과 문화적인 측면에서 제시하면서 아시아 선교를 위해 필요한 기독론은 유럽적 교회 중심적 그리스도나 비기독교 엘리트적 그리스도가 아니라 비기독교적 그리스도—경건한 가난한 자들의 그리스도—라 했다. 특히 아시아 선교를 위해 필요한 것으로 교회론적 혁명을, 아시아에 있는 교회가 아시아 교회가 되려면 아시아의 종교심이라는 요단강에서 세례를 받아야 하고, 아시아의 가난이라는 갈보리에서 세례를 받는 것이라 했다. 다섯째, 아시아 교회의 문화화는 자발적 가난이 해방을 주는 차원 위에 뿌리내리는 작업이다. 즉, 아시아 교회는 아시아의 승려들과 가난해지기로 결단하고 사는 데 연대해야 하고, 아시아의 가난한 자들이 정의롭고 성스러운 사회질서를 염원하는 데 연대책임을 져야 한다.

여섯째, 종교는 그노시스적 측면(세상과의 거리 두기)과 아가페적 측면(세상에 참여)의 종합이다. 종교 간 대화를 위한 새로운 패러다임으로 아시아 종교신학을 제시한다. 아시아 종교신학의 주체는 신학자나 교회가 아니라 가난한 자들이다. 일곱째, 기독교와 불교의 대화에서 보면 불교가 기독교에 도전하는 점을 식별하고, 두 종교의 유사성을 찾아볼 수 있다. 지혜(그노시스적 거리 두기)와 자비(아가페적 참여)의 통합으로 이뤄진 불교는 아가페적으로 치우친 기독교에 그노시스적 용어로 도전한다. 여덟째, 아시아 해방신학은 가난과 종교가 어떻게 구원·해방을 이루는가를 해명한다. 아시아의 해방을 위해 필요한 것은 가난의 현실을 파헤치는 사회분석과 내면적 성찰로 이뤄진 해방신행(liberation -theopraxis)이다. 아홉째, 페미니즘이 인간과 피조물의 해방·구원을 위해 어떻게 기여하는가를 해명한다. 열째, 피어리스 선교신학이 지닌 생태학적 함의이다.

피어리스에 관한 글은 아직 지면에 발표되지 않은 글이다. 불교에 대한 제한된 지식으로 이 글의 내용이 무척 길어졌다. 시간을 두고 좀 더 필자가 피어리스를 이해하게 되면 분량이 절반으로 줄어들 것으로 생각한다. 그래도 「부산장신대 논총」에 피어리스에 대한 글을 실으려고 여러 번 시도하다가 실패한 것을 생각하면 늦었지만 밀린 숙제를 한 느낌이다. 존경하는 건축가 승효상 선생은 수도원 기행을 다룬 『묵상』에서 에드워드 사이드의 지식인의 역할로부터 건축가의 역할을 경계 밖으로 스스로를 추방하는 것으로 이해하고, 건축가는 늘 외로움과 두려움을 직면해야 한다고 했다.** 은퇴 이후의 제 연구는 수도자들처럼 스스로 경계 밖으로 추방된 자처럼 살아야 할 것이다. 그런데 은퇴가 강제적인 만큼 제 연구는 강제적으로 경계 밖으로 추방된 자처럼 살아야 할 것이다. 그 길은 피어리스가 말한 가난한 자들을 위한 투쟁과 더불어 가난해지기 위한 투쟁이 될 것이고, 도를 닦는 사람, 구도자가 되는 길이다. 영화 제목 〈끝에서 시작하다〉처럼 제 은퇴의 삶과 연구가 구도자가 되기를 희망한다.

** 승효상, 『묵상: 건축가 승효상의 수도원 순례』 (서울: 돌베개, 2019/2022), 214-215.

| 차 례 |

‖ 1장 ‖
제3세계 신학자 에큐메니칼협의회(EATWOT)의 역사(1976~1992)와
선교신학적 의의와 과제

‖ 2장 ‖
달릿신학에 나타난 생명 사상

‖ 3장 ‖
고수케 고야마의 선교신학의 주요 이슈와 과제

‖ 4장 ‖
송천성(C. S. Song)의 선교신학의 특징과 과제

‖ 5장 ‖
알로이시우스 피어리스의 아시아 선교신학 이해

1 장
제3세계 신학자 에큐메니칼협의회(EATWOT)의 역사(1976~1992)와 선교신학적 의의와 과제

냉전이 종식된 뒤에도 제3세계에 대해 말하는 것이 여전히 유효한가? 아니 정보화 사회가 도래하고 지구화가 진행 중인데도 제3세계 신학을 말하는 것은 시대착오적인 것은 아닌가?

물론 소비에트 연방이 해체되고 동구권 사회주의가 붕괴되어 과거의 분류방식대로 선진 자본주의권의 제1세계와 사회주의권의 제2세계에 대응하는 개념으로서 제3세계의 의미는 약화되었다. 그러나 제3세계가 지리적인 개념이라기보다는 가난과 억압에 의해 특징 지워지는 사회를 가리킨다면 이와 같은 제3세계의 의미는 더욱 중요한 것이 되었다. 왜냐하면 제1세계의 기술과 상품이 제3세계로 흘러 들어갈 뿐 아니라 제3세계의 가난이 제1세계의 한복판에도 들어왔기 때문이다.

신자유주의적 지구 자본주의와 지구화로 인해 제1세계 안에도 빈곤선 이하에서 사는 사람이 1억 명가량으로 급증하고 있다.[1] 제3세계 신학자는 제3세계에 사는 신학자를 가리키는 것이 아니라 제3세계의 상황에 관련된 신학, 제3세계의 가난하고 억압받는 자들의 해방을 추구하는 관점에서 신학하는 신학자를 가리킨다.

이 글은 변화된 세계에서도 제3세계 신학이 왜 중요한지를 역사적으로 되돌아보면서 밝히고자 한다. 특히 제3세계 신학자 에큐메니칼협의회(Ecumenical Association of Third World Theologians, 이하 본 협의회)가 창립된 이후 1992년까지 역사를 개괄하고, 본 협의회 활동의 선교신학적 의의를 살핀 후 그 한계와 전망을 밝히려고 한다. 본 협의회는 자체 잡지(*Voices from the Third World*)와 다양한 문서들을 출판했지만 이 글에서는 대회 자료와 총회 자료를 중심으로 살피려 한다. 참석자들의 공통된 의견을 요약한 각 대회의 성명서를 중심으로 소개하고, 참석자의 발제 가운데 중요한 내용을 소개하려 한다. 그리고 본 협의회의 활동에 나타난 특징을 정리하고, 그 의의와 과제와 전망을 찾아보려 한다. 본 협의회에 관한 글이 거의 없는 상황에 이 글은 나름대로 소개하는 데 의의를 찾을 수 있다.

---

1 지구화와 지구화에 대응하는 교회의 선교 과제에 대해서는 졸고, "지구화 시대 시민·사회운동과 기독교 선교," 기독교종합연구원 외,『지구화 시대 제3세계의 현실과 신학』(서울: 한들출판사/한일장신대학교출판부, 2004), 215-259을 참고하시오.

I. 제3세계 신학자 에큐메니칼협의회의 역사

1. 창립 배경과 본 협의회의 창립대회(Dar es Salaam, 1976)

제3세계 신학자들이 세계교회협의회 총회나 다른 모임에서 만나 대화한 적은 있지만 제3세계 신학자들 스스로 필요성을 느껴서 모임을 갖게 된 것은 1976년 본 협의회를 창설하면서부터였다. 루뱅에서 공부하던 아프리카 가톨릭 신학자 오스카 빔베니는 이런 필요성을 느껴 1974년에 프란시스 후타르트 교수에게 이런 생각을 의논했다. 첫째 단계는 아프리카, 아시아, 라틴 아메리카에서 온 유학생 가운데 대표를 선출하는 일이었다. 둘째 단계는 이런 의도에 대해 세 대륙의 신학자 30명에게 자문을 구하고 의견을 모으는 일이었다. 이들은 1975년 세계교회협의회의 나이로비 총회에서 자주 만나고 다양한 신학자들을 만나 거기서 준비위원회를 구성하고, 창립총회를 1976년에 탄자니아에서 모이기로 결정했다.[2]

그러나 이런 노력은 몇 사람에 의해 독점되지 않았다. 이 과정 중에 루뱅 센터는 1974년에 세 대륙 간 신학자 모임을 추진했었지만, 로마가톨릭에 국한했다. 이와 별도로 라틴 아메리카 신학자들이 다른 대륙 신학자들을 만나고자 했다. 1975년 여름 미국 디트로이트에서 대회를 열고, 북미 신학자와 라틴 아메리카 신학자들이 모여 대화하는 가운데 라틴 아메리카 신학자들은 세 대륙 신학자의 모임에 관심을 표명했다.

---

2 Sergio Torres Gonzalez, "Dar-es-Salaam 1976," *Concilium* (1988), 109.

그러다가 루뱅에서 추진 중인 프로젝트를 돕기로 했다. 이렇게 해서 그들은 운영위원회를 구성하여 대화 목적과 참여자에 대해 결정한 후 세계교회협의회, 아시아기독교협의회, 아시아주교사목회의 대표들과 접촉했다.3

1976년 8월 5일부터 12일까지 탄자니아의 다르 에스 살람 대학에 아프리카 7명, 아시아 7명, 라틴 아메리카 6명, 미대륙에서 온 흑인 1명, 카리브에서 온 1명 등 모두 22명이 모여 본 협의회의 창립대회를 개최했다. 이들은 로마가톨릭이 11명, 개신교가 10명, 콥틱 정교회가 1명이었다. 창립 목적은 타종교·타이데올로기와 관련해서 정의로운 사회를 위한 투쟁과 관련해서 제3세계 신학의 역할을 염두에 두고 복음에 대한 서로 다른 해석을 나누는 것, 신학적 관점을 나누고, 신학의 구성과 사회분석을 상호작용하게 하고, 긴밀한 접촉과 사회변화를 위해 행동 지향적인 운동에 참여하는 것을 증진하고자 한다.4 본 협의회는 이런 목적을 달성하기 위해 회의를 열고 위원회 활동을 하며 출판한다. 회의는 국가별로, 대륙별로, 국제적으로 개최하되 매 5년 총회를 열기로 했다. 초기에는 세 대륙을 돌며 회의를 열었다. 회원들의 관심에 따라 만들어진 위원회로는 제3세계교회사위원회, 제3세계여성신학위원회, 대륙간신학위원회가 있다. 본 협의회는 국제 대회에서 발표한 글을 출판하고, 연 2회 잡지(Voices from the Third World)를 출판하고 있다.5

---

3 Sergio Torres & Virginia Fabella, M.M.(eds.), *The Emergent Gospel: Theology from the Underside of History* (Maryknoll, New York: Orbis Books, 1978), 1-2.
4 *Ibid.*, 273.
5 Virginia Fabella, "Ecumenical Association of Third World Theologians," Karl Müller & Theo Sundermeier & Stephen B. Bevans & Richard H. Bliese(eds.), *Dictionary of*

대회의 세 부분은 각 대륙의 사회정치적 분석과 문화적 배경 분석, 세 대륙 교회에 대한 평가, 그리고 제3세계에서 신학에 접근하는 방식에 대한 추구였다. 이런 세 가지 주제는 이후 대회에서도 중요하게 다뤄진다. 현실 분석과 관련해 본 협의회는 제3세계가 자본주의와 사회주의 진영으로 양분되어 있는데 사회주의가 자본주의에 대해 균형을 이루는 역할을 한다고 보았다. 본 협의회는 식민주의와 신식민주의가 제3세계 억압의 중요한 원인이지만 약자들의 문화 종속은 억압의 중요한 도구임을 지적했다. 기독교는 대체로 식민화 과정에 공범이었다. 제3세계 지역에 있는 교회 평가와 관련해서 본 협의회는, 과거에는 외국인에 의한 약탈에 대해 민족적 저항을 부드럽게 하고, 정신과 문화를 길들이는 데 복음이 이용되었다고 비판했다. 정치적 독립 이후 교회는 외국과 연계하여 민중을 계속 착취하는 지방 엘리트를 형성하는 데 기여함으로써 지방 중간계급들의 이데올로기적 동맹자가 되었다. 교회는 아직도 사회정의를 위해 투쟁하는 민중의 편에 서지 못하고 있다. 신학적 접근 방식으로는 복음을 민중과 관련지으려고 한다. 서구 신학은 서구 상황에서 나온 신학으로, 제3세계에 큰 영향을 주는 서구 신학을 본 협의회는 서구 문화 지배의 한 양태로 본다. 행동과 유리된 학문적 신학 유형은 제3세계 민중과 무관한 것으로 거부한다. 제3세계 신학에서 중요한 것은 인식론적 단절이다. 즉, 신학에서 민중 해방 투쟁에 헌신하는 것이 신학의 첫 번째 행동이다. 두 번째 행동은 이런 프락시스에 대한 비판적 반성이다. 그리고 신학과 사회적 · 정치적 · 심리적 분석이 변증법적

Mission: Theology, History, Perspectives (Maryknoll, New York: Orbis Books, 1997), 119-120.

관계를 갖도록 간 학제적 접근 방식을 강조하는 것도 제3세계 신학의 특징이다. 교회의 과제는 죄로부터 해방, 하나님과의 화해, 인간 사이의 화해 등 인간의 통전성을 실현하는 데 있다. 타종교와 문화는 하나님의 우주적 계획 속에 자리 잡고 있기 때문에 교회는 이들과 겸손하게 대화해야 한다. 성령 안에 사는 것은 가난한 자, 억압받는 자들과 연대하는 생활방식과 그들의 투쟁에 헌신함을 의미한다.[6]

대회 참석자들은 신학의 다원주의를 문제로 여기지 않고, 일치와 서로 보완해 주는 것으로 이해한다.[7] 본 협의회는 신학이 세계관에 영향을 주기보다는 오히려 영향을 받고 있음을 지적하며, 인간은 역사의 어느 단계에서 인간 자신의 형상을 따라 하나님을 만든다고 비판한다. 따라서 시대의 징표를 읽는 것이 신학의 중요한 임무이며, 신학에서 역사가 핵심임을 강조한다.[8] 본 협의회는 18세기, 19세기 서구 신학이 기독교 신앙과 현대 신학 사이의 공존 불가능함에 대해서는 대화했지만, 기독교 신앙과 자본주의 사이의 공존 불가능에 대해서는 대화하지 않았음을 비판했다. 제3세계 신학은 이 문제를 중심에서 다뤄야 한다.[9] 아시아 사회는 식민지 시대로부터 독립했지만, 교회는 아직도 제국주의 분위기에 휩싸여 있다. 아시아 교회는 영성적으로, 사회적으로 아직 선교기지와 같다.[10] 1%에 불과한 성직자가 교회의 모든 결정권을 갖고 99%의 평신도는 단지 따르기만 하는 것은 잘못되었다.[11]

---

6 Sergio Torres & Virginia Fabella, M. M.(eds.), *The Emergent Gospel.*, 259-271.

7 *Ibid.*, 50-51.

8 *Ibid.*, 101-113.

9 *Ibid.*, Introduction, xiv.

10 *Ibid.*, 130.

2. 제2차 국제 대회(Accra, 1977)

제2차 대회부터는 차례로 세 대륙의 현실과 교회 현황과 신학함에 대해 다뤘다. 첫째 순서가 아프리카였다. 가나 아크라에서 1977년 12월 17일부터 23일까지 개신교, 로마가톨릭, 정교회 등 95명이 모였다. 아프리카는 식민주의가 종식된 후 신식민주의와 백인 소수 정권이 등장했다. 독립 이후 아프리카 국가의 문제는 국가 권력의 남용과 우호조약이나 개발원조로 위장한 동맹에 의해 국가 권력의 억압적 구조가 영속화하고 있다. 다국적 기업이나 국가 권력의 남용으로 국가가 분열에 빠지기도 하고, 군사주의가 영속화하기도 한다. 이로 인해 많은 사람들이 죽거나 구금되고 난민으로 자기 땅을 떠났다. 아프리카 선교교회는 교육을 길들임의 도구로 사용해 왔다. 그러나 아프리카 교회의 기초는 아프리카 공동체의 생동성에 있다. 아프리카 전통 방식에는 성과 속의 이분법이 없다. 성은 속의 상황에서 경험된다. 아프리카 사회에 대한 이런 건강한 이해 방식이 교회에 의해 받아들여져야 한다. 이 대회의 중요한 지적 중 하나는 전통 종교에 내재하는 가치를 복음을 준비하는 것으로 본 것이다. 아프리카 전통 종교와 문화의 생동력은 자유와 정의의 국가를 형성하고 발전시키는 데 영감을 제공할 수 있다. 억압과 해방 투쟁 경험을 성찰한 남아공의 흑인 신학이 주목을 받았다. 이들은 신학의 자원으로 성서와 기독교 전통 이외에도 아프리카 인류학, 전통 종교, 독립 교회 등을 꼽았다. 아프리카 민중의 해방 투쟁에 헌신하는

---

11 *Ibid.*, 29.

아프리카 신학에는 문화적 포로로부터 민중 해방을 다루는 상황신학, 문화뿐 아니라 정치, 경제 구조, 지배적인 매스컴으로부터 해방될 것을 추구하는 해방신학, 성차별에 저항하는 여성 해방신학 등이 있다. 이런 신학들은 사회분석과 성서적 성찰을 함께 다루는 간 학제적 방법론을 필요로 한다.[12]

아프리카 신학자의 과제는 영적 헌신, 지적 요구, 사회적 헌신, 교회적 참여 등이다.[13] 아프리카 신학의 자원은 기록된 신학, 구전 신학, 상징 신학 등이다.[14] 서구 교회가 제3세계에서 실패한 이유는 교회가 희랍 세계에서는 희랍적이 되었지만, 아랍 세계에서 아랍식이 되기를 거부했고, 인도 세계에서 인도식이 되기를 거부했고, 흑인 세계에서 흑인식이 되기를 거부한 데 있다.[15] 아프리카의 인간 개념은 역동적이다. 인간이 세계와 사회에 통합되어 있는 한, 그는 참 인간이다. 따라서 우주의 운명과 인간의 운명은 서로 연결되어 있다.[16]

3. 제3차 국제 대회(Wennappuwa, 1979)

스리랑카의 웨나푸와에서 1979년 1월 7일부터 20일까지 80명이 참석하여 아시아를 초점에 두고 제3차 대회를 열었다. 남자가 62명,

12 Kofi Appiah-Kubi & Sergio Torres(eds.), *African theology en route* (Maryknoll, New York: Orbis Books, 1981), 190-195.

13 *Ibid.*, 74-75.

14 *Ibid.*, 84.

15 *Ibid.*, 26.

16 *Ibid.*, 139.

여자가 18명이었다. 대부분 개신교와 가톨릭교 신자였다. 주교, 목사, 신부, 평신도, 신학자, 행정가, 학생, 사회행동가, 로마가톨릭 추기경, 정교회 주교, 회교도 교수, 공장 노동자 등 다양한 사람들이 참여했다. 대회의 주제는 "온전한 인간을 위한 아시아의 투쟁: (상황에) 적합한 신학을 위하여"이다. 이 주제의 두 가지 전제는 첫째, 서구 지향적 신학은 더 이상 아시아 기독교인에게 의미가 없다. 둘째, 현대 아시아인에게 신학이 의미가 있기 위해서는 아시아 민중의 구체적 경험에 근거해야 한다. 그래서 이런 주제와 관련해 귀납적 사례연구 접근 방식을 도입했다. 스리랑카 교회는 다양한 활동 그룹 가운데 주제에 적합한 활동 단체를 선정하여 투쟁을 분석하고, 현실 경험을 분석하며, 신앙의 관점에서 성찰하게 했다(1978년 3~12월). 다음으로 6가지 현장 가운데 대회 참석자들이 4일간 현장 체험(1979년 1월 8~11일)을 하게 한 후 그것을 본 대회(1월 12일~20일)에 보고하게 했다.17

아시아는 가난과 풍요가 공존한다. 이런 극단적인 불균형은 국가 내부와 외부 세계에 의해 계속되는 아시아 지배의 결과다. 자본주의의 지배 결과로 모든 사물이 시장에서 사고팔 수 있는 상품이 되었다. 모든 생산 과정과 방법이 초국적 기업의 결정에 따라 이뤄진다. 한편 사회주의 영향력이 아시아에서 확대되고 있다. 사회주의는 착취하려는 본능으로부터 내적 해방이 되지 않으면 완전한 것이 아니다. 아시아 민중의 해방 투쟁에 연대하는 것은 민중 문화 속에 완전히 잠길 때만이 효과적일 수 있다. 모든 인간의 해방은 사회적이며 동시에 개인적이다.

---

17 Virginia Fabella(ed.), *Asia's Struggle for Full Humanity: Towards a Relevant Theology* (Maryknoll, New York: Orbis Books, 1980), 3-9.

그런데 종교와 문화의 사회적 기능은 모호하다. 양자 모두 해방의 기능도 있지만 현상 유지를 합리화시키는 기능도 할 수 있다. 아시아에서 '법과 질서 수호'는 값싼 노동력과 외국 자본에 의한 무제한의 착취를 가능하게 한다. 국가 엘리트에 의해 독점된 산업 영역은 지방 주민들의 필요에 부응하지 않는 상품을 생산하여 외국에 수출하는 수출주도형 경제를 낳는다. 이런 경제는 외국 자본과 기술에 크게 의존하고, 불공정 무역 관계와 외채 등에 과도하게 의존하다가 통제력을 잃게 된다. 국제은행과 초국적 기업이 아시아 정치와 경제의 새로운 주인이 되었다. 아시아 다수 국가는 농업 잠재력이 풍부한 데도 농업 부문의 약화로 식량 수입국으로 전락하고, 그 상황이 갈수록 악화하고 있다. 청년들은 실업 증가로 고통을 받으며 도시로 이주한 후에는 소비문화의 희생자가 된다. 교육은 청년에 대한 지배를 영속화하는 역할을 한다. 여성은 가부장제와 가난 속에서 이중적 억압을 받는다. 매스컴은 비인간적, 개인주의적 소비주의 문화를 전파한다. 도시화와 산업화가 아시아에 큰 충격을 주며, 환경 공해물질이 아시아를 뒤덮고 있어 생태학적 불균형이 심화되고 있다. 이런 흐름에 투쟁하며 동반하는 폭력의 메시지를 교회는 충분히 이해하지 못하고 있다.

이런 아시아 상황에 적합한 신학이 되기 위해서 신학의 첫째 행동은 헌신이다. 가난한 자들, 억압받는 자들은 자기 운명을 스스로 만들도록 하나님으로부터 부름을 받았다. 신학이 해방적이 되기 위해서는 해방적 의식을 지닌 아시아의 가난한 자들로부터 나와야 한다. 가난한 자들은 성서학자, 사회과학자, 심리학자, 인류학자 등의 도움을 받아 신학함에 참여해야 한다. 아시아 전통 종교의 통찰과 가치를 아시아 신학에 통합시켜야 한다. 이때 통합이 일어나는 차원은 지적인 차원이 아니라 민중 해방의 투쟁과 헌신의 차원에서 이뤄져야 한다. 아시아의 전통 종교는 해방을 인간 내면의 이기심으로부터의 해방과 사회의 이기심으로부터 해방 등 양면적으로 본다. 또 아시아 전통 종교는 개인적 삶의 회심에 대해 강한 동기를 부여한다. 아시아 신학은 '토착화', '문화화'에 대해 문제를 제기한다. 해방적이 아니면 진정한 토착화 신학이 될 수 없다. 즉, 억눌린 자의 투쟁에 참여함이 아시아의 신학이 해방적이면서도 토착적이 되는 것을 보증한다. 해방에 상응하는 영성은 착취제도로부터 탈출하고, 그 과정에서 지배 질서로부터 주변화되고, 위험을 감수하고, 민중 투쟁에 적극 개입하는 속에서 내적 평화를 맛보는 것이다. 아시아 신학의 앞으로의 과제는 민중 투쟁에 적극 참여함을 통해 아시아 현실이 해를 심화시키는 것, 사회와 교회 구조와 우리 자신을 변화시키는 것, 아시아 민중의 투쟁에 참여하면서 아시아 상황에 적합한 신학을 발전시켜야 하며, 국가적으로, 국제적으로 연대를 이뤄야 하며, 목회자의 생활 방식에 변화를 가져오게 해야 한다.[18]

아시아인은 아시아의 독립적인 사고를 거부해 온 제1세계 기독교인 들에 대해 자신들이 '타자'가 될 권리가 있음을 주장해야 한다.[19] 그리고 상황을 분석할 때 문화종교적 차원이 사회경제적 차원과 함께해야 함을 발견했다. 타종교와의 관계는 대화를 넘어서서 보다 정의로운 사회를 위해 협력하는 행동의 수준으로 나아가야 한다.[20] 새로이 부상하는

---

18 *Ibid.*, 152-159.

19 *Ibid.*, 140.

20 *Ibid.*, 12.

신학 가운데 여성의 시각을 갖지 않는 그 어떤 신학도 상황에 적합한 신학이라고 할 수 없다.[21] 기독교가 아시아에 와서 실패한 주요 원인의 하나는 맘몬과의 결합이다.[22]

4. 제4차 국제 대회(São Paulo, 1980)

브라질 상파울루에서 42개 국가 180명이 참석한 가운데 1980년 2월 20일부터 3월 2일까지 라틴 아메리카를 초점으로 제4차 대회가 열렸다. 이 대회의 출발점은 제3세계 교회의 징표인 기초교회공동체의 경험이다. 대회의 본질과 정신은 "하늘과 땅의 주님이신 아버지, 이 일을 지혜 있고 똑똑한 사람들에게는 감추시고, 어린아이들에게는 드러내어 주셨으니 감사합니다"(마 11:25)로 복음서에 나타나 있다. 신학함은 하나님의 백성들이 지닌 공동의 희망에 대해 이유를 제공해야 한다. 가난한 자, 억눌린 자들이 하나님의 말씀을 들을 준비가 가장 잘 된 자들이기 때문에 우리는 그들의 지혜와 이해에 귀를 기울여야 한다. 이러한 태도는 우리의 근원적인 회개를 요구한다. 대회는 참여자들의 경험을 나누고, 라틴 아메리카 대륙의 지배에 대해 분석하고, 대중운동과 기독교인의 참여를 다룬 후 기초교회공동체의 교회론적 중요성을 다룬다.[23]

---

21 *Ibid.*, 15, 각주 30.
22 *Ibid.*, 82.
23 Sergio Torres & John Eagleson(eds.), *The Challenge of Basic Christian Communities* (Maryknoll, New York: Orbis Books, 1981[1982]), 2-8.

라틴 아메리카 지배 구조는 종속 자본주의의 틀, 군비경쟁, 국가안보 이데올로기, 경제의 초국가화와 초국적 금융기업에 의해 부자 국가를 위한 정치적 의사결정에 따른 외채 급증 등으로 이해하고 있다. 이런 지배에 대해 라틴 아메리카 민중은 생존권을 지키고, 인종적, 문화적 정체성을 지키기 위해 투쟁을 벌이고 있다. 그런데 우리 시대의 새로운 특징은 가난한 자들이 지배와 수탈의 역사에 침입하고 있다는 사실이다. 그들은 역사에서 익명으로 존재하거나 존재하지 않는 것으로 여겨졌다. 그들은 이제 스스로 얼굴을 드러내고, 자신의 입으로 말하고, 스스로를 조직하여 투쟁한다. 가난한 자들은 세상의 지배 질서를 향해서만이 아니라 교회를 향해서도 침입하고 있다. 교회는 그들을 통해 하나님의 은혜와 심판을 경험하고 있으며, 회심의 계기를 갖게 되었다. 민중들의 투쟁 속에서 교회는 자신의 정체성과 사명을 재발견한다. 이런 흐름 속에서 다양한 기초교회공동체가 형성된다. 이런 공동체에서 그들은 저항과 투쟁과 희망의 공간을 발견한다. 민중은 거기서 해방자 하나님에 대한 신앙을 축하하고, 사랑의 정치적 차원을 발견한다. 기초교회공동체는 의식을 고양하고, 대중을 교육하고, 문화적 가치 발전을 통해 가난한 자들 속에서 해방 목회를 한다. 해방적 목회는 복음화, 예언, 목회적 돌봄, 성례전 집행의 사명을 통합한다. 출애굽, 팔복 선언, 최후의 심판 기준 등 성서가 보여 주는 것은 가난한 자들의 해방을 위한 투쟁은 역사 안에서 하나님의 구원 행동의 징표라는 점이다. 그러나 역사 안에서 나타나는 하나님의 구원 사역은 하나님 왕국의 불완전하고 잠정적인 씨앗으로 체험될 뿐이다. 복음화는 가난한 자에 대한 우선적 선택의 관점에서 수행된다. 프에블라 문서는 가난한 자들이 지닌 복음화시키는 잠재력에 대해 언급했다. 억압받지만 가난한 자들은 자신의 여정과 투쟁 속에서 하나님의 왕국의 현실을 선포하고 보여 준다. 그들에게는 하나님 왕국의 비밀이 계시되었기 때문에 복음화를 수행할 수 있다(마 11:25-27). 복음화의 중요한 주제는 기초교회공동체이다. 기초교회공동체는 가난한 자들의 문화, 언어, 인종, 성의 해방을 통해 대중을 하나님의 백성으로 변형시키는 과제를 수행한다. 하나님의 계획에 의하면 부자, 권력자들이 구원을 받으려면 민중으로부터 복음을 배워야 한다. 기독교인들과 교회로 하여금 복음화시키는 정치적 헌신과 신학적 성찰로 나아가게 하는 원초적 경험이 기독교 영성이다. 신앙과 삶, 기도와 행동, 헌신과 일상의 노동 사이의 이분법을 극복하는 기독교 영성을 회복해야 한다.[24]

1979년 10월 1일부터 5일까지 멕시코에서 라틴 아메리카 8개국에서 온 여성 20명과 4명의 남성이 모여 세미나를 열었다. 세미나의 주제는 "라틴 아메리카 여성: 프락시스와 해방신학"이었다. 놀랍게도 라틴 아메리카 여성들이 자신들의 상황에 대해 체계적으로 반성한 첫 번째 모임이었다. 여성들은 억압, 착취의 대상이다. 원주민 인디언 여성인 메스티자 여성과 흑인 여성은 인종차별을 당한다. 여성은 결혼 후 가정에서 불평등한 역할 분담을 맡고, 정치적 역할을 남성에게만 맡기는 마초 이데올로기에 의해 성차별에 대항하지 못한다. 부르주아 이데올로기에 의해 여성은 대상, 장식물의 취급을 받는다. 자본주의 이데올로기에 의해 여성은 소비의 주체와 소비의 대상으로 여겨진다. 매스컴은

---

24 *Ibid.*, 231-241.

여성을 주변화, 소외, 의존의 대상으로 그린다. 교회의 구조 역시 여성에 대한 남성의 지배를 정당화함으로써 억압을 강화한다. 교회는 여성의 해방 운동을 지지하지 않고 반대한다. 교회의 지도자들은 부르주아 여성을 통해 기존 사회계급을 유지시킨다. 그러나 라틴 아메리카의 혁명과 사회변화는 여성의 참여 없이는 불가능했다. 베트남, 중국, 쿠바, 니카라과의 경우 혁명에 대한 여성의 기여는 결정적이었다. 특히 여성들은 권력에 대한 열망 없이 완전하게 혁명에 투신했다. 혁명적 실천 과정에 헌신한 여성들은 거룩함의 새로운 길을 발견했다. 그들의 영적, 신비적 승리에 대한 신앙이 혁명의 성공에 기여했다. 여성들은 민중 중심의 교회를 건설하는 데 기여했다. 민중의 교회는 선택이 아니라 전체 공동체의 소명이다. 제도 교회와 민중의 교회를 대립시키는 것은 무의미한 일이다. 그리스도인들이 신앙의 빛에서 사는 한, 민중 운동과 연대하고 그 운동에 충실한 길은 거룩함에 이르는 길이 된다. 민중 운동은 부활하신 주님의 능력을 드러내고 있기 때문에 민중 운동은 신학적 자료로 취급되어야 한다. 기독 여성들은 신학 활동의 한 주체다. 민중의 교회가 진보를 이루고 해방신학이 성숙하려면 여성의 상황에 뿌리를 둔 요소들이 신학 작업에 통합되어야 한다. 성서가 어떻게 여성의 관점에서 신학을 정교하게 만드는 데 자원이 될 수 있는가에 기독 여성들은 관심을 갖는다. 그들의 기독론에서 핵심은 기독론과 마리아에 대한 이해다. 마리아는 하나님의 나라의 대의를 위해 자신을 헌신했고, 마리아의 찬가를 통해 민중 해방의 과정에서 여성의 역할을 요약했다.[25]

---

25 *Ibid.*, 24-36.

원주민들은 땅을 소유하면 안전감을 느끼고 생명을 가졌고 자신을 인간으로 느끼지만, 땅을 빼앗겼을 경우에는 민중으로서의 정체성을 빼앗긴 것으로 느꼈다. 땅은 그들의 어머니와 같아 그들에게 모든 것을 제공한다. 땅을 손상시키면 하나님에게 해를 입히게 된다. 원주민이 조직을 하면 죽임을 당하거나 감옥에 간힌다. 그들은 원주민을 배반하는 원주민을 보는 것을 한탄한다. 그들은 개신교에 기반을 둔 카리스마 운동을 농민, 노동자의 진보에 대한 적으로 생각한다. 그들은 자신의 문화가 없어지면 생존도 불가능하다고 여긴다. 그들은 자기 문화의 본질을 평등, 일치, 공동체라고 본다. 그들은 다른 원주민들과 연대를 맺기를 바라며, 이런 연대가 그들 자신의 정체성을 상실하게 하기보다는 더 강조한다고 본다. 그런데 개신교 종파는 그들의 일치를 방해하고 분열하게 만든다. 대다수 가톨릭 사제와 교인들은 대토지 소유자를 지지한다. 그러나 상당수의 신부, 주교, 신자들이 인디언의 대의를 위해 헌신하고 순교하기도 했다.[26]

5. 제5차 국제 대회(New Delhi, 1981)

인도 뉴델리에서 1981년 8월 17일부터 29일까지 27개국에서 50명이 참석한 가운데 제5차 대회가 열렸다. 참석자들은 아시아, 아프리카, 라틴 아메리카, 미국 내 소수 그룹과 미국과 유럽에서 온 참관자들이었다. 본래 대회의 목적은 서로의 공통점과 차이점을 확인하고, 지난 5년

---

26 *Ibid.*, 39-45.

간의 활동을 종합하여 제3세계 신학을 하나로 기술하려는 것이었지만 이 대회를 통해 참석자들은 아직은 시기상조라는 것을 깨달았다. 이번 대회는 그런 작업을 하기 위한 준비과정으로서 첫 번째 5년의 시기로부터 또 다른 5년의 새로운 프로그램의 전환기로 인식했다. 대회 주제인 "제3세계의 침입: 신학에의 도전"은 새로운 시대가 동트고 있음을 보여준다. 비록 제3세계는 가난과 억압을 특징으로 삼고 있지만, 서유럽 국가들과 서구 문명의 지배에 저항하고, 그런 지배가 쇠퇴함을 보여주는 것이 제3세계의 침입이다. 신학에 대한 도전은 제1세계 지향적인 신학에 도전하며, 신학적 갱신과 사회변화라는 이중의 역할을 제3세계 신학자들은 감당해야 함을 의미한다. 이제까지 본 협의회는 제3세계 신학을 상황적이며, 해방적이며, 성서적 기초 위에 서 있으며, 에큐메니칼하게 받아들였다. 그 방법은 귀납적이고, 가난한 자와 억눌린 자들의 신앙 체험에서 시작되며, 전통적인 서구 신학을 제3세계에 적합하지 않은 것으로 거부했다. 그 상황은 사회경제·정치적인 차원과 종교문화적인 차원을 모두 포함한다고 본다. 해방은 개인적이며 사회적이다. 그런데 이번 대회에서 이제까지 합의를 본 것으로 여겼던 단어들 사이의 뉘앙스 차이가 드러났다. 각 단어를 제3세계 신학자들이 자신의 경험, 상황, 역사에 따라 조금씩 다르게 이해한 것을 알 수 있다. 또 서구 신학과 서구의 지배를 거부하면서 어떻게 서구의 언어로 제3세계 신학자들이 의사소통을 하는가 하는 문제도 제기되었다. 그럼에도 불구하고 그들의 공통점은 생명의 하나님과 생명의 왕국에 대한 신앙이다.[27]

---

27 Virginia Fabella & Sergio Torres(eds.), *Irruption of the Third World: Challenge to Theology* (Maryknoll, New York: Orbis Books, 1983), preface, xii-xvi.

20년 전에 비해 제3세계 가난한 사람들의 삶의 조건이 더 악화되었다. 본 협의회조차 여성들의 신학에 대한 기여는 아직은 미미한 편이며, 본 협의회 역시 남성 중심의 조직이라는 자기비판이 나왔다. 지배계급의 문화와 이데올로기는 공교육과 매스컴을 통해 사회화된다. 서방의 기술은 제3세계를 통제하는 또 다른 무기가 된다. 경제 분야에서는 새로운 국제 경제 질서(New International Economic Order)를 대안으로 제시한다. 가난한 자들은 교회의 정체성과 선교에 대해 의문을 제기한다.28

제3세계의 침입은 비기독교 종교의 침입이다. 그런데 이제까지 제3세계 신학의 맥락은 라틴적이며 기독교적인 상황에 머물고 있다. 마르크스의 공산당선언도 '진보'와 '문명'을 '동양의 서구화'와 단순히 동일시하고, 시골을 도시화하며, 농민을 프롤레타리아화한다고 여긴다. 그래서 마르크시즘은 유럽 중심적이고, 문화 식민주의적이라고 비판을 받았다. 가난한 자들은 지구상의 자본 축적적 금권정치의 쓰레기 산물과 같다. 그런데 제3세계의 가난한 자들인 농민과 프롤레타리아는 대부분 전통 종교의 맥락 안팎에서 비경전적 종교성의 담지자이다. 따라서 이런 종교에 대해 제3세계 신학자들은 마땅히 주의를 기울여야 한다. 그런데 제3세계 민중들은 자신의 종교적 역사 맥락에서 문화적 양태를 따른 전망에 의해 마음 깊이 감동되지 않으면 대가를 지불해야 하는 모험에 자발적으로 참여하지 않으려 할 것이다. 종교는 개인의 자기 정화라는 미시적, 윤리적 관심(문화적 혁명)을 사회정치적 카타르시스라는 구조적 혁명에로 비춰본다. 혁명, 종교, 우주적 진화에 대한 통합적

---

28 *Ibid.*, 6-9.

관점은 제3세계 신학자들이 기술, 진보와 근대화에 대한 이해에 제3세계적 차원을 수용하게 한다.[29]

본 협의회는 여전히 가난과 억압을 제3세계의 가장 두드러진 특징으로 보았다. 제3세계가 겪는 이중의 억압은 국가적 차원과 국제적 차원이 있다. 공통점은 공익을 희생시켜 소수의 이익을 극대화하는 점이다. 그 결과 때 이른 죽음이 제3세계에 도래한다. 가난은 가난한 자뿐 아니라 부자도 비인간화한다. 그들은 많은 가난한 사람들의 고통으로부터 이득을 보고, 그들의 생명의 요구에 무감각해진다. 계급 억압 이외에도 인종, 피부색, 성, 카스트에 의한 다양한 차별이 있다. 여기에 인류학적 가난, 문화적 가난이 보태진다. 식민주의로 인해 억압받는 자들은 정체성과 창조성을 상실했다. 식민주의는 그들의 공동체 생활과 조직, 토착적인 가치와 종교적 신앙과 전통문화를 파괴했다. 가난과 억압은 정체성과 존엄성, 인격성을 부정할 뿐 아니라 문화 전체와 종교 자체를 말살한다. 이러한 결과는 현재 경제적, 문화적 신식민주의에 의해 지속되고 있다. 미국 내 소수 그룹은 '내적 식민지'로서 억압을 당하면서도 제1세계와 동일시된다. 제3세계에서 신앙의 반대는 무신론이 아니라 우상숭배다. 그러나 경기침체, 인플레이션, 대량실업 등 위기의 징후 등이 나타나고 있다. 그리고 자본주의 문화의 위기도 등장한다. 청년들의 불안정, 극단적 개인주의, 알코올 중독, 마약 중독, 폭력, 자살률 증가, 낭비적 삶의 태도 등이다. 이에 대해 참석자들은 여전히 많은 문제가 있지만 사회주의가 대안이라고 했다. 핵전쟁의 위험이 인류를 전멸의 위기로 몰아가

---

29 *Ibid.*, 113-134.

고, 군비경쟁과 핵 발전소 건설은 자본주의 체계의 새로운 위기의 징후다. 군비경쟁이 빚은 후유증은 사회주의 국가들에 심각한 위기를 초래하고 있다.

이런 상황에서 새로운 의식이 등장한다. 착취당하는 계급, 무시당하던 인종들, 역사의 희생자들이 서구의 지배자를 향해 침입한다. 이러한 침입은 혁명 투쟁, 정치적 반란, 해방 운동으로 표현된다. 차별당하던 인종들이 자신의 참된 정체성을 긍정하려 하고, 여성이 인정과 평등을 요구하고, 청년들이 지배 체제와 가치에 저항한다. 온전한 인간을 위해 투쟁하고, 역사에서 정당한 자리를 찾기 위해 투쟁하는 모든 사람이 역사에로 침입하고 있다. 제3세계 가난한 자들은 대부분 타종교인이기에 타종교인의 침입이라고 할 수 있다.

이데올로기적으로 제3세계 신학자들은 여전히 사회주의가 자본주의보다 복음의 가르침에 더 가깝다고 본다. 공식적 주류 교회의 신학은 서구적이며, 제3세계 상황에 거의 적합성이 없다. 그런 신학은 개인적 영성과 선교적 확장에 자극을 주었지만, 제1세계의 사회적 문제와 제3세계의 도전에 응답할 수 없었다. 지난 5년 동안 가장 큰 변화 중 하나는 제1세계 신학자가 처음으로 '유럽' 신학이라는 표현을 사용한 점이다. 부상하는 신학 방법론의 요소는 민중을 위한 행동과 침묵하는 명상, 해석학적 원리로서의 성서, 사회분석, 민중의 삶을 이해하는 문화적 측면과 사회경제적 측면 등이다. 기독교가 아시아의 전통 종교로부터 배울 것 중 하나는 자발적 가난과 단순한 생활 태도가 자본주의 소비주의와 맘몬 우상숭배의 해독제가 된다는 점이다. 복음을 둘러싼 서구적, 엘리트주의적인 포장을 벗겨서 가난한 자, 억눌린 자들의 문화적 용어로 복음을 새롭게 표현해야 한다. 타종교와의 대화와 만남을 통해 상실된 정체성과 생명을 부여하는 가치를 회복해야 한다. 하나님의 왕국과 새로운 영성은 자신들의 문화와 해방 투쟁에서 오는 영감을 통해 기초교회공동체에 의해 새롭게 경험된다.

그러나 가난한 자의 침입은 저절로 정의의 승리로 이끌지 않는다. 본 협의회는 앞으로 5년간 프로그램 목표와 우선권을 투쟁 과정에 부여하고 거기에 우선권을 둔 신학함, 사회경제적 측면과 종교문화적 측면을 종합하는 신학함, 여성의 투쟁을 신학 내에서 신학을 통해서 하고자 한다. 구체적인 방법으로는 대륙 단위의 활동위원회 구성, 특정 그룹과 국제적 대화, 마지막 5년째에 대륙 간 대회와 총회를 하기로 했다. 앞으로의 과제는 제1세계 신학자들과의 대화, 종교와 문화에 대한 대륙 간 활동, 여성 문제에 대한 신학대회, 제3세계 신학자 간 교류 프로그램 등이다.[30]

6. 제6차 국제 대회(Geneva, 1983)

1983년 1월 5일부터 13일까지 스위스 제네바에서 80명이 모여 제6차 대회를 열었다. 6차 대회는 5차 대회가 선정한 과제 가운데 하나인 제3세계 신학자와 제1세계 신학자 사이의 대화에 초점을 맞췄다. 대회는 세 단계로 나뉜다. 첫째 단계는 투쟁과 관련된 자신의 경험을 나누는 이야기 나눔 시간이다. 이런 이야기들을 토대로 현실을 분석하는 것이

---

30 *Ibid.*, 192-205.

둘째 단계이고, 이 현실 분석에 맞춰 신학적 재구성을 하는 것이 마지막 단계다. 제1세계 신학자들은 점증하는 평화운동에 대해 많은 이야기를 했다. 그런데 이야기 나눔을 통한 신학함이라는 대회의 접근 방식에 대해 반응이 엇갈렸지만, 그 반응이 제1세계와 제3세계로 나뉘지는 않았다. 일부 제3세계 신학자는 이런 접근 방식을 불편하게 느꼈고, 일부 제1세계 신학자들은 이런 방식에 편안함을 느꼈다. 사회분석은 억압의 원인을 밝히는 데 도움을 주며, 기독교인들로 하여금 변화의 전략과 구조적 개혁을 통해 이웃을 사랑하게 한다. 대회의 본래 계획은 인종차별, 성차별, 계급주의에 대한 분석을 하려 했다. 그러나 참석자들이 문화의 역할을 강조하며 그에 대한 분석이 필요하다고 해서 일정이 조정되었다. 인종차별은 비인간화와 경제적 착취를 수반한다. 계급분석은 사회관계의 문화적, 종교적 차원을 무시하고, 인종차별과 성차별을 적절하게 설명하지 않으며, 이들과 계급주의 상호관계를 설명하지 못한다고 비판했다. 주목할 것은 참석자들이 사회주의를 새로운 형태의 지배와 착취라고 비판하고, 해방의 희망을 배반한 것으로 보며, 사회주의에 대한 환상을 깨뜨린 점이다. 이는 이제까지 사회주의를 자본주의에 대한 유일한 대안으로 여긴 태도로부터 결정적 변화라고 하겠다. 대회는 사회분석 작업에 종교와 문화를 포함시켜야 한다고 강조했다. 아프리카의 인류학적 가난에 주목해야 하고, 서구 문화에 대한 강요(개인주의, 경쟁, 권력투쟁)에 투쟁해야 한다. 과거에 서구 문화의 지배는 서구 팽창의 결과였다. 최근 서구화는 기술 지배 사회의 형태로 소비주의 정신을 확산시킨다. 따라서 문화제국주의에 대한 투쟁은 모든 해방투쟁의 내재적인 측면이다. 대회에서 여성의 억압에 대해 논의할 때 남성 그룹의 반응은 자기반성으로부터 의제로서의 무의미함을 주장하기까지 다양하다. 그러나 성차별은 여성의 문제만이 아니라 남성의 문제이기도 하다. 한 사회 안에서 기초적 인간관계의 문제로서 성차별을 보아야 한다.

현대의 우상들로서는 소비주의, 자유시장, 국가안보 등으로 규명했다. 세상을 분열시키는 깊은 사회적 갈등의 핵심에는 '신들의 전쟁'이 있다. 갈등의 복잡성 때문에 지구 지배 체제를 유지하는 거짓 신으로부터 억눌린 자 편에 서는 참된 하나님을 구별하는 것이 어렵다. 최근에 일어나고 있는 일부 종교 운동도 거짓 신을 조장한다. 널리 사용되고 있는 발전 전략도 보다 심각한 기아와 가난, 군사주의, 고문 사용 등을 초래하는 우상에 대한 변함없는 충성이 될 수 있다. 현재의 경제체제는 계시록의 짐승으로서, 지상을 실업, 가정파괴, 기아와 헐벗음, 절망과 죽음, 공해로 뒤덮고 있다. 이런 체제는 피지배자들에게 이질적인 문화를 강요한다. 부에 대한 무한정의 탐욕 속에서 경제체제는 사람들을 희생시키고 있다. 희생자들은 대부분 제3세계 사람들이지만, 제1세계 사람들도 점차 증가하고 있다. 이 짐승은 피의 학살을 위해 울부짖는 괴물로서 탱크, 야포, 핵무기, 컴퓨터화한 미사일, 레이더 체계, 인공위성의 모습으로 인류를 멸절의 위기로 몰아넣고 있다.

제3세계 신학의 방법론은 오늘날 가난한 자, 억압받는 자들의 역사적 투쟁에 하나님께서 현존하신다는 인식에서 비롯된다. 해방신학이 신학을 이데올로기로 환원시켰다는 비판은 잘못되었다. 이러한 비판은 모든 신학이 인간적 성격을 갖고 있다는 점과 비판자가 부자와 권력자를 위한 이데올로기적 선택을 했다는 점을 위장하기 때문이다. 가난한 자에 대한 선택은 하나님의 선택이기 때문에 우리의 선택이 되어야 한다. 신학이 억눌린 자의 역사와 문화에 현존하시는 하나님을 증거하는 기독교 공동체에 의해 수행되는 것이기 때문에 이런 의미에서 모든 그리스도인은 신학자다. 그런데 신학자 가운데에는 해방 투쟁을 하는 대중보다는 지배 엘리트에게 자신을 동일시하는 자들이 많다. 그러나 제3세계에서 진정한 신학자는 억압의 구조를 문화적, 사회적으로 신성시하는 데 사용되는 이데올로기를 마치 하나님의 뜻을 반영하는 것처럼 보이게 하는 우상숭배를 규명하는 자들이다. 그리고 역사적 예수상을 회복하여 그에 기초한 새 사람과 새 하늘, 새 땅을 향한 새로운 사회건설을 제시하는 사람들이다. 신학에 대한 이러한 재해석이 전복적 희망과 가난한 자들의 기쁨의 기초가 된다. 계시의 자원인 타종교와 대화하는 것은 신학이 우리 시대에 적합하려면 필수적이다. 자본주의 사회에서 발전된 영성은 공격적 개인주의, 탐심, 지구에 대한 적대감, 무자비한 경쟁, 위계질서 훈련, 엘리트주의 등이다. 예수의 인격에 토대를 둔 새로이 부상하는 영성은 총체적 인간 발전, 인간 필요에 개방, 지구와 그 자원에 대한 사회적 책임, 조화로운 협동, 조정된 참여, 금욕주의의 가치 등이다. 지난 150년간의 유럽 신학은 계몽주의와 자본주의의 등장에 맞선 엘리트들의 대응이었다. 이제 유럽 중심적 기독교가 끝나고, 교회와 사회에서 제3세계 기독교와 신학의 영향이 시작되고 있다. 여성이 주도한 폐회 예배에서 참석자들은 남녀가 대등한, 권력과 권위가 민중을 위해 봉사하는 새로운 교회를 미리 맛보았다.[31]

---

31 Virginia Fabella & Sergio Torres(eds.), *Doing Theology in a Divided World* (Maryknoll, New York: Orbis Books, 1985), 180-193.

본 협의회의 초기부터 제1세계 신학에 대해 부정적이거나 제3세계 신학에 부적합하다는 반응이 있었다. 제3세계 신학자들은 지배 세력에 대항하는 민중 투쟁의 현장이 하나님을 보다 잘 이해하고 경축하고 선포할 수 있는 장소임을 깨달았다. 이곳이 신학함의 새로운 현장이다. 그들은 민중을 신자와 비신자로 분류하지 않고, 억압자와 피억압자로 분류한다. 또 그들은 그동안 사회분석이 부분적이고 단편적임을 인정했다. 억압과 해방을 위해 사회를 분석할 때 필요한 것은 사회경제적 측면뿐 아니라 문화종교적 측면에 대한 분석이다. 이와 같은 통전적 분석에 대한 공감대 형성이 제3세계 신학에 있어서 전환점이 되었다.[32]

도로테 쮈레는 계몽주의의 기독교와 교회에 대한 영향이 제한적임을 지적하면서, 문제 영역으로 성차별, 자본주의, 군사주의 등을 지적했다. 그녀는 남아공에서와 같은 인종차별의 문제를 제기하며, 제3세계 형제자매들이 서구 기독교와 같은 사고와 느낌, 찬양과 기도, 성서 읽기, 신학함을 따르지 말 것을 권유했다.[33] 요한 뱁티스트 메츠는 서구 중심적인 기독교 시대가 끝나고 있음을 지적했다. 그동안 서구 기독교는 종교개혁, 계몽주의, 프랑스 혁명, 미국 혁명, 기술문명, 세속화, 자본주의 등에 영향을 받아 왔다. 그러나 서구 기독교는 그 영역을 사적인 영역으로 축소시키고, 합리주의적 환원주의로 인해 상징의 중요성을 부정함으로써 기독교의 위기를 초래하게 했다. 문화적 다원주의를 포용한 기독교(로마가톨릭)에 대해 그는 그러한 문화적 다원주의가 저항·해방의 문화에 뿌리를 둘 때만 평화의 문화에 기여할 수 있다고 했다.[34]

---

32 *Ibid.*, preface, x-xiv.
33 *Ibid.*, 79-82.

7. 제7차 국제 대회, 제2차 총회(Oaxtepec, 1986)

본 협의회의 제7차 국제 대회가 멕시코 옥스테펙에서 1986년 12월 7일부터 14일까지 55명이 참석한 가운데 열렸다. 대회의 주제는 제3세계 신학들 사이의 공통점과 차이점을 규명하고, 상호 수정의 요소가 무엇인지를 규명하는 것이었다. 멕시코는 전통문화, 식민지 문화, 현대문화가 합류하는 국가로서 주제를 다루는 데 매우 적절한 장소였다. 특기할 만한 점은 참석자의 1/3이 여성이라는 점이었다. 그리고 동일한 장소에서 본 협의회의 2차 총회가 열렸다. 본 대회 직전에 동일한 장소에서 12월 1일부터 6일까지 제3세계 여성 신학자들 23명이 모였다.

제3세계의 상황이 본 협의회 창립 이후 5년간(1976~1981)과 이후 5년 사이(1981~1986)에 엄청난 변화가 있었다. 첫 5년간이 제3세계를 위한 호시절이었다면, 그 뒤 5년은 매우 어려운 시기였다. 위기를 겪던 제1세계는 국제상황에 대한 자신의 통제력을 회복했다. 반면에 제3세계에 대한 전망은 비관적이었다. 이전의 희망이 천천히 시들어 가고 있다. 새로운 경제 움직임이 정체되었고, 외채의 덫이 더 복잡해지고 멀리 퍼져가고 있다. 제1세계의 가장 위대한 성공은 제3세계의 핵심적인 엘리트 그룹을 장악한 것이다. 이 그룹은 제1세계 이데올로기를 숭상하고, 세계 지배자의 이익을 위해 억압적인 정부를 구조화하고 운영한다. 그 결과가 확대되고 심화되는 가난, 큰 규모의 억압, 외채 급증 등이다. 억눌린 자를 위해 일하는 신학자들은 두 가지 권력으로부

---

34 *Ibid.*, 85-90.

터 위협을 받는다. 지배의 중심에 서 있는 세속 권력과 교권이다. 교회에서는 신보수주의, 근본주의가 확대되면서 에큐메니즘이 위협을 받는다. 제3세계에서 신학자나 예언자가 되는 길은 쉬운 길이 아니다.

이번 대회의 주제는 제3세계 신학 사이의 공통점, 차이점, 상호 수정 등을 규명하는 것이었지만, 부분적으로만 성공을 거두었다. 이 대회 자체가 제3세계의 위기 국면을 반영했다. 제3세계 신학자들 사이에 내부 분열이 있었다. 우선 공통점으로는 억압, 인종차별, 독재에 항거하는 민중의 존엄성을 회복하고, 보다 온전한 인간을 추구하는 점이다. 제3세계의 공통의 경험이 식민지, 인종차별, 성차별, 자본주의 등 지배와 억압이기 때문에 관심의 초점은 해방이고, 신학의 출발점은 민중의 가난과 죽음의 경험이다. 해방에 투신하고 실천하는 것이 신학에서 먼저 온다. 프락시스는 이론을 잉태한다. 따라서 제3세계 신학은 타자의 신학을 요청한다. 이는 타자를 향한 회개의 신학과 타자의 하나님을 향한 회개의 신학을 포함한다.

차이점으로는 라틴 아메리카가 가장 서구화된 데 반해, 아시아와 아프리카는 다종교 상황에서 신학 작업을 하고 있다. 라틴 아메리카 신학은 민중의 사회경제적 상황을 보다 중시하지만, 아프로 아메리칸의 종교성을 무시하고, 다인종 대륙에서 소수인 중간계급 문화에 영향을 많이 받았다. 반면에 아시아와 아프리카는 민중의 종교적, 문화적 현실로부터 보다 많은 영향을 받아 왔다. 1983년 대회에서도 가난한 자들이 신학의 출발점이라는 데 일치했지만, '가난'의 뉘앙스에 차이가 있었다. 그러나 그들은 그들 사이의 차이를 자산으로 여겨 나누고자 했다. 서로로부터 배운다고 했지만, 대화는 실로 길고 고통스러운 과정으로, 상대방에 대한 신뢰와 타자의 도전을 받아들일 용기를 필요로 한다. 초기부터 본 협의회의 목적은 제3세계 신학자들 사이의 대화의 증진이며, 다른 에큐메니칼 조직들과 접촉을 확대하는 것이었다. 상호 수정과 새로운 도전으로서는 생명, 위험 감수, 성령의 징표로서의 사랑이다.[35]

생명의 하나님을 만나고, 신학 방법을 발견하는 곳은 생명을 위한 투쟁 속에서다. 신학 방법론은 현실에 적용하기만 하면 되는 원리가 아니다. 제3세계 신학 방법론은 투쟁과 프락시스에 대한 안내자다. 제3세계 신학의 목적은 새로운 교리가 아니라, 새로운 관계를 이루고 새로운 생활양식을 만들어 내는 데 있다. 신학은 신앙공동체의 삶을 구성하는 중요한 부분이다. 전문적 신학자는 공동체의 사건을 해석하고, 그 경험을 체계화하는 공동체의 종이다.

아시아의 경우 억압받는 민중이 신학함의 주체다. 그런데 아시아 인구의 97%가 비기독교인이기 때문에 신학의 자리는 교회와 교회의 실천뿐 아니라 해방을 지향하는 인간 공동체까지 포함해야 한다. 아시아의 민중신학은 민중의 삶의 이야기를 통해 신학을 한다. 이런 방법은 서구의 논리적, 체계적인 방식과는 다르다. 그런데 아시아 신학과 제3세계 신학은 해방의 주제를 종교문화적 사상, 신화, 타종교의 상징들과 적절하게 통합시키는 방법론을 개발하지 못했다. 종교적 가난의 실천만으로는 사회경제적 문제를 극복하는 데 충분하지 않다. 아시아 신학은 타종교를 적대적으로 대하거나 의심하는 근본주의나 부흥운동으로부터 자신을 정화시켜야 한다. 그러므로 타종교와의 대화는 아시아 신학

35 K.C. Abraham(ed.), *Third World Theologies: Commonalities & Divergences* (Maryknoll, New York: Orbis Books, 1990), 195-199.

함의 방법론의 한 측면이 되어야 한다.36

아프리카의 신학은 아프리카의 문화와 영성에 적합한 신학임을, 사회정치적 억압으로부터 해방을 강조한다. 마르크스주의적 분석이 아프리카 현실을 분석하는 데 도움을 주지만, 아프리카 사회가 서구와 다르며, 아프리카 문제는 자본주의의 소외뿐 아니라 역사적으로 전멸당하고 인종학살을 당한 경험이다. 아프리카는 부채를 통해 서구의 신식민주의에 깊숙이 편입되었다. 아프리카의 저발전은 서구 국가들을 발전시켰다. 그런데 아프리카인들은 인류학적 가난이라는 문제를 제기한다. 그들이 빼앗긴 것은 그들의 소유만이 아니라 그들의 정체성, 사회적 뿌리, 역사, 문화, 존엄성, 권리, 희망, 계획 등 그들의 존재 자체이다. 학교와 다양한 문화 제도는 그들의 존엄성과 정체성을 빼앗아 가는 도구가 되었다. 따라서 아프리카가 살아남기 위해서는 문화가 열쇠다. 교회는 복음화를 인간의 증진, 문화화로 이해하고, 문화가 아프리카인들의 정체성의 기초가 되고, 구원의 역사적 길이 되고, 복음의 가장 좋은 수단이 되도록 해야 한다.37

라틴 아메리카는 민주화, 민중의 주권, 인디오와 흑인, 여성 등으로부터 도전을 받고 있다. 경제적으로는 부채 문제로 미래가 저당 잡혀 있다. 이 대륙 민중의 당면 과제는 경제적 발전이 아니라 생존 자체다. 이런 상황에서 종교는 저항의 요소로, 땅을 위한 투쟁으로, 그들의 인종적, 문화적 정체성을 회복하기 위한 요소로 부상하고 있다. 그러나 해방신학은 라틴 아메리카에서 가장 가난하고 대다수인 인디오와 흑인들의

---

36 *Ibid.*, 20, 22, 26.
37 *Ibid.*, 32-44.

종교와 문화를 신학함에 사용하지 않고 있다. 이제까지 역사적 주체는 대중 계급이 아니라 교육받은 중간계급이다. 해방신학은 인디오와 흑인, 여성으로부터 오는 도전뿐 아니라 문화를 장악하고 있는 텔레비전으로부터 오는 도전에도 응답해야 한다. 또 가난한 자의 범주가 확대될 뿐 아니라, 신학의 주체가 전문적 신학자로부터 신앙공동체로 확장되어야 한다. 해방신학은 인디오, 흑인의 전통문화와 종교로부터 신학함의 중요한 소재를 얻어야 하며, 신학과 경제의 관계도 규명해야 한다. 또 여성적 시각도 신학함에 포함시켜야 한다.38

부상하는 제3세계의 신학은 문맹 민중의 신학이다. 구전, 상징, 민속, 시, 신화, 희곡 등 다양한 방식으로 하나님의 신비가 표현되었다. 신학에 대한 여성의 관점은 신학이 고난과 공감으로 수행되어야 하고, 가슴, 몸, 정신으로 수행되어야 하며, 학술적인 언어와는 다른 새로운 언어를 요구한다. 미국 소수인종에게는 인종차별 이상이 요구된다. 부상하는 흑인 중간계급이 흑인공동체의 투쟁에 연대하기를 거부하기 때문에 경제적 요소가 설명되어야 한다. 제3세계 신학은 체계보다는 사람에 대해 보다 관심을 갖고 존중해야 함을 배웠다.

5세기가 넘도록 자본주의가 죽음의 문화로서 제3세계에서 활동하고 있다. 자본주의는 종교를 포로로 삼아 죽음의 도구로 이용하고 있다. 자본주의가 벌이는 지구적 학살은 식민지 정복, 약탈, 인종학살, 아우슈비츠, 히로시마 등이다. 신학은 탐욕을 조직화하는 이런 문화와 맘몬과 몰록 숭배에 대해 비판해야 한다. 인종차별주의자들은 열등감과 무기력

---

38 *Ibid.*, 58-77.

감을 억압받는 자들에게 주입하여 그들의 인격의 심층에서 자신을 노예로 낙인찍게 만들려 한다. 따라서 신학은 지배와 빈곤화의 메커니즘을 밝혀야 한다. 그리고 제3세계의 외채 문제에 대한 신학적 비판이 필요하다. 즉, "누가 누구에게 빚을 졌는가?" 서구 은행과 정부에 제3세계가 진 빚은 식민지 시대에 제3세계로부터 서구가 가져간 막대한 부, 그리고 신식민지 시대 현재 다양한 사회경제적 메커니즘을 통해 계속 이전되는 막대한 부의 극히 일부에 지나지 않는다. 부자들이 십자가를 지는 길은 지배를 포기하고, 축적된 부와 권력을 민중과 나누는 일이다. 본 협의회는 전통문화와 종교와 대화를 위해 노력해 왔다. 그러나 그들은 아직 전통과 상징을 해방과 관련해 탐구하지 못했다. 그들은 성경을 여러 경전 가운데 하나로 본다. 그들은 현재 살아 있는 여러 문제들이 특정 시대, 특정 그룹에 의해 고정된 텍스트에 의해 제한받아야 하는가 하는 새로운 질문 앞에 서 있다. 그들은 하나님께서 책 속에 존재하는 것이 아니라 투쟁하는 백성들 가운데 계심을 성경은 증거한다고 본다.

생명의 하나님과 관련해 아프리카인들은 인간 존재를 죽음의 세력에 대항하는 생명을 위한 전투로 이해한다. 아시아의 농민은 긴 저항의 역사를 갖고 있다. 하나님은 죽음과 지배의 세력에 대항하는 모든 활동의 동역자로 체험된다. 생명에 대한 관심은 신학 과정의 열쇠다. 라틴 아메리카인들은 억압과 죽음의 세력과 생명과 자유의 세력 사이에 전투가 진행 중이라고 본다. 국가안보 이데올로기를 이용하는 정권과 자본주의 체제는 민중으로부터 종교적 헌신을 요구한다. 군사주의와 자유시장은 참된 하나님과 경쟁하는 새로운 우상으로 나타난다.

본 협의회에 여성 신학자들의 참여가 늘었다. 그러나 숫자에 만족할 것이 아니라 여성의 참여가 신학함에 어떤 차이를 가져왔는가가 중요하다. 남성의 신학을 보완할 뿐 아니라 신학함의 전체 양태를 변화시켜야 한다. 복음화는 더 이상 영적 정복이나 종교적 식민화가 될 수 없다. 교회는 제자 가운데 제자가 될 수 있을 뿐이다. 각 처에서 교회에 대해 지방적이 되고, 참되고 자율적이며 책임적이 되라고 요구한다. 영성은 억눌린 자로 하여금 자신의 멍에를 벗어던지고 자유함을 얻도록 도전하게 하는 것이다. 현실에 대한 영성적, 신비적 이해가 성찰이나 분석보다 앞선다. 현실에 대한 이러한 접근 방식이 '작은 자'들에게 자연스럽다. 여성 해방의 영성은 민중 지향적이고, 관계적이며, 생명을 부여하고 평화를 가져온다.

본 협의회의 미래 계획과 관련해 여성의 참여뿐 아니라 여성 해방적 방식으로 신학함을 해야 하고, 타종교인들과 가난한 자, 노동자들의 참여가 자연스럽고 필수적으로 보여야 한다. 미래에 있어 중요한 것은 암담한 상황 속에서도 비전을 간직하고, 꿈을 꾸는 것이다. 본 협의회는 이제까지 아시아, 아프리카, 라틴 아메리카, 북미 소수인종 등이 주된 참석자였다. 앞으로는 카리브인, 남태평양 섬사람들도 초대할 것을 희망했다. 제2차 총회는 뉴질랜드 마오리족, 유럽의 소수자들 등을 포함하는 등 회원권을 확대하기로 했다. 이제까지 활동해 오던 교회사 활동위원회와 여성위원회 이외에 신학연구위원회가 신설되었다.[39]

---

39 *Ibid.*, 200-213.

8. 제8차 국제 대회, 제3차 총회(Nairobi, 1992)

본 협의회의 제3차 총회가 케냐 나이로비에서 1992년 1월 6일부터 13일까지 열렸다. 총회의 주제는 "제3세계의 영성"이었다. 나이로비는 본 협의회를 잉태한 유서 깊은 곳이었다. 창립 이후 15년 동안 엄청난 변화가 일어났다. 여러 가지 희망의 징표들도 있었지만 새로운 문제들과 좌절로 인해 희망이 사라지고 있다. 인종적 갈등, 내전과 대량 난민 발생, 경제 상황의 악화, 인구 폭발, 후천성면역결핍증 급증, 삼림 파괴, 남북 간 빈부격차 확대 등이다. 제3세계의 생명에 대한 외침은 여러 음조(key)의 외침이다.

국제금융기구와 세계은행의 경제 계약서에 대한 국가들의 항거, 기술적 파괴에 대한 자연의 외침, 지배 문화와 억압에 대한 종교문화의 외침, 전쟁 기술의 발달로 인해 죄없이 학살당한 자들의 외침, 토지, 시민권, 자치와 문화적 존중을 위한 토착민, 원주민, 부족들의 외침, 난민과 자기 땅에서 유리된 자들과 후천성면역결핍증 환자들의 외침, 경제적으로 억압받고 매춘을 강요당하는 여성들의 외침, 약 오용에 의한 희생자들, 불의한 의료 정책의 희생자들의 외침, 인종차별에 대한 흑인의 외침, 카스트 차별에 대한 달릿의 외침, 가부장적 지배와 성폭력에 대한 여성의 외침 등 다양하다. 이러한 외침들은 제3세계의 영성을 위해 어떤 의미가 있는가? 이런 외침은 예수에 대해 무엇을 말하고, 제3세계의 헌신과는 어떤 관련이 있는가? 총회는 인종차별, 성차별, 자본주의 등 '새로운 세계 질서' 속에서조차 하나님께서 사라지신 것이 아님을 대담하게 선언했다. 하나님께서는 제3세계의 생명의 외침 속에 현존하신다.

억압의 구조는 지구적이고 지방적이며, 외부적이고 내부적이다. 새로운 지구 지배 연합은 세계 경제, 세계 정치, 세계의 정보와 매스컴 체제를 지배한다. 냉전이 사라지고 동구권 사회주의가 붕괴된 후 제3세계를 목표로 하는 공격적인 군사주의에 의해 유지되는 단일한 세계지배 권력은 제3세계에 대한 통제력을 증가시킨다. 새로운 세계지배 체제에서 제3세계의 가난한 자들은 소모품이 되었다. 이와 같은 현실은 새로운 세계 지배 질서가 반민중적이고 반생명적임을 깨닫게 한다. 이런 현실 속에서 제3세계 민중은 자체적으로 분열하고 서로에게 폭력을 휘두른다. 이렇게 폭력이 악순환하는 이유는 지배 체제의 공격적 가치를 그들이 스스로 내면화한 결과다. 동구권 사회주의의 붕괴의 원인은 비민주적 형태의 정부, 중앙집권화된 경제의 강요, 민중의 참여와 인종적, 문화적 정체성의 거부, 민중의 영성적 발전의 자유 거부 등이다. 그러나 이러한 붕괴는 사회주의적 가치의 붕괴를 의미하지 않는다.

이와 같은 상황이 제3세계 민중 가운데 희망이 전혀 없다는 의미는 아니다. 그들의 희망과 생명을 향한 다양한 대안적 삶과 운동의 흐름이 있다. 우선 생명을 향한 여성의 외침, 여성의 침입이 있다. 1970년대에 여성들은 억압에 대항하는 다양한 운동에 참여했지만, 정치적 운동이 성차별의 문제를 제대로 인식하지 못함을 깨닫고 자신의 성차별 경험에 근거한 새로운 인간학, 새로운 이해 방식을 제시한다. 그들의 통전적이고 창조 중심적인 여성 해방적, 여성 신학적 패러다임은 그들이 사는 공동체를 강화하고, 인간과 피조물 사이의 깨어진 관계를 치유하는 데 중요하다. 60년대 흑인 인권운동은 미국 백인의 인종차별에 대항한 운동이었다. 그들의 저항의 자원은 그들의 영성이다. 남아공에서 인종차별에 저항하는 투쟁은 흑인 의식 운동을 낳았고, 자신의 역사에서 자율적 주체가 되는 길을 걷고 있다. 흑인 여성은 흑인 억압이 인종이나 계급의 문제만이 아니라 성의 문제가 있음을, 흑인 억압의 다차원적인 면을 주장하고 있다. 인디오나 아메리카 인디언들은 현대 사회, 교회, 신학에 급진적인 질문을 던지는, 생명을 위한 새로운 제안을 하고 있다. 그들은 언제나 깊은 영성적 삶을, 하나님과의 교제 가운데 살았다. 그들과 기독교인의 만남은 서구 기독교인들이 보지 못했던 하나님의 얼굴의 다른 면을 보여 주게 할 수 있다. 그들의 삶의 방식과 사고방식은 제3세계에 사는 가난한 자들을 인간화시키는 동력으로, 인간의 생존 자체를 위한 구원의 동력이 될 수 있다. 미국에 2천만 명이 되는 히스패닉은 불의한 사회구조의 희생자이면서, 동시에 열등감을 내면화하도록 강요받음으로써 자신들을 지배하는 소수의 이익을 위해 종속적인 태도를 갖게 된다. 신학의 과제는 그들 자신의 정체성과 영성을 회복하여 자신과 사회를 변형시키는 잠재력을 현실화하고, 다른 사람들과 연대를 하여 죽음의 세력에 대항하고 투쟁하도록 돕는 것이다.

사회 갱신에 대한 헌신과 지구의 갱신에 대한 헌신이 서로 긴밀하게 연결되어 있다는 믿음이 주변화된 그룹의 투쟁에서 볼 수 있다. 원주민, 농민, 어민들의 투쟁은 이러한 양면을 지니고 있다. 서구가 제시하는 발전의 패러다임은 자연과 동료 인간을 무자비하게 착취하는 것에 다름 아니다. 성장의 지배 논리는 필요가 아니라 탐욕이다. 생태계 보존 운동은 자연과 인간에 대한 폭력을 중지할 것을 요구하는 대안적 형태의 발전을 요구한다. 제3세계 신학 역시 인간과 자연의 조화를 근본 원리로 여기는 원주민들의 영성을 주요한 자원으로 여겨야 한다.

'영'이라는 단어는 인간의 삶이 인간의 능력과 지식을 넘어서는 원리에 의해 추진됨을 인정한다. 영성은 우리를 하나님께, 우리 인간의 뿌리로, 자연에게로, 서로서로에게, 그리고 우리 자신에게로 연결되어 있음을 뜻한다. 우리의 영성은 우리 자신과 공동체로 하여금 생명을 수여하고, 생명을 긍정하도록 이끄시는 성령에 대한 체험이다. 우리의 영성은 생명을 위한 외침과 하나님의 외침에 창조적으로 반응한다. 생명에 대한 외침은 죽음과 죽음의 행위자에 저항하는 능력이다. 영성은 생명으로부터 도피하라는 부름이 아니라, 우리로 하여금 정의를 실천하고 악에 저항하도록 요청하는 생명의 힘이다. 이 영성의 근원은 정의와 공의의 원천인 예수의 영성이다. 여성의 생명에 대한 외침과 나눔과 돌봄은 죽음에 대항하고 생명을 위해 투쟁하는 한 방법이다. 조화, 균형, 상호성을 위한 외침은 생명의 자궁으로부터 온다. 그것은 새 인간과 새로운 사회를 낳는 영의 신음이다.

예수를 믿고 따름은 불의와 억압을 낳는 사회의 권력관계를 비판한 분을 따름이다. 주린 자에게 먹을 것을 주고, 헐벗은 자를 입혀 주고, 억압받는 자들의 해방을 위해 투쟁하는 삶이다. 우리의 기독론은 제3세계인들의 종교와 문화를 부인하고, 그들의 생존권을 부인하며, 구원을 독점하는 제국주의적 기독론이어서는 안 된다. 여러 세기 동안 성서는 서구 가부장적 지배 문화의 관점에서 해석되었다. 성서는 제3세계를 영적으로 정복하는 도구로 이용되었다. 성서는 제3세계 대부분의 사람들을 계급적, 인종적, 성적으로 억압하는 도구로 이용되고 있다. 제3세계 민중은 성서에 대한 이러한 오해로부터 자유로워지고 있다. 하나님의 계시가 원주민들의 삶과 종교와 문화 속에, 해방 운동 속에, 일상적 투쟁 속에 나타난다. 이런 종류의 계시가 하나님의 첫 번째 책이다. 성서는 하나님의 충만한 말씀으로 우주와 민중의 삶을 변화시키는 두 번째 책이다. 성령은 우리 개개인의 삶 속에서, 공동체 속에서 하나님의 계시를 발견하도록 돕는다.

투신의 위기가 제3세계 민중의 현실이다. 보다 나은 삶을 약속하며 들어선 새 정부들로 인해 민중 운동이 자기 목소리를 거의 내지 못하게 되었다. 정치지도자들이 기존 세력과 타협하여 정의를 외면하자 민중들은 어찌할 바를 모르고 있다. 급변하는 세계의 상황이 투신의 본질을 재점검하도록 요구한다. 투신은 해방과 생명의 하나님에 대한 철저한 회심이다. 회심은 정의, 평화, 생명의 하나님께로 향해야 한다.

1992년은 서구에 의한 아메리카 대륙의 지배가 500주년을 맞는 해이다. 북미는 이 해를 '아메리카의 발견', '두 세계의 만남' 등으로 표현하지만, 아메리카 원주민들은 이것을 비극적 인종학살로 표현한다. 아프리카에서 노예로 라틴 아메리카 대륙으로 이주하다가 사망한 사람의 수가 1444년으로부터 1850년까지 4천만 명에 달한다. 지난 500년 동안 인간은 두 부류로 분류된다. 백인 기독교 유럽과 다른 사람들, 서구 문명과 다른 문명들, 자본주의 체제와 다른 체제들, 백인과 유색인종들이다. 서구 백인 기독교인들은 자신과 자신의 삶을 세계의 다른 모든 사람과 삶의 규범으로 이해했다. 그들은 이것을 하나님의 뜻으로 이해했다. 서구인들은 근대화 과정에서 자신의 우월성을 확신하고, 이것을 인종적 불평등성에 관한 역사적, 철학적, 신학적 가르침으로 발전시켰다. 이것은 식민주의에 대한 도덕적 정당화로 이어졌다. 기독교의 팽창은 칼과 십자가를 통해 이뤄졌다. 제3세계에서의 복음화는 군사적으로 정치적으로 지지받았고 강화되었다. 결국 식민주의는 종교적으로 정당화되었다. 영적 정복으로서의 복음화는 복음을 왜곡시켰고, 인디언들의 영적 삶에 깊은 상처를 남겼다.

동구권 사회주의의 실패로 인해 본 협의회의 회원들은 국제 자본주의를 수용하지 않는다. 재갈을 물리지 않은 자본주의는 제3세계의 가난한 자들과 자연에 받아들일 수 없는 미래를 제공한다. 우리가 추구하는 대안적 세계는 인간과 자연을 착취하지 않고, 인간의 필요를 채우는 지속 가능한 경제성장을 위해 노력하는 사회이다. 인간이 자기를 실현하고 착취당하거나 비인간화되지 않는 새로운 유형의 정치와 관계가 절실하다. 사기업과 공기업은 효과적인 생산성뿐 아니라 사회적 책임을 고려해야 한다. 개인, 기업, 엘리트와 지배 권력자들은 모든 사람의 생존권이라는 보다 높은 권리와 인간의 공익에 복종해야 한다. 공공의 영역은 민중을 섬기도록 보호되어야 한다. 교회는 이와 같은 대안적 세계를 위해 투쟁하는 민중 운동 단체들과 연대를 통해 그들로부터 배우고, 신앙과 사회분석과 투신을 통해 그들을 지지해야 한다.[40]

---

40 K. C. Abraham & Bernadatte Mbuy-Beya(eds.), *Spirituality of the Third World: A Cry for Life* (Maryknoll, New York: Orbis Books, 1994), 188-206.

II. 제3세계 신학자 에큐메니칼협의회의 특징

1. 현실 분석

본 협의회는 사회주의에 대해서 처음에는 자본주의에 대해 균형을 갖추는 것으로 이해하다가, 사회주의가 자본주의보다 더 복음에 가까운 것으로 보다가, 자본주의에 대한 대안으로 제시했다가, 내적 해방을 이루지 못하는 것을 보고 환상을 깨뜨렸다. 동구권 사회주의가 붕괴된 후에는 그 원인을 여러 가지 제시했지만, 사회주의가 지닌 가치를 부정하지는 않았다. 반대로 자본주의에 대해서는 일관되게 비판했다. 자본주의의 문화적 위기 징후와 문화적 특징을 제시했다. 그리고 자본주의 자체를 죽음의 문화로 규정하고, 전 지구적 규모로 일어나는 학살을 예로 들었다.

제3세계가 식민지로부터 독립 이후에도 계속 과거의 지배 체제가 지속되는 것은 제3세계 지배 엘리트들이 세계 지배 구조에 편입되었기 때문인 것으로 보았다. 개발원조나 우호조약으로 위장한 동맹 관계를 통해 양자 간에 불평등한 관계가 맺어진다. 국제은행과 초국적 기업이 제3세계의 실질적 주인이 되었다. 제1세계의 최대 성공은 제3세계 지배 엘리트를 장악한 점이다.

제3세계의 가장 두드러진 특징은 가난과 억압이다. 그런데 이런 상황은 단지 물리적 강요에 의해서 지속될 수 없다. 소수의 이익을 위해 인류 대다수가 희생해야 하는 지극히 불의한 체제는 문화적 종속을 통해 희생자들이 억압자의 가치를 내면화함을 통해 희생자들의 큰 저항

없이 지속될 수 있다. 문화적 종속이 억압의 중요한 도구라는 것을 알게 되었다.

제3세계에 만연한 억압은 계급 차별에 의한 억압만 있는 것이 아니다. 성차별, 인종차별, 카스트, 피부색 등 다양한 차별과 억압이 존재한다. 이런 차별은 계급 차별로 환원되지 않는다. 마찬가지로 인종차별이나 성차별을 문화적 차원으로만 환원시켜서 제대로 이해할 수 없다. 성공한 흑인 중간계급은 가난한 흑인들의 해방 투쟁에 연대하지 않는다. 주민조직론을 창안한 알린스키는 1939년 백 야드의 경험을 반성하면서 주민조직 운동이 성공하여 가난한 주민들이 중산층이 되었을 때, 가난한 주민들의 투쟁에 연대하지 않는다는 사실에 대해 '모든 성공한 조직에 속한 사람들의 운명'이라고 했다.[41]

문화적 종속의 중요성과 다양한 차별이 서로 결합된 것을 보면서 제3세계 신학자들은 현실 분석을 위해서는 사회경제적 분석뿐 아니라 문화종교적 분석이 필요함을 깨닫게 되었다. 어느 한 차원이 결여된 현실 분석은 불완전한 사회분석이다.

이제까지 역사에서 얼굴을 드러내지 못하고, 자기 목소리를 들리게 하지 못했던 가난한 자들, 억눌린 자들이 지배와 억압의 역사에 침입하기 시작했다. 청년들이 기성세대에 저항하고, 가난한 자들이 자기 목소리를 사회로 하여금 듣게 하고, 여성들이 남성들에게 자기주장을 하기 시작했다. 억눌린 흑인들이 자신의 해방을 위해 일어섰고, 달릿과 민중이 역사의 주체로 나서기 시작했다.

---

41 S.D. Alinsky, *Reveille for Radicals* (New York: Vintage Books, 1969), Introduction, xi.

한때 자본주의의 위기로 어려움을 겪었던 지구 지배 체제는 지구화를 통해 세계 경제와 정치, 정보와 매스컴을 통제하게 되었고, 제3세계 가난한 자들에 대한 통제를 강화했다. 이제 제3세계 가난한 자들은 소모품처럼 되었다. 오히려 제3세계 억눌린 자들이 분열하고 폭력적이 되었다. 이는 지배 가치를 내면화한 결과다.

2. 교회의 선교 과제

기독교가 아시아에서 뿌리를 내리는 데 실패한 이유는 식민주의와 연계되었을 뿐 아니라 맘몬과 결합했기 때문이다. 독립 이후에는 지배 엘리트들을 양성하는 데 교회가 기여했지만, 이 지배 엘리트들은 외국의 지배자들과 동맹을 맺음으로써 교회는 가난한 자들 편에 서는 데 실패했다. 교회는 죄의 용서와 하나님과의 화해, 이웃과의 화해 등 통전적 구원을 위해 일하도록 부름 받는다. 교회는 복음화, 예언, 목회적 돌봄, 성례전 집행 등을 통합하는 해방적 목회를 할 것을 요청받는다. 교회는 자신이 속한 지역의 과제를 수행하고, 지역의 과제에 책임을 다하도록 요청받는다. 교회는 자본주의 문화의 사악한 면을 극복할 수 있는 가치들을 타종교로부터 배우며 대화와 협력을 해야 한다. 교회는 신앙과 삶, 기도와 행동, 헌신과 일상의 노동 사이의 이분법을 극복하는 기독교 영성을 회복해야 한다. 그리고 지구화 시대에 교회는 대안적 세계를 이루기 위해 투쟁하는 단체들과 연대해야 한다.

3. 신학의 재구성

제3세계 신학 방법론은 해방에 대한 투신이 첫째 행동이고, 프락시스에 대한 반성은 둘째 행동이다. 즉, 이론이 앞서고 원리를 현실에 적응하는 방식의 서구적인 인식론으로부터 단절이 필요하다. 이러한 방법론이 나중에 투신과 명상으로 조정된다. 이것은 영성에 대한 강조와 궤를 같이한다. 제3세계 신학의 진정성은 얼마만큼 현실과 긴밀한 적합성이 있는가에 달려 있는 만큼, 현실 분석을 위한 다양한 사회학적, 정치적, 경제적, 심리적 방법들과 신학적 접근 방식이 함께 다뤄져야 한다. 그래서 제3세계 신학은 간 학제적인 접근 방식을 선호한다. 또 시대의 징표를 읽는 것이 신학에서 중요한 과제이다. 제3세계 신학의 주체는 신앙공동체이다. 그들이 신학 작업을 하도록 전문 신학자는 도와야 하기 때문에 그는 신앙공동체의 종이다. 신학의 자원은 구전, 문학, 예술 등 다양하다. 신학의 과제는 탐욕을 조직화하는 자본주의 문화를 비판하고, 빈곤화와 지배 메커니즘을 규명하는 것이다. 신학의 과제는 제3세계의 심각한 외채 문제를 신학적으로 비판하는 것도 포함한다. 제3세계 신학은 여성의 참여뿐 아니라, 여성의 참여로 인해 신학함 전체의 양태가 변하도록 해야 한다. 제3세계 신학은 영성을 강조하는데 영성은 세상으로부터의 도피가 아니라, 억눌린 자로 하여금 자신의 멍에를 벗어던지고 자유를 얻도록 도전하게 하는 원동력이다. 그래서 현실에 대한 영성적 이해가 분석보다 앞선다. 원주민들의 투쟁으로부터 신학이 배워야 할 것은 사회 갱신에 대한 투신과 지구 갱신에 대한 투신 사이에 긴밀한 관계가 있다는 점이다. 즉, 제3세계 신학에서 원주민의 영성은 중요한 자원이다. 타종교와의 관계는 처음에는 대화를 언급하다가, 타종교에 내재하는 가치들은 복음을 준비하는 것으로 적극적으로 이해했다. 그런 가치들은 국가를 재건하고 형성하는 데 영감을 줄 수 있다. 이런 가치들은 신학에 통합되어야 한다. 그런데 통합의 차원은 지적인 차원이 아니라 해방 투쟁과 헌신에 관련되어 있다. 그래서 타종교와의 대화를 넘어서 해방을 향한 행동으로 나아가야 한다. 아시아 신학은 '토착화', '문화화' 개념에 대해 문제를 제기한다. 왜냐하면 아시아 민중의 해방을 위한 신학이 되지 못하면 결코, 토착적인 신학이 될 수 없기 때문이다. 억눌린 자의 투쟁에 참여함이 아시아의 신학이 해방적이면서도 토착적이 되는 것을 보증한다. 제3세계 신학은 타자의 신학을 요청한다. 타자를 향한 회개의 신학과 타자의 하나님을 향한 회개의 신학을 포함한다.

III. 제3세계 신학자 에큐메니칼협의회의 선교신학적 의의

선교는 동어반복이 아니다. 타자와의 만남의 선교론에서 주장하는 것처럼 복음을 전하는 자와 복음을 받는 자의 만남 속에서 하나님의 예기치 못한 활동과 복음을 받아들이는 자의 예상하지 못한 반응으로 인해 복음 전하는 자가 복음에 대한 이해를 새롭게 또는 이전보다 더 심화시킬 수 있다. 제3세계 신학자들은 만남을 거듭해 가면서 무엇이 어떻게 변했는가? 그런 변화 가운데 제1세계 신학자들이 배울 만한 것은 없는가? 아니 신학 전체에 주는 도전은 어떤 것인가? 이런 질문에 대답하는 것을 본 협의회의 선교신학적 의의라고 표현했다.

우선 제3세계 신학은 제3세계 신학자 각각의 상황에 적합한 신학함을 추구한다. 따라서 상황이 변함에 따라 제3세계 신학자들의 만남 속에서 제3세계 신학은 변할 수밖에 없었다. 1976년부터 1992년 사이에 어떤 변화가 일어났는가? 첫째, 역사(인간) 중심적 신학으로부터 인간과 생태계 사이의 조화를 추구하는 신학으로 변화했다. 제3세계의 공통적인 특징은 가난과 억압이다. 이런 문제를 초기에는 주로 인간 중심적으로, 역사 중심적으로, 사회구조적으로 접근했었다. 그러다가 차츰 동일한 지구 지배 체제, 자본주의, 지구화로부터 가장 고통을 당하는 자가 가난한 자요, 동시에 피조물임을 깨닫게 되었다. 그래서 구원은 개인의 구원, 역사 내 구원, 그리고 피조물의 구원 등 통전적 구원으로 이해되었다. 제3세계 신학의 초점은 역사나 인간에게만 국한되지 않고, 역사와 생태계 모두를 아우르게 되었다.

둘째, 제3세계에 대한 이해가 아시아, 아프리카, 라틴 아메리카, 북미 소수자(흑인)로부터 원주민(인디언, 히스패닉, 인디오, 달릿 등), 카리브인, 뉴질랜드의 마오리족, 남태평양 섬 주민들, 심지어는 유럽의 소수자까지를 포함하기까지 확대했다. 제3세계 신학자들은 처음에는 사회구조적 이해로부터 큰 영향을 받아 제3세계에 대한 이해의 폭이 좁았다. 그러나 미국 안에는 흑인 이외에도 아메리카 인디언, 히스패닉 등 다양한 원주민이 산다는 것을 알게 되었다. 그래서 제2차 총회(1986년)는 다음 총회에 이런 자들을 초청할 것을 결정했다. 셋째, 여성, 여성 신학자에 대한 태도에 변화가 있었다. 창립대회는 여성의 참여가 극소수였다. 차츰 여성의 참여가 늘어나 제2차 총회는 참석자의 1/3이 여성이었다.

여성 신학은 남성 신학을 보완하는 역할을 하는 것이 아니라, 신학함 자체를 변화시키는 역할을 한다. 넷째, 현실 분석에서 가장 중요하게 여긴 것이 사회경제적 분석이었으나, 차츰 종교문화적 분석이 보완되고 공존해야 함을 깨달았다. 라틴 아메리카는 마르크스주의의 영향이 강해 사회경제적 분석에 대한 강조가 더 강했고, 아시아와 아프리카는 다종교 상황이어서 처음부터 양자를 다루지 않으면 참다운 사회변화를 기대하기 어려웠다. 종교가 민중의 해방에 기여할 수도 있고, 지배 체제에 순응하도록 대중을 길들일 수도 있기 때문에 종교의 애매성에 대해 주의를 기울여야 한다. 그래서 종교문화적 이해는 사회경제적 이해에 의해 보완되어야 한다. 역도 성립한다.

다섯째, 초기에는 영성에 대한 언급이 거의 없다가 차츰 영성을 강조하다가, 제3차 총회는 "제3세계의 영성"을 주제로 모였다. 영성에 대한 관심의 증가는 종교문화적 접근 방식에 대한 강조, 원주민, 여성이 제3세계 신학에서 중요한 위치를 갖는 것과 긴밀한 관련이 있다. 여섯째, 신학 방법론에서 해방 투쟁에 투신하는 것이 첫째 행동이고, 그에 대한 신학적 성찰이 둘째 행동이라고 했다가, 투신과 명상이 함께 가야 한다고 했다. 이런 변화 역시 영성에 대한 강조와 밀접한 관계가 있다. 일곱째, 제3세계 신학의 주체가 제3세계 신학자로부터 원칙적으로 신앙공동체로 옮겼다. 물론 제3세계 신학의 방법론이 해방 투쟁에 투신하는 것으로 시작하면 거기에 동참하는 전문 신학자뿐 아니라 평신도 활동가들도 신학의 주체가 된다고 해석할 수 있다. 제3세계 신학의 주체가 신앙공동체라면 전문 신학자의 역할은 신학하는 신앙공동체의 종이 되는 길이다.

제3세계 신학자들의 만남이 제1세계 신학자들에게 준 변화가 있다면 어떤 것이 있을까? 우선 첫 5년 사이에 제1세계 신학자가 '유럽' 신학이라는 단어를 처음 사용했다. 유럽 신학은 유럽의 특수한 상황, 계몽주의와 자본주의 상황에 대한 엘리트들의 신학적 대응으로 이해되었다. 제3세계 신학자들에 의해 한때 제1세계 신학이 제3세계 상황과 관련이 없기 때문에 상황과 무관한 신학이라고까지 평가되었다. 이제는 유럽 신학도 불변하는 보편신학이 아니라, 자기 상황과의 적합성을 중시하는 신학으로 이해되기 시작했다.

그러나 제3세계 신학자들의 만남과 그로 인한 변화는 그들 자신과 유럽 신학자들에게뿐 아니라, 신학 자체에 큰 도전을 주고 있다. 우선 신학은 상황에 적합해야 하며, 역사와 피조물의 구원을 다뤄야 한다. 상황에 적합해야 하기 때문에 사회분석은 불가피하다. 사회분석은 사회경제적 차원과 종교문화적 차원을 함께 다뤄야 한다. 신학의 방법론은 삶·행동·투신과 유리된 형이상학적 논의가 되어서는 안 된다. 신학연구는 사회분석을 포함하기 때문에 간 학제적이 되어야 한다. 신학함의 주체는 전문 신학자가 독점할 수 없고, 여성, 평신도, 원주민 등 신앙공동체가 되어야 한다. 이제 신학함에서 역전이 일어나고 있다. "먼저 된 자로서 나중 되고 나중 된 자로서 먼저 될 자"(막 10:31)가 생긴다. 하나님께서는 세상의 미련한 것들을 택하사 지혜 있는 자들을 부끄럽게 하시고, 세상의 약한 것들을 택하사 강한 것들을 부끄럽게 하신다(고전 1:27-28).

IV. 제3세계 신학자 에큐메니칼협의회의 과제와 전망

과제를 논하기에 앞서 성서에 대한 본 협의회의 입장과 관련해 생각해보려 한다. 성서가 단지 여러 경전의 하나에 불과하고, 살아 있는 계시가 하나님의 첫째 책이고, 기록된 성서가 둘째 책이라는 주장에 대해서다. 성서가 여러 경전 가운데 하나라는 것과 다른 경전들에 복음을 새롭게 이해하는 지혜가 담겨 있다는 것은 전혀 다른 주장이다. 또 사건 속에서 드러나는 계시를 일차적으로 여기고, 기록된 계시를 이차적인 것으로 판단하는 것은 성서를 통해 사건 속에서 일어나는 계시를 식별한다는 입장과는 전혀 다르다. 성서나 문자를 절대시하자는 것이 아니라, 성서를 그리스도인의 경전으로 여기면서도 다른 경전의 중요성을 인정할 수 있고, 현재 일어나는 사건 속에 나타나는 계시도 인정할 수 있다는 입장이다. 만약 그리스도인들이 성서를 여러 경전의 하나로 여긴다면, 그리고 사건 속에 나타난 계시를 성서의 계시보다 더 우위에 놓는다면—그 식별 기준을 성령의 인도로 제시했지만— 그리스도인과 신앙공동체의 정체성에 문제가 생긴다.

과제 가운데 우선 현실 분석이나 그 현실에 적합한 신학을 만들어 낼 때 사회경제적 접근과 종교문화적 접근 사이에 어떻게 조화를 이루는가 하는 문제다. 우리의 종교 역사를 보면 종교가 정치만 강조하면 민중들의 종교에 대한 관심이 사라지는 것을 본다.[42] 남미에서도 해방신학자들이 같은 오류를 범했고 비슷한 결과를 초래했다.[43] 민중신학의

---

42 죽재 서남동목사 기념논문편집위원회 편, 『전환기의 민중신학』(서울: 한국신학연구소, 1992), 33.

경우 민중 해방과 역사와 종말론, 메시아 왕국과 하나님의 나라, 민중과 성령 등 기독교적 접근 방식과 민중과 한의 해소(천도교, 서남동), 문화적 방식의 민중 해방(탈춤, 현영학), 무교적 민중 해방(굿, 정현경)의 토착 종교문화적 접근 방식 사이에 어떻게 다리를 놓아야 하는지 아직 해결되지 못했다.44 기독교가 정치에만 관심을 기울인다면 민중은 기독교에 흥미를 잃을 것이다. 반면에 기독교에만 관심을 기울인다면 기독교는 현실과 적합성을 갖는 데 실패한다. 양자 사이에 조화를 이루는 구체적인 방법을 찾는 것이 앞으로의 과제다.

신학의 주체와 관련해 신앙공동체의 구성 요소 가운데 신학이 들어간다고 했다. 그래서 원칙상 모든 그리스도인이 신학자다. 이것은 원칙적으로는 맞는 말이지만, 어떤 조건을 제시하지 않으면 공허한 말로 그칠 수 있다. 즉, 그들이 신학함에 대한 훈련을 받지 않으면 선언에 그치고 만다. 쏠라티나메의 복음 대화45나 민중 교회의 복음 대화46 등은 신앙공동체가 복음을 현실과 연결 지어 읽는 훈련을 통해 교회가 해석학적 공동체로 거듭나는 훈련 과정이 된다. 한국교회가 신앙적으로 성숙하려면 단순히 성경공부만 할 것이 아니라, 성경과 오늘의 삶을 연결하는

---

43 José Comblin, *Called for Freedom: The Changing Context of Liberation*. (Maryknoll, New York: Orbis Books, 1993); Juan Luis Segundo, *Signs of the Times: Theological Reflections* (Maryknoll, New York: Orbis Books. 1998).

44 황홍렬,『한국민중교회 선교역사(1983~1997)와 민중선교론』(서울: 한들출판사, 2004), 59-66.

45 E. Cardenal, *The Gospel in Solentiname*, 성염 역,『말씀이 우리와 함께: 솔렌티나메 농어민들의 복음 대화』(왜관, 분도출판사, 1981).

46 이동철,『짓눌러도 할렐루야』(서울: 청사, 1988); 이근복,『현장에서 만난 예수』(서울: 나눔사, 1990); 안병무·이대수,『우리가 만난 예수!: 노동자와 함께 읽는 마가복음』(서울: 형성사, 1991).

훈련을 통해 해석학적 공동체로 성장해야 할 것이다. 그러나 남은 문제는 그러한 해석학적 공동체와 전문적 신학자 사이에 무엇을 어떻게 협력해야 하는지 하는 문제가 보다 더 구체적으로 규명되어야 한다.

본 협의회에 참여하는 여성의 숫자나 비율이 제3세계 신학의 진정성을 보증하는 것이 아니라, 얼마만큼 그들의 참여가 신학함 자체를 변화시키느냐 하는 데 있다. 마찬가지로 원주민 신학도 원주민이 제3세계 신학 작업에 동참하는 것을 넘어서, 신학함 자체에 어떻게 원주민의 영성과 삶의 자세를 통합시키느냐 하는 것이 과제다. 본 협의회의 제3차 총회에서 아메리카 인디언 신학자가 발제했다고 해서 본 협의회가 원주민의 영성과 중요한 자원을 신학적 기초로 삼았다고 할 수 없다. 왜냐하면 여러 대회를 치르면서 인도 신학자들 가운데에는 단 한 명의 달릿신학자도 없었기 때문이다. 이런 경우 인디언의 발제는 구색 갖추기로 전락할 수 있다.

가난한 자들이 '역사에 침입'함에 대해 언급했었지만(5차, 6차), 그 분위기가 전적으로 바뀐 것에 주목해야 한다. 어떤 시대 변화를 의미하는가? 제2차 총회는 창립 이후 5년과 그다음 5년을 비교하면서 전자는 제3세계를 위한 호시절이라면, 후자는 매우 어려운 시기라고 했다. 1970년대 자본주의의 위기를 구조조정으로 넘긴 제1세계는 세계에 대한 통제력을 회복했다. 1980년대는 제3세계에는 구조조정의 10년이다. 또 1980년대 10년은 반전의 10년(a decade of reversal)이다. 아프리카는 지난 30년(1950년대~1970년대)의 발전을 1980년대에 상실했다. 라틴 아메리카는 1980년대 10년을 잃었다. 아시아에서 일부 국가는 발전했지만, 대부분의 국가들은 정체했다.[47] 또 1980년대는 레이건과 대처 두 사람에 의해 신자유주의가 전 세계적으로 확산되던 시기였다. 그러나 보다 결정적인 사건은 소비에트 해체와 동구권 사회주의의 붕괴였다. 이로 인해 자본주의의 지구적 지배가 확립된 1990년대는 인간의 얼굴을 결여한 자본주의 시기로 대안이 부재한 세상이고, 제3세계가 아직 필요하긴 했지만, 제3세계의 그 많은 인구를 불필요하게 여기는 시기였으며, 제1세계는 제3세계의 발전을 더 이상 원하지 않으며 이들을 외채를 통해 통제하려는 시기였다.[48]

제3세계 민중의 생존권이 위협받는 속에서 '가난한 자들의 역사에로의 침입'은 좌절되었다. 그들의 침입은 '좌절된 침입'이었다. 이런 암담한 분위기 속에서 민중 운동은 침체될 수밖에 없었다. 그러나 연꽃은 진흙탕에서 피듯이, 부활은 십자가 죽음 이후에 오는 것처럼, 교회와 신학은 이 어려운 시기에 제3세계 민중에게 생명의 길을 제시해야 하고, 그들로 하여금 생명의 풍성함을 얻도록 해야 한다(요 10:10). 이와 같이 어려운 시기에 영성은 민중들이 지배적 가치를 내면화하거나 지배적 가치를 갖고 서로 다투고 분열되는 것을 막고, 자신의 참된 정체성을 회복하고, 해체되는 공동체를 치유하고 다시 세우게 하는 원동력이 되어야 한다.

이제 제3세계 신학은 제3세계의 가난한 자, 억눌린 자, 원주민, 농민, 계약직·임시직·비정규직 노동자, 빈민, 장애인, 여성, 청소년, 이주노동자, 실직 노숙인, 난민, 북한 이탈주민 등 다양한 사람들과 대안적 경제, 지속 가능한 성장, 생태계 보존 등 다양한 문제들을 함께 다루는 가운데

---

47 Walden Bello, *Brave New Third Word: Strategies for Survival in the Global Economy* (London: Earthscan Publications. Ltd., 1990), 1.

48 K.C. Abraham & B. Mbuy-Beya, *Spirituality of the Third World*, 10-15.

이들과 이런 문제들을 어떻게 통합시켜야 하는지를 모색해야 한다. 그러나 이 모든 문제를 기독교인만이 해결하는 것은 아니다. 제3세계의 민중 해방에 참여하는 다양한 시민사회단체들과 연대하고, 지역, 국가, 대륙, 지구적 연대의 틀도 건설해야 한다. 지난 1995년 이후 인도의 달릿신학자들과 한국의 민중신학자들 사이에 신학적 대화가 계속되고 있다. 더 나아가 다종교 상황에서 신학함을 하는 아시아 그리스도인들과 아프리카 그리스도인들 사이의 만남과 교류는 새로운 길과 상호 이해 증진과 상호 수정을 낳을 수 있다. 이때 정보사회의 인터넷이나 전자우편 등과 같은 다양한 문명 기술이 이용되어야 한다. 우리나라에서 지난 2년간 월드컵이나 대선, 총선에서 이런 문화들이 발휘하는 힘은 예전에는 상상도 못 했던 것들이었다. 쌍방 통행식 의사소통 방식과 상향식 의사결정 과정과 그물망식 조직방식도 이런 변화에 상응하는 방식이다. 이런 것들을 통해 대안적 세계를 만드는 데 힘을 모아야 할 것이다.

참고문헌

안병무 · 이대수. 『우리가 만난 예수!: 노동자와 함께 읽는 마가복음』. 서울: 형성
　　사, 1991.
이근복. 『현장에서 만난 예수』. 서울: 나눔사, 1990.
이동철. 『짓눌러도 할렐루야』. 서울: 청사, 1988.
죽재 서남동목사 기념논문편집위원회 편. 『전환기의 민중신학』. 서울: 한국신학
　　연구소, 1992.
황홍렬. "지구화 시대 시민 · 사회운동과 기독교 선교." 기독교종합연구원 외. 『지
　　구화 시대 제3세계의 현실과 신학』. 서울: 한들출판사/한일장신대학교
　　출판부, 2004.
_____. 『한국민중교회 선교역사(1983~1997)와 민중선교론』. 서울: 한들출판
　　사, 2004.

Abraham, K. C. (ed.). *Third World Theologies: Commonalities & Divergences*.
　　Maryknoll, New York: Orbis Books, 1990.
Abraham, K. C. and Bernadatte Mbuy-Beya (eds.). *Spirituality of the Third
　　World: A Cry for Life.* Maryknoll, New York: Orbis Books, 1994.
Alinsky, S. D. *Reveille for Radicals.* New York: Vintage Books, 1969.
Bello, Walden. *Brave New Third Word: Strategies for Survival in the Global
　　Economy.* London: Earthscan Publications. Ltd., 1990.
Cardenal, E. *The Gospel in Solentiname.* 성염 역. 『말씀이 우리와 함께: 솔렌티나
　　메 농어민들의 복음 대화』. 왜관: 분도출판사, 1981.
Comblin, José. *Called for Freedom: The Changing Context of Liberation.*
　　Maryknoll, New York: Orbis Books, 1993.
Juan Luis Segundo. *Signs of the Times: Theological Reflections.* Maryknoll,
　　New York: Orbis Books. 1998.
Fabella, Virginia. (ed.). *Asia's Struggle for Full Humanity: Towards a Relevant
　　Theology.* Maryknoll, New York: Orbis Books, 1980.
Fabella, Virginia. "Ecumenical Association of Third World Theologians." in
　　Karl Müller · Theo Sundermeier · Stephen B. Bevans · Richard H.
　　Bliese (eds.). *Dictionary of Mission: Theology, History, Perspectives.*
　　Maryknoll, New York: Orbis Books, 1997.

Fabella, Virginia and Sergio Torres (eds.). *Irruption of the Third World: Challenge to Theology Maryknoll.* New York: Orbis Books, 1983.

Fabella, Virginia and Sergio Torres (eds.). *Doing Theology in a Divided World. Maryknoll.* New York: Orbis Books, 1985.

Gonzalez, Sergio Torres. "Dar-es-Salaam 1976." in *Concilium* (1988), 109.

Torres, Sergio & Virginia Fabella, M. M. (eds.). *The Emergent Gospel: Theology from the Underside of History.* Maryknoll, New York: Orbis Books, 1978.

Torres, Sergio and John Eagleson (eds.). *The Challenge of Basic Christian Communities.* Maryknoll, New York: Orbis Books, 1982.

2 장
달릿신학에 나타난 생명 사상

I. 들어가는 글

이 글은 달릿신학의 개요를 다루고, 그 안에 생명 사상이 있는가, 하는 것을 밝히고자 한다. 먼저 달릿의 현실과 고난의 경험을 살펴보고, 달릿신학의 배경이 되는 달릿의 역사와 문화와 종교를 개관하려 한다. 달릿의 해방을 위한 그들 자신의 투쟁을 다루고, 달릿 기독교인들의 역사와 기존 인도 신학의 경향을 살핀다. 달릿신학에 대해서는 성서적 전거, 기독론, 성령론, 종말론, 해석학 등을 정리해 보고자 한다. 그리고 달릿 문제의 근원인 카스트-계급-가부장제가 어떻게 여성을 중심으로 관련을 갖는가 하는 것을 밝히고자 한다. 그리고 카스트-계급-가부장제가 삼자 연대하는 것처럼 달릿과 '부족'이 어떤 관련이 있는가를 밝힘으로써 달릿 해방 운동의 공동주체가 될 수 있는지를 보고자 한다. 그리고 달릿신학에 남겨진 과제가 무엇인지를 정리한 다음 달릿신학에 나타난 생명 사상을 제시하고 그것을 민중신학에 나타난 생명 사상과 비교하고자 한다.

본 연구의 접근 방식은 문헌 연구를 중심으로 했고, 연구 방법론은 달릿신학과 민중신학의 생명 사상을 비교하는 방법을 사용했다. 이렇게 해서 상호 차이점과 공통점뿐 아니라 서로 간에 배울 수 있는 점이 무엇인지가 규명될 수 있을 것이다. 문헌 연구는 출판된 책을 중심으로 한 것은 한계지만, 달릿신학에 대한 소개가 거의 없는 실정에서 이 글은 달릿신학에 대한 소개를 하는 데 의의가 있다. 또 달릿신학과 민중신학에 나타난 생명 사상을 비교함으로써 관심이 고조되는 생명 신학에도 일부분 기여할 것으로 본다.

II. 달릿의 현실과 고난

1. 달릿의 어원

달릿은 '불가촉 천민'(Untouchables)이나 '카스트에 속하지 못한 사람들'(outcaste)로 불렸다. 또 '카스트가 없는 사람들'(avarnas), '다섯 번째 카스트 사람들'(panchamas), '세상에서 제일 나쁜 사람들'(chandalas)로 지칭되기도 했다. 간디는 이들을 '하나님의 자녀들'(harijans)이라고 했고, 달릿 해방 운동 지도자인 암베드카르는 이들을 '저항하는 힌두교도'(Protestant Hindus)라 했다. 영국 식민지 시대에는 이들은 '억압받는 계급'(depressed class)으로 불렸고, 독립 이후 인도 헌법은 이들을 '지정 카스트'(Scheduled caste)로 불렀다. 아르빈드 니르말은 달릿을 '부서지고 찢어지고 갈라지고 파열되고 분열된 사람들', '열려지고 확장된 사람들', '양분된 사람들', '뿔뿔이 쫓겨나고 흩어진 사람들', '짓밟히고 뭉개지고 파괴된 사람들', '명백하게 드러난 사람들'이라고 했다.[1] 달릿은 더 이상 다른 사람들에 의해 불리기를 원하지 않고, 스스로를 달릿으로 부르기 시작했다. 이는 자신의 빼앗긴 정체성을 되찾는 출발점이 된다. 처음으로 '달릿'이라는 용어를 사용한 사람은 암베드카르라고 여겨진다. 70년대 이후부터 달릿은 자신을 처음으로 달릿이라고 스스로 부르기 시작했다.

달릿 어원은 역사적으로, 성서적으로, 인도 상황에서 다뤄져야 한다.[2] 달릿 어원과 관련해 알 수 있는 것은 달릿의 문제는 그 역사가 고대에 기원을 두고 있다는 것, 달릿이라는 용어가 특정한 지역의 땅과 나라의 '원주민' 또는 초기 민중을 위해 사용되는 단어라는 것, 달릿은 가난이나 카스트를 의미하는 것이 아니라 민중들의 깨지고 짓밟힌 상태를 가리킨다는 것, 그리고 메시아 메시지와 관련해서 달릿은 상실된 정체성의 회복뿐 아니라 해방된 상태에서 긍지의 상징인 긍정적 희망을 뜻한다. 따라서 달릿에 대한 이해는 어원적으로만은 부족하고, 그 역사적 기원을 밝혀야 하며, 거기서 달릿 해방의 단초로서 오랫동안 부정되어 왔던 자신의 정체성이나 뿌리를 발견할 수 있을 것이다. 그리고 달릿이 처한 현실과 고난의 경험을 아는 것이 달릿신학의 출발점이 되기에 달릿 현실에 대해 알아보기로 한다.

---

1 Arvind P. Nirmal, "Toward a Christian Dalit Theology" R.S. Sugirtharajah(ed.), *Frontiers in Asian Christian Theology: Emerging Trends* (Maryknoll, New York: Orbis Books, 1994), 28.

2 James Massey, *Dalits: Issues and Concerns* (Delhi: B. R. Publishing Corporation, 1998), 17-43.

2. 달릿의 현실

인도 10억 인구 가운데 브라민, 크샤트리아, 바이샤 등 카스트 힌두교도는 15%를 넘지 못하지만, 수드라와 달릿을 합치면 전 인구의 70%가 넘는다.[3] 달릿은 2억 명이 넘으며, 수드라 또는 다른 뒤처진 계급(Other Backward Classes)을 합치면 7억 명 정도가 된다. 종교 분포를 보면 인구의 82%가 힌두교도, 11%가 회교도, 2.6%가 기독교인, 1.85%가 시크교도, 0.7%가 불교도, 0.4%가 자이나교도이다.[4] 인도 기독교인들 2,500만 명 가운데 75%인 2,000만 명이 달릿 배경을 갖고 있다.[5] 달릿 가운데 84%는 농촌에 거주하고, 16%만이 도시에 거주한다.[6] 인도가 전 세계에서 영토상으로는 2.4%를 차지하고 인구 상으로는 15%를 차지하기에 전 세계 인구의 3.3%에 달하는(지정 부족을 합치면 5%) 달릿의 문제는 인도의 문제로 국한될 것이 아니다.

1971년 조사에 의하면 달릿의 문자 해독률이 14.7%밖에 안 된다. 이는 달릿과 지정 부족(the Scheduled Tribe)을 제외한 인도인 평균 문자 해독률이 33.80%인 것과는 대조적이다. 1981년 조사에 의하면 달릿의 문자 해독률은 21.38%로 올라갔으나, 다른 인도인에 비하면

---

3 A. Ramaiah, "The Dalit Issue: A Hindu Perspective," James Massey(ed.), *Indigenous People: Dalits. Dalit Issues in Today's Theological Debate* (Delhi: ISPCK, 1998), 90.

4 M. John, S.A., "The Church in the Service of Dalits: Statistics and Policy," M.E. Prabhakar ed., *Towards A Dailt Theology* (Delhi: ISPCK, 1988), 125.

5 James Massey, "Historical Roots," James Massey(ed.), *Indigenous People: Dalits*, 4.

6 M. John, S.A., *op. cit.*, 123.

아직 많이 뒤떨어진 것을 알 수 있다. 또 농촌 지역의 달릿의 문자 해독률은 18.48%인데 반해, 도시 지역의 달릿은 36.6%로 농촌에 비해 두 배에 달한다. 또 달릿 남성은 31.21%로 달릿 여성 10.93%에 비하면 세 배 정도 차이가 난다. 농촌 달릿 남성의 문자 해독률은 27.91%, 농촌 달릿 여성은 8.45%이며, 도시 달릿 남성은 47.54%이고 도시 달릿 여성은 24.34%다.[7] 도시의 달릿과 농촌의 달릿 사이에도 큰 차이가 있으며, 남성 달릿과 여성 달릿 사이에 차이가 큰 것을 알 수 있다. 1991년 조사에 의하면 전 인구의 문자 해독률은 52.2%이었다. 달릿의 문자 해독률은 37.21%이었고, 지정 부족은 29.6%이었다. 인도 독립 이후 50년이 지난 후 문맹자가 독립 당시의 인구보다 더 많아졌다. 또 기술과 정보 산업의 선진국에 속하는 인도가 문맹자 비율이 높은 나라에 속하는 것은 아이러니다.[8]

농촌 지역의 경우 1970년대 초에 달릿 남성 가운데 50.44%가 농업 노동자인 데 반해, 달릿 이외의 남성들의 경우는 14.08%만이 농업 노동자였다. 1981년 통계에 의하면 전 인구의 33.44%가 노동자들이었다. 달릿의 경우 39.58%가 노동자들이었고, 60.24%는 노동하지 않는 자들이었다.[9] 인도 노동자의 상당수를 달릿이 차지하고, 실업자 가운데 대다수가 달릿인 것을 알 수 있다. 1991년 통계에 의하면 달릿의 81%가 농촌에 살고, 달릿 노동력의 77%가 1차 산업에 종사하고 있다. 농촌

7 *Ibid.*

8 R.V. Pillai, "Developmental Issues in Human Rights," R.M. Pal & G.S. Bharggava (eds.), *Human Rights of Dalits: Societal violation* (New Delhi: Gyan Publishing House, 2001), 97.

9 M. John, S.A., *op. cit.*, 124.

지역의 경우 토지 소유 최상위층 1%가 최하위층 55%에 맞먹는 토지를 소유하고 있다.[10]

1983~1984년 조사에 의하면 전 인구의 40.40%가 빈곤선 이하였다. 달릿은 53%, 지정 부족은 58.40%가 빈곤선 이하였다. 1987~ 1988년 조사는 전 인구의 33.40%가 빈곤선 이하였다. 달릿은 44.7%, 지정 부족은 52.60%이었다.[11]

달릿은 불가촉천민이기에 카스트 사람이 오면 멀리서 소리치거나 종을 쳐서 자신에 의해 오염되지 않도록 하는 것이 힌두 경전에 규정되어 있다. 달릿은 출생 상 오염된 자들이기 때문에 성직과 교사의 직업을 가질 수 없고, 힌두교인들의 성전에 들어가는 일, 그들의 거리를 걷는 것, 공공의 우물 사용이나 이발사나 세탁부의 사용이 금지되고 있다. 달릿과 카스트 사람들과의 공동 식사는 가장 불결한 것으로 여겨지며, 카스트 사람과 달릿의 결혼은 생각할 수도 없는 일이다. 과거에 달릿은 땅을 소유할 수 없었다. 달릿이 사는 곳은 마을 바깥이며, 그들의 직업은 소위 '오염된 직업'인 동물 가죽 벗기기, 가죽 관련 직업, 짐승의 시체 옮기기, 머리에 분뇨를 이고 나르기 등이다. 이들은 베다 경전을 들으면 끓는 납물을 귀에 붓는 벌을 받고, 베다 경전을 외우면 혀 자르는 벌을 받는다.[12]

이상에서 본 것처럼 달릿의 2/3는 문맹자이고, 3/4이 1차 산업에

---

10 R.V. Pillai, *op. cit.*, 99.

11 *Ibid.*

12 V. Devasahayam, "Pollution, Poverty and Powerlessness - A Dalit Perspective," Arvind P. Nirmal(ed.), *A Reader in Dalit Theology* (Madras: Gurukul Lutheran Theological College & Research Institute, 1990), 4-10.

종사하며, 절반 정도가 빈곤선 이하에서 가난하게 살고 있다. 달릿의 가난은 교육의 빈곤에서 기인하고, 이 때문에 적절한 직업을 얻기 어려워 가난의 악순환이 계속되고 있다.

3. 달릿의 고난의 경험

인도 헌법이 달릿의 불가촉성을 폐지하고, 여러 현행법이 달릿의 인권을 보호하고 있지만, 실제 생활에서 달릿의 삶은 비참하기 그지없다. 1947년 독립 이후 국가적 차원에서 달릿을 위해 차별적인 보호 정책과 법을 시행해 왔지만 달릿의 상황은 악화되고 있다. 1981년에서 1985년 사이에 카스트에 속한 사람들이 달릿에 대해 시민법을 위반한 사례가 19,378건이었다. 1993년에는 2,531건, 1994년에는 1,731건, 1995년에는 1,773건이 위반 사례로 접수되었다.[13] 그러나 정부에 접수된 피해 사례가 보복에 대한 두려움 때문에 피해를 당한 달릿들이 보고하지 않은 수천, 수만 건에 비하면 빙산의 일각에 달한다고 믿는 사람들이 많다.

헌법이 불가촉성을 폐지한 후에도 현재까지 달릿이 겪는 것은 다수의 공공시설에 접근하기 어렵다는 것이다. 1995년 52개 마을 941명의 달릿을 대상으로 한 설문 조사에 의하면 호텔의 80.5%, 성전의 77.2%, 종교 행렬의 77.2%, 물탱크의 68.4%, 수도꼭지의 77.2%, 사회적 혼합 활동의 70.2%, 경제 활동의 56.0%, 정치 행동의 29.8%가 달릿의 참여나 사용을 거절했다.[14]

---

13 S.K. Thorat, "Dalits and Human Rights- A Part of the Whole but a Part Apart," G.S. Bhargava & R.M. Pal(eds.), op. cit., 68.

1981년으로부터 1986년 사이에 카스트에 속한 자들이 달릿에게 행한 잔악 행위 가운데 정부에 보고된 사례는 91,097건이었다. 1994년에는 14,938건, 1995년에는 12,313건이었다. 1995년 달릿에게 행해진 잔학 행위 내용을 보면 살인 513건, 중상 4,000건, 방화 439건, 강간 787건이었다. 1981년 이후의 통계에 의하면 매해 달릿 약 500명이 살해당했고, 4,000명이 중상을 입었으며, 400-900건의 방화가 있었고, 700-800명이 강간을 당했고, 10,000건의 다른 피해를 입었다. 달릿은 연평균 15,000건의 잔학한 행위를 당하고 있다.[15]

최근에 이르기까지 잔악 행위가 그치지 않는 이유는 헌법과 각종 법에 의해 정부가 달릿에게 부여하는 역차별의 보호 정책에 따라 달릿에게 부여된 땅을 사는 특권을 기득권자인 카스트 사람들이 부정하기 때문이다. 한 예로 달릿이 농촌에서 땅을 구입하려고 하면 기득권자들이 달릿에게 폭행을 가하기 일쑤고, 그 미성년자인 딸에게조차 강간으로 '교육'시키는 사례가 다반사다. 또 어느 지역에서는 카스트 남성들을 즐겁게 하기 위해서 달릿 여성들이 상의를 입지 못하게 하는 곳도 있다. 달릿 여성들이 카스트 남성들에게 상시적으로 성폭행의 대상이 되고 있다. 1992년 카르나타카 지역의 치코디 타루카 마을에서는 달릿들이 상위 카스트 사람들에 의해 인분을 강제로 먹은 사건이 일어났다.[16] 달릿은 인도에서 상상할 수 없는 비인간적 대우를 받으며 가난 속에서 살고 있다.

---

14 *Ibid.*

15 *Ibid.*, 68-69.

16 Gopal Guru, "Human Rights and the Dalits," G.S. Bhargava & R.M. Pal(eds.), *op. cit.*, 41.

헌법과 법 제도의 개선에도 불구하고 달릿에게 가해지는 이런 고통을 어떻게 이해할 수 있을까? 법 제도의 개선에는 한계가 있다. 법으로 보호되어야 할 달릿이 농촌 지역에 광범위하게 산재해 있기 때문에 경찰력의 한계가 있다. 달릿은 경찰이 자신들을 다루는데 상대적으로 편파적이라고 느끼는 사람들이 61%나 된다. 또 법을 어기면 재판이 공정하게 이뤄져야 하는데, 달릿 사건의 경우 결심까지 가는 사례가 1%도 안 되기 때문에 달릿은 재판부를, 판사를 신뢰하지 않는다.[17] 그리고 달릿 가운데 절반이 빈곤선 이하에 살면서 경제적으로 상위 카스트 사람들에게 의존하기 때문에 법에 의해서 보장받는 권리를 제대로 누리지도 못하고, 설혹 권리 주장을 했다가 피해를 당해도 정부에 신고도 제대로 하지 못한다. 달릿의 권익 주장에 대한 상위 카스트 사람들의 대응은 폭력과 잔혹 행위이다.

달릿은 가장 힘든 일을 하면서도 가난하고 억압받으며 소외되어 있다. 그들의 가장 심각한 문제는 생존 자체이다. 수드라와 함께 다수에 속하며, 인도 사회를 떠받치는 기둥 역할을 하면서도 사람 대우를 받지 못하고 있다. 달릿 문제의 뿌리는 그들 스스로 이런 억압 체제를 받아들이고 내면화하고 있다는 사실이다. 이는 힌두교와 카스트 제도를 비롯한 여러 사회의식과 제도에 기인한다.

---

17 S.K. Thorat, "Dalits and Human Rights - A Part of the Whole but a Part Apart," 72.

4. 달릿 여성

달릿 여성은 '달릿 가운데 달릿', '짓밟혀진 사람들 가운데 짓밟힌 사람들'로 불린다. 달릿 여성은 상위 카스트 사람들에게 노동으로, 때로는 성적으로 폭행을 당할 뿐 아니라 집안에서도 남자들에게 정신적 고문이나 학대뿐만 아니라 구타를 당하기 일쑤다. 남편은 작은 '신'(神)으로 여성에게 군림한다. 바꿔 말하면 달릿 남성은 카스트 차별제도를 만든 마누 법전을 거부하지만, 여성문제에 대해서는 마누 법전의 원칙을 따르는 자들이다.[18]

달릿 여성의 문제를 간과한 것은 달릿 남성만이 아니다. 달릿 운동은 가부장적 성격을 극복하지 못했고, 여성운동은 카스트 요소를 간과했다. 이 두 운동은 모두 여성이 카스트 제도의 출입문이며, 카스트 위계질서가 의존하는 '순수성-거룩성'이라는 축의 중심이라는 사실을 간과했다.[19] 상위 카스트 여성은 가부장제를 내면화하여 상위 카스트 남성들의 달릿 여성에 대한 성폭행에 대해 피해자의 도덕성 문제를 제기하기도 한다.[20]

카스트 제도를 폐기하고, 여성의 지위를 향상시키기 위해 정부가 헌신하겠다는 선언과 여성과 낮은 카스트 사람들에 대해 증가하는 폭력 사이의 모순은 카스트 제도와 성을 정치적 의제로서 분리된 문제로

---

18 Kumud Pawde, "The Position of Dalit Women in Indian Society," James Massey(ed.), *Indigenous People: Dalits*, 153-154.

19 Vidyut Bhagwat, "Dalit Women: Issues and Perspectives - some critical reflections," P.G. Jogdand(ed.), *Dalit Women: Issues and Perspectives*(New Delhi: Gyan Publishing House, 1995), 4.

20 Gopal Guru, "Human Rights and the Dalits," *op. cit.*, 38.

봄으로써 정당화되었다. 가부장제와 '브라민주의'(상위 카스트의 실천과 이데올로기) 사이의 결탁은 카스트에 의해 성을 조작함으로써 달릿 여성뿐만 아니라 달릿 남성에 대한 생각과 욕망의 지배를 통해 그들을 순응시키는 것이 가능함을 보여 준다.[21]

그러므로 달릿 여성의 문제를 해결하고 여성운동과 달릿 운동의 바른 방향을 잡기 위해서는 달릿 운동과 여성운동 사이에 강한 결합이 요구된다. 그렇지 않으면 여성운동이나 달릿 운동이 결과적으로 현재의 불평등과 불의를 강화시킬 수 있다. 여성운동은 과거처럼 상위 카스트 여성의 문제나 중간계급 여성의 문제에 국한하면 안 된다. 달릿 여성의 잠재력과 의식—마하라쉬트라 지역에서 땅 없는 농민에게 농지를 분배할 때 남성과 여성의 공동의 이름으로 농토를 분배할 것을 요구함—을 여성운동에 통합시켜야 할 것이다.[22]

달릿 여성의 시각에서 볼 때 달릿신학의 과제는 카스트와 가부장제가 어떻게 여성을 매개로 결합되는가 또는 이러한 결합에 힌두교가 어떻게 영향을 주는가를 밝히고, 극복 방식을 신학적으로 규명하는 것이다.

---

21 Sharmila Rege, "Caste and Gender: The Violence Against Women in India," P.G. Jogdand(ed.), *op. cit.*, 19.

22 Avinash Dolas, "Dalit Women and the Women's Movement in India," P.G. Jogdand(ed.), *op. cit.*, 120-121.

5. 정리

달릿은 이제까지 다양한 이름으로 불려왔다. 그러나 달릿은 스스로를 달릿으로 부른다. 이때 달릿이 내포하는 것은 '변화와 대결과 혁명의 상징'[23]이다. 지금까지 달릿은 카스트 제도하에 들어가지 못해 여러 가지 억압과 착취 속에 살며, 저항해도 더 큰 보복으로 고통만 당한다고 생각해 숨죽여 비인간적 대우와 '사회적 장애'를 참으며 살아왔다. 그러나 달릿은 이런 현실을 변화시키기 위해 달릿됨을 부끄럽게 여기지 않고, 스스로를 긍정하고 불의한 현실과 대결하며 현 체제를 변화시키기 위해 행동하고 있다.

그러나 달릿은 동질적 존재가 아니다.[24] 종교적으로, 지역적으로, 카스트적으로(지정 카스트 안에서), 하위 카스트적으로, 언어적으로, 그리고 아주 복잡한 내적 모순에 이르기까지 달릿은 다양한 배경을 지니고 있다. 이와 같이 달릿이 지역적으로 광범위하게 산재하고, 카스트와 하위 카스트 안에서 분열되어 있으며, 언어와 종교에서도 다양하게 나뉘어 있다면, 달릿의 변혁은 성취되기 어렵다. 따라서 달릿에게 필요한 것은 이렇게 다양한 종교적, 문화적, 지역적 배경을 가진 자들을 어떻게 하나로 통합할 수 있는가 하는 것이다.

법과 제도의 개선은 달릿 자신의 의식 변화가 일어나지 않는 한 효과를

---

23 Antony Raj, "The Dalit Christian Reality in Tamilnadu," *Jeevadhara* 22/128 (1992), 96; Anthoniraj Thumma, *Springs From The Subalterns: Patterns and Perspectives in People's Theology* (Delhi: ISPCK, 1999), 2에서 거듭 인용.

24 Kothapalli Wilson, "A Dalit Theology of Human Self-Development," James Massey(ed.), *Indigenous People: Dalits*, 267.

낼 수 없다. 달릿은 가난하기 때문에 억압자인 카스트 사람들에게 의존할 수밖에 없다. 자신의 법적인 권리를 주장해도 기득권자들로부터 상당수가 폭행이나 잔혹 행위로 보복을 받는다. 교육에서는 낮은 문자 해독률만이 문제가 아니다. 교육과정에 달릿 현실이 거꾸로 반영되어 있다. "달릿 어린이들은 뒤처진 행위 상징을 자신들의 고유한 역사적 유산으로 내면화하도록 교육을 받는데 이것이 그들의 정체성에 손상을 준다."[25] 결국 달릿은 자기 스스로 카스트 사람들의 가치관을 내면화하고, 그들에 대한 복종을 운명으로 받아들이면, 달릿에게는 그 어떤 법이나 헌법도 무의미해진다. 즉, 달릿 스스로 사회현실을 변화시키는 일이 불가능하다고 받아들이고 자존심을 잃게 되면, 그들은 술이나 다른 사회악에 빠져들게 된다. 따라서 달릿으로 하여금 자신을 의존적이고 열등하고 무기력하게 만드는 지배 문화에 대항하게 하며,[26] 달릿 자신의 다양한 문화적, 종교적, 지리적 배경을 극복하게 하는 공통의 문화적, 종교적, 역사적 정체성에 대한 기억을 지니고 있는가, 하는 것이 중요한 문제이다. 또 이러한 기억은 경제적 조건과 분리시킬 수 없다.

그리고 달릿 여성의 문제가 해결되기까지는 달릿 문제가 해결되었다고 할 수 없다. 왜냐하면 달릿 여성은 '달릿 가운데 달릿'이기 때문이다. 카스트 제도와 가부장제가 결합해서 달릿의 문제를 복잡하게 하고 영속적으로 만들어 왔기 때문에 달릿 여성의 문제는 달릿 이슈에서 핵심적인 문제다.

---

25 A.M. Abraham Ayrookuzhiel, "Dalit Theology: A Movement of Counter-Culture," M.E. Prabhakar(ed.), *Towards A Dalit Theology*, 86-87.
26 *Ibid.*, 85.

III. 달릿의 역사, 문화와 종교

1. 달릿의 역사

달릿은 지난 수천 년의 삶 속에서 자신의 정체성과 역사에 대한 기억을 거의 상실했다. 달릿은 인도 역사에서 언제부터 지금과 같은 대우를 받아왔는가? 달릿의 역사적 기원을 밝히지 못하면 달릿의 자기 긍정은 불가능하고, 따라서 달릿 해방 운동의 동기를 상실하게 되고, 거기에 근거한 달릿신학 형성도 어렵게 된다. 이처럼 달릿 자신의 역사에 대한 기억을 회복하는 것은 달릿 자신에게, 달릿 해방 운동에, 달릿신학에 필수 불가결한 요소다.

그러나 역사는 승자의 기록이다. 이 역사 속에서 달릿의 상실된 정체성을 찾는 것은 쉬운 작업이 아니다. 달릿의 역사적 기원을 추구하기 위해서는 그들에 대한 기록을 담고 있는 문헌들과 고고학적 발굴 결과를 참조해야 한다. 이를 다루고 있는 가장 오래된 문헌은 리그베다로 리그베다 찬가의 제작 기간이 기원전 1,500년에서 1,000년 사이이고, 기원전 1,000년 이전에 리그베다가 완성된 것으로 본다. 1920년 이후 대 펀잡 지역(현재의 파키스탄과 인도 일부)에서 인더스 문명을 알려주는 모헨조다로(1, 2, 3)와 하라파 등 고대 도시들에 대한 고고학자들의 발굴 결과를 살펴봐야 한다. 고고학자들에 의하면 모헨조다로 1로부터 3까지의 지속 기간은 1,500년이고, 모헨조다로 3의 시기는 기원전 1,500년경에 끝난 것으로 본다. 여기서 핵심적인 질문은 누가 인더스 문명을 세웠는가 하는 것과 왜 이 문명이 멸망했는가 하는 것이다.

이 질문과 관련해 학자들의 일치된 의견은 인더스 문명의 파괴와 리그베다의 찬가 내용은 서로 관련되어 있다는 것과, 리그베다와 고고학 발굴 결과는 서로 다른 집단의 사람들 사이에 전쟁·갈등이 있었다는 것을 가리킨다는 것이다. 또 달릿의 현재 인간 이하의 상태는 이 역사의 긴 과정의 결과라는 것이다. 그러나 학자들 사이에 불일치하는 것은 아리안 민족의 고향이 인도인지 외부인지 하는 것과, 본래 인도에 살던 민족과 나중에 침입한 아리안족과 같은 인종인지, 다른 인종인지 하는 것에 대해서이다.[27] 이와 같은 의견 불일치는 고고학적 발굴이 상층부에 국한되었고, 또 그 아래에 얼마나 많은 층이 있는지 아직 발굴되지 않았기 때문이다. 따라서 인더스 문명의 멸망이 아리안족의 침입에 의한 것인지, 연속적인 극심한 홍수 때문인지, 기후변화에 따라 서서히 몰락하다가 아리안족의 침입에 의해 멸망 당한 것인지 확정하기가 어렵다.

그럼에도 불구하고 리그베다의 본문과 모헨조다로와 하라파의 발굴 결과는 이미 정착한 사람들과 나중에 침입한 사람들을 구분하며, 이들 도시의 파괴는 침입자들의 공격에 의한 것으로 보는 것이 타당하다는 것을 보여 준다. 그리고 이들 두 부류의 사람들 사이의 갈등·전쟁은 대략 기원전 1,500년경으로 추정된다.[28] 바로 이 시기가 인더스 문명을 일으킨 '원주민'들이 아리안족의 침입에 의해 몰락하고 노예가 됨으로써 달릿의 역사가 시작된 시점이라고 추정된다. 달릿의 역사적 기원은 지금으로부터 3,500년 전으로 거슬러 올라가며, 그들이 1,500년 동안

---

27 James Massey, "Historical Roots," *Indigenous People: Dalits*, 8-10.
28 *Ibid.*, 26-27.

지속된 인더스 문명의 주인이라고 생각된다.

1) 고대(1500 B.C.~712 A.D.)

리그베다 가운데 푸루샤 찬가는 카스트의 기원과 관련이 있다. 브라민은 그의 입이고, 크샤트리아는 그의 두 팔이며, 바이샤는 그의 두 다리이고, 수드라는 그의 발에서 나왔다는 것이다. 기원전 800년에서 기원전 6세기 말에 만들어진 우파니샤드는 '카스트에 속하지 못한 사람들'을 개나 돼지와 같이 취급했으며, 수드라와 동일하게 다뤘다. 기원전 5세기의 라마야나에 의하면 통치자 라마 경은 상위 3개 카스트에게 고행과 명상할 수 있는 권한을 허락했지만, 수드라에게는 허락하지 않았다. 삼부카라는 수드라가 신성을 얻기 위해 고행함으로써 15세의 브라민 소년이 죽었다. 그의 아버지가 이를 라마 경에게 고하자 라마 경은 삼부카로부터 자백을 듣고 그의 목을 베어 죽였다. 바로 그 순간 죽은 소년이 소생했다. 기원후 1년에서 700년 사이에 편집된 마누 법전은 달릿의 정체성을 제거했다. 이에 의하면 오직 상위 세 카스트만 두 번 태어난 카스트이고, 수드라는 한 번 태어난 카스트이며, 다섯 번째 카스트는 없다고 선언했다. 이로써 지금까지 부분적으로나마 인식되었던 달릿의 정체성이 전면 부인되었다. 이로써 달릿에 대한 부정적인 태도는 절정에 달했고, 아리안족의 식민화는 완성되었다.[29] 이렇게 힌두교 경전들을 통해 달릿은 육체적으로만 정복자들에게 노예가 되었을 뿐 아니라 정신적으로도 노예가 되었다.

---

29 James Massey, *Dalits: Issues and Concerns* (Delhi: B.R. Publishing Corporation, 1998), 46-49.

2) 회교도 지배 시대(712~1712 A.D.)

아랍이 신드를 처음으로 정복한 것은 712년이었다. 1206년 노예 왕조가 수립되어 처음으로 델리를 지배했다. 다른 회교도 왕조가 인도를 지배하다가 1712년 회교도 왕조가 막을 내렸다. 회교도 지배 천 년 동안 달릿의 상태는 전과 같았다. 왜냐하면 회교도 사회는 카스트와 비슷한 세 가지 계층으로 구성되었기 때문이다. 상류층은 귀족이고, 중간층은 관료, 농민, 상인, 학자, 작가를 포함하며, 하층은 기술자와 노예로 구성되었다.[30] 이 시대에는 달릿 지위의 변화를 기대하기 어려웠다.

3) 영국 식민지 시대(1712~1947 A.D.)

영국은 종교적, 사회적 실천과 관련해서 초기에는 개방 정책을 사용하다가 나중에는 현상 유지를 고수했고, 불간섭 정책을 통해 카스트 제도를 지지했다. 기독교 선교사들은 여러 전통 종교의 가난한 자들, 달릿에 대한 태도를 재고하도록 도전했다. 그러나 그들 역시 카스트 제도를 지지했고, 교회에서 그것을 받아들이기까지 했다. 19세기에 영국은 노예제를 폐지하고, 토지의 사적 소유를 허용했지만, 이것은 기득권층에게 혜택을 주었고, 달릿은 가난과 예속이 계속되었다.[31]

이 기간 동안 일어난 개혁 운동들 가운데 주목할 것은 마하트마

---

30 *Ibid.*, 51-54.

31 John C.B. Webster, *The Dalit Christian: A History* (Delhi: ISPCK, 1992/1996), 27-28.

죠타라오 풀레, 바바사헤브 암베드카르 박사와 마하트마 간디에 의한 것이었다. 풀레와 암베드카르는 달릿의 지위를 전적으로 향상시키기 위해 노력했으며, 간디는 힌두교 사회 내에서 개혁을 지향했다. 수드라 출신의 풀레(1827~1890)는 그의 글을 통해 '카스트 제도의 폭군'에 항거하도록 인도인들을 고무했다. 그는 1851년에 달릿을 위해 초등학교를 세웠다. 그는 마누 법전이 사회변혁의 가장 큰 장애라고 비판했다. 그는 평생 비브라민 카스트와 달릿의 연합을 위해 힘썼다.

　　달릿과 관련해 암베드카르와 간디의 태도는 달랐다. 1931년 원탁회의에서 암베드카르는 달릿에게 분리된 선거구를 줄 것을 주장했지만 간디는 반대했다. 당시에 '억압받는 계급들'(Depressed Classes)이라고 불린 달릿에 대해 암베드카르는 '저항하는 힌두교도' 또는 '체제에 순응하지 않는 힌두교도'(Non-conformist Hindus)라고 부르자고 제안한 반면, 간디는 '하나님의 자녀들'(harijans)이라는 명칭을 제안했다. 간디의 제안은 달릿의 고통이 전혀 반영되어 있지 않기 때문에 달릿에 의해 거부되었다. 암베드카르의 제안은 식민지 정부에 의해 받아들여지지 않았다. 원탁회의 의장이자 당시 수상인 맥도날드는 '억압받는 계급들'을 '지정 카스트'로 대체했다.[32] 이렇게 해서 달릿은 영국 식민지 기간에도 자신들의 지위를 향상시킬 기회를 얻지 못했다.

---

32 James Massey, *Dalits: Issues and Concerns*, 54-57.

4) 인도 독립 이후(1947~)

힌두교 근본주의자들은 인도 독립운동에 기독교인들이 참여하지 않았다고 비난했다. 그런데 독립운동에 앞장섰던 이들은 간디를 비롯하여 상위 카스트에 속한 사람들로서 지주와 산업자본가들의 지지를 받았다.[33] 달릿이 기독교인 대다수를 차지하기 때문에 이런 독립운동에 적극 참여하기 어려웠다. 인도의 독립은 영국의 식민 지배로부터 인도 상위 카스트로의 지배자의 이동이었기 때문에 달릿의 입장에서 볼 때 진정한 해방이라고 하기 어렵다. 인도는 독립 후 달릿의 인권을 보장하는 헌법을 만들었다. 1950년의 헌법에 의하면 힌두교도 이외의 어떤 타종교인도 지정 카스트로 여겨져서는 안 된다고 되어 있다. 그러나 인도인들은 힌두교도 조항에 시크교도를 1956년에 첨가했고, 1990년에는 불교도를 첨가했다. 즉, 헌법 조항에는 종교로 인한 차별을 방지하지만, 실제 상으로는 종교로 인한 차별이 있었다. 헌법 제작에 참여했고 초대 법무 장관이었던 암베드카르는 헌법 자체는 나쁜 것은 아니지만 그 융통적인 사용이 나쁜 것으로 판명되었다고 했다.[34] 그러나 헌법에 힌두교도를 공식으로 거론한 것은 인도가 헌법상 카스트 제도를 지지하는 것으로 비판받을 수 있다.

헌법에 의해 '지정 카스트'와 '지정 부족'(Scheduled Tribes)에 대한 조사관이 임명되고, 보고서가 1951년 연말까지를 기간으로 해서 작성

---

33 D. Manohar Chandra Prasad, *Dalit Christian Struggle: A Retrospection* (Bangalore: Rachana Publications, 1998), 10-14.

34 James Massey, "Historical Roots," J. Massey, *Indigenous People: Dalits*, 37.

되었다. 조사 책임자인 쉬리칸트에 의하면 그들은 관습의 강요에 의해 자기 존중심을 상실하고, 그들에게 운명적으로 부여된 직업을 저주로 여기기보다는 보호되어져야 할 특권으로 여겼다고 했다. 그는 달릿의 달릿성을 카스트 제도 때문에 달릿 스스로 자신을 노예처럼 여기고, 몸과 정신이 게을러지고 자신의 조건에 무감각해지고, 조건 변화나 자녀 교육, 자신의 해방 등을 위한 의지를 상실한 것으로 보고했다.[35]

1980년 만달위원회의 보고서는 달릿의 퇴행성의 근본 뿌리가 카스트 제도에 있다고 했다. "카스트 제도의 진정한 승리는 브라민의 우월성을 지지하는 데 있는 것이 아니라, 제의적인 위계질서에서 (달릿) 자신의 열등한 지위를 자연 질서의 일부로 받아들이게끔 낮은 카스트 사람들의 의식을 조건 짓는 데 있다."[36] 이 보고서는 카스트 제도가 단순한 사회적 현상이 아니라 경전, 신화, 제의에 근거해서 잘 운영되는 계략이라고 했다. 게일 옴베트는 이 보고서 작성을 포함하여 카스트 사이의 말의 전쟁에서는 상위 세 카스트가 수적으로 우세하지만, 거리에는 여전히 수드라와 달릿이 다수라고 했다. 즉, 카스트 전쟁에서는 달릿의 구원과 해방을 위해서는 숫자나 물리적 힘으로 승리할 수 없고, 그들의 빼앗긴 역사, 이데올로기, 신학, 종교, 문화를 회복하여야 승리할 수 있다는 것이다. 이것들을 회복할 때 달릿은 자신의 빼앗긴 정체성과 인간 존엄성을 회복할 수 있기 때문이다.[37]

---

35 *Ibid.*, 41-42.

36 Report of the Backward classes Commission, Government of India, First part, Volume VII (1980), 14; James Massey, "Historical Roots," 45에서 거듭 인용.

37 *Ibid.*, 49.

따라서 달릿신학은 달릿 자신의 역사와 종교와 문화를 회복하고, 그 과정에서 자신의 정체성과 인간 존엄성을 회복하며, 자신의 구원과 해방을 위한 투쟁에 참여하는 과정 속에서 근거와 과제와 방향을 얻게 될 것이다. 이를 위해 먼저 달릿의 정체성과 인간 존엄성을 빼앗는 카스트 제도에 대해 알아보자.

2. 달릿과 문화: 카스트 제도를 중심으로

카스트 제도는 소수에게 특권과 위엄과 권력을 보장하고, 다수에게 소수의 부와 안정을 위해 노동할 것을 강요하는 복종과 박탈을 상속시킨다. 이 제도가 달릿에게 문제가 되는 것은 "등급에 따른 불평등에 근거한 카스트 제도는 따라서 박탈과 궁핍에 의해 고통받는 자들이 이 제도에 연합하여 대항할 수 없게 만"[38]들기 때문이다. 카스트 제도가 단순히 다섯 등급으로 나뉘었다면 수드라와 달릿의 연대나 달릿의 연합이 어렵지 않았을 것이다. 그러나 오늘날 힌두 사회는 3,000개에서 5,000개의 카스트로 나뉘어 있다. 즉, 다섯 개의 카스트 아래에 수천 개의 하위 카스트가 있다. 브라민도 수백 개의 하위 카스트로 나뉘어 있고, 서로 다른 하위 카스트 사이에는 보통 결혼이 이뤄지지 않는다. 바로 이와 같은 하위 카스트의 존재 때문에 수드라와 달릿의 연대뿐 아니라 달릿의 연합이 어려운 것이다.

달릿의 '불가촉성'의 원인은 브라민들이 '순수성'을 지키고 '오염'을

---

38 Bhagwan Das, "Dalits and the Caste System," James Massey(ed.), *Indigenous People: Dalits*, 56.

피하려는 데 집착하기 때문이다. 브라민은 사회를 '순수한' 카스트와 '오염된' 카스트로 구분할 뿐 아니라, '순수한' 직업과 '오염된' 직업으로 나눈다. 그래서 '순수한' 카스트가 '순수한' 직업을 독점하고, '오염된' 카스트는 노예가 감당해야 하는 '오염된' 직업에 종사해야 하며, 이것은 힌두교에 의해 종교적으로 합리화된다. 누구든지 힌두교에 반대하거나 카스트 제도에 항거하는 자는 '불가촉천민'이 되고 사회 밖으로 밀려난다. 카스트 제도를 유지하는 핵심은 동족 간 결혼, 동일 카스트 사이의 결혼이다.[39]

영국 식민지 시대인 1936년 '지정 카스트' 법에 의하면 이 법에 해당하는 카스트가 429개였다. 독립 이후 1950년 헌법에 의하면 '지정 카스트'에 속한 카스트가 900개가 넘었다.[40] 이는 카스트가 결혼을 통해 태생적으로 고정된 것이지만, '지정 카스트'의 경우 정부의 지정에 따라 변동의 여지가 있음을 보여 준다. 이것이 달릿을 분열시키는 또 하나의 문제가 된다. 동일한 '지정 카스트'에 속하면서도 교육이나 직업에서 그들은 상당한 다양성을 보이고 있다. 교육이나 직업에서 다른 '지정 카스트'에 속한 사람들보다 훨씬 진보를 이룬 일부 '지정 카스트'의 사람들은 자신의 성취를 열심히 노력한 덕분이라고 평가하고, '뒤처진' 사람들을 게으르고 모자라고 야망이 없다고 비난한다. 반면에 '뒤처진' 사람들은 이들이 자신보다 뛰어난 지도자를 갖고 있기 때문이며, 전체 '지정 카스트'의 이름을 이용해서 주의회 의석을 많이 차지하고, 이것을 통해 자기들의 무역, 사업, 직업 등을 유리하게 만들었다고 주장했다.[41] 정부

---

39 *Ibid.*, 58.
40 *Ibid.*, 62.

는 '지정 카스트'의 요구 사항 가운데 그들을 분열시키는 것은 받아들이고, 그들을 연합시키는 것은 절대로 허용하지 않았다.

카스트 제도가 이처럼 절대적 영향력을 행사한 것은 달릿 지식인이나 사회 개혁가들 가운데 카스트 제도를 근절하려 한 사람이 거의 없었기 때문이었다. 힌두교나 회교도, 시크교도, 기독교 등 종교 지도자들도 이런 노력을 한 사람들을 찾기 어려웠다. 기독교회는 최근 이런 모순을 깨닫고 교회를 탈힌두교화하려는 노력을 기울이고 있다. 달릿 가운데 카스트 제도에 항거하고 달릿의 연합을 위해 평생 투쟁한 지도자는 암베드카르 박사다. 그는 카스트 제도의 무력화를 위해 카스트 사이의 공동 식사와 결혼을 제안했다. 그에 의하면 "카스트는 개념이요, 정신의 상태다. 그러므로 카스트의 파괴는 (카스트 사이의) 물리적인 장애를 파괴함을 의미하지 않는다. 그것은 개념의 변화를 의미한다. … 사람들이 카스트를 준수한다고 해서 틀린 것이 아니다. 내 견해로는 카스트 개념을 반복적으로 가르쳐 온 그들의 종교가 잘못된 것이다."[42] 달릿은 카스트 제도하에서 힌두교도로 받아들여지지 않으면서도 자신들에 대한 억압과 퇴락에 책임 있는 자들의 종교인 힌두교에 굴종적으로 집착하고 종교적으로 그들을 모방하고 있다. 따라서 암베드카르가 추종자들과 함께 1956년에 집단적으로 불교로 개종한 것은 종교를 바꾼 것이 아니라 종교의 독립을 선언한 것이다.[43]

---

41 *Ibid.*, 67-68.

42 Babasaheb Ambedkar, "Annihilation of Caste," Writings and Speeches, Vol. I, 68; Bhagwan Das, *op. cit.*, 72에서 거듭 인용.

43 *Ibid.*, 73-74.

카스트는 단순한 사회제도가 아니라 달릿이 카스트의 이데올로기를 스스로 내면화하도록 하는 힌두교와 긴밀하게 연결되어 있다. 달릿 신학을 위해서, 그리고 카스트의 극복을 위해서는 달릿의 종교를 연구하는 것이 불가피하다.

3. 달릿과 종교

암베드카르는 달릿의 본래적인 종교는 불교라고 했다. 그러나 현재 달릿의 그 어떤 종교 의식에서도 그 흔적을 찾아볼 수 없다. 따라서 이런 주장은 지지받지 못한다. 종교와 관련해 가장 중요한 질문은 달릿이 힌두교와 구별되는 그들 자신만의 종교를 가졌는가 하는 것이다. 힌두교의 학자들은 힌두교 안에 '작은' 전통과 '위대한' 전통이 있다고 주장한다. 상위 카스트의 종교적 행위는 '위대한' 전통이고, 달릿과 수드라의 종교적 행위는 '작은' 전통이라는 것이다. '위대한' 전통이 위대한 것은 이것이 '지적'이고 '고전적'이며 '고상한' 철학을 지니고 있기 때문이라고 한다. 그래서 상위 카스트의 관습, 제의, 신앙, 이데올로기와 양식을 하위 카스트의 사람들이 따르는 과정을 산스크리트화라고 하면서 이를 정당화한다. 그러나 제임스 아파부는 힌두교 학자들의 이런 구분을 다음과 같이 비판한다. "수드라와 달릿을 억압하고 착취하는 것이 위대하다면, 힌두교의 마누 다르마 산스크리트 전통은 대단히 위대한 것일 수 있다!"[44] 그런데 여기서 주목할 것은 달릿과 수드라가 같은

---

44 James Theophillius Appavoo, "Dalit Religion," James Massey(ed.), *Indigenous People: Dalits*, 112.

종교 전통에 속한다면 그들은 본래 한 공동체에 기원한 것이라고 할 수 있다는 점이다.

달릿의 종교와 힌두교 사이의 비슷한 점과 차이점은 어떤 것인가? 유사성은 신(神)의 개념은 다르지만, 신에 대한 신앙을 갖고 있다는 것과 서로 다르지만, 축제를 벌인다는 것과 신에게 제물을 바친다는 것이다. 차이점은 신 개념, 제의, 예배 장소, 예배 목적이다. 달릿 신은 타밀어 이름을 갖고 있는 데 반해,[45] 힌두교 신의 이름은 산스크리트어 이다. 달릿 신에 대한 서술은 주로 민간전승인 데 반해, 산스크리트 신에 대한 서술은 베다나 푸라나 같은 종교적 경전에 있다. 달릿 신에게 바치는 제물은 채식성이 아닌 음식인 데 반해, 산스크리트 신에게 바치는 제물은 오직 채식성 음식이어야 한다. 달릿 종교 예배는 트인 공간에서 진행되고, 산스크리트 예배는 건물 안에서 드려진다. 달릿 종교의 축제는 시원한 때에 주로 밤에 드려지고, 산스크리트 종교는 따뜻한 낮에 또는 불 주위에서 드려진다. 이는 산스크리트 종교가 아리안처럼 추운 지역의 종교이고, 달릿의 종교는 더운 지역의 종교임을 말해 준다. 즉, 이 두 종교는 결코 같은 종교일 수 없다는 것을 뜻한다.

달릿 예배는 항상 집단적으로 드려진다. 달릿의 한 마을에서는 두 가족 사이의 불화로 11년간 예배를 드리지 못했다. 달릿의 신은 사람들을 연대하게 하는 일치의 근원이다. 반면에 산스크리트 종교의 예배는 이웃을 고려하지 않으며 개인주의적으로 드려진다. 상위 카스트 사람들은 성전 안으로 들어가지만, 브라민 여성은 성전의 성소에 들어갈 수

---

45 달릿 종교에 대한 제임스 아파부의 자료가 타밀나두에 국한되어 있다.

없다. 달릿은 성전에 들어갈 수 없다. 성전 안의 구조는 카스트 사이를 구별한다. 즉, 성전은 사람들을 분리시킨다. 그러나 달릿 성전은 투기 경기장처럼 신이 중앙에 위치하고 사람들은 그 주위에 모인다. 신은 일치의 근원이다. 산스크리트의 신은 성전에 우상처럼 갇혀 있다. 달릿의 신은 우상이 아니라 무기나 형상이 없는 돌로서 상징물이다. 달릿 가운데도 우상을 갖는 경우가 있는데 이는 그들의 신이 산스크리트화한 것이다. 달릿의 종교에서는 예배 장소나 상징물이 거룩하게 여겨지지 않는다. 제의 기간 중 모든 공동체 구성원이 모였을 때 그들은 거룩성을 얻게 된다. 즉, 신성은 사람들에게로 향하지, 장소나 상징물로 향하지 않는다. 신이 사람들에게로 임한다는 것(sami engka mela varum)은 구약성서의 임마누엘 개념과 매우 흡사하다. 공동체의 모든 구성원이 모이기 전에 신의 영을 받은 사람은 신의 영(Sami)이 아니라 악의 영(Peyi)을 받은 것이다.

반면에 산스크리트의 종교는 방안에 갇혀 있으며, 열쇠는 사제가 독차지한다. 신성이 사제에 의해 독차지되기 때문에 산스크리트 종교는 억압적 종교이지만, 달릿 종교는 공동체 구성원에게 신성이 개방되어 있기 때문에 해방적 종교다. 산스크리트 종교는 중앙군을 크샤트리아처럼 별도로 두지만, 달릿 종교는 전쟁이 일어나면 북을 쳐서 모든 사람—심지어는 임산부도 참여하기도 함—이 전쟁에 참여하게 한다. 달릿의 군사 훈련은 제의적 춤과도 긴밀하게 연관되어 있다. 온몸을 바늘로 찌르는 의식은 화살 공격에 견디는 훈련이고, 불 위를 걷는 의식은 적을 공격하기 위해 불길을 뚫고 가는 훈련이다. 달릿의 종교는 평등의 종교다. 별도의 사제가 없이 공동체 구성원이 교대로 사제 역할을 하는 데 여성도 남성과 동등하게 참여한다. 산스크리트 종교에서 사제 역할은 일부에 독점되며 여성은 남성의 소유물로서 사제가 될 수 없다. 또 제의는 사제에 의해서만 거행되고 다른 사람들은 수동적으로 참여할 뿐이다. 반면에 달릿 종교는 모든 예배 참여자들이 대등하게 능동적으로 의식에 참여한다.46

힌두교 학자들은 힌두교를 '위대한' 전통이라 하고, 달릿과 수드라의 종교를 '작은' 전통이라 했다. 그러나 위에서 살펴본 것처럼 힌두교가 폐쇄적이고 개인주의적이며 가부장적이고 억압적이고 우상숭배적인 데 반해, 달릿 종교가 개방적이고 공동체적이며 성적으로 평등주의적이며 해방적이고 따라서 생명 지향적이다. 또 달릿 종교는 더운 지역의 종교로서 인도에 본래 있었던 종교로 생각되지만, 힌두교는 추운 지역의 종교로서 인도 북쪽에서 침입한 아리안족의 종교로 여겨진다. 그리고 달릿과 수드라의 종교가 같은 전통을 지녔다면, 저들은 본래 동일한 기원을 지닌 인종일 수 있다.

비록 지난 3,500년 동안 힌두교와 카스트 제도하에서 달릿이 자신의 정체성을 상실하고 인간 존엄성을 상실한 것처럼 보이지만, 저들의 종교는 개방적이고 해방적이며 평등주의적이고 공동체적이고 생명 지향적이기에 달릿 해방의 근거로서 원동력으로서 제시될 수 있을 것이다. 이제 달릿 해방 운동과 달릿과 기독교에 대해 살펴보기로 한다.

---

46 James Theophilius Appavoo, *op. cit.*, 115-120.

IV. 달릿 해방 운동과 기독교

1. 달릿 해방 운동

달릿 해방 운동은 세 시기로 구분된다. 첫째 시기는 리그베다 시대와 이슬람 시대(600 B. C.~1712 A. D.)로 달릿 의식과 달릿 투쟁의 기초를 세웠다.[47] 달릿은 정복자와 싸워 비록 패배했지만, 끝까지 저항했다. 베다 시대에 크샤트리아에 속한 왕자들이 브라민의 지배에 대해 저항했다. 마하비라(540~468 B.C.)는 자이나교의 창시자가 되었고, 붓다(563~483 B.C.)는 불교의 창시자가 되었다. 자이나교는 카스트 제도를 받아들였지만, 불교는 결국 인도에서 추방되었다. 8세기에서 17세기 말까지의 회교도 지배 시기에 이제까지 달릿에게 허용되지 않았던 군인으로서의 봉사가 허용되었다. 또 회교도 신비주의자인 수피를 통해 인간의 동등성이 달릿에게 영향을 주었다. 힌두교 안에서 일어난 개혁 운동으로서의 박티(헌신)운동은 지금까지 브라민에 의해 독점된 인간 구원의 길(gyan/지식, karma/선행, dyan/성찰) 이외에 신에 대한 헌신을 통해서 구원받는 길이 있으며, 헌신의 방법은 노래, 음악, 춤이라고 하며 산스크리트어 대신에 자신의 언어를 사용하도록 했다. 이와 같은 힌두교 내 개혁은 달릿에게 인간의 평등성을 가르쳤지만, 사회 전체의 변화를 주장한 것은 아니었다.

둘째 시기는 영국 식민지 시대(1712~1947)로 달릿의 분리된 정체성과

---

47 James Massey, *Dalits: Issues and Concerns*, 121-123.

정치적 권리를 위해 투쟁한 시기였다.[48] 1599년 영국은 동인도회사를 세웠지만, 첫 150년간 주된 관심은 사업과 무역이었다. 그러다가 1757년 과 1764년 플라세이 전투와 북살 전투 이후 군사적 지배와 정치권력 수립 이후 달릿의 투쟁에 영향을 주기 시작했다. 그러나 달릿 투쟁에 직접적인 영향을 준 사건은 1857년 벵골 '반란'(Mutiny) 이후였다.

벵골 '반란' 이전의 시기에서 중요한 것은 영국이 민주적이고 동등한 인권에 기초한 개방 정책을 통해 달릿에게 동등한 교육의 기회를 제공한 것이다. 이로써 달릿 의식을 갖는 데 도움을 줬고, 달릿 지도자들이 양성될 수 있었다. 달릿 교육에 기여한 달릿 지도자가 마하트마 죠티라 오 풀레(1827~1890)였다. 그는 교육을 통해 수드라와 달릿이 연대하는 것을 평생의 목표로 삼았다. 기독교, 불교, 회교, 시크교 등 평등 지향적 인 종교로의 집단 개종 역시 달릿에게 중요한 영향을 줬다. 특히 기독교 로의 집단 개종은 힌두 사회체제의 기초를 흔들었다. 그리고 영국은 다양한 형태의 매체, 언론, 출판, 법 제도, 토지 정책, 산업 발전, 교육정책 등을 도입했다. 이로써 달릿 의식을 고양하고 지도자의 의식을 고취하 는 데 큰 영향을 주었다. 이 시기에 지방이나 지역 단위의 달릿 운동이 일어났다.

벵골 '반란' 이후 달릿의 의식이 고양되어 전국 단위의 투쟁이 전개되 기 시작했다. '반란' 직후 영국은 동인도회사를 통한 지배로부터 영국 왕실의 직접적 통치로 인도 지배 형태를 바꿨다. 더욱 중요한 것은 영국은 인도의 사회적, 종교적 지배 질서를 유지시키고 카스트 등의

---

48 *Ibid.*, 124-132.

지배 질서를 지지하는 불간섭 정책을 펼쳤다. 이는 지금까지의 민주적이고 평등한 사회질서를 위한 개방 정책을 포기한 것이다. 불간섭 정책이 의회법으로 제정되었지만 한번 불붙기 시작한 달릿 의식과 투쟁을 법으로 막을 수 없었다. 이런 투쟁을 이끌며 달릿이 갖게 된 달릿 의식은 인도가 본래 달릿 자신들의 땅이며, 카스트 제도에 근거한 힌두 사회 질서가 자신의 달릿성에 대한 책임이 있음을 깨닫게 한다.

이 시기에 크고 작은 많은 달릿 운동이 있었지만, 그 가운데 가장 대표적인 것이 빔라오 람지 암베드카르 박사(1891~1956)가 이끈 운동이었다. 그는 달릿의 총체적인 해방을 목표로 하고, 이를 성취하기 위해서는 달릿의 조직과 교육, 저항과 선동이 중요함을 역설했다. 그의 달릿 운동의 표어는 "교육하고 선동하고 조직하라"였다. 1936년에는 독립노동당을, 1942년에는 달릿연합(Scheduled Castes Federation)을, 1945년에는 민중교육회를 조직했다. 그의 일관된 목표는 달릿으로 하여금 하나로 뭉치는 것이었다. 달릿의 연합 없이는 그 어떤 것도 이룰 수 없다는 것이다. 그의 달릿 운동의 목표는 사랑, 평화와 정의로 구성되는 의의 왕국으로서 모든 사람의 해방을 위한 것이었다. "행동의 의는 오직 마음으로부터 불순한 것을 제거함으로써, 악한 성향을 선한 성향으로 바꾸는 마음의 훈련을 통해서 모든 것이 영원하지 않음을 깨달음으로써, 세속으로부터의 초연함을 개발함으로써, 모든 감정을 통제함으로써, 모든 욕망과 갈망을 그침으로써만이 가능하다."[49] 개인과 사회가 이런 초연함과 깨달음을 가질 때 의의 왕국을 이룰 수 있다. 그는 사회정치적

---

49 Anthoniraj Thumma, *Springs from the Subalterns*, 35.

혁명보다 문화심리적인 혁명이 선행되어야 한다고 보았다.

셋째 시기는 독립 이후로 달릿들 사이의 연대와 해방의 비전에 관심이 집중된 시기다.[50] 인도 독립 이후 헌법은 초대 법무 장관인 암베드카르 박사에 의해 기초되었다. 헌법에는 달릿의 사회적, 교육적, 경제적, 정치적, 시민적, 종교적 권리를 모두 담고 있으며, 불가촉성의 폐지를 포함했다. 이 모든 법적 권리는 달릿의 100여 년에 걸친 투쟁을 통해 주어졌다. 그러나 이런 법적 권리의 실행이 상위 카스트 사람들의 손에 넘겨졌다. 따라서 달릿의 법적 권리를 찾기 위한 노력이 정치 정당의 형태나 투쟁이나 달릿 일치를 위한 문학 운동으로 나타났다.

암베드카르가 조직에 관여했으나 그의 사후에 출범한 공화당은 달릿 계급, 부족 계급, 농민 계급, 토지 없는 노동자 계급의 이익을 지키는 것을 목표로 세웠다. 그러나 국민의회당과의 연대 문제를 놓고 당이 분열했다. 이에 실망한 젊은이들이 달릿 문학을 통해, 달릿 판터 운동을 통해 대안을 제시하고자 했다. 달릿 판터 운동은 미국 흑인 판터 운동으로부터 영향을 받은 전투적인 정치투쟁 조직이었다. 암베드카르로부터 큰 영향을 받았고, 마르크스의 영향도 받았다. 그러나 역시 내부 분열로 큰 힘을 발휘하지 못했다.

암베드카르는 자신의 추종자들과 함께 1956년 10월 16일 불교로 집단 개종했다. 이는 힌두교의 억압적인 사회적, 종교적 질서에 대한 총체적 거부를 보여 주는 행위였다. 암베드카르는 힌두교와 불교 사이의 갈등 속에서 불가촉천민이 나왔다고 주장했다.[51] 인도 전역에 불교

---

50 James Massey, *Dalits: Issues and Concerns*, 133-141.

51 M.E. Prabhakar, "The Search for a Dalit Theology," M.E. Prabhakar(ed.), *Towards*

가 퍼질 때 달릿이 적극적으로 참여하여 힌두교의 르네상스에 참여하기를 거부했다. 결국 불교는 인도에서 추방되었고 달릿은 불가촉천민이 되었다. 따라서 암베드카르는 타종교 가운데 불교를 택했다. 타밀나두 지역의 한 마을에서는 1981년 힌두 달릿 220가족이 회교도로 집단 개종했다. 공화당 이외의 모든 정당이 집단 개종을 반대했다.

달릿 저항문학은 달릿 의식을 보여 주는 유용한 방법의 하나다. 달릿 문학은 시, 전기, 단편소설, 산문, 연설 등의 범주를 포함한다. 달릿 작가는 달릿 문학을 통해 달릿의 인간성 안에 있는 내적 고뇌와 아픔을 드러내 보일 뿐 아니라, 카스트가 구조화된 사회에서 달릿에게 강요된 수 세기의 침묵을 깨뜨렸다. 암베드카르 박사 자신도 30년대와 40년대에 많은 연설과 글을 썼지만, 1948년 이후 그의 글은 "달릿은 누구였는가?"와 "달릿은 왜 불가촉천민이 되었는가?" 하는 두 질문에 초점을 맞췄다. 그는 범죄인 부족(Criminal Tribes)과 원주민 부족(Aboriginal Tribes=Tribals)과 달릿이 공통의 뿌리를 지녔음을 암시했다. 달릿 운동·투쟁은 달릿으로 하여금 자신들의 정체성을 회복함으로써 역사에서 주인이 되게 하는 운동이다.

A Dalit Theology, 42.

2. 달릿과 기독교

1) 달릿 기독교의 역사

1542년 인도에 온 프란시스 하비에르는 70만 명에게 세례를 베푼 것으로 전해지는데 대부분은 달릿이었다. 1606년 마두라이(인도 남부)에 도착한 로베르토 데 노빌리는 카스트 제도를 적극 받아들여 브라민으로서 선교활동을 했으며, 결과적으로 교회를 브라민 교회와 달릿 교회로 나눴다. 경건주의자들인 치켄발크와 플뤼차우는 1706년 남인도 트랑크바에 왔다. 이들 역시 주로 달릿을 대상으로 선교활동을 했다. 1822년 인도의 주교가 된 헤버는 교회 내 카스트 문제의 심각성을 깨닫고 이 문제와 씨름했다.

선교사들의 달릿에 대한 태도는 애매모호한 부분이 있다. 초창기에는 카스트 제도에 대해 문제를 제기하기도 했지만, 점차 카스트 제도를 수용함에 따라 교회 안에서도 카스트 제도가 거의 그대로 유지되었다. 이런 애매한 태도는 선교사 자신의 신학적 배경에도 문제가 있고, 1857년 벵골 '반란' 이후 영국이 카스트 제도를 묵인하고 불간섭 정책을 펼친 것과도 관련이 있다. 이런 배경에서 달릿의 집단 개종이 이뤄졌다. 달릿의 기독교에로의 개종은 선교사가 주도한 것도 아니었고, 선교사에 의해 적극 환영받지도 않았다.[52] 케랄라 지역에서 1817년부터 선교사였던 찰스 미드가 달릿 여성과의 재혼하려 하자 다른 선교사들은 반대했

---

52 Saral K. Chatterji, "Why Dalit Theology?," M.E. Prabhakar(ed.), *Towards A Dailt Theology*, 13.

다. 선교사들은 대부분 낮은 카스트 사람들에 대해 신뢰할 수 없었다고 했다. 결국 미드 선교사는 주위의 강요로 조기 은퇴했다.[53]

인도 교회가 1860년대에 형성되기 시작했다. 교회 교육에서 회심자들은 주로 달릿 출신이었지만, 교육은 주로 상위 카스트를 대상으로 행해졌다. 1860년대 중반부터 인도인들에게 성직 안수가 이뤄졌다. 1872년 15명이 안수를 받았는데 달릿은 한 명도 없었다. 1900년 런던 선교회 소속 기독교인이 3만 명이었는데 1910년에 1만 명이 구세군으로 교단을 바꿨다.[54]

이런 상황임에도 불구하고 달릿의 기독교에로의 개종은 계속되었다. 제1차 세계 대전이 시작될 때까지 대략 100만 명이 기독교로 개종했고, 1920년대, 1930년대에는 그보다 더 많은 달릿이 기독교로 개종했다.[55] 1872년에서 1931년 사이의 60년간 인구 증가는 70%이었지만 기독교인의 증가는 400%이었다.[56] 달릿의 집단 개종은 교회 구성원의 변화를 초래했다. 1931년 통계에 의하면 농촌 교인의 5/6는 달릿이었다. 이제 인도 교회는 달릿 교회가 되었다. 그러나 서구 선교사나 인도 교회 지도자는 이런 사실을 간과했다. 달릿이 기독교로 개종한 것의 직접적 결과는 해방이 아니라 가중된 억압과 핍박이었다. 달릿의 개종으로 인한 변화는 과장되어서는 안 된다. 비록 그들에게 제공된 문화와 교육에 의해 사회 진출의 가능성이 열렸지만, 극히 소수만이 사회적

---

53 J.W. Gladstone, "Christian Missionaries and Caste in Kerala," M.E. Prabhakar (ed.), op. cit., 105-106.

54 Ibid., 107-110.

55 John C.B. Webster, The Dalit Christian: A History, 33.

56 Ibid., 60.

진출을 했고, 대다수는 이전의 상태를 유지했고, 마을신이나 악령에 대한 옛 신앙을 청산하지 못한 사람들이 많았다.

1909년에 제정된 법은 인도가 단일 민족으로 구성된 나라가 아니라 다양한 이익의 총합계로 보고, 다양한 이익을 대표하는 기준으로 숫자를 제시했다.[57] 달릿 집단 개종 운동에서는 달릿이 주도권을 쥐었는데, '수의 정치'에서 달릿은 주도권을 정치권에 빼앗겼다. 1919년 개정된 헌법은 기독교인과 달릿을 구분하여 양자가 경쟁하도록 만들었다. 1920년대에 달릿 기독교인의 일부는 기존 교회를 떠나 자신들의 교회를 만들었다. 그러나 달릿 기독교인의 투쟁에 다른 달릿은 무관심했다. 이처럼 달릿 기독교인들은 '수의 정치'에서 어쩔 수 없이 달릿이 우선시되고, 기독교인 됨이 2차적인 상황에서,[58] 그리고 달릿 기독교인의 투쟁이 다른 달릿에 의해 지지받지 못하는 상황에서 달릿은 정치에서 소외되었다.

독립 이후에 정부는 달릿에게 이제까지 받았던 차별에 대해 사회적으로 보상한다는 차원에서 '보상적 차별' 정책을 펼쳤다.[59] 달릿의 수에 따른 하원 의회 의원과 지방 의회 의원 수를 14~16%를 할당하고, 공무원 수를 할당하며 학교 장학금 등을 지원했다. 그러나 의원들은 여당인 국민의회당에 흡수되기 쉬웠고, 달릿 이익을 관철시키기 어려웠다. 이런 정책의 결과 달릿의 사회적 진출이 활발해진 것이 아니라 달릿 엘리트와 달릿 대중 사이에 간격을 넓혔다. 즉, 달릿 가운데 새로운

---

57 *Ibid.*, 77ff.
58 D. Manohar Chandra Prasad, *op. cit.*, 2.
59 John C.B. Webster, *op. cit.*, 130-137.

중간계급이 등장했다. 그러나 이들의 사회적 진출은 전체 달릿의 사회적 진전의 실패를 감출 수 없었다.[60] 또 정부의 역차별적인 정책에 대한 항의로 일어난 폭동으로 달릿에 대한 잔악한 행위가 특히 80년대에 심해졌다. 여기에 대항하는 달릿 운동도 강화되었다. '보상적 차별'과 관련해 간과되어서 안 되는 것은 달릿 기독교인에게는 '보상적 차별'의 혜택이 주어지지 않는다는 점이다. 그래서 많은 달릿 기독교들은 공식적으로 교회와의 관계를 끊고, 지정 카스트에 속함을 선포한다. 그리고 나서 정부의 지원금을 받거나 '보상적 차별'의 혜택을 누린다. 그러나 실제로는 많은 달릿 기독교인들이 교회와의 관계를 유지한다. 그들은 기독교 이름과 달릿의 이름을 따로 갖고 있는 이중적 정체성을 지닌 자들이 된다. 그래서 그들은 신앙과 사회관계에서 애매모호함 때문에 고통을 받았다.[61]

달릿 기독교인에 대한 교회의 태도가 변하지 않는 이유는 선교사들의 신학이 영혼 구원과 경건주의 영향으로 개인적 거룩함만 강조한 점, 카스트 제도를 문화로 수용한 점, 선교사의 우월감, 인도 기독교인들이 억압적인 지배 문화와 언어를 수용하고 달릿에 대해 부정적으로 평가한 점을 들 수 있다.[62] 서구 선교사들은 경건주의적 복음 이해를 통해 카스트 차별 문제를 회피하려 했다. 독립 이후에도 교회 지도자들은 달릿 상황을 잘 알고 그에 대해 성명서를 내면서도 구체적인 정책이나

---

60 *Ibid.*, 153-156.

61 M.E. Prabhakar, "Christology in Dalit Perspective," V. Devasahayam(ed.), *Frontiers of Dalit Theology* (Gurunkul: ISPCK, 1996), 403.

62 James Massey, *Dalits: Issues and Concerns*, 76-91.

계획을 세우지 않았다.63 상층 카스트 기독교인과 하층 카스트 기독교인은 함께 성만찬이나 장례식에 참여하지 않았다.

2) 달릿과 기독교 신학

인도 기독교회의 특징은 달릿이 다수(50-80%)임에도 불구하고 브라만 전통에 오랫동안 갇혀 있었다는 점이다. 19세기 인도 신학은 신힌두교에 대한 대응 속에서 생겨났다. 로이(Ram Mohan Roy: 1772~1833)는 힌두교와 기독교의 대화를 처음 시도했다. 그러나 인도 신학의 의제는 힌두교 지식인에 의해 설정되거나, 힌두교로부터 기독교로 개종한 자 중심이었다. 20세기에 들어와서는 서구 신학의 승리주의와 팽창주의를 반대하기 위해 힌두교와 기독교의 종교적 주제 사이에 조화의 관계가 있음을 주장함으로써 서구 기독교의 배타주의를 공격했다. 1938년 국제선교협의회의 마두라스 대회에서 아자리아 주교 등은 힌두교와 기독교 신학을 조화시킴으로써 참된 인도 토착 신학을 만들어 가고자 했다. 이들은 기독교 재고그룹으로 불려진다.

인도 르네상스 신학에 민족주의 정신을 통합시킨 신학을 하려는 자들 가운데 독립 이후 가장 유명한 신학자가 폴 데바난단(Paul Devanandan: 1901~1962)과 토마스(M. M. Thomas: 1916~1996)가 있었다. 이들은 힌두교의 브라만 전통이 기독교의 유일한 대화 상대가 아님을 분명히 했다. 인간화를 향한 정치적 이데올로기가 민족주의의 정신 속에서

---

63 D. Manohar Chandra Prasad, *op. cit.*, 9, 16.

신학의 주요한 구성 요소였다. 이들의 공헌은 반이데올로기 운동과 해방 운동이 협력해야 함을 인식한 것이었다. 인간화 운동과 관련해서 데바난단은 반(反)브라민 운동을, 토마스는 마르크스적인 반자본주의 운동을 구원과 밀접히 연결시켰다. 그러나 이들의 한계는 달릿의 목소리를 대변하고 규명하지 못한 것이었다. 즉, 기존 인도 신학이 달릿 공동체와 관련해 갖는 문제는 그 기초가 소수 엘리트에 의해 세워진 것, 기독교 전체의 목소리를 반영하지 못한 것, 민족주의 이름으로 달릿의 경험과 열망이 희생된 것이었다. 결국 기독교가 다수인 달릿의 목소리를 배제함으로써 인도 기독교 신학은 현상 유지자들의 손에 있는 이데올로기적 도구가 되어 왔다. 인도 신학은 카스트의 이익을 강화시키는 헤게모니 과정을 지속시키는 데 공헌했다고 할 수 있다.[64]

V. 달릿신학

달릿신학이 80년대에 등장한 이유는 다음과 같다.[65] 달릿 기독교인들이 교회 내 불평등과 불의 때문에 대거 이슬람으로 개종한 일이 특히 타밀나두에서 80년대 전반에 일어났다. 사회정치적 이유로 힌두교로 개종하기도 하고, 달릿이며 기독교인이라는 모순적 상황과 이중적 정체

---

64 Sathianathan Clarke, *Dalits and Christianity: Subaltern Religion and Liberation Theology in India* (Delhi: Oxford University Press, 1998), 37-41.

65 M.E. Prabhakar, "The Search for a Dalit Theology," James Massey(ed.), *Indigenous People: Dalits*, 202.

성 문제가 제기되었다. 그리고 달릿의 비인간화와 박탈에 대해 달릿의 투쟁이 강화되었고 달릿 의식이 고양되었다. 여기에 대응해 달릿에 대한 잔혹 행위가 강화되었고 집단 폭력이 증가했다. 교회 차원에서는 카스트 문제에 대해 행동을 지향하지는 않지만, 노회, 전국 단위의 교회 협의회가 조직되었다. 마지막으로 기독교종교사회연구소의 연구 프로그램과 기독교 달릿 해방 운동의 형성 등을 들 수 있다.

1. 달릿신학의 정의, 기초와 내용

신학이 "지역 민중의 신앙 체험을 지역적으로 표현한 것"[66]이라면, 달릿신학은 달릿의 신앙 체험을 지역적으로 표현한 것이 된다. 달릿신학의 자원이 달릿의 자기 정체성과 평등성과 공동체성을 추구하기 위해 갖는 고민과 고통이라면, 달릿신학은 "소외된 사람들(달릿)이 사회정의를 위한 투쟁과 공동체에서 의미 있는 삶을 추구하는 가운데 겪는 경험과 그 표현을 가리키는 것"[67]이다.

달릿신학의 기초는 달릿의 고난이다. 달릿신학은 다른 해방신학처럼 진술이 아니라 민중의 삶의 경험을 중시하고, 철학이 아니라 사회학을 중요시한다. 또 달릿신학은 이론이나 사고보다는 실천과 행동을 우선적으로 생각한다. 달릿신학은 그 해방적 동기 때문에 인간 지식의

---

66 James Massey, "Ingredients for a Dalit Theology," James Massey(ed.), *Indigenous People: Dalits*, 338.

67 M.E. Prabhakar, "The Search for a Dalit Theology," James Massey(ed.), *op. cit.*, 202.

실천적 기초를 의문시하지는 않지만, 고난이 프락시스에 우선함을 주장한다. 왜냐하면 달릿 경험의 핵심에는 고난이 있기 때문이다. 이러한 고난은 해방을 위한 투쟁에 참여하는 것보다 우선한다. 이론과 실천의 프락시스가 일어나기 전에, 사고와 행동의 프락시스가 일어나기 전에, 달릿은 고난 속에서 고난을 통해 하나님을 알게 된다. "달릿신학에 있어서 '고난은 지식의 시작이다.'"[68] 고난 당하는 사람에게는 그 어떤 원리나 진술이나 사상이나 행동보다도 자신의 고통이 먼저 존재한다. 고난 당하는 자가 하나님을 알게 되는 것은 바로 이와 같은 고통 속에서 고통을 통해서이다.

달릿신학이 달릿이 받는 고난에 기초하고 있다면, 달릿신학은 억압자에 의해 부인되는 달릿의 독특한 정체성을 표현해야 한다. 그런데 실제로는 억압자의 신학이 규범이 되고, 억압받는 자에게 강요된다. 그러므로 민중의 신학은 그들 각자 민중의 독특한 정체성을 표현하도록 해야 한다. 정체성의 추구와 그 표현은 모든 해방신학과 민중의 신학의 특징이다. 또 정체성의 문제는 민중의 뿌리와 역사의식과 관련된 문제다. 달릿의 경우 기록된 역사 전통이 아니라 구전 전통을 갖고 있으며, 달릿은 아리안족에 의해 정복당한 피지배 족속이기에 역사에 대한 올바른 이해가 어렵다. 따라서 달릿 역사를 바르게 이해하기 위하여 다양한 자료들을 통해 역사를 복원하는 것은 달릿신학에 매우 중요하다. 그러나 달릿신학에서는 달릿의 고난의 경험과 역사뿐 아니라 변형적이며 해방적인 사회 비전을 제시하는 것도 중요하다.[69]

---

68 A.P. Nirmal, "Doing Theology from a Dalit Perspective," A.P. Nirmal(ed.), *A Reader in Dalit Theology*, 141.

달릿신학이 달릿의 고난의 경험에 기초하고 있고, 억압자로부터 부정되는 달릿의 정체성을 표현하되 주요 자원을 달릿 역사에서 발견하고, 해방적 사회 비전을 제시하는 것이 필요하다고 했다. 그렇다면 달릿의 현재의 고난과 과거의 역사적 뿌리와 미래의 달릿 비전을 연결시키고 통합시키는 것은 무엇인가? 달릿 의식이다. 달릿 의식은 달릿 인간성이 달릿성에 의해 형성됨을 자각하는 것이다.[70] 달릿은 더 이상 달릿됨을 부끄러워하지 않는다. 달릿은 상위 카스트 억압자들과는 달리, 그들보다 훨씬 이전에 고대로부터 지녀 온 자신의 문화와 역사를 가지고 있음을 깨닫도록 하는 것이 달릿 의식이다. 즉, 달릿 의식은 이제까지 달릿이 지녀온 열등감과 노예 정신을 제거하고, 자신의 역사와 문화를 긍정하고, 거기에 뿌리를 둔 자기 정체성을 회복하며, 사회변화에 참여하도록 한다.

따라서 달릿신학은 달릿 의식의 성서적 전거와 신학적 근거를 밝혀 달릿의 역사에서 달릿의 정체성의 기억을 밝혀내고, 달릿 문화 속에 있는 달릿 정체성을 식별하며, 달릿 의식을 통해 고난을 극복하고, 미래의 비전을 제시해야 한다. 그러므로 달릿에 대한 접근 방식으로서 카스트-계급 접근 방식은 인도의 억압적 제도가 경제적인 차원뿐 아니라 사회문화적인 차원이 있음을 인식하고 양자를 함께 접근하는 방식이다.[71] 사회문화적 차원은 억압적 체제의 사회적, 문화적, 종교적 차원을 가리키고, 경제적 차원은 경제 구조를 가리킨다. 이러한 접근 방식은

---

69 *Ibid.*, 143-144.

70 M.E. Prabhakar, "The Search for a Dalit Theology," James Massey(ed.), *op. cit.*, 211.

71 Saral K. Chatterji, "Why Dalit Theology?," M. E. Prabhakar(ed.), *Towards A Dalit Theology*, 20.

카스트 제도와 계급을 혼동하거나 어느 한쪽을 다른 쪽의 한 측면으로 보지도 않는다.

달릿신학을 문화적 차원에서 보는 것은 매우 중요하다. 달릿으로 하여금 자신을 의존적이고 열등하며 무기력한 존재로 보게 하는 것은 지배 문화인 힌두교 문화이기 때문이다. 달릿신학은 달릿의 역사적 기원을 밝혀 그들의 빼앗긴 정체성과 달릿 의식, 문화적, 종교적 정체성을 회복하고, 이들이 어떻게 해방과 구원에 기여할 수 있는지를 신학적으로 규명해야 한다. 달릿신학은 반문화 운동으로서 이해될 수 있다. 즉, 기존의 문자 중심의 전통을 넘어 산스크리트 문화의 포로로부터 해방되어 달릿신학은 달릿의 민속, 노래와 춤 등을 통해 달릿의 빼앗긴 정체성을 회복하는 것이 필수적이다. 이처럼 달릿신학의 주된 과제는 달릿의 해방을 위한 사회경제적 상황과 그 대안뿐 아니라 그들의 역사적, 문화적 정체성과 달릿 의식을 회복하고 해방과 구원을 위한 동력과 목표를 제공하는 것이다. "브라만 체제가 지배 그룹들의 이익에 계속해서 봉사하고 있기 때문에 그런 체제와 가치와 문화 형태의 주요 부분을 효과적으로 재구조화할 수 있는 영적 투쟁은 달릿이 자신들의 열망을 실현하기 위해 요청되는 의무다."[72] 달릿신학은 이와 같은 영적 투쟁 운동이다. 그러나 달릿신학은 달릿 문화가 자율적인 전통에 뿌리박고 있지만, 다른 한편으로는 브라만 가치를 일부 내면화한 부분도 있음을 간과해서는 안 된다.[73] 달릿신학은 이 부분에 대해 부단한 비판을 가해야 한다.

---

72 A.M. Abraham Ayrookuzhiel, "Dalit Theology: A Movement of Counter-Culture," M.E. Prabahkar(ed.), *Towards A Dalit Theology*, 84.

73 *Ibid.*

2. 달릿신학의 성서적 전거

다얀찬드 카는 달릿신학의 성서적 전거로 하나님께서 이스라엘 백성을 선택한 것과 마태복음을 제시하고 있다.[74] 애굽에서 노예로 살던 이스라엘을 하나님께서 택하신 것은 자신의 처지를 기억해 항상 노예와 과부와 고아와 나그네에게 잘 대우할 것을 요구하신 것이다. 당시 이스라엘의 생활양식은 유목민으로서 도시를 건설한 문명인들에 의해 억압을 받았다. 아브라함 이래로 이스라엘은 유리하는 백성이었다. 이스라엘 백성은 유목민으로서 자기 조상을 긍지를 갖고 기억했지만, 도시 건설자들은 보다 평등 지향적인 이스라엘의 문화를 경멸했다. 마찬가지로 달릿은 힌두 문화를 지닌 자들에 의해 억압받지만, 달릿 문화는 보다 평등 지향적이다. 달릿 역시 하나님의 선택을 받은 자들로서 힌두 문화를 닮아서는 안 되고, 자신의 문화를 지켜 하나님의 구원 역사를 이뤄야 한다. 달릿은 이스라엘 백성처럼 선택을 배타주의나 교만으로 오해해서는 안 된다. 달릿은 인도인, 인류 전체의 구원을 위해 선택받았음을 명심해야 한다.

예수의 갈릴리 선택은 달릿신학의 패러다임이다. 갈릴리는 소외되고 억압받는 자들, 세리와 창녀와 같이 사회적 낙인이 찍힌 자들을 상징한다. 목자 없는 양 같은 이들에게 예수는 목자가 된다. 또 이들은 심령이 가난한 자들로서 하나님의 나라를 유업으로 물려받을 뿐 아니라 열방에 복음을 전파할 사명을 받는다. 예수는 이스라엘 집안의 잃어버

---

74 Dhyanchand Carr, "A biblical Basis for Dalit Theology," James Massey(ed.), *Indigenous People: Dalits*, 236-249.

린 자를 찾아 모아 그들의 목자가 되며, 열방을 위한 하나님의 아들이 된다. 이것은 그의 족보를, 동방박사의 방문을, 애굽으로의 피난과 귀환을 통해 드러난다. 예수의 족보는 변칙적인 관계를 통해 얻은 자녀들을 포함하고 있다. 이런 족보를 통해 마태는 유대인의 특수성을 파괴하고, 심령이 가난한 자들이 어떤 자들인지를 보여 주고 있다. 불법적인 자녀가 합법성을 얻게 된다. "스불론 땅과 납달리 땅, 이방인의 갈릴리"(마 4:15, 사 9:1 인용)는 정통성과 근엄한 유대인의 고향인 유대로부터 멀리 떨어져 있다는 거리감을 상징한다. 애굽으로의 피난을 도운 자는 유대인이 아니라 이방인 동방박사였으며, 애굽은 예수에게 노예 신분이 아니라 난민으로서의 도피처를 제공했다. 이는 이방인의 갈릴리가 예수에게 고향이 되었다는 것과 잘 어울린다. 마치 예수가 집 짓는 자들에게 버린 돌이 되었지만, 나중에 모퉁이 돌이 된 것처럼 사회로부터 버림받은 자들, 심령이 가난한 자들이 하나님 나라의 상속자가 되고 메시아적 백성이 된다. 마찬가지로 달릿은 사회적으로 낙인이 찍히고, 혈통적으로 카스트 제도 밖에 있는 사람들이지만 '이방인의 갈릴리'를 고향으로 삼은 예수에 의해 선택받고 세상의 구원을 위한 사명을 받는다.

아빈드 니르말은 신명기 26장 5-12절을 달릿신학의 성서적 전거로 본다.[75] 라틴 아메리카의 해방신학자들은 그들 신학의 성서적 전거로 출애굽을 제시한다. 그들은 이 이야기가 출애굽 경험으로 시작되지 않음을 깨닫지 못한다. 이 이야기는 출애굽 경험을 겪은 민족의 뿌리에 대한 기억을 상기함으로써 시작한다. 신앙고백과 신조는 신앙공동체의

---

75 Avind P. Nirmal, "A Dialogue with Dalit Literature," M.E. Prabhakar(ed.), *Towards A Dalit Theology*, 77-79.

뿌리를 드러내게 하는 첫 번째 행위가 되어야 한다. 유대인의 조상이 유리하는 아람 사람이라는 말은 그들의 유목민 의식을 상기하는 것이다. 그들의 조상이 "한 때 하나님의 백성이 아니었다"는 고백은 "이제 우리는 하나님의 백성이다"라는 주장을 하기 전 신앙고백의 핵심적인 부분이다. 우리의 뿌리, 정체성을 인식할 때만이 우리는 진정으로 신앙고백을 할 수 있다. 참된 신앙고백적 신학은 인간의 뿌리, 정체성과 의식의 문제와 관계를 맺어야 한다. 둘째, '유리하는 아람 사람으로서 소수의 사람'이라는 것은 전체 공동체를 상징하는 것이다. 즉, 뿌리와 정체성의 문제는 어떤 공동체에 속한다는 의미와 분리될 수 없다. 달릿신학에서도 찾아야 할 정체성은 개인의 정체성이 아니라 공동체의 정체성, 공동체의 뿌리, 공동체 의식이다. 셋째, 그들이 애굽에서 학대받고 신음하며 하나님께 부르짖을 때 하나님께서 그들의 고통을 들으셨다. 달릿신학은 달릿의 고난, 학대받음과 눈물의 이야기이다. 넷째, 출애굽의 해방은 '강한 손', '펼쳐진 팔', '테러', '이적', '기사'에 의해 상징된다. 해방은 오직 이적과 기사를 통해서만 오지 않는다. 해방을 이루기 위해서 어느 정도의 '테러'(장자의 죽임당함)가 필요하다. 마지막으로 '젖과 꿀이 흐르는 땅'은 출애굽의 목표가 아니라는 점이다. 해방의 목표는 하나님의 형상, 완전한 인간성과 신성의 회복이고, 하나님의 영광스러운 자녀의 자유다. 이것이 달릿 의식의 내용이 되어야 한다.

3. 기독론

달릿은 살인자 신(神)인 라마를 거부하고 하나님과 예수 그리스도 안에서 달릿성을 발견한다.[76] 하나님은 달릿처럼 종-하나님이시다. 예수 그리스도의 달릿성은 그의 신성과 인간성의 일치의 열쇠다. 그의 족보에 등장하는 다말, 라합 같은 여인들, 목수의 아들됨, 섬기러 오신 그리스도, 고난과 십자가 죽음 등에 나타나는 달릿의 경험들은 모든 달릿의 원형으로 해석될 수 있다. 성전 정화에서도 성전 상인을 내쫓으신 중요한 원인은 이방인을 위한 성전의 공간, 즉 달릿을 위한 성전의 공간을 확보하신 것이다. 십자가상에서 예수 그리스도의 극적 체험은 하나님의 아들이 하나님으로부터 버림받은 것 같은 느낌인데, 이것이 달릿 체험의 정수다. 즉, 십자가는 달릿성과 달릿 의식의 상징이 된다.

예수의 성육신은 인간의 죄성 한가운데에 예수께서 거하심을 통해 인간을 구원하고 자유케 하시기 원하는 하나님의 뜻을 드러낸다. 달릿에게 예수 그리스도를 아는 것은 예수 그리스도의 하나님이 자신을 사회적 억압과 경제적 착취와 문화적 종속으로부터 구원하실 것을 깨닫는 것이다. 그리스도는 달릿을 억압하는 자들의 편이 아니라 달릿의 편에 서신다. 세상을 위해서, 달릿을 위해서 십자가에 달리신 예수 그리스도의 고난과 부활은 기독론 이해에 기본적이다. 십자가와 부활은 세상의 권력에 대항하고 그것을 극복하는 하나님의 방식이다. 달릿의 예수 그리스도에 대한 지식은 달릿의 사고와 행동, 신앙과 투쟁의 일치인 프락시스를 통해 주어진다. 달릿의 고난-저항-프락시스는 달릿 해방의 기초를 구성한다. 달릿 기독교인들은 자신을 억압하는 힌두교로부터 기독교로, 예수 그리스도에게로 출애굽한 사람들이다. 이런 출애

---

76 Arvind P. Nirmal, "Toward a Christian Dalit Theology," R.S. Sugirtharajah (ed.), *op. cit.*, 35-39.

굽이 달릿으로 하여금 예수와 그의 아버지 하나님의 달릿성을 깨닫게
해 준다. 예수 그리스도는 달릿이다. 왜냐하면 그는 십자가에서 달릿에
대한 하나님의 사랑을 보여 줬기 때문이며, 깨어지고 부서지고 짓밟힌
달릿을 통해 그의 구원과 영광을 보여 줄 것이기 때문이다. 그리스도는
달릿의 달릿성을 몸소 지고, 달릿의 모욕과 고통을 대신 지며, "많은
사람을 위한 대속물"(막 10:45)로 자신의 생명을 내놓고 달릿을 구원하
셨다. 이제 하나님께서는 연약하고 짓밟히고 억압받는 달릿을 통해
구원을 이루고 보여 주실 것이다. 달릿은 예수 그리스도처럼 '대속적
고난'을 겪는 것이 소명이 된다. 그들은 개인적 구원뿐 아니라 집단적
구원·해방에 관심을 갖는다. '구원으로서의 해방'이라는 새로운 종교적
추진력이 달릿의 집단적 정체성과 공동체의 기초가 된다. 새로운 정체
성으로 이뤄진 공동체는 인간의 절대 평등에 근거한 참된 사귐이 있어야
한다. 이를 위해 억압자나 억압받는 자 모두가 서로를 구원하기 위해
그리스도 아래에서 고난받아야 하며 사회를 섬겨야 한다. 교회에서는
카스트 관계가 아니라 의의 관계가 지배적이어야 한다. 그러기 위해서
는 그리스도의 정신이 카스트 정신을 교회에서 몰아내야 한다. 그리스
도의 영이 있는 곳에는 자유와 정의가 있다.[77]

---

77 M.E. Prabhakar, "Christology in Dalit Theology," V. Devasahayam(ed.), *op. cit.*,
   409-430.

4. 달릿 성령론[78]

초대교회는 성령의 운동이었다. 기독교가 로마의 국교가 된 후 교회는 성령의 손에 잡히기보다는 교회가 성령을 손에 쥐었다고 생각하고, 성례전을 통해 은혜를 마음대로 분배할 수 있다고 생각했다. 그 결과 교회는 투쟁하는 대중의 해방적 운동이기를 멈추고, 기존 체제를 합법화시키는 제도가 되었다. "성령의 불을 끄지 말라"고 권면한 사도 바울은 또한 "모든 영을 시험하라"고 했다. 영의 시험의 기준은 바로 고난받는 자들의 시각에 있다. 달릿과 족속과 억압받는 여성은 이런 시험을 할 때 인식론적 우선권을 지닌다.

역사 안에서 활동하시는 성령의 특징은 어떤 것인가?

첫째, 성령은 창조와 부활의 영이다. 하나님의 영은 창조의 영이다. 암탉이 병아리를 품듯이 성령은 공허와 흑암을 품어 온 우주를 창조한다. 성령은 피조물의 신음을 듣고 그를 품어 재창조로 나아간다. 마치 에스겔 37장의 마른 뼈가 하나님의 군대로 소생하는 것과 같다. 이 모든 것은 억압받고 고난받는 자들을 대신해서 십자가에 달리신 예수의 부활로서 시작된다. "예수를 죽은 자 가운데서 살리신 이의 영"(롬 8:11)이 달릿 가운데서 집단 부활의 기적을 행하신다. 달릿 운동은 성령의 능력 주심 속에서 역동적으로 활동할 수 있다. 부활의 영의 동역자가 된 달릿은 십자가 고난을 받는 다른 자들을 부활하도록 도울 수 있다. 성령을 받은 달릿은 새로운 메시아적 백성이 된다. 이들에게 성령은

---

78 P. Arockiadoss, S.J. "The Spirit of New Creation an Exploration into Dalit Pneumatology," V. Devasahayam(ed.), *op. cit.*, 433-456.

선물이며 과제이다.

둘째, 성령은 변혁과 해방의 영이다. 성령은 불, 바람, 물로 상징된다. 이들은 하나같이 온순할 때는 평온하지만, 통제가 안 될 때는 걷잡을 수 없게 된다. 성령은 우리에게 평화와 사랑과 용서를 주지만, 달릿 상황에서는 성령은 혁명적이며 전복적으로 나타난다. 교회는 그동안 성령의 일면만을 강조하면서 교권이나 국가 권력에 봉사하도록 해 왔다. 그러나 불의하고 억압적인 사회제도에 대해서 성령은 달릿으로 하여금 저항하게 한다. 성령은 개인을 변화시킬 뿐 아니라 사회체제를 변혁시킨다.

셋째, 성령은 어머니와 같이 보호하고 관심을 갖는 영이다. 구약에서 영(חור)은 여성이고, 신약에서 영(πνεύμα)은 중성이고, 라틴어에서 영(spiritus)은 남성이다. 성령이 지닌 여성성이 교회에서 부정되고 신학적으로도 부정되었다. 그러나 달릿 문화는 기본적으로 모권 사회적이다. 성령은 생명을 품고 수여하고 기르고 양육하고 보호한다. 달릿 성령론은 천주교의 마리아론과 개신교의 가부장적 빈약함을 교정할 수 있을 것이다. 또 서구와 브라만의 영과 육, 물질과 영혼의 이원론을 극복하고, 육이나 물질을 소홀히 하거나 무시함을 교정할 것이다.

넷째, 성령은 가난하고 힘없는 자들을 보호하는 영이다. 야훼의 종인 예수는 성령을 받은 것처럼 제자들에게 다른 보혜사 성령을 주기로 약속했다. 성령은 그들을 보호하고 진리로 인도하는 영이다. 달릿도 비록 문맹자지만 성령의 은사를 받으면 역사에 나서게 된다.

성령의 열매는 첫째, 생명이다. 성령은 생명을 주고 양육하며 보호하며 고무시키는 영이다. 예수도 자신의 사명을 양들로 하여금 생명을 풍성히 얻게 하는 것이라고 했다(요 10:10). 성령은 달릿으로 하여금 육체적으로, 사회적으로, 경제적으로, 심리적으로, 지적으로 잘 양육되기를 요구한다.

둘째, 성령은 지혜와 지식과 진리의 영으로 하나님과 세계와 인류에 대한 올바른 비전을 준다. 불의와 비인간성으로 가득 찬 세상은 인간과 다른 사람에 대한 잘못된 비전을 갖게 한다. 브라만교가 달릿에게 제시하는 가치관이나 세계관이나 종교관은 "육체대로 아는 것"(고후 5:16)이다. 이런 악에 대한 해독제는 성령으로부터 온다. 성령으로 세계를, 인간을, 하나님을 아는 것은 육체대로 아는 것과는 다르다. 성령으로부터 오는 비전은 사회적 화해와 공동체를 재구성하는 새로운 양식을 제공한다.

셋째, 성령은 자유를 선물로 준다. 주의 영이 주는 자유는 개인주의적인 것이 아니라 사회적이고 문화적이며 정치적이다. 이렇게 해서 영적인 차원이 구조적 차원에 근거를 두게 된다.

넷째, 성령은 침묵의 문화를 깨뜨리고, 새로운 말을 선물로 준다. 달릿은 오랫동안 침묵의 문화를 강요받았다. 선교사의 토착화 노력은 엘리트 문화, 지배 문화를 대상으로 했다. 이제 토착화가 달릿 문화에 이뤄짐으로써 달릿은 강요된 침묵의 문화를 깨뜨리고 생명, 사랑, 정의, 평등 등, 달릿의 문화적 관심사를 말한다.

다섯째, 성령은 새로운 행동을 선물로 준다. 그것은 메시아의 행동으로 새 인간성을 세우는 것이다. 성령은 바닥에서 억눌린 달릿을 해방시키고 인간화하며, 세계를 변화시키는 능력을 키운다. 이런 민중 운동은 달릿 운동, 족속 운동, 여성 운동이다.

마지막으로 성령은 공동체를 선물로 준다. 성령은 사랑의 코이노니아 속에서 모든 사람을 포함하는 공동체를 세운다. 성령은 삼위일체 하나님의 형상을 따라 인간 공동체를 세운다. 인간을 억압하는 카스트 제도를 폐지하고, 카스트에 속한 자들이나 달릿이나 족속이나 모두를 사랑의 코이노니아 속에서 한 공동체가 되게 한다.

5. 달릿 종말론[79]

다른 해방신학과 같이 달릿신학은 종말론을 시간적으로 제한된 의미로 이해하는 데 의문을 제기한다. 종말론은 공간적으로 제한된 의미를 갖는다. 종말은 끝이라는 뜻 이외에 충만함, 전체성, 완전함을 의미한다. 이렇게 볼 때 종말론은 완전함의 해방적 의미를 포함한다. 종말론은 그 어떤 불완전함이나 인간성과 하나님의 피조물의 완전성을 왜곡하는 것에 반대한다. 종말론은 타락한 피조물의 온전한 회복에 관심을 가지며, 모든 종류의 억압으로부터의 해방과 구원 신학에 관련이 있다. 그러므로 현재 억압받는 사람들의 역사적 경험은 종말론에서 중요한 이슈가 된다. 즉, 종말론은 다음 세상의 일이 아니라 현재 세계의 일에 관심을 갖는다.

다니엘서 7장 13절의 인자는 안티오코스 에피파네스 아래에서 고난당하는 신실한 이스라엘 백성을 상징한다. 다니엘서의 인자는 인류 가운데 달릿처럼 고난받는 자들의 집단적 존재의 상징이다. 물론 이

---

79 M. Gnanavaram, "Eschatology In Dalit Perspective," V. Devasahayam(ed.), *op. cit.*, 477-483.

구절은 메시아 개인을 가리킬 수 있다. 메시아 개인이라 해도 그는 자신을 고난받는 백성, 억압과 소외의 희생자들과 일치하는 자이다. 바로 이 고난받는 메시아가 현상 유지를 뒤엎는 왕권과 지배력과 영광을 가진 분임을 주목해야 한다. 예수의 모든 이적은 하나님 왕국의 표징이다(마 12:28, 눅 11:20). 마가복음에서 인자는 영광 가운데 큰 권능을 갖고 세상을 심판하는 자로 오신다(8:38, 13:26, 14:62). 그는 십자가에 달리셔서 돌아가신 분과 동일한 분이다. 메시아로 오신 예수는 이스라엘의 잃은 양을 찾아 모으는 분이다. 마태복음에 의하면 이스라엘의 잃은 양은 디아스포라 유대인이 아니라 착취당한 자들, 경멸당하는 갈릴리 사람들, 여성들, 사회에서 추방된 사람들, 육체적인 장애인들이다. 예수의 육체적 부활은 죽은 자들의 부활에 대해 큰 의미를 갖는다(고전15장). 부활의 소망은 달릿에게 메시아적 백성의 사명을 감당하도록 격려한다. 하나님께서 달릿을 옹호하시는 분이라는 이런 희망 때문에 달릿은 인도라는 타오르는 덤불 속에서 하나님의 계속되는 현존을 확증하게 된다. 종말론은 완전함을 추구하는 신학이기 때문에 메시아의 종말적 사명은 억압받고 소외된 자들을 구원하고 해방하는 것이다.

6. 달릿 해석학[80]

해석학은 과거의 본문을 현재의 상황과 관련시키는 것이다. 해석학의 주된 역할은 본문으로 하여금 민중의 삶과 관련을 갖게 하는 것이다.

---

80 M. Gnanavaram, "Some Reflections on Dalit Hermeneutics," V. Devasahayam (ed.), *op. cit.*, 329-333.

즉, 해석학적 관심은 본문 메시지를 민중의 일상생활의 상황과 관련시키는 것이다. 이런 의미에서 모든 해석학은 주관적이어야 한다. 그렇다면 해석학적 주관성의 기준은 무엇인가? 그것은 어떤 속박으로부터든지 해방이다. 객관성의 이름으로 억압적인 해석학을 허용해서는 안된다.

인도의 상황은 광범위한 가난과 경제적 불평등, 다종교 상황, 카스트 위계질서가 있다. 이 가운데 다종교 상황을 제외하면 달릿이 직접적으로 관련을 맺고 있는 상황이다. 다종교 상황 속에서 신학하는 자들은 인도의 일반인들과는 거리가 먼 사고를 하고 있기 때문에 이런 해석학은 인도 대중과는 무관하다. 인도의 참된 성서해석학은 달릿 상황을 진지하게 고려해야 한다. 바꿔 말하면 달릿 해석학은 인도의 참된 성서해석학이다. 인도의 예전 성서해석학은 달릿을 억압하는 종교와 철학을 기초로 해서 전개되었다. 달릿 해석학은 달릿의 억압을 정당화하는 종교적, 철학적 시각에 도전한다. 달릿 해석학과 라틴 아메리카의 해석학은 억압받는 자의 편에 선 해석학이라는 점에서 공통적이다. 그러나 라틴 아메리카 해석학은 마르크스의 계급분석에 기초하는 데 반해, 달릿 해석학은 계급 투쟁도 포함하지만, 카스트 투쟁을 보다 더 중요하게 다룬다. 흑인 신학의 경우 그 어떤 철학 체계나 종교도 인종차별을 지지하지 않는다. 그러나 달릿의 경우 브라만주의라는 세련된 철학이 달릿에 대한 억압을 지지하고 정당화한다. 남아프리카공화국에서는 정치적 변화가 인종차별을 철폐할 가능성을 만들어 냈다. 인도의 경우 달릿에게 필요한 것은 정치적 변화뿐 아니라 문화적 변화가 필수적이다.

달릿 해석학을 위한 기본적인 구성 요소는 해방, 주관성과 본문에 대한 비판적 의심이다. 해방은 해석학의 규범이다. 안토니라즈 신부는 "카스트 사람들이 우리(달릿)에게 행한 가장 나쁜 범죄는 우리로 하여금 우리 스스로를 미워하고 불쌍하게 여기게끔 가르친 것이었다."[81]고 했다. 달릿 해석학은 이러한 심리적 억압으로부터 달릿을 해방시키고 자유를 위해 투쟁하는 조직을 만들고 격려하는 것이어야 한다. 또 달릿의 주관적 경험은 달릿 해석학에서 주요한 기능을 한다. 본문은 달릿의 관점에서 해석되어야 한다. 가난하고 힘없고 사회적으로 상처받은 달릿의 관점을 강조하는 달릿 해석학은 그 억압적인 구조들에 대해 도전해야 한다. 그리고 본문을 다시 읽을 때 본문이 어떻게 억압적인 가치와 구조를 지지하는 데 이용되었는가를 이해해야 한다. 때로는 본문 자체가 그런 가치와 구조를 지지하기도 한다. 아파부는 이런 상황에서 억눌린 자들의 해방을 위해 새로운 본문을 계속해서 만들어 내야 한다고 했다. 달릿 해석학은 달릿을 해석의 대상이 아니라 주체가 되도록 해야 한다. 달릿의 주관적이며 역사적인 경험이 달릿 해석학의 주관적 내용을 결정한다. 달릿 해석학은 달릿의 해방을 최고의 규범으로 삼아야 한다.

7. 카스트-계급-가부장제도

카스트 제도는 여성, 수드라, 달릿 등 인도의 대다수 사람들이 태어나면서부터 오염된 것으로 본다. 이 제도가 인도의 모든 인권 침해에 책임이 있고, 다른 형태의 침해는 여기에 근원을 두고 있다는 주장도

---

81 *Ibid.*, 332.

나온다.[82] 위에서 지적한 대로 카스트 제도의 진정한 승리는 브라민의 우위를 지키는 것이 아니라, 하위 카스트에 속한 사람들이 자신의 열등한 지위를 자연적인 질서의 일부로 받아들이게 하는 데 있다고 했다. 여기에는 심리적인 것도 있다. 카스트 제도는 피라미드 구조로서 아래로 내려갈수록 열등감을 느끼고 자아를 상실하게 된다. 그러나 자기 카스트보다 아래에 다른 열등한 카스트 사람이 있다는 생각 때문에 자아 상실에 대해 심리적 보상을 받는다. 이와 같이 '등급화된 열등감'이 전체 카스트 체제를 참고 견디게 해 준다.[83]

카스트 제도에 의한 차별과 오염 개념은 마누 법전에 의해 강력하게 지지받고 있다. 브라민과 달릿 사이의 순수성-오염이라는 대립된 개념은 경전 안에 내재해 있다. 힌두교는 신들의 위계질서를 만들어 이런 위계질서 개념을 일상생활, 사람들, 장소, 노동 시간과 사물에 확장시켰다. 카스트 위계질서에서 최상층에 있는 브라민은 '순수한' 직업을 갖고 '순수한' 음식을 먹으며 '순수한'(채식성) 신들을 예배한다. 반면에 카스트 위계질서에서 최하위에 있는 달릿은 '순수하지 않은' 직업을 갖고 '순수하지 않은' 음식을 먹으며 '순수하지 않은'(육식성) 신들을 예배하기 때문에 '순수하지 않고' '접촉할 수 없는 사람'이 된다. 뒤몽은 "브라민의 순수성 자체가 철저하게 평가절하되기까지 불가촉성은 진정으로 사라지지 않을 것이다"[84]라고 했다.

---

82 R.M. Pal, "Close the Door on the Horrendous Past," R.M. Pal & G.S. Bhargava (eds.), *Human Rights of Dalits: Societal Violation*, 19.

83 Introduction by K. Rajaratnam, Katti Padma Rao, *Caste and Alternative Culture* (Madras: The Gurunkul Lutheran Theological College & Research Institute, 1995), xvii.

브라민은 성전 중심의 마을 체계에서 성전과의 관련성 때문에 봉건적 피라미드 구조에서 중심축을 차지하고, 사회문화적 발전 양태를 결정한다. 그들은 제의적 '순수함'과 오염의 개념에 의해 달릿을 성전으로부터 배제시키고, 이런 배제를 다른 일상생활의 영역으로 확장시킨다. 전생에서 행한 업보에 따라 인간이나 동물로, 남자와 여자로, 상위 카스트와 달릿으로 결정된다는 업(karma) 이론은 달릿으로 하여금 배제와 억압을 받아들이게 할 뿐 아니라 자신의 노예됨을 즐기게 한다.[85] 달릿이 종교적으로 차별받고, 사회적으로 차별받아 그들의 직업이 '순수하지 못한' 기피 직업을 갖거나 아니면 토지 없는 농민으로서 살 때 달릿에게 돌아오는 것은 가난과 개인적이며 사회적인 무기력함이다. 달릿을 노예처럼 사회의 밑바닥에 묶어 놓는 것은 그들에게 할당된 직업과 깊은 관련이 있으며 이런 배제와 차별을 받아들이고 내면화시키게 하는 것은 힌두교 종교와 문화와 철학이다.

그런데 달릿 여성에게 대한 차별은 달릿 남성으로부터도 행해진다. 달릿 남성은 마누 법전에 의해 상위 카스트 사람의 착취의 대상이 되지만, 동일한 마누 법전에 의해 달릿 여성을 착취할 권리를 즐긴다. 달릿 남성이 카스트와 계급에 의해 이중적으로 억압을 받는다면, 달릿 여성은 카스트와 계급과 성에 의해 삼중적으로 억압을 받고 있다.[86] 달릿 여성의 문제는 계급 문제와 카스트 문제뿐 아니라 가부장제의 문제를

84 V. Devasahayam, "Pollution, Poverty, and Powerlessness - A Dalit Perspective," Arvind P. Nirmal(ed.), *A Reader in Dalit Theology*, 5에서 거듭 인용.

85 *Ibid.*, 6.

86 M.E. Prabhakar, "Caste-Class, Patriarchy and Doing Dalit Theology," V. Devasahayam(ed.), *op. cit.*, 89.

포함해야 한다. 즉, 인도 사회질서를 구성하는 원리는 카스트와 계급의 위계질서와 가부장제이다. 카스트-계급과 가부장제, 즉 카스트, 생산, 재생산은 토지, 부와 재산, 여성과 제의적 특성을 보존하기 위한 폐쇄적 구조를 형성한다.[87] 상위 카스트 여성의 남성에 대한 종속은 부계 계승을 위해서 뿐 아니라 카스트의 순수성을 지키기 위해 여성의 성욕에 대한 효과적인 통제를 하는데 필요한 핵심적 요소다. 브라민들은 카스트와 계급과 가부장제를 여성을 통해 연계시켰다. 그들은 여성의 본질을 성적 존재(Strisvabhava)로 이해했다. 그들은 이와 같은 여성의 본질은 여성의 남편에 대한 정절(Stridharma)과 충돌하는 것으로 보고, 부인의 정절 개념(Pativrata)을 힌두교 부인의 특별한 업으로서 받아들이도록 법 조문화했다. 이것이 여성들에게 자신의 '자아'의 최고의 표현으로서 순결과 정결을 받아들이도록, 심지어는 갈망하도록 만드는 이데올로기가 되었다. 마누 법전은 아내(여성의 가장 중요한 범주)를 잘 보호함으로써 남편은 그의 후손, 가족, 자기 자신과 가치 획득 수단의 순수성을 보존한다고 했다.

상위 카스트의 경우 전체 사회 구조에서 중심축을 형성하는 여성을 잘 보호하지 않으면, 재산의 상속이나 카스트의 순수성은 확보될 수 없다. 남성의 존경과 명예는 그들의 여성에 대한 보호와 유지에 달려 있다. 이런 이유로 여성의 순수성과 카스트의 순수성을 확증하는 사춘기 이전의 조혼이 유행했다. 그런데 남성의 혈통, 카스트, 재산을 아내에게 의존한다고 하지만, 남성은 아내에게 자신의 존재 자체를 의존하지

---

87 *Ibid.*, 80-83.

는 않는다. 여성은 단지 남성의 가계와 카스트와 재산을 지속시키는 수단일 뿐이다. 거꾸로 여성은 자신의 존재를 전적으로 남편에게 의존한다. 여성은 오직 혈통의 순수성, 카스트의 순수성, 재산의 합법적이고도 안전한 보전을 위해 존재할 뿐이다. 즉, 여성이 한 인격으로서 인지되는 것은 그녀가 남편에게 결합되어 있을 때이고, 오직 이러할 때만이 그녀는 사회적 존재가 되며, 상서로운 존재가 된다. 그녀는 남편과 함께 종교 제의에 참여하고, 자녀를 낳는다. 브라만 가부장 체제에서 남편을 벗어나서 여자 혼자서는 그 어떤 존재도 아니다. 그래서 남편이 죽으면 여성은 머리를 밀고 거친 하얀 옷을 입으며 집안에서 눈에 잘 띄지 않는 곳에서 산다. 머리를 민다는 것은 성욕과 사회적 죽음을 상징하고, 하얀색은 성욕의 포기를 상징한다. 반면에 하위 카스트 여성의 경우 남편의 죽음 이후 재혼하기도 한다.

카스트와 계급의 이익이 가부장제에 의해 보존되고, 삼자 연대(카스트-계급-가부장제)는 힌두교 경전에 의해 지지된다. 달릿의 문제는 단순히 경제적 차원에서 해결될 수 있는 것도 아니요, 사회문화적 차원에서만 해결될 수 있는 것도 아니요, 여성 해방적 시각에서만 해결될 수 있는 것도 아니다. 이들이 서로 연계되어 있기 때문에 거기에 대해 규명하고 신학적으로 대응하는 것이 필요하다. 암베드카르 박사의 공헌 가운데 하나는 카스트가 무너뜨릴 수 있는 장벽 같은 물리적 대상이 아니라 하나의 개념이며 정신 상태이기 때문에, 비인간적인 카스트의 책임은 이 제도를 시행하는 사람들에게 있는 것이 아니라 카스트에 대한 종교적-철학적-문화적 개념들에 있다고 한 것이다.[88] 카스트-계급-가부장제의 삼자 연대가 문화적으로, 철학적으로, 종교적으로 어떤 지지를 받는지 밝히고 그에 대응하는 것이 달릿신학의 중요한 과제다.

8. 달릿과 '부족' · '원주민'

달릿의 '불가촉성'을 초래한 카스트-계급-가부장제의 삼자 연대를 극복하기 위해서 삼자 연대를 문화적, 철학적, 종교적으로 어떻게 지지하는지 규명해야 하지만, 달릿과 연대할 수 있는 사람들이 어떤 사람들인가를 살펴보는 것도 중요하다. 또 단순히 동일한 조건하에서 고난을 겪는 자들 사이의 연대도 의미가 있지만, 카스트-계급-가부장제의 삼자 연대가 초래한 죽임의 문화를 넘어서는 살림의 문화를 '부족' · '원주민' 속에서 찾을 수 있다면 소중한 연대가 될 것이다. 달릿에게는 '부족' 또는 '원주민'이라 불리는 연대의 동반자가 있다.

'부족' · '원주민'(adivasi)은 달릿이라는 단어로 대치될 수 있는가 하는 것이 1990년에 열린 제77차 인도 과학 대회의 주요 질문 중 하나였다. 이 문제와 관련해 두 가지 관점이 존재한다. 인류학에서는 어떤 '부족'에 대해 연구할 때 외부자의 관점(etic)과 내부자의 관점(emic)을 구별한다. 영국 식민지 정부는 원주민들을 '부족'으로 불렀다. 처음에는 이들을 '숲의 부족'이라 했다가 '원시 부족'(1931), '뒤처진 부족'(1935)으로 부르다가 독립 이후에는 '원주민'(adivasi, 1948), '지정 부족'(1950)으로 불렀다. 외부자의 관점에서 본 '부족'의 의미는 한편으로는 인종, 생태적 배경, 육체적 특징, 언어, 음악, 춤, 제의와 문화에서 다양성을

---

88 Saral K. Chatterji, "Why Dalit Theology?," M.E. Prabhakar(ed.), *Towards A Dalit Theology*, 18.

지닌 사람들을 추상화시켜 동질적인 집단처럼 만든 행정 편의적 단어이다. 다른 한편으로 '부족'의 의미는 우리는 '문명화된' 사람들이고, 저들은 '미개한' 사람들이라는 지배 계급의 정치적 편견을 함축한다. 내부자적 관점에서 볼 때 그들은 자신을 단순히 '사람'이라고 부르기를 선호한다고 한다.[89]

'토착민'은 전 세계 인구의 4-5%를 차지하며, 그들은 2천여 인종으로 나뉜다. 그들 가운데 일부는 아직까지도 노예화되고 착취당하고 있다. 그들은 지금 이 시간에도 도시에서 쫓겨나고 있으며, 기록된 문서 전술에 의해서 자신의 것을 빼앗기고 있다. 인도의 경우 1981년 조사에 의하면 '토착민'이 전체 인구의 7.8%를 차지하고 있다. '부족'은 1950년 대통령령에 의해 등록되어야 하는데 행정 잘못으로 철자가 잘못 쓰여 어떤 '부족'이 '부족'에서 제외된 경우도 있다(Oranos → Uranos). 이것은 '지정 부족'의 지정(scheduling)이 얼마나 자의적으로 되고 있는가를 반증한다.[90] '부족' 복지 프로젝트에 대한 조사에 의하면 예산의 62%가 관료 제도에 사용되고, 31%가 위원회 관리들, 중개자들과 다른 사람들의 호주머니에 들어갔고, 7%만이 마을 주민들에게로 갔다. 여기서 5%가 주민들에 의해 소비되었고, 2%만이 발전을 위해 사용되었다.[91]

'원주민'들에게 땅은 그들 자신의 일부였다. 땅은 조상의 땅이며

---

89 Johnson Vadakumchery, "The Original Inhabitants of India: Victims of Written Traditions," James Massey(ed.), *Indigenous People: Dalits*, 122-124.

90 Nirmal Minz, "Dalit-Tribal: A Search for Common Ideology," A. P. Nirmal(ed.), *Towards A Common Dalit Ideology* (Madras: Gurukul Lutheran Theological College & Research Institute, 1989), 97-98.

91 J. Vadakumchery, *op. cit.*, 125-126.

그들의 영혼의 땅이다. 이 땅은 사회 구성원들 사이의 사귐, 신들과 영혼과 자연과의 사귐의 매개자이다. 그래서 땅은 그들 공동체의 소유이다. 이들 정체성의 사회문화적 요소는 땅과 언어와 노동이었다.[92] 오랫동안 '부족'들은 그 땅을 소유해 왔으나 이것을 입증하는 기록된 문서가 없다. 소유권의 증거로 기록된 문서의 도입은 '원주민'들의 땅과 자원에 대한 소유권에 의문을 제기하고, 결국 자신들의 땅을 빼앗기게 되었다. 본래 땅의 소유자가 소작인이 되었다. 정복자들의 개발에 의해 서서히 '원주민'들이 자신들의 땅과 숲에서 쫓겨나고 사라지게 되었다. 이처럼 '원주민'들은 문서 기록 전통에 대한 관심의 결여로 희생자가 되었다. 그러나 '원주민'들은 자신에 대한 이런 대우와 착취에도 불구하고 자신의 것을 '문명인'과 나누도록 허용했다. 그들은 자신의 소유를 박탈당했기 때문이 아니라 자신들의 조상과 여러 영혼이 사는 땅에서 유리되었기 때문에 고통을 당했다. 그러나 강압적으로 자기 땅에서 유리된 '원주민'들은 단지 무시되고 침묵을 강요받고 경멸을 받았다.[93]

획득하고 소유하려는 정신과 개인주의의 성장이 현대 사회에서 발전의 매개변수였다. 그러나 이것들은 '부족'들의 생활양식에 의해 의문시된다. 그들은 자연의 자녀로서 최소한의 요구만을 충족시키는 생활 속에서 만족하며 살아왔다. 이들의 삶은 경제적 관점이 아니라 총체적 관점에서 인식되거나 평가되어져야 한다. 또 그들은 인도의 자유의 전사다. 18세기 말 이후 19세기 중엽까지 그들은 영국에 지속적으로 무력으로 저항했다. 자신의 언어를 간직한 '부족'이 많다. 이들 대다수는

---

92 Nirmal Minz, *op. cit.*, 100-102.
93 J. Vadakumchery, *op. cit.*, 127-129.

대중교육의 기회를 박탈당했다. 이들이 지닌 교육체제는 생명 지향적이다. 현재 이들은 분리된 '부족'의 주 정부 구성을 위해 투쟁 중이다.[94]

'문명인'들이 기록된 문서를 통해 '부족'이나 '원주민'들의 땅을 빼앗고 자원을 탈취하며 그들을 땅과 숲으로부터 쫓아냈다. 그러나 정복자들에게 땅은 개인적 소유와 탐욕의 대상일 뿐이었지만, '원주민'들에게 땅은 신, 조상, 자연과 자신의 공동체 사이의 친교를 가능케 하는 매개자였다. 정복자들은 '문명'과 '발전'의 이름으로 '부족', '원주민'들의 땅을 빼앗을 뿐 아니라 땅이 지닌 생명 공동체의 코이노니아적 역할을 무시하고 개인 소유와 탐욕의 대상으로 전락시켰다. 그러나 '부족', '원주민'은 땅을 통해 신, 조상, 자연과 교제할 수 있다는 생명 지향적 삶과 사고방식을 지녔다는 것 외에는 이 땅에 본래 살던 사람이라는 것과 집단적 소유자라는 것을 입증할 어떤 다른 자료가 없는 사람들이다. 이처럼 이들의 정체성의 사회문화적 요소는 땅, 언어와 노동이었다.

이들과 달릿의 관계는 아리안족의 침입으로 일부는 노예가 되고, 일부는 노예가 되기를 거부하고 숲으로 가서 '원주민'으로 남고, 나머지는 유랑하는 범죄적인 '족속'이 되었다는 스리바스타바의 주장에서 실마리를 찾을 수 있다.[95] 여기서 노예가 된 비아리안족이 달릿이고, '원주민'은 '토착민'이며, 유랑하는 범죄적인 '족속'은 현재도 유랑하는 '부족'으로 이 셋은 본래 동일한 기원을 갖고 있다고 제임스 마사이는 주장한다. 니르말 민쯔도 정부가 이들을 분할 지배하기 위해 분리시켰다고

---

94 *Ibid.*, 130-132.

95 Dr. Suresh Narain Srivastava, *Harijans in Indian Society* (Lucknow, 1980), 9-10; James Massey, "Historical Roots," 54에서 거듭 인용.

했다.[96] 그래서 '부족'은 개신교로 개종해야 정체성을 보존하고, 달릿은 힌두교로 개종해야 정체성을 보존할 수 있다. 그러나 달릿과 이들의 관계는 좀 더 다른 자료에 의해 규명될 필요가 있다. 그럼에도 불구하고 달릿과 '원주민'·'부족' 사이에 밀접한 관계가 있다면, '원주민'의 생명 지향적인 문화와 가치관은 달릿의 정체성과 인간 존엄성을 회복하기 위한 해방뿐만 아니라 보다 보편적인 생명 지향적인 문화, 가치관, 세계관을 위해 매우 소중한 자원이 될 것이다.

9. 달릿신학의 과제

달릿신학은 성서적 전거를 통해 달릿의 뿌리, 정체성과 달릿성에 대한 성서적 이해를 제시했고, 십자가를 통한 달릿 기독론, 달릿의 집단적 부활과 새 생명을 주는 성령론, 달릿 현실에 하나님의 뜻을 온전히 이루게 하는 종말론 등을 통해 달릿 현실과 달릿을 해방하시는 하나님을 역사에서 연결시켰다. 달릿 해석학에서는 달릿의 고난의 경험을 출발점으로 성서를 이해하고, 달릿 해방의 관점에서 성서를 해석하는 방법을 제시했다. 또 카스트-계급-가부장제의 삼자 연대를 분석함으로써 달릿을 억압하는 문화적, 종교적, 경제적 관련성을 규명하고자 했다.

그러나 달릿신학은 카스트 제도를 떠받치는 종교적, 문화적, 철학적 차원들에 대해 좀 더 심층적인 비판과 대안 제시가 필요하다. 종교적으로 마누 법전은 수드라를 죽이는 것과 동물 죽이는 것을 동일시하며,

---

96 Nirmal Minz, *op. cit.*, 104.

여성 전체와 수드라를 동일시한다. 또 여성은 결코 독립적이어서는 안 된다고 했다. 또 카스트 제도를 지키지 않는 것을 죄라고 했다.[97] 힌두교가 종교의 권위로서 달릿과 민중의 정신을 통제한다. 지배 체제에 대한 달릿의 굴종을 종교적으로 합리화하고, 달릿은 지배 체제 이데올로기를 내면화한다. 이에 대해서 기독교 신학은 힌두교 경전들과 보다 심층적으로 대결해야 한다.

문화적으로 카스트의 지배 문화에 대한 반문화로서의 달릿신학을 발전시켜야 한다. 반문화로서의 달릿 운동, 달릿 영성에 대해 앞에서 언급했지만, 신학적으로는 아직 깊이 다루지 못하고 있다. 달릿의 민속, 춤, 노래 등을 실제로 신학함에 주요한 자료로 사용하는 것이 필요하다. 성서의 기록된 본문을 문맹자들을 위해 암호를 풀어내고(uncode) 다시 구전 달릿 담론의 형태로 재암호화하는 것이 필요하다.[98] 그리고 달릿 신학은 달릿 문학으로부터 많은 것을 배워야 한다. 달릿 문학은 달릿 기독교인의 과거, 현재와 미래를 비춰 주는 거울처럼 작용한다. 달릿 문학을 통해 보여지는 달릿 의식이 달릿 기독교 신학의 주요한 자료가 되어야 한다.[99]

철학적으로 베다 경전은 관념주의의 뿌리를 내포하며, 아리아족은 지배자가 되면서 달릿 철학인 챠르바카의 유물론을 분쇄하려 했다. 챠르바카는 사후 세계나 신이나 영혼의 존재나 윤회를 부정했다. 생명

---

97 Introduction, R.M. Pal & G.S. Bhargava(eds.), *Human Rights of Dalits*, 12-14.

98 A Maria Arul Raja S.J. "Some Reflections on a Dalit Reading of the Bible," V. Devasahayam(ed.), *op. cit.*, 336.

99 A. P. Nirmal, "A Dialogue with Dalit Literature," M.E. Prabahkar(ed.), *Towards A Dalit Theology*, 75.

은 흙, 물, 불, 공기 네 가지 요소에서 나온다고 했다. 여기서 샹카 철학이 나오는데, 창시자 카필라는 가부장제 사회이어서 남자 이름을 사용했지만 실제로는 여성이라고 한다. 그리고 샹카 철학은 모계 사회에 널리 퍼졌다. 700년간 샹카 철학이 인도 사회 전역에 큰 영향을 주었다. 이 기간은 아리아족의 헤게모니 확장 시기였다. 마누 법전은 힌두 종교 체제에 문제 제기하는 철학자들에게 제한을 가함으로써 지적 권위주의를 세웠다. 아리아 왕조 형성기에 왕국 수립을 위한 투쟁을 배경으로 하여 만들어진 것이 바가바드 기타이다. 바가바드 기타는 유물론을 공격하는데 힘을 기울였다. 아리아 왕들이 챠르바카 철학자들을 가장 큰 적으로 여겨 고문하고 집단 학살했다. 그러므로 카스트 지배 철학에 대항하는 자들은 챠르바카 철학이 주요한 무기가 된다.[100] 그런데 신학적으로 무신론을 어떻게 받아들여야 하는 것인지 이것이 신학적 과제다.

달릿과 '부족'·'원주민'을 연결시키는 것은 달릿 해방 운동과 달릿신학에 매우 중요한 과제이다. 그런데 구약성서는 원주민을 학살한 사례를 기록하고 있다. 이렇게 원주민에 대한 부정적 태도를 지닌 구약성서를 달릿 기독교인과 '부족'·'원주민'과의 관계를 규명하면서 어떻게 화해하고 재해석할 수 있는가 하는 것이 앞으로 해결해야 할 신학적 과제다.[101]

달릿 여성 신학의 발전이 달릿신학에 중요한 공헌을 할 수 있을

---

100 Katti Padama Rao, English Rendering by D. Anjaneyulu, *Charvaka Darshan: Ancient Indian Dalit Philosophy* (Madras: The Gurukul Lutheran Theological College & Research Institute, 1997).

101 Nirmal Minz, *op. cit.*, 106.

것이다. 달릿신학의 기초가 달릿의 고난이라면, 달릿 가운데 달릿인 달릿 여성의 고난을 기초로 한 달릿 여성 신학의 활발한 전개는 달릿신학의 성서 이해를 심화시키고, 그 내용과 깊이를 더 할 것이다. 카스트-계급-가부장제의 삼자 연대 관계도 달릿 여성 신학의 입장에서 재조명할 필요가 있다.

VI. 달릿신학에 나타난 생명 사상

달릿신학에서 생명 사상을 찾는 것은 쉬운 일이 아니다. 무엇보다도 달릿신학이 완성된 신학이 아니라 형성 중에 있는 신학이요, 달릿의 생존권이 우선되는 상황이기 때문이다. 그렇지만 달릿신학에 나타난 몇 가지 생명 사상의 단초를 찾으면 다음과 같다. 우선 달릿신학의 성서적 전거에서 억압으로부터의 해방 이전에 자신들의 역사적 뿌리에 대한 기억과 공동체적 정체성을 찾는 일은 신앙고백을 위해서 뿐 아니라 생명의 기초를 찾기 위해서도 중요하다. 끊임없이 달릿의 정체성이 지배 문화에 의해 부정되는 상황에서 달릿신학은 그들의 공동체적 정체성과 역사적 뿌리를 밝혀 줌으로써 달릿의 달릿됨, 달릿 의식을 회복시키고 자신을 긍정하게 한다. 또 달릿 성령론은 성령이 창조의 영이고, 생명을 수여하는 영이며, 브라만의 물질과 영혼, 영과 육의 이분법을 극복하며, 인간과 세계와 하나님에 대한 새로운 비전을 주며, 새로운 말과 행동과 민중 운동을 통해 공동체를 선물로 준다고 했다. 성령으로 말미암아 달릿은 우상숭배적인 브라민 지배 문화의 이분법을 극복하고,

인간과 세계와 하나님에 대한 잘못된 인식을 수정하여 새로운 비전을 갖게 된다. 또 달릿은 성령을 통해 말과 행동의 변화가 일어나고 새로운 공동체의 탄생을 볼 것이다. 이렇게 성령에 의해 달릿은 사회적으로 화해를 이루고, 새로운 공동체를 형성함으로써 생명의 풍성함을 누리게 된다. 이처럼 달릿신학은 달릿으로 하여금 자신의 정체성을 긍정하고, 영과 육, 남자와 여자, 달릿과 카스트 사이의 화해를 통해 평등하고 정의로운 공동체를 이뤄 생명의 풍성함을 누리게 한다.

달릿의 정체성과 의식을 찾기 위해 '부족'·'원주민'의 시각을 도입하는 것은 중요하다. 이것은 달릿과 '원주민'·'부족' 사이에 역사적으로 밀접한 관계가 있다고 보기 때문이다. 이러한 시각은 성서를 '원주민'·'부족'의 시각으로 읽을 것을 요구한다. 이때 중요한 네 가지 요소는 사람들, 땅, 권력, 하나님이다.[102] 인간의 존엄성은 땅을 다스리라는 하나님의 청지기 사명을 감당할 때 얻어진다. 노아의 계약은 인간과 자연과 하나님 사이에 연속적이며 조화로운 관계가 있음을 보여 준다. 아브라함 계약은 땅과 큰 민족과 상호 축복으로 이뤄진다. 예수 그리스도의 종의 정치는 이스라엘의 민족중심주의를 넘어서서 대속적 고난을 통해 추악한 권력을 치유하고, 자신의 생명을 내어 주는 섬김을 통해 종의 정치의 본을 보여 주셨다. '부족'은 그들의 이웃이 과거에 자신들을 학대하고 착취하고 억압하고 현재에도 그런 일을 반복하고 있지만, 예수의 종의 정치를 통해 그들의 이웃과 정의 가운데 화해하며 서로를 섬기고 한 커다란 민족이 되도록 섬기려 한다. 이와 같이 '부족'·'원주민'

---

102 Nirmal Minz, "A Theological Interpretation of the Tribal Reality in India," R.S. Sugirtharajah, *op. cit.*, 43-51.

들은 고난받는 야훼의 종처럼 과거에도 현재도 자신들을 학대하지만, 메시아의 종의 정치를 통해 저들과 화해하고, 함께 하나님께서 주신 땅을 다스리려는 청지기 직분을 감당하고자 하는 데서 생명 사상을 찾을 수 있다.

아리안 정복자의 종교는 이웃을 고려하지 않는 개인주의적인 종교이며, 성전 안에서는 카스트에 따라 출입이 통제되어 사람들을 분리시킨다. 산스크리트의 신은 성전에 우상처럼 갇혀 있어 성전의 종교 행사는 사제에 의해 독점되며 여성은 사제가 될 수 없다. 이에 반해 달릿 종교는 항상 공동체적이다. 신은 사람의 연대와 일치의 근원으로 예배 전에 인간의 불화는 화해되어야 한다. 달릿 종교는 예배 장소나 상징물을 거룩하게 여기지 않는다. 제의 기간 중 모든 공동체 구성원들이 모이면 그들이 거룩성을 얻게 된다. 신이 사람들에게 임한다는 것이다. 이처럼 달릿 종교는 신성을 공동체 모두에게 열어 놓았다. 그래서 달릿 종교에는 별도의 사제가 없이 공동체 구성원이 교대로 사제 역할을 하되 남성과 여성 사이에 차별이 없다. 달릿 종교에는 이와 같이 열린 평등한 해방 공동체 지향적이기 때문에 생명 지향적이다. 달릿 종교는 인간을 지배자와 피지배자로, 남자와 여자로, 부자와 가난한 자로 나누는 그런 사회적 갈등을 넘어서서 신 앞에 평등한 하나의 공동체를 이루게 하고, 신이 달릿 공동체에 임함으로써 달릿의 변화를 일으킬 수 있다고 본다. 이처럼 일치와 화해의 근원으로 신을 보고, 그 신이 인간들에게 직접 임한다고 보는 데서 생명 사상을 찾을 수 있다.

VII. 달릿신학과 민중신학

1. 민중신학에 나타난 생명 사상

민중에 대한 다양한 정의가 있지만 민중은 "경제적으로 가난하고, 정치적으로 약하고, 사회적으로 박탈당했지만, 문화적으로 역사적으로 풍요롭고 강력한"[103] 한(恨)이 맺힌 사람들이라고 정의할 수 있다. 현영학도 민중의 양면적 측면에 주목했다.[104] 민중은 한편으로는 혁명적이지만 다른 한편으로는 말뚝이처럼 광대와 같다. 일부 지식인에게 민중은 똑똑하게 보이지 않아 민중을 의식화의 대상으로 여긴다. 이것은 민중의 광대 같은 측면을 간과하기 때문이다. 서남동도 민중의 역사를 이해하기 위해서는 사회경제적 방법이, 민중 의식을 이해하기 위해서는 문학사회학적 방법이 필요하다고 했다.[105] 김용복도 민중 자신의 이야기를 통해 민중을 이해하는 방법인 민중의 사회 전기가 역사에 대한 사회과학적 분석의 전제가 되어야 한다고 했다.[106] 이처럼 민중은 현상적으로는 억압받고 가난하고 소외된 자들로 보이지만, 민중 안에 역사적, 문화적 생명력이 있어 불의한 현실을 정의롭고 평등한 세상으

---

103 Jung Young Lee(ed.), *An Emerging Theology in World Perspective: Commentary on Korean Minjung Theology* (Conneticut: Twenty-Third Publications, 1988), 4.

104 현영학, "민중, 고난의 종, 희망," 『1980년대 한국민중신학의 전개』(서울: 한국신학연구소, 1990), 20.

105 서남동, "두 이야기의 합류," NCC 신학연구위원회 편, 『민중과 한국신학』(서울: 한국신학연구소, 1985), 240.

106 김용복, "민중의 사회전기와 신학," 『민중과 한국신학』, 379.

로 바꿀 가능성을 그들 안에 지니고 있다.

민중신학이 민중 해방·구원 사건에 대해 증언하는 신학이라면, 민중신학은 민중 해방·구원 사건에 관심을 갖지 않을 수 없다. 민중신학이 제시하는 민중 해방·구원 사건은 두 가지 방식으로 전개된다. 첫째로 기독교적인 방식의 민중 해방·구원 사건이다. 여기서 기독교적 방식이라 함은 역사와 종말론, 메시아 왕국과 천년왕국과 하나님의 왕국, 성령과 해방·구원의 틀을 통해 민중 해방·구원 사건을 이해함을 가리킨다. 민중신학자들은 역사에서 종말론을 통한 하나님의 주권을 전제하고 민중 해방·구원 사건을 민중이 역사에서 주체됨으로 해석한다.[107] 김용복은 민중을 메시아의 주체로, 메시아를 민중의 기능으로 이해했다. 그는 메시아의 특징을 고난받는 민중들과의 동일화와 민중 해방의 열망을 위한 종으로서의 기능으로 보았다. 그러나 그는 메시아 정치를 전체주의적 체제인 정치적 메시아주의와 구별했다.[108] 서남동은 하나님의 왕국을 더 강조했지만, 천년왕국 사상도 받아들였다. 안병무는 천년왕국이 신약성서에서 한 번밖에 사용되지 않았다면서 서남동을 비판했다.[109] 민중신학자들은 역사 안에서의 민중 해방을 강조했지만 민중 해방은 역사적 존재로 환원되지는 않았다. 성령 강림 사건은 민중 자신의 말과 정체성을 회복하는 출발점이다.[110] 성령의 능력으로 민중

---

107 김용복, "민중의 사회전기와 신학," 371ff.; 서남동, "두 이야기의 합류," 256, 259, 273; 현영학, "민중, 고난의 종, 희망," 19.

108 Kim Yong-bock, "Messiah and Minjung: Discerning Messianic Politics over against Political Messianism," the Commission on Theological concerns of the CCA(ed.), *Minjung Theology: People As the Subjects of History* (Singapore: CCA, 1983), 184.

109 안병무, "마가복음에서 본 역사의 주체," 『민중과 한국신학』, 172, 각주 84.

은 자신의 고난을 나누고 신앙공동체를 이루며 역사 안에서 새로운 공동체를 형성한다.[110] 서남동도 현대를 성령의 시대로 보고 예수 사건은 성령의 능력으로 일어난다고 했다.[112] 우리의 민중 해방 사건 속에서 성령의 역사가 일어나고 있다.

민중 해방·구원 사건을 토착적인 방식으로, 전통 종교나 전통문화를 통해 이해하는 민중신학자들이 있다. 서남동은 김지하를 통해 한과 단, 신과 혁명의 통일을 지향하고, 동학의 구원 방식을 민중 해방·구원에 적용했다. 동학의 인내천 사상과 이를 실현하는 신천주, 양천주, 행천주, 상천주 그리고 증산교의 해원공사와 천지공사를 받아들였다. 그러나 서남동은 해원공사가 죽은 자의 한에 제한된다고 비판했다.[113] 현영학은 탈춤 분석을 통해 민중 해방의 문화적 방식을 제시했다. 그는 민중이 탈춤에 참여함으로써 자신의 운명을 비웃고 비판적 초월을 할 수 있으며 이것을 현재적 종말론이라고 했다.[114] 정현경은 한이 맺힌 민중의 한풀이를 민중 해방 사건으로 이해했다. 굿을 통한 한풀이에서 한 맺힌 사람으로 하여금 침묵을 깨고 자신의 한을 말하게 하고 공동체로 하여금 그것을 듣게 하고, 억압의 근원을 규명한 다음, 그 상황을 변화시킴으로써 그·그녀를 평안하게 해 주고자 했다.[115] 그러나 서남동은 굿이

---

110 김용복, "민중의 사회전기와 신학," 385.

111 서광선, "민중과 성령,"『민중과 한국신학』, 310.

112 서남동, "두 이야기의 합류," 271-271.

113 Suh Nam-dong, "Towards a Theology of Han," *Minjung Theology: People As the Subject of History*, 62-67.

114 Hyun Young-hak, "A Theological Look at the Mask Dance in Korea," *Minjung Theology: People As the Subject of History*, 48-51; 현영학, "한국 탈춤의 신학적 이해,"『민중과 한국신학』, 357.

죽은 자의 한이나 개인적 차원에 제한되어 있다고 비판했다.[116]

민중신학자들은 민중 해방·구원 사건을 기독교적으로, 전통 종교와 문화적 표현으로 풀어냈지만, 구체적인 방법을 제시하지 못했다는 한계가 있다. 또 두 가지 다른 방식이 어떻게 통합될 수 있는지를 다루지 않았다. 서남동은 두 이야기의 합류를 말했지만, 여전히 추상적인 수준이다. 그런데 안병무는 11시간 동안 의식이 없는 상태에서 7시간 동안 큰 수술을 받다가 깨어났던 극적인 경험을 했다. 이 신비한 체험을 통해 그는 민중은 생명이라는 발견을 했다.[117] "그 자신이 칠십을 바라보는 노후로 생사를 헤맬 때 그의 생전에도 그의 생명의 근원이었던 그 엄마가 죽은 후에도 현재하여 안병무 자신을 살렸다고 고백한다."[118] 이 체험을 통해 그는 생명의 근원으로서의 '어머니의 품'을 발견했다. 그래서 그는 민중을 '역사의 주체'라기 보다는 '생명의 주체'로 여겼다.

그러나 민중신학에서 생명의 중요성에 대한 강조는 이미 김지하에 의해 제기되었다. 그는 노동 중심적인 민중 개념을 상대적인 것으로 보고, 민중이 역사의 주체라는 주장이 집단이기주의나 민중 중심주의로 빠지게 됨을 비판했다. 민중은 인간 중심주의를 포기해야 한다고 했다. 민중은 자신을 생명의 시각에서 보아야 한다. 즉, 민중의 과제는 자신과 피조물, 지구를 해방시키는 것이다. 이것은 민중 자신을 비우는 영적이

---

115 Chung Hyun Kyung, "Han-Pu-Ri: Doing Theology from Korean Women's Perspective," R.S. Sugirtharajah(ed.), *Frontiers in Asian Christian Theology*, 60.

116 Suh Nam-dong, "Towards a Theology of Han," 62.

117 토론, "80년대 민중 운동과 민중신학," 「신학사상」 69호(1990, 여름), 366.

118 최영실, "안병무의 민중신학적 성서해석에 대한 여성신학적 고찰," 「신학사상」 96호(1997, 봄), 124, 각주 55.

며 공동체적 운동이어야 한다.[119] 그는 반생명의 뿌리를 나와 너, 하늘과 땅, 문명인과 야만인으로 나누는 인식론적 이원론과 소유욕으로 규정했다. 왜냐하면 생명의 세계는 유기적이며 상호의존적이며 상호 관련되어 있기 때문이다. 그는 반생명적인 것을 악마적으로 여겼다. 악마적인 것을 극복하기 위한 방법으로 제시되는 것은 자기 비움, 십자가와 안식일이다. 민중은 자신의 재산을 갖고 있지 않기 때문에 생명 지향적인 운동의 주체가 되어야 한다. 그는 생명 운동의 가장 강력하고도 철저한 주체로 여성을 제시한다. 과도한 고난은 인간을 병들게 하지만, 고난은 인간을 겸손하게 만든다. 이것이 그가 여성을 생명 운동의 주체로 제시하는 이유다. 그는 영성을 우주의 피조물과 내가 한 생명에 속함을 깨닫는 것이라고 했다. 하나님은 큰 생명이다. 작은 생명인 민중은 굿을 통해 억압자도 민중과 함께 화해하고 생명을 축하하도록 해야 한다고 했다. 김지하는 경직된 이데올로기나 사상에 갇혀 있지 않았다. 그는 자신을 자유로운 사상가로 이데올로기적으로 미완성의 열린 절충주의적 입장을 지녔다고 했다.[120]

민중의 한을 푸는 것은 생명과 어떤 관련이 있을까? 서남동은 한을 "한국 민족의 억압된 민족적, 민중적 저변 감정으로서 한편으로는 약자의 패배 의식, 허무감과 체념이 지배하는 감정 상태이며, 다른 한편으로는 약자로서의 삶의 집념을 담고 있는 감정"[121]이라고 했다. 첫째 면이

119 김지하, 『밥: 김지하 이야기 모음』(서울: 분도출판사, 1984), 141.

120 Kim Chi-ha, *The Gold-Crowned Jesus and Other Writings* (New York: Orbis, 1978), 17.

121 서남동, "한의 형상화와 그 신학적 고찰," 『민중과 한국신학』, 324.

승화되면 예술적으로 표현되고, 둘째 면은 혁명이나 반란의 에너지로 작용할 수 있다. 한을 승화시켜 사회변혁의 동력으로 만들기 위해서는 단(斷)이 필요하다. 단은 "한의 극복이며 개인적으로는 자기부정이며 집단적으로는 복수의 악순환을 끊는 것"이다. 이를 위해서는 '인간의 종교적 결단, 내적 영신적 쇄신'이 필요하다.[122] 그런데 민중의 한은 지배자가 억압자들에게 낙인을 찍는 죄와 다르다는 것을 강조하면서 한 안에 악이 없다는 주장은 문제가 있다고 이재훈은 비판한다. 또 김지하의 단은 영웅적인 행위이고, 예외적인 강자만이 시행할 수 있기에 민중에게 일방적으로 적용하는 것은 위험성을 내포한다고 비판한다. 그는 민중신학은 민중의 한을 들을 뿐 아니라 한의 상처를 치유해야 한다고 했다.[123]

한의 상처에 대한 치유를 논하기에 앞서 앤드류 성 박은 서구 신학이 죄론에서 죄에 의한 피해자보다는 죄인, 가해자 입장에서 신학함을 비판하면서 이신칭의를 재해석한다.[124] 권진관은 한 자체 안에 치유의 가능성이 있고, 민중은 한을 극복할 가능성이 있고, 다른 사람들을 구원하는데 기여할 수 있다고 했다. 그러나 현실적으로 민중은 과중한 짐을 지고 있어서 스스로 한을 극복하기 어렵다. 그래서 그는 한의 극복을 위한 자원이 성령으로부터 온다고 했다.[125]

---

122 *Ibid.*, 338.
123 Jae Hoon Lee, *The Exploration of the Inner Wounds-Han* (Atlanta: Scholars Press, 1994), 156, 161.
124 Andrew Sung Park, *The Wounded Heart of God: The Asian Concept of Han and the Christian Doctrine of Sin* (Nashville: Abingdon Press, 1993), 20, 5장 참조.
125 권진관, "한과 단의 정치윤리적 성찰," 민중신학연구소 엮음, 『민중신학입문』(서울:

앤드류 성 박은 구원을 죄인(가해자)과 피해자 사이에 치유가 일어나는 관계적 사건이며, 잠재력을 현실화시키는 것이라고 했다. 그는 한의 해결을 위한 네 단계를 제시했다.[126] 첫째 단계는 한 맺힌 민중이 자신의 한의 현실과 한의 원인을 자각하는 것이다. 둘째 단계에서 한에 대해 이해하면 한은 눈처럼 녹기 시작한다. 이해(understanding)는 자신을 다른 사람의 입장 아래에 서서 세계를 보는 것이다. 이와 같은 이해는 자신의 입장을 부인하고, 자기를 비움으로써 체념과 억압자에 대한 미움을 극복하게 한다. 셋째 단계는 새로운 세계에 대한 비전과 새로운 사고방식을 제시하는 것이다. 그는 이것을 우주적 성만찬이라고 불렀다. 우주적 성만찬의 한 원리는 만물의 상호연결성이다. 그는 우주적 성만찬과 한의 관계에 대해 두 가지 요점을 제시했다. 첫째, 우주적 성만찬은 이분법의 분기점을 폭로한다. 과거에 사람들은 자신의 정체성을 이해하기 위해 타자를 배제했다. 이제 사람들은 타자와의 상호관련성을 이해하기까지 자신의 정체성을 이해할 수 없다. 둘째, 우주 만물의 상호관련성은 피라미드적 위계 구조의 잘못을 폭로한다. 타자를 통제하려는 의지는 참된 권력이 아니다. 참된 권력은 다른 사람이 자신의 가능성을 실현하도록 돕는 힘이다. 넷째 단계로 계약은 공감적 대결이다. 한의 해결이 최종 목적은 아니다. 그 목적은 희생자와 가해자의 상호 변형을 통한 하나님의 공동체를 형성하는 것이 되어야 한다. 이를 위해 양자 모두의 문제를 해결해야 한다. 가해자는 마치 손잡이 없는 방에 갇힌 자와 같다. 오직 피해자만이 방문을 열어 줄 수 있다. 피해자는

한울, 1995), 76-77, 93.
126 민중신학연구소 엮음, 『민중신학입문』 9장 참조.

자신의 한을 감소시켜야 한다. 이 두 가지 문제는 피해자와 가해자 공동의 비전과 과제를 초래하는 대결적 행동 안에서 잘 이뤄질 수 있다. 공감적 대결은 양자 모두 그들의 자아와 한으로부터 나와서 그들 자신보다 큰 무언가를 위해 헌신하게 한다. 이처럼 공동의 비전과 과제에 참여함으로써 한 맺힌 사람이 자신의 한을 극복하고 세상의 한을 변형시키는 데 참여한다.

2. 달릿신학과 민중신학에 나타난 생명 사상

달릿과 민중의 차이와 공통점에 대해 간단히 살펴보자. 달릿은 인더스 문명의 주인이었으나 침입자 아리안족에 의해 정복당했다. 그들이 만든 카스트 제도에 의해 지난 3,500년 간 차별을 받아 왔다. 인도는 달릿 입장에서 볼 때 아리안족, 회교도, 영국인들의 식민지였으며, 독립 이후에도 아리안족의 후예인 상위 카스트에 의해 지배를 받고 있다. 또 인도 사회는 다인종, 다문화, 다언어 사회이다. 반면에 민중은 단일 민족국가 속에서 식민지 경험이 상대적으로 짧고, 계급 계층의 차별이 있어도 카스트와 같은 엄격한 사회적 차별을 현대 사회에서 받는 것은 아니다. 이와 같은 역사적 경험의 차이가 있지만, 달릿과 민중 사이에는 지배자에 대한 끈질긴 저항과 자신의 문화 전통을 유지하며 달릿 의식이나 민중 의식을 갖거나 회복하고 있다는 공통점이 있다.

달릿신학과 민중신학에 나타난 공통적인 생명 사상은 이원론과 소유욕을 극복해야 한다는 점이다. 달릿 성령론은 브라민의 이분법을 극복하려 하고, 달릿의 종교 전통은 공동체적이다. 김지하도 반생명의 뿌리를 이원론과 소유욕으로 보았다. 지배자와 피지배자, 남자와 여자, 부자와 가난한 자, 인간과 자연, 유기물과 무기물 사이의 이원론을 극복하면 피조물의 상호의존관계가 드러난다. 이런 맥락에서 앤드류 성박의 우주적 성만찬은 달릿 성령론에서 인간과 세계와 하나님에 대한 새로운 비전을 갖는다는 것과 일맥상통한다. 그리고 우주적 성만찬에 참여하고, 이런 비전을 갖게 하는 것은 성령의 선물이다. 또 달릿이나 민중은 오랫동안 억압받고 착취되어 왔으나, 억압자까지도 아우르는 화해와 정의의 공동체를 이루는 데 주도권을 쥐고 있다는 점에서도 공통적이다. 이런 화해의 직책 역시 달릿이나 민중 자신의 힘이 아니라 성령에게서 주어진다는 데 일치한다.

그러나 안병무가 민중을 생명의 주체라고 발견하게 한 '어머니의 품'이나 달릿 가운데 달릿인 달릿 여성이 어떻게 생명 운동의 주체로 나서서 어떻게 그 운동에 기여할 것인지를 밝히는 것이 달릿신학이나 민중신학의 과제다. 또 민중의 한을 단으로 극복할 때, 달릿이 해방과 화해 과정에 나설 때 생기는 문제들이 무엇인지를 규명하고, 이들을 바르게 극복하도록 돕는 영성(자기 비움, 십자가, 안식일)이 구체적으로 어떤 것인지, 그것이 생명과는 어떤 관련이 있는지 밝히는 것이 민중신학이나 달릿신학의 과제다.

달릿신학과 민중신학은 생명 사상과 관련하여 서로에게 도움을 주는 상호 수정적 역할을 한다. 민중신학은 달릿신학으로부터 땅의 중요성을, 땅을 하나님 앞에서 청지기로 잘 다스리는 것이 인간 존엄성의 성취라는 것을 배울 수 있다. 즉, 땅을 통해 하나님과 인간과 피조물이 생명의 코이노니아를 한다는 것을 깨우쳐 준다. 달릿신학은 민중신학으로부터 달릿의 한과 그를 극복하는 단에 대해서 배울 수 있다. 달릿 자신의 한이 억압자를 치유하는 데 중요한 자원이 될 수 있으며, 달릿과 억압자의 상호 변형이 세상의 한을 치유하는 데 쓰일 수 있음을 달릿신학 은 민중신학으로부터 배울 수 있다.

VIII. 나오는 말

달릿은 인더스 문명의 주인이었지만 아리안족의 침략에 의해 피지 배자가 되고, 그들의 카스트 제도하에서 수천 년간 억압받고 있다. 달릿 이 지역적으로 인도 전역에 걸쳐 산재하고, 지정 카스트가 되면서 그 안에 서로 다른 수백, 수천의 하위 카스트로 나뉘면서 달릿이 하나가 되기 어렵다. 아니 달릿의 가장 심각한 문제는 생존 자체이다. 이런 독특한 상황에서 나온 달릿신학은 그들의 정체성을 역사적 뿌리로부터 규명하고, 달릿의식을 강화함으로써 달릿 해방을 위한 투쟁을 활성화하 며, 달릿의 미래에 대한 비전을 제시하고자 한다. 달릿신학은 성서적 전거, 기독론, 성령론, 종말론, 해석학 등의 제시를 통해 이런 과제를 감당하면서 많은 성과를 거둔 것도 사실이다. 달릿의 눈으로 성서를 읽음으로써 달릿 하나님을 만나고, 그 하나님으로부터 달릿은 자신의 정체성과 세상과 피조물을 보는 새로운 눈을 갖게 되었다. 또 힌두 지배 문화의 이분법을 극복하고, 대안적 공동체를 위해 화해자의 역할 을 하도록 요청받음을 깨닫게 된다. 그리고 달릿의 생존권이 위협받는 상황에서 달릿 해방 투쟁의 동력도 얻게 된다.

그러나 달릿신학은 카스트 제도가 단순한 사회제도가 아니라 문화적, 철학적, 종교적 요소들이 한데 어울려 있기 때문에 달릿신학 역시 카스트 제도에 대응하기 위해서는 문화적, 철학적, 종교적인 과제와 심층적인 대화를 해야 한다. 달릿이 문맹자가 많고 구전 전통을 가지고 있으니 민속 이야기, 노래와 춤 등을 통한 달릿신학 작업이 필요하다. 또 달릿 문학에 나타난 달릿 의식을 달릿신학의 중요한 자원으로 삼아야 한다. 철학적으로도 브라민 지배 문화의 허구적인 신론에 대항할 수 있는 달릿의 챠르다카 유물론 철학에 대해서도 달릿신학의 깊은 연구가 요청된다. 또 달릿을 카스트 이데올로기의 희생자로 만들면서도 노예됨을 스스로 즐기게 만드는 카스트 제도의 힌두 경전들에 대해서 달릿신학은 종교적으로, 신학적으로 씨름해야 한다.

카스트 제도는 계급과 가부장제와 견고하게 결합되어 있다. 이러한 카스트-계급-가부장제의 삼자 연대의 연결 고리는 여성이다. 삼자 연대 자체에 대한 심층적인 연구도 필요하지만, 달릿신학은 '달릿 가운데 달릿'인 달릿 여성에 대한 신학을 발전시키지 못하면 달릿신학도 한계를 가질 수밖에 없다. 카스트-계급-가부장제의 삼자 연대가 달릿의 생명을 죽임으로 내모는 죽음의 연대라면, 달릿과 '부족'·'원주민'의 연대는 생명의 연대가 될 것이다. 그러나 이런 연대가 어떻게 가능한지는 달릿신학의 과제로 남아 있다. 분명한 것은 달릿신학은 '부족'·'원주민'으로부터 생명 사상을 배울 수 있다는 것이다. 이런 사상은 역사적으로 거슬러 가면 자기 자신의 뿌리에 대한 새로운 발견이 될 수 있다.

달릿신학과 민중신학에 나타난 생명 사상은 역사적 경험의 차이에도 불구하고 지배 문화의 이원론을 극복하고, 독점적 소유욕으로부터 해방되어 지배자와 피지배자가 정의로서 화해를 이루고, 새로운 공동체를 향해 나아가야 함을 말하고 있다. 달릿신학과 민중신학은 생명 운동의 주체가 이제까지 억압과 착취 속에서 신음하던 달릿과 민중임을 깨닫게 한다. 이를 위해 필요한 달릿과 민중의 자기 초월을 위해서 필요한 것이 성령이다. 성령을 통해서 달릿과 민중은 자기의 본래적 정체성을 깨닫고, 불의한 현실을 변혁하고, 정의로서 화해하고, 새로운 미래를 건설하는 일꾼이 된다. 또 달릿신학과 민중신학은 서로를 풍요롭게 하는 자원을 갖고 있다. 이를 통해 이제까지 민중이나 달릿을 가난하고 억압받는 자로만 보았는데, 이들이 생명 지향적인 문화의 담보자라는 발견을 했다. 이러한 발견은 앞으로 민중신학과 달릿신학의 발전에, 생명 신학의 발전에 크게 기여할 수 있을 것이다.

참고문헌

권진관. "한과 단의 정치윤리적 성찰." 민중신학연구소 엮음.『민중신학 입문』. 서울: 한울, 1995.

김용복. "민중의 사회전기와 신학." NCC 신학연구위원회 편.『민중과 한국신학』. 서울: 한국신학연구소, 1985.

김지하.『밥: 김지하 이야기 모음』. 서울: 분도출판사, 1984.

서광선. "민중과 성령." NCC 신학연구위원회 편.『민중과 한국신학』. 서울: 한국신학연구소, 1985.

서남동. "두 이야기의 합류." NCC 신학연구위원회 편.『민중과 한국신학』. 서울: 한국신학연구소, 1985.

안병무. "마가복음에서 본 역사의 주체." NCC 신학연구위원회 편.『민중과 한국신학』. 서울: 한국신학연구소, 1985.

최영실. "안병무의 민중신학적 성서해석에 대한 여성신학적 고찰."「신학사상」96호(1997년 봄): 99-124.

현영학. "민중, 고난의 종, 희망."『1980년대 한국민중신학의 전개』. 서울: 한국신학연구소, 1990.

_____. "한국 탈춤의 신학적 이해." NCC 신학연구위원회 편.『민중과 한국신학』. 서울: 한국신학연구소, 1985.

토론. "80년대 민중운동과 민중신학."「신학사상」69호(1990, 여름): 347-376.

Appavoo, James Theophillius. "Dalit Religion." in James Massey (ed.). *Indigenous People: Dalits, Dalit Issues in Today's Theological Debate*.

Arockiadoss, P. S. J. "The Spirit of New Creation an Exploration into Dalit Pneumatology." in V. Devasahayam (ed.). *Frontiers of Dalit Theology*.

Ayrookuzhiel, A. M. Abraham. "Dalit Theology: A Movement of Counter-Culture." in M. E. Prabhakar (ed.). *Towards A Dalit Theology*, 83-103.

Bhagwat, Vidyut. "Dalit Women: Issues and Perspectives-some critical reflections." in P. G. Jogdand (ed.). *Dalit Women: Issues and Perspectives*, New Delhi: Gyan Publishing House, 1995.

Carr, Dhyanchand. "A Biblical Basis for Dalit Theology." in James Massey (ed.). *Indigenous People: Dalits*, 236-249.

Chatterji, Saral K. "Why Dalit Theology?" in M. E. Prabhakar (ed.). *Towards A Dailt Theology*, 9-29.

Commission on Theological concerns of the CCA (ed.). *Minjung Theology: People As the Subjects of History*, Singapore: CCA, 1983.

Chung, Hyun Kyung. "Han-Pu-Ri: Doing Theology from Korean Women's Perspective." in R. S. Sugirtharajah (ed.). *Frontiers in Asian Christian Theology*, 52-62.

Clarke, Sathianathan. *Dalits and Christianity: Subaltern Religion and Liberation Theology in India.* Delhi: Oxford University Press, 1998.

Das, Bhagwan. "Dalits and the Caste System." in James Massey (ed.). *Indigenous People: Dalits, Dalit Issues in Today's Theological Debate*, 56-75.

Devasahayam, V. "Pollution, Poverty and Powerlessness- A Dalit Perspective." in Arvind P. Nirmal (ed.). *A Reader in Dalit Theology*, Madras: Gurukul Lutheran Theological College & Research Institute, 1990.

Devasahayam, V. (ed.). *Frontiers of Dalit Theology.* Gurunkul: ISPCK, 1996.

Dolas, Avinash. "Dalit Women and the Women's Movement in India." in P. G. Jogdand (ed.). *Dalit Women: Issues and Perspectives*, 115-121.

Gladstone, J. W. "Christian Missionaries and Caste in Kerala." in M. E. Prabhakar (ed.). *Towards A Dalit Theology*, 104-112.

Gnanavaram, M. "Eschatology In Dalit Perspective." in V. Devasahayam (ed.). *Frontiers of Dalit Theology*, 477-483.

_____. "Some Reflections on Dalit Hermeneutics." in V. Devasahayam (ed.). *Frontiers of Dalit Theology*, 329-335.

Guru, Gopal. "Human Rights and the Dalits." in G. S. Bhargava & R. M. Pal (eds.). *Human Rights of Dalits: Societal Violation*, 35-44.

Hyun, Young-hak. "A Theological Look at the Mask Dance in Korea." in *Minjung Theology: People As the Subject of History*, 47-54.

Jogdand, P. G. (ed.). *Dalit Women: Issues and Perspectives.* New Delhi: Gyan Publishing House, 1995

John, S. A., M. "The Church in the Service of Dalits: Statistics and Policy." in M. E. Prabhakar (ed.). *Towards A Dailt Theology.* Delhi: ISPCK, 1988.

Kim, Chi-ha. *The Gold-Crowned Jesus and Other Writings.* New York: Orbis, 1978.

Kim, Yong-bock. "Messiah and Minjung: Discerning Messianic Politics over against Political Messianism." in *Minjung Theology: People As the Subjects of History*, 183-193.

Lee, Jae Hoon. *The Exploration of the Inner Wounds-Han.* Atlanta: Scholars Press, 1994.

Lee, Jung Young (ed.). *An Emerging Theology in World Perspective: Commentary on Korean Minjung Theology.* Conneticut: Twenty-Third Publications, 1988.

Massey, James. *Dalits: Issues and Concerns.* Delhi: B. R. Publishing Corporation, 1998.

_____. (ed.). *Indigenous People: Dalits. Dalit Issues in Today's Theological Debate.* Delhi: ISPCK, 1998.

Minz, Nirmal. "Dalit-Tribal: A Search for Common Ideology." in A. P. Nirmal (ed.). *Towards A Common Dalit Ideology.* Madras: Gurukul Lutheran Theological College & Research Institute, 1989.

_____. "A Theological Interpretation of the Tribal Reality in India." in R. S. Sugirtharajah. *Frontiers in Asian Christian Theology: Emerging Trends*, 43-51.

Nirmal, Arvind P. "Toward a Christian Dalit Theology." in R. S. Sugirtharajah (ed.). *Frontiers in Asian Christian Theology: Emerging Trends.* Maryknoll, New York: Orbis Books, 1994.

_____. "Doing Theology from a Dalit Perspective." in A. P. Nirmal (ed.). *A Reader in Dalit Theology*, 139-144.

_____. "A Dialogue with Dalit Literature." in M. E. Prabhakar (ed.). *Towards A Dalit Theology*, 64-82.

Pal, R. M. & G. S. Bhargava (eds.). *Human Rights of Dalits: Societal Violation.* New Delhi: Gyan Publishing House, 2001.

Pal, R. M. "Close the Door on the Horrendous Past." in Pal, R. M. & G. S. Bhargava (eds.). *Human Rights of Dalits: Societal Violation*, 19-22.

Park, Andrew Sung. *The Wounded Heart of God: The Asian Concept of Han and the Christian Doctrine of Sin.* Nashville: Abingdon Press, 1993.

Pawde, Kumud. "The Position of Dalit Women in Indian Society." in James Massey (ed.). *Indigenous People: Dalits, Dalit Issues in Today's Theological Debate*, 143-158.

Pillai, R. V. "Developmental Issues in Human Rights." in Pal, R. M. & G. S. Bhargava (eds.). *Human Rights of Dalits: Societal Violation*, 95-105.

Prabhakar, M. E. (ed.). *Towards A Dailt Theology.* Delhi: ISPCK, 1988.

_____. "The Search for a Dalit Theology." in M. E. Prabhakar (ed.).

Towards A Dalit Theology, 35-47.

_____. "Christology in Dalit Perspective." in V. Devasahayam (ed.). *Frontiers of Dalit Theology*. Gurunkul: ISPCK, 1996.

_____. "Caste-Class, Patriarchy and Doing Dalit Theology." in V. Devasahayam (ed.). *Frontiers of Dalit Theology*, 79-91.

Prasad, D. Manohar Chandra. *Dalit Christian Struggle: A Retrospection.* Bangalore: Rachana Publications, 1998.

Raja S. J., A Maria Arul. "Some Reflections on a Dalit Reading of the Bible." in V. Devasahayam (ed.). *Frontiers of Dalit Theology*, 336-345.

Ramaiah, A. "The Dalit Issue: A Hindu Perspective." in James Massey (ed.). *Indigenous People: Dalits. Dalit Issues in Today's Theological Debate.* Delhi: ISPCK, 1998.

Rao, Katti Padma. *Caste and Alternative Culture.* Madras: The Gurunkul Lutheran Theological College & Research Institute, 1995.

_____. English Rendering by D. Anjaneyulu, Charvaka Darshan. *Ancient Indian Dalit Philosophy.* Madras: The Gurukul Lutheran Theological College & Research Institute, 1997.

Rege, Sharmila. "Caste and Gender: The Violence Against Women in India." in P. G. Jogdand (ed.). *Dalit Women: Issues and Perspectives*, 18-36.

Suh, Nam-dong. "Towards a Theology of Han." in *Minjung Theology: People As the Subject of History*, 55-69.

Thorat, S. K. "Dalits and Human Rights- A Part of the Whole but a Part Apart." in G. S. Bhargava & R. M. Pal (eds.). *Human Rights of Dalits: Societal Violation*, 67-80.

Thumma, Anthoniraj. *Springs From The Subalterns: Patterns and Perspectives in People's Theology.* Delhi: ISPCK, 1999.

Vadakumchery, Johnson. "The Original Inhabitants of India: Victims of Written Traditions." in James Massey (ed.). *Indigenous People: Dalits*, 122-133.

Webster, John C. B. *The Dalit Christian: A History.* Delhi: ISPCK, 1992/1996.

Wilson, Kothapalli. "A Dalit Theology of Human Self-Development." in James Massey (ed.). *Indigenous People: Dalits, Dalit Issues in Today's Theological Debate*, 267-276.

3장
고수케 고야마의 선교신학의
주요 이슈와 과제

I. 들어가는 말

21세기에는 20세기의 이슈와는 질적으로 전혀 다른 문제들이 일어나고 있다. 냉전이 종식되면서 평화의 세기를 기대했지만, 9.11테러로 '테러와의 전쟁'이라는 새로운 세기가 시작되었다. 2004년 인도네시아에서 일어났던 쓰나미는 약 30만 명의 목숨을 앗아갔다. 파키스탄, 쓰촨성, 아이티 등으로 이어지는 지진, 대홍수와 기후변화 등 생태계 위기가 점점 더 심화되고 있다. 일부 학자들은 2010년을 기후 붕괴의 원년으로 경고하고 있다. 2011년 3월의 일본 후쿠시마 핵 발전소의 폭발은 핵 발전소가 결코 인류가 통제할 수 있는 기술이 아님을 다시금 입증하며, 체르노빌의 비극이 언제든지 재발할 수 있음을 경고하고 있다. 한편 1997년 우리 사회를 강타했던 경제 위기가 2008년에는 세계 자본주의의 중심인 월가에서 일어나 세계 경제를 휘청거리게 했다.

유로존의 위기와 중국 경제의 경착륙 등 세계 경제가 심각한 위기를 겪고 있다.

이러한 시대 상황의 급변은 우리에게 새로운 신학과 선교 이해를 촉구하고 있다. 그렇지만 아시아 선교신학의 경우 지난 30~40년의 발전이 거의 잘 소개되지 않았다. 특히 한국교회가 세계 선교에서 차지하는 비중이 양적으로는 두 번째로 높다고 하지만, 아직도 여러 가지 면에서 서구 선교사들의 실수를 반복하는 일이 많음을 볼 때 아시아 선교신학자들의 서구 선교에 대한 비판과 아시아 선교에 대한 대안 제시들에 대한 연구는 꼭 필요하다. 비록 늦은 감이 있지만 21세기 새로운 선교 방향과 방법과 신학을 제시하기 위해서 이러한 작업은 필요한 일이다.

아시아 선교신학자 가운데 중요한 학자들이 여럿 있지만, 이 글은 일본 출신 고수케 고야마와 대만 출신 송천송 두 신학자만은 다루려 했으나 지면 관계상 고야마만 다루기로 한다. 고야마가 아시아 출신으로 세계적인 창의적인 신학자로서 그의 선교신학의 중요성에도 불구하고 아직 우리나라에는 거의 소개되지 않았다. 고야마의 저서 중 비교적 초기 저술들을 중심으로 그의 선교신학에서의 주요 이슈들을 소개하고자 한다. 앞장에서는 주로 그의 살아온 길, 선교 이해, 하나님의 선교, 가난한 자에게 복음을, 다종교 상황에서의 선교, 아시아 선교신학을 위한 제언 등을 정리하고자 한다. 뒷장에서는 고야마의 선교신학의 특징과 과제를 제시하고자 한다. 처음부터 한 신학자에 대해 소개하고자 했더라면 좀 더 고야마라는 신학자에 초점을 두고, 그의 전체 신학을 소개하며, 그 속에서 선교신학을 이해하고자 했을 텐데 그렇지 못한 것이 이 글의 한계이다. 그렇지만 고야마에 대한 소개가 거의 없는 상황1에서는 이러한 글이나마 그를 이해하고, 그가 제기한 많은 문제에 대해 새롭게 고민하고, 대안을 모색하려는 시도 자체가 아시아 선교신학을 발전시키는 길이 된다고 보는 데 이 글의 의의가 있다고 생각한다.

II. 고수케 고야마의 선교신학의 주요 이슈들

1. 살아온 길2

고야마는 1929년 동경의 기독교 가정에서 태어났다. 제2차 세계대전과 특히 1945년 동경 대공습 속에서 그는 우상숭배로 인해 일본이 폐허가 될 것을 느꼈다. 그에게 세례를 준 목사는 하나님이 일본과 당시 적국이었던 미국까지도 사랑하시는 분이라고 하셨다. 이런 말씀을 통해 그는 첫 에큐메니칼 교훈을 배우게 되었다. 1952년 일본 동경연합신학교를 졸업하고 미국으로 유학을 가서 1959년 프린스턴신학교에서 루터의 시편 해석에 관한 논문으로 박사학위를 받았다. 1960년 미국 장로교와 침례교 총회가 재정을 지원하여 일본 그리스도연합교단이 그를 태국 선교사로 파송했다. 태국어를 배우는 과정에서 자신이 문화적으로 신학적으로 뿌리를 내리지 못하고 공중에 떠 있음을 깨달았다.

1 서창원, "고수케 고야마와 물소신학," 「기독교사상」 통권 524호(2002. 8.): 156-165.
2 Kosuke Koyama, "My Pilgrimage in Mission," *International Bulletin of Missionary Research*, Vol. 21, no. 2 (April, 1997): 55-59.

선교사로서 태국 학생들에게 신학을 가르치는 과정에서 그는 치앙마이 (태국)와 비텐베르크(루터) 사이의 간격에 대해서, 동아시아기독교협 의회가 제기하는 상관성에 대해서 고민하게 되었다. 그래서 그는 태국 의 역사, 종교, 문화 등에 대해 공부하기 시작했다. 그리고 그는 태국 선교사로 아시아 에큐메니칼 운동에 참여했다. 1968년 그는 싱가포르 에 있는 동남아시아 신학대학원에 대학원장으로 부임하여 신학교육의 갱신을 통해 신학의 탈식민화 작업과 아시아 교회의 정체성 확립에 기여했다. 1974년에 그는 뉴질랜드 오타고 대학의 종교학 교수로 부임 했다가, 1980년에는 뉴욕 유니온신학교의 에큐메닉스와 세계종교 교 수로 부임했다. 그가 뉴욕에서 부딪친 문제는 흑인과 유대인을 통한 인종차별 문제와 반유대주의였다. 인간 문명의 폭력성에 대해서, 특히 기독교 문명의 폭력성에 대해 고민하다가 그는 십자가 신학이 희생의 교리가 아니라 사랑의 교리임을 깨닫게 되었다. 그리고 십자가 신학에 대한 검증은 세상에서 폭력의 제거에 얼마만큼 기여하느냐에 달렸다는 결론에 도달하며, 이것이 에큐메니즘과 선교의 내용이 되어야 함을 깨닫게 되었다. 그는 1996년 유니온신학교를 은퇴하고, 2009년 세상 을 떠났다.

2. 선교 이해

그의 선교신학의 출발점은 실존적 문제에 있다. 제2차 세계 대전 중 도쿄 대공습과 일본 패전을 겪으며, 고야마는 폐허 속에서 절규한다. 일본 천황에 대한 우상숭배는 왜 파괴적 결과를 초래했는가? 성서에 대한 성찰을 통해 이 질문에 대한 답을 찾는 과정이 그의 선교신학의 출발점이다.3 그 고통 속에서 인생은 하나님을 향한 여정이라는 생각이 그를 구원해 주었다. 순례자의 여정과 악마의 여정의 대립 속에서 구원의 길을 향해 나아가게 되었다. 이는 10살 때 읽었던 『천로역정』을 통해 인생이, 역사가 하나님을 향한 지속적 운동이라는 기독교 역사관을 어렴풋하게 알게 되었기 때문이었다.4

그의 선교 이해에서 핵심적인 것은 하나님과 우상과의 차이를 밝히는 작업이다. '효율성'을 시대정신으로 삼는 기술문명 시대에 하나님을 이해하는 것이 쉽지 않다. 왜냐하면 성서에 나타난 하나님은 '비효율적인' 하나님이기 때문이다.5 하나님이 출애굽한 이스라엘 백성에게 사람이 떡으로만 사는 것이 아니라 하나님의 말씀으로 산다는 교훈을 가르치는 데 40년이 걸렸기 때문이다. 하나님은 인간을 가르치는 데 '천천히'(한 시간에 3마일) 하는 분이다. 광야 생활 40년, 통일왕국, 이스라엘의 19명의 왕, 유다의 20명의 왕, 예언자들, 제사장들, 유배와 귀환 등은 모두 하나님이 그의 백성으로 하여금 하나님과 이스라엘 백성 사이의 계약 관계를 알게 하는, 느리고도 값진 길이었다. 이렇게 천천히 걸어가는 하나님은 마침내 십자가에서 완전히 멈추었다. 하나님이 천천히 걷는 것은 하나님은 사랑이기 때문이다. 하나님의 속도는 내적 속도, 영적 속도이다. 이러한 속도는 우리에게 익숙한 기술적 속도와는 다르다.6

---

3 Kosuke Koyama, *Three Mile an Hour God: Biblical Reflections* (Maryknoll, New York: Orbis Books, 1980), preface.

4 Kosuke Koyama, "My Pilgrimage in Mission," 55.

5 Kosuke Koyama, *Waterbuffalo Theology* (London: SCM Press Ltd., 1974), 65.

6 Kosuke Koyama, *Three Mile an Hour God: Biblical Reflections*, 6-7.

하나님이 천천히 걷는 것은 자신의 사랑을 역사 안에서 구현하기 때문이다. 하나님은 역사에서 골칫거리, 불편함, 비효율성으로부터 자신을 해방시키지 않는다. 예수 그리스도는 십자가로부터 자신을 해방시키기를 거부했다. 하나님은 인간의 불순종과 고집에도 불구하고 역사 안에서 자신의 사랑을 구현한다. 하나님의 놀라운 사랑의 증거는 죄인인 인간을 위해 그리스도께서 십자가에 달려 죽으신 것이다(롬 5:8).[7] 이처럼 가장 비효율적인 과정을 통해 하나님은 가장 효율적인 하나님임을 스스로 증명한다. 위대한 역설은 '십자가에 달린 분의 효율성'에서 비롯된다.[8]

그렇다면 우상은 어디에서 비롯되는가? 독수리가 그 새끼를 날개 위에 태우고 날듯이 하나님은 그 백성을 나른다. 이것이 하나님의 통치 · 나라의 근본적 성격이다. 즉, 하나님의 통치는 하나님의 주도권으로부터 시작된다. 선교의 참된 자원은 우리 자신이 하나님에 의해 운반된 경험으로부터 온다. 그러나 우상은 이러한 순서의 혼동에서 비롯된다. 하나님이 우리를 운반하는 것이 아니라, 우리가 하나님을 운반하려는 것이 우상숭배이다. 우리가 아브라함, 이삭, 야곱의 하나님을 운반하려 할 때 우리는 하나님을 모욕하고, 우리 자신을 파괴하게 된다. 왜 그리스도인들은 하나님에 의해, 예수에 의해 운반되기를 원하지 않는가? 예수 그리스도의 길(방법)은 너무 느리고, 비효율적이고, 흥미가 없고, 고통스럽기 때문이다. 예수가 지닌 자원은 사랑이기 때문에 천천히 걸으실 수 있었다. 예수는 자기를 따라오는 자들에게 자기를 부인하고 자기

---

7 Kosuke Koyama, *Waterbuffalo Theology*, 66-67.
8 *Ibid.*, 69.

십자가를 지고 따라올 것을 명했다(마 16:24). 그렇지만 우리는 하나님에게 우리를 위한 하나님의 복무규정과 직무내용을 정의한다. 하나님의 사명은 우리를 번영하게 하는 것이다.[9] 예수는 역사를 근본적으로 변화시키지, 우리가 이해할 수 있도록 변화시키는 것이 아니다. 예수는 역사에서 왕 되신 하나님의 통치의 실재에 대한 징표를 우리에게 제공한다. 우리가 이해할 수 있고 우리에게 명백한 하나님은 하나님이 아니라 우상이다. 우리가 길들일 수 있는 것은 우상이지 하나님이 아니기 때문이다. 십자가에 달린 예수 그리스도는 이러한 우상으로부터 가장 멀리 계신 분이다. 십자가에 달린 예수는 우리가 이해할 수 없고 우리를 당황하게 하는, 길들일 수 없고 우리를 걸려 넘어지게 하는 분이기 때문이다. 예수는 무에서 유를 창조하는 신이 아니라 역사 안에서 계속되는 구원의 이야기를 의미한다. 예수는 우리의 질문에 답을 주기보다는 우리와 관계를 맺기를 더 원하신다.

모세가 하나님의 이름을 물었을 때 하나님은 "나는 나다"(스스로 있는 자)라고 대답하시며 모세를 이스라엘 백성에게로 보내신다(출 3:13-14). 모세의 정체성은 하나님과의 관련성에서만 이해되어야 한다. 하나님이 모세와 함께하신다. 모세의 정체성은 하나님의 약속을 향해 살아있는 유기체로 숨 쉰다. 하나님이 너와 함께하신다는 것은 신앙 지향적이고, 미래 지향적임을 뜻한다. 예수는 십자가에서 하나님께 버림받은 것처럼 느꼈지만 끝까지 하나님을 신뢰했다. 예수는 자기를 버린 것 같은 하나님께 대한 변함없는 신뢰를 지녔다. 비록 대답하지

---

9 Kosuke Koyama, *Three Mile an Hour God: Biblical Reflections*, 34-35.

않는 하나님이지만, 예수는 그분을 끝까지 믿었다. 이는 계약 관계에서 신앙의 가장 심오한 가능성을 보여 준다. 그는 고민스러운 질문에 대해 대답을 듣지 못했고, 많은 이상한 일들이 계속 일어나고 있지만, 자신과 함께 걸으라는 하나님의 초대에 끝까지 응했다.[10]

고야마의 선교신학에서 강조하는 영성은 십자가에 달린 정신이다. 기술이 자연을 통제하려 한다면, 선교도 끊임없이 하나님을, 사람들을 통제하려는 유혹을 받는다. 그러나 신학(선교)은 하나님의 구원 능력을, 사람들을 조종하려는 유혹을 물리쳐야 한다. 선교 유예에 대한 제안은 아시아 교회들(제3세계 교회들)이 자신이 지닌 보리떡 다섯 개와 물고기 두 마리를 책임감 있게 준비하는 데 시간이 필요하다는 제안이다. 서구와 아시아 선교에서의 풍성한 자원은 부활(아시아 교회의 재건)을 위해 십자가에 못 박아야 한다.[11] 십자가에 달리신 주님의 미련함이 세상의 지혜로운 자보다 더 지혜롭고, 십자가에 달리신 주님의 연약함이 세상의 강한 자보다 더 강한 것을 알아야 한다(고전 1:25). 하나님의 미련함과 연약함에 감사하도록 스스로를 훈련하는 것이 십자가에 달린 정신의 비밀스러운 기쁨이고 강점이다. 그런데 십자가에 달리신 예수는 역사를 좌지우지할 손잡이가 십자가에는 없었다. 주님은 역사 속에 오셔서 역사를 주재하시지만, 역사를 통제하지는 않으신다.

반면에 인간은 역사를 기만이나 이웃에 손상을 입히면서 잔인하게 통제하려고 한다. 이것이 낙원 바깥의 문명이 지닌 특징이고, 타락한

---

10 Kosuke Koyama, *No Handle on the Cross: An Asian Meditation on the Crucified Mind* (London: SCM Press Ltd., 1976), 69-75.

11 *Ibid.*, 5-6.

인간의 특징이다. "아담아, 네가 어디 있느냐?"라는 질문 이후 인간은 형제자매를 지키는 자가 되지 못했다. 그렇지만 아브라함은 하나님을, 땅을, 재산을 통제하려 하지 않고 하나님을 믿었다. 그의 일생은 하나님의 미련함과 연약함에 의해 인도되었다. 세상의 지혜로운 자들은 레닌처럼 주먹을 쥐고 강한 이데올로기를 통해 인류를 구하려 하거나, 부처처럼 손을 물갈퀴처럼 펴서(모두에게 예외 없이 적용되는 진리) 인류의 구원을 이루고자 했다. 그런데 십자가에 달리신 예수의 손은 주먹을 쥐거나 손을 완전히 편 것이 아니라, 손에 박힌 못 자국을 통해 인류를 구원하셨다. 상처 난 예수의 손은 역사에 대한 존중과 아울러 인류에 대한 사랑을 보여 준다. 상처 난 예수 그리스도의 손으로 인해 십자가에 달린 정신이 엄청난 영적 에너지를 지니고 있음을 알게 된다. 그 연약함과 미련함 속에 못 자국이 있는 손은 세상의 그 어느 풍성한 자원보다 더 풍성하다.12

　　그리스도인들이 이웃을 사물처럼 대한다면 그들은 자신과 그리스도의 복음을 환상으로 만들어 버리는 것이 된다. 오히려 이웃은 그리스도인들에게 중요한 메시지를 지닌다. 태국에서 고야마가 만났던 암투병 중인 여인은 선교사들에 대해 태국인들을 이해하지 못하면서 항상 가르치려 든다고 비판했다. 그녀는 스스로를 선교사의 종교적 정복의 대상에 불과하다고 느꼈다. 그리스도인들이 이웃의 현실을 하나님의 현실로 이해하는 데 실패하면, 하나님 현존에 대한 우리의 감각은 왜곡될 수 있다. 선교사의 현실은 하나님의 구원하는 현실과 이웃의 현실

---

12 Kosuke Koyama, *No Handle on the Cross*, 21-26.

사이에 있음을 깨달아야 한다. 이렇게 양자 사이에 끼어있음을 자각하는 것이 선교사의 정체성을 지키는 유일한 길이다.13 그런데 아시아에 왔던 서구 선교사들은 저 여인의 지적처럼 아시아인들로부터 들으려고 하지 않았다. 선교사들은 무조건 저들을 가르쳐야만 한다는 '교사 콤플렉스' 때문에 고통을 당했다. 고야마는 지난 400년 동안 서구 선교사들이 아시아 민중에게 귀를 기울이지 않았다고 비판했다.14

고야마의 선교 이해는 첫째, 하나님과 우상의 차이를 밝히는 것이다. 하나님은 역사 속에서 인간을 구원하시되 천천히 걸으신다. 그것은 인간의 불순종과 고집을 참고 기다리시는 하나님의 사랑 때문이다. 십자가는 이러한 느림과 비효율성의 극치이지만, 십자가에 달린 분의 비효율성 때문에 인간에게 구원의 길이 열린다. 반면에 우상은 인간에게 빠르고 효율적으로 구원받는 길이다. 인간은 하나님의 천천히 걷는 속도에 흥미를 잃고 거꾸로 인간이 하나님을 운반하려 하고, 우리의 번영을 하나님의 사명으로 부여하고자 한다. 이러한 하나님은 우리가 길들일 수 있는 우상이지, 살아계신 하나님은 아니다. 살아계신 하나님은 우리의 질문에 대답하는 분이 아니라 우리와 관계(하나님과 그의 백성)를 맺기를 원하시는 분이다. 둘째, 하나님과 우상 사이의 구별의 기준은 십자가 영성이다. 예수는 십자가에서 역사를 좌우할 손잡이가 없었다. 그렇지만 하나님의 미련함이 세상의 지혜보다 더 지혜롭고, 하나님의

---

13 Kosuke Koyama, *Waterbuffalo Theology*, 89-91.

14 Kosuke Koyama, "Christianity suffers from Teacher Complex," *Mission Trends No. 2: Evangelization* (New York: W.B. Eerdmans Publishing Company, 1975), 72.

약함이 세상의 강함보다 더 강하다. 주님은 역사를 주재하시지만, 역사를 통제하지는 않으신다. 상처 난 예수의 손은 역사에 대한 존중과 인류에 대한 사랑을 보여 준다. 셋째, 십자가 영성은 이웃 사랑에서 나타난다. 이웃은 선교의 대상이 아니다. 이웃의 현실에서 하나님의 현실을 이해하지 못하면, 하나님 현존에 대한 우리의 감각은 왜곡된다. 선교사(선교 공동체, 교회)의 정체성은 하나님께서 구원하는 현실과 이웃의 현실, 이 두 가지를 놓치지 않을 때 유지된다.

3. 하나님의 선교

하나님의 선교의 주체는 삼위일체 하나님이다. 성부 하나님은 역사 안에서 인류를 구원하기 위해 '천천히' 걸으며, 이스라엘 백성과 계약 관계를 맺는 사랑의 하나님이다. 성육신의 심층은 십자가에 못 박힘이고, 십자가에 못 박힘의 심층은 부활이다. 하나님과 사람으로부터 거부된 예수 그리스도가 화해의 근원이 되며, 인류를 해방하고 연합시킨다. 성부 하나님은 십자가에 달린 예수 그리스도를 통해 자신의 마음을 인류에게 보여 준다. 십자가의 말씀은 인류와 피조물과 소통하는 말씀이다. 소통을 원활하게 만드는 것은 사랑이다. 위대한 사랑은 위대한 소통이고, 역도 성립한다. 예수 그리스도는 십자가에 달림으로써 인류와 피조물과 소통하는 하나님, 사랑 때문에 소통하며, 화해를 이루는 하나님이다.[15] 십자가에 달린 예수는 인간관계를 창출하며, 관계를

---

15 Kosuke Koyama, *Three Mile an Hour God: Biblical Reflections*, 25-26.

맺게 하는 하나님이다. 내가 타자를 회피하거나 거부할 때 나 자신을 회피하거나 거부하게 된다. 내가 타자와의 관계를 회복할 때 나와 나 자신의 관계도 회복하게 된다. 우리는 자신을 타자 속에서 보아야 한다. 인격은 정적인 조건이 아니라 나와 타자가 만날 때 일어나는 사건이다. 고슴도치는 타자를 위한 공간이 없기 때문에 궁핍한 삶을 산다. 반면에 인격은 나와 너 사이의 공간에서 능동적으로 활동할 수 있다. 바로 이 사이가 의미가 있는, 우리가 살아 있는 공간이다. 이 공간에 생명이, 시간이, 충만함이 있다. 성서의 하나님은 사람들 사이의 관계를 창조해 낸 분이다.16

사랑이 지탱하는 희망은 이 세상에서 성령의 현존을 가리킨다. 타자를 속이거나 착취함으로써 고통을 회피하는 자는 자신을 속이는 자이고, 자신을 속이는 자는 하나님을 속이는 자이다. 고통을 떠나서는 희망이 없고, 사랑에 의해 지탱되지 않는 희망은 거짓 희망이다. 성령은 주름진 얼굴과 거친 손과 관련이 있다. 예수 그리스도의 손에는 십자가에 달린 상처가 있다.17 구원의 상징은 다리가 아니라 십자가이다. 즉, 구원은 혼돈에서 질서로, 이 세상에서 저세상으로, 죽음에서 생명으로 안전하게 이동하는 해피엔딩이 아니다. 십자가는 만남, 갈등, 고통스러운 해결을 상징한다. 우리는 십자가 앞에서 멈춰야 한다. 예수가 십자가에 머묾으로써 하나님의 사랑이 우리에게 드러났기 때문이다. 기독교는 해피엔딩의 종교가 아니다. 기독교는 우리에게 겟세마네와 십자가에 머물고, 사랑을 실천하고, 사랑에 대한 이해를 심화할 것을 요청한다.18

---

16 *Ibid.*, 33-34.
17 *Ibid.*, 37-38.

그런데 소통과 관계 맺는 것을 방해하고, 인간이나 인간과 피조물, 하나님과의 만남과 갈등이 해결의 방향으로 나아가지 않고, 지배나 억압, 착취나 학살, 우상숭배로 나아가는 이유는 무엇일까? "진리가 너희를 자유케 하리라"(요 8:32)고 하셨지만, 인간은 편협한 정신을 갖기 때문이다. 인간은 자신에게 익숙한 영역을 넘어가지 않으려 한다. 인간의 이동성이나 의사소통 과정이 이런 편협한 정신을 치유하지 못한다. 편협한 정신은 인간이 지닌 영성에서 상상력이 빈곤하여 생기기 때문이다. 편협한 정신은 자기중심적으로 안전을 추구하고, 자기를 찬양하는 정신으로 편견과 일방통행의 영성이다. 편협한 정신에 기반을 둔 편협한 진리는 인간에게서 자유를 박탈하여 인간을 노예화하고, 빈곤하게 만들며, 절망하게 한다. 편협한 진리는 사람들이 태어난 그 지역 사람들의 이익, 위엄, 안전에 굴종하는 진리이다. 인종차별주의는 폭력적인 편협주의이다. 올바른 인간관계는 인간 존엄성에 기반을 둔 관계이다. 편협한 정신과 싸우기 위해서는 올바른 인간관계를 맺고, 인간 존엄성의 관계에서 살도록 우리 자신을 훈련시켜야 한다. 예수 그리스도의 죽음은 편협한 죽음이 아니며, 성령은 편협한 숨결이 아니라 인류와 피조물을 위한 숨결이다.[19]

성서의 역사관은 일직선적인 데 반해, 자연을 숭상하는 종교들은 순환적 관점을 갖고 있다고 본다. 그러나 고야마는 자연에 의해 배양된 순환적 관점의 적절한 위치는 성서의 일직선적 역사관 안이라고 했다. 이는 역사와 자연 모두를 동일하게 중시하는 신학적 관점이다. 하나님

---

18 *Ibid.*, 40-42.
19 *Ibid.*, 63-64.

은 역사와 자연의 주님이기 때문이다.[20] 호세아는 역사의 주님이 또한 자연의 주님이라고 말한다(호 2:8-9). 성서는 인간이 자연을 창조주의 빛에서 보아야 한다고 말씀한다. 우리는 역사와 자연 모두에게서 하나님의 영광을 본다. 역사와 자연을 바라보는 기독교인의 관점은 역사와 자연이 하나의 합일된 상승하는 나선형이라는 관점이어야 한다.[21]

고야마의 하나님의 선교의 핵심은 첫째, 하나님은 인류의 이야기, 피조물의 이야기가 펼쳐지는 역사에서 계약 관계를 통해 구원하길 원하는 사랑의 하나님이다. 구원은 개인의 차원이 아니라 인류 전체의 차원, 역사적 차원, 우주적 차원에서 이뤄져야 한다. 둘째, 하나님은 구원이 이뤄지기 위해 인류와 역사와 피조물 안에서 소통하기를 원하는 하나님이며, 그 안에서 관계를 맺는 하나님이다. 그런데 소통과 관계는 하나님의 사랑에서 비롯된다. 셋째, 예수는 이러한 소통, 관계, 인격이라는 공간을 만들어 내기 위해 십자가에 달리고 손에 못이 박혔다. 구원을 위한 공간, 소통, 관계 형성이 가능하다는 희망은 사랑에 의해 지탱되며, 여기에서 성령의 현존을 인식하게 된다. 십자가는 소통, 관계, 인격이라는 공간을 만들기 위한 고통스러운 해결책을 상징한다. 넷째, 이 과정에서 부활한 예수 그리스도의 영인 성령이 현존하기 때문에 그리스도인들은 희망을 갖고 고통스러운 과정을 견딜 수 있다. 이를 방해하는 것이 편협한 정신인데, 십자가와 성령은 이것을 깨뜨리고 소통, 관계를 형성하게 한다. 다섯째, 인류와 피조물의 구원을 위해, 하나님과 이들 사이의 소통과 관계 형성을 위해 그리스도인들은 하나님이 역사와 자연 모두를

---

20 Kosuke Koyama, *Waterbuffalo Theology*, 27.
21 *Ibid.*, 36-41.

중시하신다는 신학적 관점을 갖고, 이 둘을 하나의 합일된 상승하는 나선형 관점으로 보아야 한다. 바꿔 말하면 역사와 자연·피조물 속에서 구원을 이루기 위해 소통을 이루고, 관계를 맺게 하는 십자가 사건이 일어나는 것(자기를 부인하고 하나님을, 이웃을, 피조물을 받아들임)은 성령의 현존 때문이다.

4. 가난한 자에게 복음을

강보에 싸여 구유에 누인 아기 예수는 어떤 표적인가? 애굽의 바로는 큰 집을 가리킨다. 예수는 머리 둘 곳도 없는 분(마 8:20)이지만, 자기 백성을 저희 죄에서 구원할 분이다. 바로에게 구원은 자기 영화 또는 자기 확대이지만, 예수는 구원이 주님으로부터 온다는 의미이다. 말씀이 육신이 되었다는 것은 하나님이 우리 가운데 거하신다(텐트를 치신다)는 뜻이다. 성육신하신 아기 예수는 타자의 필요에 무감각한 인간에게 표적이다. 타자를 위해 방(공간)을 제공하지 않을 때 우리는 무감각의 징표인 바알 신전에서 예배드린다. 우리가 방(집)을 소유할 때 방(집)이 없어 고생하는 사람들의 필요를 잊게 된다. 이것이 자기 확장, 자기 영화의 죄이다. 이러한 죄의 결과는 타자의 필요에 무감각해지는 것이다. 우리 시대 가장 무서운 무감각 중 한 가지는 전 지구적인 군사주의이다. 1987년 제3세계 무기 수입액은 401억 달러였다. 예수 그리스도의 강보와 구유는 십자가 사건과 부활 사건으로 확대되었다.[22]

---

22 Kosuke Koyama, *Three Mile an Hour God: Biblical Reflections*, 126-127.

'선한 사마리아인' 이야기에서 보는 것처럼 복음은 우리에게 부자 편에 선 삶을 포기할 것을 요구한다. 현실적으로 우리는 다양한 방식으로 가난한 자들을 간과한다. 극적인 방식으로 표현된 사랑은 '싸구려 사랑'이다. 사마리아인은 그렇게 극적이지 않은 방식으로 샬롬을 공동체에 회복시킨다. '선한 사마리아인'의 본질적 자격은 가난한 자에게 이웃이 되는 것이다. 그가 강도 만난 자에게 한 일은 온전성을 회복시킨 것으로 정치적이다. 왜냐하면 정치 행위의 목적은 인간 공동체에 온전성을 회복하는 일이기 때문이다. 바꿔 말하면 정치는 공동체의 가장 연약한 식구들에게 주목해야 한다. 이것이 하나님의 정치의 핵심 정신이다. 억눌린 자들은 정의를 원한다. 그렇지만 부자들은 정의가 아니라 자선 베풀기를 원한다. 권력자들은 이들에게 '종교'를 주기 원한다. '종교'가 이들로부터 불평불만을 없애주기 때문이다. '종교'는 이들에게 저세상에서의 행복을 가르친다. 오늘날 '선한 사마리아인'은 가난한 자들이 착취당하고 희생양이 되는 것을 방지하도록 사회제도의 변화에 관심을 가져야 한다.23

고야마는 서구 식민화와 근대화가 아시아의 가난한 자들에게 초래한 문제를 제기했다. 그는 식민화를 총으로, 근대화를 연고(약)로 비유했다. 그는 상업적 탐욕과 신학적 자기의(自己義)를 화약으로, 식민지적 착취와 파괴를 총으로 비유했다. 연고는 근대화의 '의도되지 않은 선물'로 역사에 대한 창조적 약속, 역사에 대한 정적 이해로부터 역사의 변화 가능성과 역사에 목표가 있다는 것을 수용, 일상생활의 변화, 그리

---

23 Ibid., 114-120.

고 물리적이며 환경적인 안락함의 증가, 역사에 대한 능동적 참여 등이라고 했다. 그렇지만 근대화에는 이중성이 있다. 기술이 총을 '우주적총', 핵무기로 전환시켰고, 컴퓨터, 심장이식 기술로 발전했지만, 역사의 문제를 해결하지는 못했다. 오히려 기술과 심리학이 근대와 악마적결합을 해서 암살, 내전, 종교전쟁, 국제전쟁으로 얼룩졌다.[24]

　이런 과정에서 서구 기독교의 선교는 역사에 어떻게 참여했는가? 단순화의 위험을 무릅쓰고 말한다면 서구(선교사)의 역사에 대한 조급성과 아시아의 역사에 대한 인내가 대조된다. 서구의 총에 대한 대안으로 아시아는 마오쩌둥의 프롤레타리아 연고와 간디의 비폭력의 연고를 지녔다. 선교사의 연고가 이 두 연고에 영향을 주었지만, 예수 그리스도의 이름이 두 연고에서 중심을 차지하지는 않았다. 오히려 두 연고는 근대화와 선교사의 '전능한' 연고에 대해 비판했다. 서구의 연고는 역사의 상처를 제대로 치유하지 못했다. 프롤레타리아 연고가 종교적 가치를 받아들이지 못한 것도 역사에 대한 조급함에 기인한 것이다. 조급한 중국은 1964년 신장에서 수소폭탄 실험을 함으로써 프롤레타리아의 연고를 서구 식민화의 총으로 변질시켰다. 인도는 중국의 수소폭탄 실험에 자극받아 원자폭탄을 보유하기 위해 필사적 노력을 기울였다. 결국 신장의 수소폭탄 실험은 아시아의 두 연고를 변질시켰으며, 아시아 문명의 두 중심부의 신경 체계를 마비시키고, 군사주의로 나아가게 했다.[25]

　십자가에 달린 그리스도가 하나님의 역사 참여의 형식이다(고전

---

24 Kosuke Koyama, *Waterbuffalo Theology*, 49-50.
25 *Ibid.*, 51-56.

2:2). 선교사 연고의 본질은 예수 그리스도의 죽음과 부활에서 정점을 이룬 인류 역사에서 하나님이 활동하는 이야기가 아시아인에게 어떤 의미가 있는가에 대해 해명하는 것이다. 신학적 식별을 통해서만 선교사 연고의 독특한 역사적 실재성이 드러난다. 1581년부터 1712년 사이에 중국으로 향했던 예수회 선교사 376명 중 127명은 중간에 병이 나거나 배의 파선으로 사망했다. 선교사 연고의 활동은 사람들이 알지 못하는 가운데 다른 연고들이 사용되는 속에서 천천히 일어난다. 선교사 연고의 사명은 하나님의 심판과 구원을 통해 다른 연고를 개선시키며, 그들로 하여금 선교사의 연고에 참여하게 하는 것이다. 즉, 선교사의 연고는 하나님의 구원 역사 속에서 연고들의 코이노니아를 지향해야 한다.[26]

선교사들이 전한 복음은 아시아인들에게 기쁜 소식이었는가? 고야마의 대답은 부정적이었다. 아시아인들의 역사에서 서구 선교는 식민화와 근대화의 맥락에서 전개되었다. 고야마는 식민화를 총으로, 근대화를 연고(약)로 비유했다. 한마디로 서구는 아시아에 병 주고 약을 준 셈이다. 서구의 선교는 동양의 두 연고의 변질을 막지 못했다. 서구 선교의 실패는 소통하는 하나님, 관계를 맺는 하나님과는 달리 일방적으로 복음을 전하고, 관계를 맺기보다는 선교 사업을 펼친 데 기인한다. 서구 기독교는 하나님과 소통하고 하나님과의 관계를 맺는 데 실패했음을 보여 준다. 이는 하나님 사랑, 이웃 사랑이 결여되었거나 부족했기 때문이었다. 그리고 역사에 조급함을 보인 것은 소통, 관계를 맺는 데

---

26 *Ibid.*, 57.

실패했기 때문이다. 이는 십자가라는 고통스러운 해결책에 의존하지 않고, 성령 하나님께 희망을 두지 않았기 때문이다. 한마디로 서구 선교는 하나님의 역사 참여의 형식인 십자가에 달린 그리스도를 떠났기 때문에 실패했다. 고야마가 제시했던 연고들의 코이노니아 이전에 아시아 기독교의 선교는 십자가 영성을 회복하고, 하나님의 역사 참여 형식인 십자가에 달린 그리스도를 본받아 이웃과 소통하고, 관계를 형성하되 하나님 사랑, 이웃 사랑에 뿌리를 두고, 성령 하나님께 희망을 두고 천천히 주님을 따르도록 해야 할 것이다.

5. 다종교 상황에서의 선교

이스라엘 백성에게 약속의 땅은 지정학적으로는 아시아, 아프리카, 유럽이 만나는 곳이지만, 그 신학적 의미는 약속받은 백성들의 삶이 교차로의 삶이어야 함을 뜻한다. 초대 기독교는 언어적으로는 헬라어, 아람어가 교차했고, 종교문화적으로는 헬레니즘과 이집트의 맥락에 자리 잡았다. 지중해에서의 이러한 다양한 만남은 기독교적 삶을 풍요롭게 했으며, 예수 그리스도의 복음을 명확하게 하는 데 도움이 되었다. 이제 기독교의 삶에서 두 번째 중요한 만남이 아시아에서 진행 중이다. 그 강도가 더 강한 것은 이제 우리 모두가 만남의 백성들, 교차로의 사람들이기 때문이다. 여러 부족의 세계로부터 한 인류의 세계로의 전이 과정은 하나님의 축복이다. 이 과정을 어떻게 창조적이고 화해적이며 교육적으로 만드느냐가 기독교의 과제이다. 아시아는 서구로부터 신학을 배워야 하고, 서구는 아시아로부터 신학을 배워야 한다.[27]

그런데 다종교에 대한 논의에 앞서서 성(聖)과 속(俗)의 관계를 정리해야 한다. 세속주의자라 함은 이 세상에 대해 배타적으로 강조하는 자로 세상을 사랑하는 하나님을 배제하는 자이다. 즉 '이 세상'과 '초월' 사이에 관계가 없다고 하는 자이다. "사람이 떡으로만 사는 것이 아니요 여호와의 입에서 나오는 모든 말씀으로 사는"(신 8:3) 것은 여기(떡)와 초월(하나님의 말씀)이 함께 사람에게로 오는 것으로 양자는 쉽게 분리될 수 없다. 요점은 세속적 공간과 시간 속에서 거룩한 것과의 만남의 가능성이 감춰져 있다는 점이다.28

고야마 선교신학의 출발점이 일본의 천황 숭배와 그로 인한 패망이라고 했다. 왜 우상숭배는 파괴적인가? 메이지 정부는 다신론이라는 종교적 배경 속에서 인간인 왕을 천황으로, 절대자로, 추하고 파괴적인 괴물로 만들었다. 천황 숭배 제의가 1945년 두 개의 원자폭탄으로 끝장났다. 일본의 다신론의 특징은 신과 인간 사이의 연속성을 강조하는 데 있다. 이 연속성은 일본인들에게 낙관주의 정신을 배양했다.29 신도(神道) 사상에는 길(吉)과 흉(凶)이 있는데 일본인들은 길(吉)을 강조한다. 히로시마 피폭으로도 이 길(吉) 낙관주의를 바꾸지 못했다. 일본인들은 역사에 대해 진지한 자세가 필요하다. 성서가 "판단하지 말라"는 말씀은 역사를 쉽게 생각하라는 말씀이 아니다. 역사에서 일어나는 사건이 무슨 의미를 지녔는지 식별하기 위해 먼저 네 눈에 있는 들보를 빼라는 말씀이다.30 이러한 낙관주의 때문에 일본은 피폭 32년 만인

---

27 Kosuke Koyama, *Three Mile an Hour God: Biblical Reflections*, 45-47.
28 *Ibid.*, 76-78.
29 *Ibid.*, 101-102.

1976년 11월 10일 제국 통치 50주년 기념식을 했다(실제 50주년은 1978년이다). 천황 부부가 파시즘과 군사주의의 중심이었던 야스쿠니 신사에 참배한 것이 1952년이었다. 이후 지속적으로 파시즘과 군국주의화가 진행되었다. 이는 민주주의와 평화와 인권에 반하는 것이요, 평화헌법, 특히 9조와 모순된다. 일본은 패전에 이르는 80년 동안 역사에 대한 성찰이 거의 없었다. 일본 역사는 인간의 존엄성과는 무관하게 지내왔다. 그랬기 때문에 일본 역사는 일본인들이 팽창주의와 군사주의에 몰두하는 가운데 악마적이고 파괴적인 모습을 보여 주었다. 피폭 이후에 일본은 중국이 공산화된 이후 미국의 달라진 태도를 배경으로 경제성장에 몰두했다. 1979년 일본 방위비는 21조 엔으로 세계 7위였다. 예수 그리스도에게 유월절의 의미는 시간(chronos)이 멈추고, 구원의 새 시간(kairos)이 시작된 것이었다. 예수 그리스도의 이 카이로스가 없으면, 인간의 크로노스는 국방비 증강을 통해 부국강병을 이루는 시간이 될 뿐이다. 예수 그리스도는 인류를 시간(역사) 속에서 평화로 초대한다. 사랑의 행위로 가득 찰 때 시간이 충만해진다.[31] 일본이 1945년 패전으로부터 배워야 할 진리는 칼로 흥한 자는 칼로 망한다는 진리였다.[32]

이러한 흐름에 반한 일본 그리스도인이 있었다. 우찌무라 간조는 1889년 일본 제국 헌법 제정 이듬해인 1890년 만들어진 제국 교육령을 수령하는 의식(1891년)에서 90명의 교사와 1,000명의 학생이 지켜보

---

30 *Ibid.*, 87.
31 *Ibid.*, 103-104, 108-109.
32 *Ibid.*, 58.

는 가운데 경배를 거부함으로써 '민족의 적'이 되었다. 고야마는 이 순간을 시내산 전통(유일신 숭배)이 후지산의 땅으로 들어오는 순간이라고 해석했다. 우찌무라 간조의 무교회주의는 교회를 부인하는 것이 아니다. 교회는 제도와 기구라기보다는 영적 자유와 생동감을 지닌 하나님의 가족의 모임이다. 그는 엄격한 율법주의자도 아니었고, 모든 것을 받아들일 만큼 포용적이지도 않았다. 그는 예수 그리스도를 선포하되 영적 관심과 사회적 관심 사이에 역동적인 일치를 추구했다.33

복음주의 선교대회였던 휫튼대회(1966년)는 타종교를 우상숭배로 비난했다. 그런데 그들이 비난했던 종교에 이름(Buddhism, Hinduism, Taoism, Confucianism, Shintoism 등)을 명명한 자는 19세기 서구인들이었다. 그러나 살아있는 다양한 종교들을 획일적 종교(ism)라는 상자 속에 가둬둘 수는 없다. 예수 그리스도가 인류를 위해 십자가에 달리셨다면, 다른 종교인들에 대한 말을 상당히 아껴야 한다. 휫튼 대회는 여러 종교들을 기독교의 관점에서 볼 때 무신론으로 규정했다. 이러한 관찰은 성급하고 불공정한 것이다. 왜냐하면 이러한 판단은 십자가에 달린 주님의 마음을 반영하지 않기 때문이다. 거기에서는 사랑과 고난 대신에 불도저 같은 것을 느낄 수 있을 뿐이다. 이웃의 종교에 대해 이렇게 판단하는 자는 십자가에 달리는 예수를 향해 침 뱉고 그를 때리는 로마 군인들의 역할을 하는가? 아니면 십자가 위에서 모욕을 당하는 예수의 역할을 하는가? 기독교 세계에서 무신론은 기독교의 하나님의 존재를 부인하는 관점을 가리킨다. 십자가에 달린 예수 그리스도는 무신론자와 유신

---

33 *Ibid.*, 105-107.

론자 모두에게 스캔들이었다. 십자가에 못 박힌 그리스도는 유대인에게
는 거리끼는 것이요, 이방인에게는 미련한 것이었다(고전 1:23). 성서가
경고하는 것은 우상숭배가 이스라엘과 교회에서 일어난다는 것이다.
때가 되면 심판이 하나님의 집에서부터 시작된다(벧전 4:17). 우상숭배
의 문제는 다른 종교보다는 먼저 기독교로 향한다.[34]

　고야마는 종교를 분류하면서 먼저 인간의 한계에 대해 언급한다.
천지 창조 때 인간은 모든 것에 이름을 짓도록 허락받지 않았다. 하늘과
땅과 해와 달과 별들은 하나님께서 이름을 지으셨다. 이는 인간으로
하여금 하나님이 자신을 앞서신 분임을 기억하도록 한 것이다. 그는
종교를 잠든 아담의 종교와 깨어난 아담의 종교로 구분한다. 인간이
자기 정체성을 잠들었을 때 찾는 종교가 유대교, 기독교, 이슬람교이다.
반면에 잠에서 깨어났을 때 자기 정체성을 찾는 종교가 인도와 중국의
전통 종교이다. 전자는 만남을 중시하고, 후자는 지혜를 추구한다. 수
세기 동안 아시아인들은 '깨어 있는 아담'과 '잠든 아담' 사이의 역사적
대화라는 맥락에서 살고 있다. 고야마는 양자를 아시아의 맥락에서
어떻게 만나야 할지에 대해 답을 제시하는 것이 아니라 질문을 하고
있다.[35]

　고야마는 기독교와 타종교 사이에 가장 문제 되는 혼합주의에 대해
다음과 같이 정의했다. 태국인이 그리스도에 대한 신앙을 갖기 위해서
는 자신의 불교적 배경을 전부 부인해야 하는가? 전부 부인할 수는
없지만 모두 수용할 수도 없다. 기독교인으로서 예수가 나의 피난처라

---

34 *Ibid.*, 69-73.
35 *Ibid.*, 47-49.

고 말하면서 동시에 부처가 나의 피난처라고 말하면 혼합주의이다. 구원과 관련해 예수의 이름과 다른 이름을 동일하게 놓아 두 이름 사이에 차이가 없다면 혼합주의적이 된다. 그렇지만 새로운 기독교 신앙 세계와 이전 종교 유산이 준 선물 사이에 구별이 되면 혼합주의가 아니다. 태국인이 부처에게 피난했던 그런 정신으로 그리스도를 경배하는 것은 혼합주의가 아니다.[36]

태국이라는 불교 국가 상황에서 어떻게 선교를 해야 혼합주의에 빠지지 않고 바르게 선교할 수 있을까? 고야마는 차가운 아라한과 뜨거운 하나님 사이의 비교를 통해 그 길을 제시했다. 아라한은 모든 정념에서 해방된(apatheia) 사람으로 정념의 뿌리는 '나'라는 착각에 기인한다. 인간이 겪는 모든 고통, 불만족스러움(고통, dukka)의 원인은 '나'라는 착각에 기인한다. 인간은 일시적인 존재이다(anicca). '나'라는 착각을 부인(anatta)할 때 아라한의 경지에 이른다. 아라한은 역사를 경시하는 관점을 지닌다. 이에 반해 '뜨거운' 하나님은 이스라엘 백성과의 계약 관계 때문에, 이스라엘 백성에 대한 특별한 애착을 지녔기 때문에 질투하는 하나님이다. 즉, 하나님의 '뜨거움', '격렬함'은 계약 관계에서 비롯된다. 이스라엘 백성과 계약을 맺은 하나님은 '나'를 회복·구원하기 위해 역사에 참여한다. 하나님은 역사를 주재하는 가운데 열방을 회복하고자 한다. 하나님의 방향은 역사로부터의 도피가 아니라 역사를 향한 애착이다. 하나님은 이스라엘 백성이 계약 백성으로서 불만족스럽거나, 일시적으로만 순종하거나, 심지어는 자기파괴의 역사에도 불구

---

36 Ibid., 65-67.

하고, 그들을 구원하기 위해 역사로 향하는 신실한 하나님이다. 부처에 의한 인간의 심층심리적 분석(dukka, anicca, anatta)을 기독교는 역사화했다. 즉, 하나님과의 계약 관계에 있는 이스라엘 백성의 불만족스러운 헌신, 일시적인 헌신과 일시적인 계약 파기, 그리고 하나님의 이스라엘 백성을 향한 신실성을 이스라엘 백성이 거부하면 자기파괴가 일어나게 된다. 이렇게 부처의 가르침을 히브리화하면서 불교가 지닌 역사로부터의 분리와 기독교가 지닌 역사에의 참여 사이의 근본적 차이가 대조된다. 이처럼 불교의 역사 초월과 비역사적 개념들이 하나님과의 계약 관계라는 세상 역사의 맥락에 설정될 때 혼합주의가 아니라 불교 상황에서 복음이 바르게 자리 잡게 된다. 즉, 불교로부터의 통찰을 기독교 역사 이해에 반영함으로써 불교 상황에서 살아온 태국 사람들의 문화적, 종교적 맥락을 수용하면서 복음을 전하게 된다. 이제 태국 불교도들에게도 하나님은 고통(불만족스러움), 일시성, 자기소멸을 거절하지 않고, 하나님과의 계약 관계라는 역사 안에 수용함으로써 차가운 인간을 따뜻하게 하는 하나님이 된다.[37]

태국 선교사들이 예수를 지존자로, 성육신하신 자로, 십자가 피를 통한 대속자로 소개할 때 태국인들에게는 문화적 저항, 심리적 반감 등이 일어난다. 그렇기 때문에 태국인들에게 복음을 전할 때는 불교의 소금으로 기독교 음식의 맛을 내야 한다. 그러나 불교식으로만 맛을 내는 것은 마치 사탕 발림 독약과 같다. 복음에 대한 오해를 해소하기 위해서 설명 구절과 수많은 조건을 덧붙여야 한다. 바울은 복음 전도를

---

37 Kosuke Koyama, *Waterbuffalo Theology*, 140-158.

위해 이질적 문화의 용어를 사용했다. 이방인의 말들이 케리그마적 맥락에 놓인다면 복음을 전달하는 충실한 도구가 될 수 있다고 확신했기 때문이다. 예수의 피를 통한 구원만 전하면 태국인들은 망연자실할 것이다. 그렇다고 달마(법, 규율)를 통한 구원을 전하면 불교와 기독교의 차이를 발견하지 못하고, 혼합주의에 빠진다. 최선의 길은 달마의 내용이 그리스도의 희생하는 죽음임을 설명하는 길이다. 문제는 여기서 더운 피와 달마가 양립할 수 없다는 점이다. 이런 딜레마 속에서 그리스도인들의 신학적 사유는 살아 움직인다. 불교의 소금으로 맛을 낸 음식은 우리에게는 애매한 맛이지만, 태국인들에게는 구미에 잘 맞는 맛이 될 수 있다. 토착 신학을 만드는 것은 잘못이다. 왜냐하면 이미 현장에 있기 때문이다. 다양한 성서 정보와 신학적 논의에서 나오는 새로운 통찰들을 기존 토착 신학에 첨가함으로써 토착 신학을 발전시켜야 한다.

기독교 메시지는 하나님의 끝없는 사랑에 기초한다. 태국인들에게 사랑은 애착을 뜻하고 애착은 불가피하게 슬픔과 괴로움을 낳는다. 반면에 초탈은 평정과 참된 행복을 낳는다. 이처럼 태국인들에게 하나님의 사랑은 슬픔과 괴로움을 초래한다. 그래서 성서의 하나님의 사랑과 복음은 태국인들에게 흐려진다. 이 침침함을 '복음의 만성적 아쇼카화'라고 부른다. 더운 피를 가진 달마(예수 그리스도)는 태국인들에게 걸림돌이 된다. 고야마는 불교의 소금에 간을 맞춘 그리스도를 제시한다. 아리스토텔레스의 제1원인에 의한 우주론적 신 증명은 태국인들에게 감추어진 하나님 체험을 방해한다. 그러나 아리스토텔레스의 후추가 연속적 인간관계를 추구한다는 면에서 달마의 맛(불교의 연기론)을 내기 때문에 태국 신학의 저녁상에서 불교의 소금(남편)과 아리스토텔레스의 후추(아내)는 서로 잘 어울린다. 그래서 예수 그리스도의 케리그마를 달마화한 셈이다. 불교적인 초탈의 철학과 생활양식은 인간에 대한 하나님의 애착의 종교에 간을 맞춘다. 그렇지만 고야마는 이런 논의가 지나치게 단순화되었음을 인정하면서도 태국인들의 부엌에서 어떤 종류의 후추와 소금이 그리스도에게 맛을 내며 태국인들에게 적절한지를 찾는 것이 선교신학의 과제라고 제시한다.[38]

고야마는 신약성서 가운데 야고보서가 불교국가인 태국에 호소력이 있음을 밝힌다. 불교가 차가운 종교라 함은 세상으로부터 분리되는 것을 지향하기 때문이다. 야고보서는 차가운 서신으로 차가운 심성을 지니고 있기 때문에 태국인들이 이해하기가 쉽다. 욕심이 잉태한즉 죄를 낳고 죄가 장성한즉 사망을 낳는다(약 1:15)는 말씀은 연기설에 익숙한 태국인들에게 이해하기 용이한 말씀이다. 그런데 야고보서는 차가운 면과 뜨거운 면을 함께 지니고 있다. 뜨거움을 얻기 위해 점점 더 차가워지는 면이 있기에 태국인들에게 야고보서는 이해할 만하고 매력적인 말씀이 될 수 있다. 종교는 주변인들과 관련된 일에 참여하는 것이다. 세상에 참여함은 하나님 경외의 핵심 요점이다. 하나님 경외에 의해 동기가 부여된 참여가 우선적이다. 그렇지만 세상에 참여하면서 세상에 의해 타락되어서는 안 된다. 그리스도인들은 세상으로부터 분리가 아니라 세상을 부패시키는 영향력으로부터 분리되어야 한다.[39]

일본인 출신으로 태국 선교사 경험을 지녔던 고야마로서는 다종교 상황에서의 선교에 대해 중요한 제안들을 많이 했다. 첫째, 약속의 땅의

---

38 *Ibid.*, 79-88.
39 *Ibid.*, 161-169.

신학적 의미는 하나님의 백성의 삶이 언어, 문화, 종교가 서로 만나는 교차로의 삶이다. 하나님의 백성들은 여러 부족들이 한 인류가 되는 과정을 창조적으로, 화해적으로 이뤄가야 한다. 둘째, 성과 속의 이분법이 아니라 세속적 공간과 시간 속에서 거룩한 것과의 만남의 가능성이 감춰져 있다. 즉, 하나님의 창조와 구원 활동은 이 세상 속에서, 역사 속에서 펼쳐진다. 셋째, 일본은 다종교 상황과 신도 사상을 배경으로 천황 숭배와 군국주의가 결합하면서 악마적 모습을 보였다가, 피폭 이후에는 경제성장이 군사주의와 결합하였다. 일본은 역사에 대한 성찰이 필요하다. 예수 그리스도는 인류를 역사 안에서 평화로 초대한다. 우찌무라 간조는 무교회주의를 통해 예수 그리스도 안에서 영적 관심과 사회적 관심 사이의 역동적 일치를 추구했다.

넷째, 복음주의 교인들은 타종교를 우상숭배로, 무신론으로 규정하지만, 성서는 우상숭배가 이스라엘 백성과 교회에서 일어남을 비판했다. 다섯째, 종교는 유대교, 기독교, 이슬람교와 같이 자기 정체성을 잠들었을 때 찾는 '잠든 아담의 종교'와 잠에서 깨어났을 때 자기 정체성을 찾는 인도와 중국의 전통 종교와 같이 '깨어 있는 아담의 종교'로 구분된다. 전자는 만남을 중요시하고, 후자는 지혜를 추구한다. 고야마는 두 종류의 종교가 아시아라는 맥락에서 어떻게 만나야 하는지에 대해 문제를 제기한다. 여섯째, 혼합주의의 기준은 기독교 신앙 세계와 이전 종교의 유산이 준 선물 사이의 구별 여부이다. 일곱째, 태국 선교 상황에서 불교의 인간에 대한 심층심리적 이해와 분석을 하나님과의 계약 관계라는 역사 안에 수용하면서 기독교화한 사례를 제시했다. 이 과정에서 혼합주의를 피하면서도 불교에 익숙한 태국인들에게 맛을 내기 위해 불교의 소금과 아리스토텔레스의 후추에 맛을 낸 기독교의 사례를 제시했다. 서신서 중에는 야고보서가 세상으로부터 분리를 언급함으로써 차가운 종교의 모습을 띠지만, 세상에 참여하라는 뜨거운 종교의 모습도 지니고 있다. 야고보서는 그리스도인들이 세상의 부패시키는 영향력으로부터 분리되어야 함을 언급한다.

6. 아시아 선교신학을 위한 제언

고야마의 책 제목이 『물소신학』이 된 데에는 다음과 같은 이유가 있다. 그가 설교를 하기 위해 교회로 갈 때 보게 된 물소는 마치 자신의 설교가 태국 농부들이 이해할 만한 설교가 되어야 한다고 말하는 것 같았다. 물소는 그로 하여금 신학과 설교에서 모든 추상적 개념들을 버려야 함을 생각하게 했다. 예수 그리스도의 성육신하신 '자기 비움'(빌 2:5-7)의 진리가 자신이 설교할 때 '진득한 밥', '닭싸움'으로 시작하게 했다. 그래서 그는 토마스 아퀴나스나 칼 바르트 같은 위대한 신학자의 사상을 농부들의 지적 욕구에 종속시키기로 결정했다. 그는 자신이 파송된 공동체가 태국 농부들이기 때문에 설교나 신학에 대한 접근 방식을 결정하는 것을 자신이 아니라 자기가 파송된 태국 공동체의 식구들이라고 깨닫게 되었다. 결국 그는 자신의 신학적 사고에서 토마스 아퀴나스나 칼 바르트보다 농부들에게 우선성을 부여하게 되었다. 그 이유는 단순했다. 그가 파송 받은 것은 이탈리아나 스위스가 아니라 태국의 농부들이기 때문이었다. 하나님은 고야마로 하여금 태국 농부들의 이웃이 되도록 명하셨다. 그로부터 그는 신학 저술들을 농부들의

필요의 관점에서 읽기로 결심했다.[40]

아시아 (선교)신학은 어거스틴이나 바르트를 이해함으로써가 아니라 새로운 이슈들을 제기함에 의해 시작된다. 이는 아시아의 있는 그대로의 사물과 있는 그대로의 상황 그 자체에 주의를 돌리려는 시도에서 비롯된다. 이런 시도는 서구 신학과 비교하면 좀 산만한 신학적 여행담 같은 느낌이 들 수 있다. 고야마 자신이 싱가포르, 태국, 중국, 필리핀, 대만, 일본 등에서의 신학 상황과 선교에 대해 간략히 언급한다. 신학은 비판적 적응과 예언자적 적응으로 구성되어야 한다. 이것이 참된 상황화이다. 신학에서 참된 상황화는 기독교 신앙이 역사를 진지하게 다룬다는 것을 의미한다. 그리스도인들이 십자가에 달린 주님의 삶에 이런 저런 방식으로 참여하지 않는 한 역사는 참된 역사가 아니다.

루터는 신학자가 되는 것이 책을 읽고 사색함에 의해서가 아니라, 십자가적 삶을 살고 죽고 저주받음으로써 가능해진다고 했다. 기독교 언어에서 역사의 중력은 고난의 중력을 의미한다. 이스라엘 신학의 역사를 돌이켜 보면 신학적 상황화는 다른 사람을 위해 고난받는 감동적인 언어로부터 나온다. 야훼의 고난받는 종이 그런 모델이다(사 53:4-5). 그는 하나님의 메시지를 자신의 고난 받는 삶을 통해 토착화시켰다. 고난이 토착화의 핵심이다. 십자가에 달린 정신은 박해 콤플렉스도 아니고, 신경증적 정신도 아니고, 죽음의 정신도 아니다. 공동체의 건설을 위해 자신을 십자가에 못 박을 준비가 된 정신으로 십자군 정신과 대조된다. 교회의 선교는 십자가에 달린 정신을 양육하는 것으로 시작된다.[41]

---

40 *Ibid.*, preface, vii-ix.
41 *Ibid.*, 3-24.

그는 아시아 (선교)신학의 10가지 주요 이슈들을 개관한다.[42] 이러한 개관에 앞서 몇 가지 전제를 밝힌다. 신학은 하나님의 말씀의 빛에서 역사를 성찰하는 것이다. 성령은 역사에 관심을 갖고 참여한다. 상황은 변화되도록 지속적으로 도전받고 강요되는 것이다. 고야마의 제안을 한마디로 하면 아시아 신학은 성서에 비추어 아시아 역사를 성찰하되, 성령(과 악마)의 활동을 식별하고, 아시아 상황을 지속적으로 하나님의 통치로 변화시키도록 성찰하는 작업이다. 신학의 주요 이슈 중 첫째는 상호의존적 세계이다. 세계는 상호 관련되어 있지만 상호의존적이지는 않다. 세계는 서로 관련되어 있지만 부자, 권력자에 의해 가난하고 힘없는 자들이 이용당하고 착취당하므로 상호의존적이지 않다. 교회의 일치를 인류의 일치로 연결시키고, 아시아의 다양한 문화적 유산과 식민주의, 인종 갈등, 가난 등의 역사적 경험 등을 예수 그리스도의 이름을 통해 상호의존적 세계로 만드는 것이 아시아 신학의 과제이다.

둘째는 성서가 어떻게 어떤 의미로 어떤 권위를 갖고 아시아인들에게 하나님의 말씀인가에 대답하는 것이다. 셋째는 복음 선포와 적응, 혼합주의의 문제를 해결하는 것이다. 인간화와 복음 선포의 관계를 해명하고, 복음 선포에서 어느 순간에 적응이 혼합주의로 변하며, 아시아의 문화적 가치를 파괴하는지 밝혀야 한다. 넷째는 기독교 신앙과 이웃 종교 그리고 이데올로기의 관계를 규명하는 일이다. 다양한 이데올로기와 종교가 넘치는 세상에서 기독교인의 '풍성한 삶'의 독특한 질은 무엇인가를 밝히는 일이다. 다른 종교에서 말하는 '자비'에 비춰

---

42 *Ibid.*, 106-113.

볼 때 예수 그리스도를 통해 계시된 하나님의 자비의 독특성과 유일성은 무엇인지를 제시하는 일이다. 이것의 목회적, 선교적 함의를 밝혀야 한다. 다섯째는 서양에 관한 질문이다. 아시아 신학은 서양이 아시아에 무슨 의미가 있는지를, 그리고 서양의 '총과 연고'에 대해 밝혀야 한다. 여섯째는 사회주의 국가들과 관련한 질문이다. 마오쩌둥은 고레스인가?(사 45:1-7) 호치민은 하나님의 기름 부음 받은 자라는 가능성이 있는가? 미국의 베트남전 패배를 아시아 신학은 어떻게 이해하고 표현해야 하는가?

일곱째는 부자와 가난한 자의 문제이다. 부자 서양 기독교 국가들은 아시아 민중들의 열망을 억압하기 위해 엄청난 힘(정치적, 군사적, 경제적)을 사용하고 있다. 아시아 부자들의 스캔들도 여기에 첨부되어야 한다. 아시아 신학자는 역사에서 일어나는 이러한 사건들을 무엇이라고 해명해야 하는가? 여덟째는 애니미즘적 세계의 문제이다. 복음을 애니미즘적 세계에 사는 아시아인들에게 어떻게 전해야 하며, 영들과 성령의 관계는 무엇인가? 아홉째는 영성의 문제이다. 인간의 영성은 개인적 경험이 아니라 집단적 경험이다. 신학은 그 사람 자신의 영성으로부터 말하고, 자신의 영성을 지닌 사람들에게 말한다. 성령은 아시아의 영성을 비춰 주고 심판한다. 열째는 교리적 명확성의 문제이다. 과거 선교사들이 제기했던 문제들에 대한 명쾌한 대답이 필요하다.

고야마에 의하면 아시아 (선교)신학은 성서에 비추어 아시아 역사를 성찰하되, 성령(과 악마)의 활동을 식별하고, 아시아 상황을 지속적으로 하나님의 통치로 변화시키도록 성찰하는 작업이다. 아시아 선교신학의 접근 방식은 아래로부터의 선교신학이다. 신학적 사고와 신학 저술을 읽는 관점을 정할 때 그는 서구 신학자들보다는 선교 현장의 농부들에게 우선권을 주었기 때문이다. 그리고 신학적 상황화와 토착화의 자리를 고난에서 찾았다. 야훼의 고난받는 종인 예수 그리스도에게서 볼 수 있는 것처럼, 신학적 상황화나 참된 토착화는 다른 사람을 위해 고난받는 사람, 그런 삶으로부터 나온다.

아시아 (선교)신학의 주요 이슈들을 분류하면 아시아의 가난한 자들에게 복음이 기쁜 소식이 되려면 부자가 가난한 자들을 억압하기 위해 사용하는 다양한 힘들을 중단하고, 예수 그리스도의 이름을 통해 상호의존적인 세계를 만드는 일, 서구 열강이 아시아에 지닌 역사적 의미를 비판적으로 해명하고, 사회주의 국가의 지도자와 메시아 사이의 관계를 규명해야 한다. 다종교 상황에서의 선교라는 측면에서 아시아 (선교)신학은 하나님의 자비의 유일성(독특성)을 다른 종교의 자비와 관련시켜 설명해야 하고, 성령과 영의 관계, 성령과 아시아의 영성의 관계를 해명해야 하며, 아시아 선교 역사에서 드러난 교리적 문제들에 대해 명확하게 해명해야 한다.

III. 고수케 고야마의 선교신학의 특징과 과제

1. 고수케 고야마의 선교신학의 특징

첫째, 고야마의 독창적인 신론이다. 한 시간에 3마일을 걸으시는 성부 하나님은 이스라엘과 인류와 피조물과 소통하고, 관계를 맺기를 원하시고, 성자 하나님은 소통, 관계, 인격이라는 공간을 창출하기 위해 십자가라는 고통스러운 해결책을 선택하시고, 성령 하나님은 그리스도 인들로 하여금 십자가의 고통스러운 길을 희망을 갖고 끝까지 걷도록 격려하신다. 고야마가 만난 하나님은 불의와 억압과 투쟁하며, 현대 세계의 우상들과 대립하며, 도시의 샬롬을 추구하기 위해 세상에서 일하시는 '흥분한 하나님'(agitated God)이다.[43] 이러한 독창성은 신학 자들의 정교한 이론으로부터 나온 것이 아니라 태국 선교 경험으로부터 온 것이다. 즉, 그는 신학함에 있어서 서구 신학자들보다는 태국 농부들 에게 우선권을 부여했다. 이처럼 아래로부터의 신학 접근 방식이 그에 게서만 볼 수 있는 독창적 신론과 창의적인 질문에 이르게 했다. 그리고 그의 독창적인 신학적 주장들은 성서에 대한 성찰, 특히 성서와 특정 역사적, 사회적, 문화적, 종교적 상황을 연결시키려는 그의 노력에서 비롯되었다.

이처럼 고야마 선교신학에 나타나는 독창적인 신론은 아래로부터 의 신학 접근 방식과 성서에 대한 성찰 그리고 자신의 실존적 질문—우상 숭배가 불러오는 패망의 이유—에서 비롯된 역사에 대한 강조로부터 비롯된다. 그리고 이 세 가지가 상호 연결되어 있으며 서로 영향을 주고받는다. 유니온 신학교 총장이었던 도날드 쉬라이버는 오늘의 뉴스 이면에서 활동하시는 하나님을 인식하는 단서를 성서에서 찾는 데 고야 마가 뛰어나다면서 이 점에서 그를 20세기 최고의 성서 신학자 가운데

---

43 Dale T. Irvin & Akintunde E. Akinade(eds.), *The Agitated Mind of God: The Theology of Kosuke Koyama* (Maryknoll, New York: Orbis Books, 1996), Foreword, ix-x.

한 명으로 추천했다.[44] 고야마는 팔레스타인의 신학적 의미를 하나님의 백성이 교차로에 선 백성이라고 했는데 이는 그 자신의 신학에도 적용된다. 즉, 그의 선교신학은 아시아(일본, 태국)와 서구가 만나는, 기독교와 아시아의 다른 종교들이 만나는, 성서와 신문 또는 성서와 역사가 만나는, 아시아 신학들이 만나는 교차로 신학이다.

둘째, 하나님과 우상을 구별하는 기준인 십자가에 달린 정신과 십자가 영성에 대한 강조이다. 현대 기술문명 사회에서는 효율성과 속도가 중요한 데 반해, 성서의 하나님은 비효율적이고 천천히 걸으시는 하나님이다. 인간은 자연과 사물, 사람들을 통제하려 하는 성향 때문에 하나님도 역사를 통제하는 분으로 오해하고, 종국에는 하나님도 통제하려 든다. 그렇지만 인간에게 길들여지는 하나님은 우상이지, 하나님이 아니다. 우상숭배는 먼저 이스라엘 백성과 교회의 문제이지, 다른 종교와의 문제가 아니다. 하나님은 이스라엘을 계약 백성으로 부르셨고, 인류를 하나님의 자녀로 부르셨다. 예수 그리스도가 십자가로 이루신 것은 하나님과 그 자녀 사이의 새로운 관계였다.

그런데 왜 인류 역사에는 그토록 폭력이 많은가? 특히 기독교 문명은 십자군, 종교재판소, 식민지, 세계 대전 등 폭력에 특별히 더 많이 연루되었는가? 이러한 질문에 대한 고야마의 대답은 다음과 같다. 기독교인들이 유대교인과 타종교인에 대해 갖는 우월감은 곧바로 폭력을 만들어내는 자기의(自己義) 콤플렉스가 된다. 십자가 신학은 희생의 교리가

---

44 Donald W. Shriver, Jr., "An Afterword: A Personal Tribute to Kosuke Koyama," Dale T. Irvin & Akintunde E. Akinade(eds.), *The Agitated Mind of God: The Theology of Kosuke Koyama*, 228.

아니라 사랑의 교리이다. 십자가가 희생을 강조할 때 자칫 폭력과 밀접하게 연결될 수 있다. 즉, 희생(sacrifice)은 거룩하다(sacer)와 만들다(facere)의 합성어로 거룩하게 만든다는 뜻이다. 그런데 희생이 인간 삶을 거룩하게 만드는 것은 오직 그 희생이 사랑의 표현일 때만 그렇다. 그렇지 않을 때 희생은 자기 보호나 자기의의 다른 이름이 될 수 있다. 따라서 그리스도인들은 "내가 인애를 원하고 제사를 원하지 아니하며"(호 6:6)라는 말씀을 기억해야 한다. 십자가 신학의 중요한 의무는 폭력과 대면하고, 폭력을 파괴하는 것이다.[45] 십자가 영성과 십자가 신학에 대한 올바른 이해가 하나님과 우상을 구분하는 중요한 기준이다.

셋째, 상황화 신학자로서 고야마는 현지의 문화뿐 아니라 종교도 진지하게 고민했다. 다종교 상황에서의 선교와 관련해 고야마는 교회나 기독교 바깥에서도 하나님의 창조와 구원 활동이 펼쳐지는 것을 강조했다. 타종교를 우상숭배로 비난하는 기독교인들에게 그는 우상숭배의 문제는 먼저 이스라엘 백성과 교회의 문제라고 응답했다. 불교국가 태국의 상황에서 혼합주의에 대한 정의를 제시하고, 불교의 교리를 기독교화한 사례를 제시한 점은 그의 선교신학적 공헌이라 하겠다. 그리고 신학적 상황화와 토착화의 자리를 문화나 종교가 아닌 야훼의 고난받는 종처럼 역사 속에서 고난받는 사람에게서 찾은 점은 그의 상황화 신학으로서의 선교신학에서 가장 큰 공헌의 하나로 평가할 수 있다.

넷째, 이웃론(neighborology)으로서의 선교 이해이다. 그는 태국

---

45 Kosuke Koyama, "My Pilgrimage in Mission," 59.

선교사로서 자신의 소명을 태국 북부의 농부들에게 이웃이 되는 것으로 이해했다. 한마디로 그에게 선교는 이웃이 되는 것이다. '선한 사마리아인'의 비유에서도 '선한 사마리아인'의 본질적 자격은 가난한 자에게 이웃이 되는 것이라 했다. 에릭슨은 고야마의 이웃론을 다음과 같이 정리했다. 우리는 이웃의 이야기에 귀를 기울임으로써, 그들의 이야기에 참여함으로써 공동체를 형성한다. 우리가 먼저 그들에게 이웃이 될 때 공동체가 형성되기 때문에 비효율적인 인내가 요구된다. 이웃의 언어를 배우고, 그들의 소속을 이해해야 하며, 이웃을 사랑해야 한다. 이웃 사랑은 우리 자신에게 초점을 맞추는 경향을 극복하게 하며, 자신을 공동체와의 관계 속에서 이해하는 능력을 배양하게 한다. 이웃됨(선교사됨)은 하나님의 포용 속으로 무조건적으로 항복하는 것이다. 이와 반대로 인종차별주의, 계급주의, 성차별주의 등은 이웃의 삶의 온전성에 충격을 준다.46

다섯째, 그의 진정한 선교신학적 기여는 아시아에서 제기되는 많은 선교신학적 이슈에 대해 답을 제시한 것이 아니라 문제들을 제시했다는 데 있다. 이제까지 제기되지 않았던 무수한 질문들을 제기한 것은 그의 가장 중요한 선교신학적 공헌이라 생각한다.

여섯째, 고야마는 그의 선교신학의 중요한 성과를 신학교육에 적용하고자 노력했다. 그가 동남아시아 신학대학원장으로 재직하는 동안 신학교육에 대한 연구 프로젝트를 통해 아시아 신학교육의 원칙으로

---

46 Victoria Lee Erickson, "Neighborology: A Feminist Ethno-Missiological Celebration of Kosuke Koyama," Dale T. Irvin & Akintunde E. Akinade(eds.), *The Agitated Mind of God: The Theology of Kosuke Koyama*, 153-156.

상황적, 해석학적, 선교학적, 교육적이라는 네 가지를 제시했다.[47] 에큐메니컬 모임에서 그는 간 학제적 신학교육 커리큘럼을 개발했다. 또 유니온신학교에서도 그는 학생들과 뉴욕에 있는 홈리스를 한밤중에 방문하거나 카리브에 연구 여행을 가거나 개발도상국 문화를 3주간 직접 체험하기도 했다.[48]

일곱째, 고야마가 서구 기독교의 아시아 선교를 실패로 평가하는 것은 소통보다는 일방통행을, 관계를 맺기보다는 선교 사업에 주력했고, 역사에 조급했고, 십자가 영성을 지키지 못했고, 하나님 사랑, 이웃 사랑의 자세로 선교하지 못했기 때문이다. 이러한 비판은 보다 근원적으로는 서구 신학(신론, 기독론, 성령론)의 실패로 해석될 수 있다.

2. 고수케 고야먀의 선교신학의 과제

그의 선교신학의 과제는 첫째, 우상숭배로 패망한 일본에 대한 성찰에서 제기된 것처럼 문화적, 종교적 측면만 강조하고, 경제적, 사회적, 정치적 측면에 대한 분석이 부족하다는 점이다. 아시아의 특징이 가난과 다종교 상황이다. 가난에 대해서는 문화적, 종교적 접근만으로는 부족할 수밖에 없다. 그리고 일본인으로서 일본 제국주의가 초래했던 한국을 비롯한 아시아의 많은 사람에게 준 고통에 대한 참회가 결여되어 있다. 자신을 피해자로만 여기는 측면이 있다. 이런 점 때문에 아시아 상황에서 그가 주장하는 고난과 십자가 영성이 추상적이라고 필자는

---

47 Kosuke Koyama, "My Pilgrimage in Mission," 58.
48 Donald W. Shriver Jr., *op. cit.*, 229.

비판한다. 태국과 관련지으면, 태국은 아시아에서 유일하게 전쟁을 치르지 않은 국가이다. 그렇지만 그 이면에는 왕정과 반복되는 군부 쿠테타 그리고 인도차이나반도에서 공산주의 도미노를 경계하기 위해 태국 정부를 지원하는 미국의 외교정책 등이 있었다. 태국 농부와 태국 민주주의, 군부 쿠테타, 외세 개입 등의 측면에 대한 고야마의 무시는 역사에 대한 진지한 자세가 아니라고 필자는 판단한다. 아시아의 근대화에 대한 이해도 총과 연고라는 양비론의 성격을 띠고 있다. 좀 더 문명사적 비판을 한다든지, 경제적, 사회적 측면에서 비판할 필요가 있다.

둘째로 그의 선교 이해로서의 이웃됨, 또는 환대로서의 선교에는 경제적, 사회적, 정치적 측면의 분석의 결여로 인한 온정주의적(paternalistic) 태도가 있다. '선한 사마리아인' 비유에서 고야마는 사마리아인이 극적이지 않은 방식으로 샬롬을 공동체에 회복시킨다고 했다. 그런데 유대인과 사마리아인 사이에는 커다란 장벽이 있어 사마리아인이 강도 만난 유대인을 돕는 것은 종교적, 정치적, 사회적 사건이 된다. 매우 극적인 사건이었다. 이처럼 고야마는 정치적, 사회적, 종교적 사건을 극적이지 않은 사건으로 해석하는 잘못을 범했다. 이는 앞에서 언급한 것처럼 그의 신학 자체가 지닌 근본적 결함에서 비롯된 것이다. 그의 독창적인 성서해석에도 불구하고 '선한 사마리아인' 비유는 강도 만난 유대인에 대한 언급이 없다. 당시 사회적 통념이었던 유대인과 사마리아인 사이의 종교적 위치가 강도 만난 유대인과 그를 돕는 사마리아인 사이에서 역전이 일어났다. 환대로서의 선교에서는 주인이 손님의 위치를 어느 정도 선에서 제한하고 있다. 강도 만난 유대인의 이웃이 되는 사마리아인

이야기에서는 양자 사이의 역전된 관계를 볼 수 있다.

실제로 고야마는 다른 글에서 낯선 자에게 환대하는 것을 선교로 이해했다.[49] 이에 대해 안토니 기틴즈는 고야마가 주인과 손님(낯선 자) 사이의 이분법을 바꾼 것이라고 비판했다. 기틴즈의 대안은 환대를 베푸는 사람이 때로는 은혜를 입는 사람이 되지 않으면 주인과 손님 사이에 참된 관계가 형성될 수 없다. 따라서 필요한 것은 주인과 손님 모두의 참된 변형을 위한 은혜이다.[50] 이러한 비판은 필자가 이주노동자 선교의 맥락에서 선교 유형을 나누다가 나온 것이다. 필자는 그 대안으로 소수자 선교를 제안했다.[51] 기틴즈의 대안 역시 두 사람 사이의 관계로 제한한 것이다. 이에 반해 사회 전체에서 하나님 나라의 관점으로 변형이 일어나도록 한다는 점에서 소수자 선교를 제시했다. 필자는 최근 선교학회에서 소수자 선교를 보다 발전시켰다.[52]

---

49 Kosuke Koyama, "Extended Hospitality to Strangers- A Missiology of Theologia Crucis," *International Review of Mission*, Vol. LXXXII No. 327(1993): 283-295.

50 Anthony J. Gittins, "Beyond Hospitality? The Missionary Status and Role Revisited," *International Review of Mission*, Vol. LXXXIII No. 330(1994): 398-399.

51 황홍렬, "고용허가제 이후 이주노동자선교의 과제와 전망,"「선교와 신학」 제21집 (2008): 250-254.

52 황홍렬, "부산·경남 지역 이주민 선교의 현황과 과제: 결혼이주여성을 중심으로," 한국선교신학회, 2011년 2차 정기학술대회(미간행 자료집), 27-34.

IV. 나오는 말

이 글은 본래 고수케 고야마와 송천성 두 신학자의 선교신학을 아시아 선교 맥락에서 비교하면서 아시아 선교신학 서설을 제시하려 했으나 분량 때문에 갑작스럽게 고수케 고야마의 선교신학에 초점을 둔 글이 되어 체계와 틀이 적절하지 않음을 서론에서 이미 밝혔다.

이러한 한계에도 불구하고 고수케 고야마에 대한 본격적인 소개가 거의 없는 상황에서 이 글은 나름대로 고야마 선교신학에 대해 좀 더 상세하게 소개하는 점에 의의가 있다.

고야마는 상황화 신학자, 교차로 신학자로서 아시아의 구체적 상황과 성서와 역사를 교차시키고, 아시아와 서구 신학자 사이의, 아시아 신학자 사이의, 기독교 신학자와 다른 종교인 사이의 만남을 통해 상황화 신학을 한 아시아 신학자였다. 그래서 한 시간에 3마일을 걷는 흥분하는 하나님이라는 독특한 신론을 제시했고, 하나님과 우상의 차이를 십자가 영성으로 제시했으며, 상황화의 핵심을 고난에 두었으며, 이웃됨으로서의 선교, 특히 아시아 상황에서의 창의적 질문을 통해 기여했다.

그의 선교신학의 과제는 문화에 대한 강조가 사회, 경제, 정치와 조화를 이뤄야 할 것과 이웃됨을 넘어서는 선교의 필요성에 있다.

참고문헌

1차 자료

Koyama, Kosuke. *Waterbuffalo Theology*. London: SCM Press Ltd., 1974.

_____. "Christianity suffers from Teacher Complex." in *Mission Trends No. 2: Evangelization*. New York: W. B. Eerdmans Publishing Company, 1975. 70-75.

_____. *No Handle on the Cross: An Asian Meditation on the Crucified Mind*. London: SCM Press Ltd., 1976.

_____. *Three Mile an Hour God: Biblical Reflections*. Maryknoll, New York: Orbis Books, 1980.

_____. "Extended Hospitality to Strangers- A Missiology of Theologia Crucis." in *International Review of Mission*, Vol. LXXXII No. 327(1993), 283-295.

_____. "My Pilgrimage in Mission," in *International Bulletin of Missionary Research*, Vol. 21, no. 2 (April, 1997), 55-59.

2차 자료

서창원. "고수케 고야마와 물소신학." 「기독교사상」 통권 524호(2002년 8월): 156-165.

황홍렬. "부산·경남 지역 이주민 선교의 현황과 과제: 결혼이주여성을 중심으로." 한국선교신학회, 2011년 2차 정기학술대회(2011년 4월 23일, 미간행 자료집): 1-40.

_____. "고용허가제 이후 이주노동자선교의 과제와 전망." 「선교와 신학」 제21집(2008): 221-265.

Erickson, Victoria Lee. "Neighborology: A Feminist Ethno- Missiological Celebration of Kosuke Koyama." in Dale T. Irvin and Akintunde E. Akinade(eds.). *The Agitated Mind of God: The Theology of Kosuke Koyama*.

Irvin, Dale T. and Akintunde E. Akinade(eds.). *The Agitated Mind of God: The Theology of Kosuke Koyama*. Maryknoll, New York: Orbis Books, 1996.

Gittins, Anthony J. "Beyond Hospitality? The Missionary Status and Role

Revisited." in *International Review of Mission* Vol. LXXXIII No. 330(1994).

Shriver, Donald W. JR. "An Afterword: A Personal Tribute to Kosuke Koyama." in Dale T. Irvin and Akintunde E. Akinade(eds.). *The Agitated Mind of God: The Theology of Kosuke Koyama*. Maryknoll, New York: Orbis Books, 1996.

4 장
송천성(C. S. Song)의 선교신학의 특징과 과제

I. 들어가는 말

1980년을 기점으로 기독교 인구는 서구 세계, 북반부와 남반부, 비서구 세계에 동일한 비중으로 살고 있다. 현재는 기독교인 세 사람 중 두 사람이 남반부에 살고 있다. 그렇지만 2010년 에든버러 세계선교 대회 100주년을 기념하는 선교대회나 에큐메니칼 운동은 여전히 서구 기독교 중심으로 진행되고 있고, 비서구 지역의 신학교육 역시 서구 교회 중심적이다. 물론 기독교 내 인구의 변동이 즉각적으로 기독교계 안에서 모든 변화를 초래하는 것은 아니지만 이러한 변화가 일어나는 것이 모두에게 바람직하다.

이러한 문제의식의 일환으로 이 글은 아시아 신학, 아시아 선교신학의 수립에 중요한 기여를 한, 송천성의 선교신학을 소개하고 그 의의와 과제를 정리하고자 한다. 우선 아시아 선교신학의 핵심 주제인 가난,

다문화, 다종교 상황에서의 선교를 다루기에 앞서서 아시아 문화와 종교 상황에서의 선교에 대한 이해, 하나님의 선교를 먼저 다루고자 한다. 그다음으로 이런 핵심 주제 세 가지를 살펴보고자 한다. 이런 논의에 근거해서 송천성 선교신학의 주요 특징을 정리하고 과제를 제시하고자 한다.

송천성의 신학과 선교신학은 세계적으로는 널리 알려진 편이지만, 우리 신학계에는 비교적 생소한 편이기에 이 글은 송천성의 선교신학을 소개함으로써 우리의 선교신학의 지평을 넓히고, 나아가서는 아시아 신학 수립에 기여하게 될 것으로 기대한다. 그렇지만 그의 선교신학에 대한 소개를 넘어서서 그의 제안대로 아시아에 널려있는 문화적 자원들, 역사적, 종교적 자원들을 갖고 선교신학을 전개하고 아시아 신학을 수립할 과제가 남아 있다.

II. 선교 이해

송천성은 1970년대에 아시아 선교가 과도기에 처해 있음을 지적했고, 그 대안으로 아시아 관계 상황에서 선교 이해를 재고하고, 선교의 신학적 기반으로 구원과 창조를 함께 제시했으며, 선교가 아시아의 해방을 위해 기여해야 한다고 역설했다.

그의 선교 이해는 서구 기독교의 해외(외국)선교의 종말을 축하하는 데서 출발한다. 서구 기독교인들이 선교를 해외선교로 이해하는 것은 성서의 선교적 메시지를 오해한 데서 기인한다. 이러한 이해에는 서양인들이 하나님의 구원의 은총 속에 문명적 삶을 사는 데 반해, 비서구인들은 미개하고 복음화되지 않았다는 가치판단이 숨어 있다. 해외선교는 서구 기독교 세계(Christendom)의 부산물이었다. 이제 제3세계 교회가 성년에 도달했다. 서구 교회와 제3세계 교회 사이의 관계의 변화가 불가피하다. 즉, 제3세계는 서구의 선교 대상이 아니라 창조 이후 하나님이 함께하신 서구와 동일한 피조물로 여겨야 한다. 기독교의 선교는 아시아에서 불교 전파와 대조된다. 인도에서 유래된 불교는 중국에 가서는 중국 불교가 되었고, 일본에 가서는 일본 불교가 되었다. 그러나 기독교는 아시아에 와서 아시아에 적응하지 못했다(부적응주의). 서구 교회는 아시아 교회들에 대해서 온정주의(parternalism)적 태도를 보였다. 아니, 서구 선교사들은 하나님에게만 속한 선교 사업을 찬탈했다. 그래서 서구의 해외선교 기관들은 제3세계 교회의 자발적, 토착적, 독립적 성장을 방해하는 기구가 되었다.

그렇지만 아프리카의 독립 교회들은 서구 교회·교파나 선교단체의 연장이 아니라 독자적인 교회로 급성장하고 있다. 아프리카 대륙에서 독립 교회들은 로마가톨릭교회, 개신교회, 정교회와 콥트교회 등과 나란히 제4의 세력으로 자리를 굳히고 있다. 서구 해외선교는 자기네 틀에 '흑색' 아프리카와 '황색' 아시아를 넣어 '백색' 교회가 되게 했다. 1949년 중국에 공산당이 집권하자 많은 서구인들은 "중국을 잃고 말았다"고 분통을 터뜨렸다. 그러나 그들은 중국을 가졌던 적이 없으므로 잃은 것이 없었다. 그들이 가졌던 것은 교회가 아니라 교회 건물, 교육 기관, 의료 기관과 상당한 부동산이었다. 중국 공산당은 해외선교로 중국을 백색화한다는 서구 선교의 몽상에 심각한 타격을 가했다. 아시아의 선교는 아시아인의 손에 넘어갈 수밖에 없다. 1971년 쿠알라룸푸르 보고서는 아시아에서의 기독교 선교가 식민 지배기 이후의 시대를 사는 아시아의 정치 현실에 적응하기로 했다는 결정을 담고 있다.[1]

서구의 해외선교는 성서적으로 볼 때 잘못된 개념이다. '가서'(마 28:19)는 지리적 개념이 아니라 이스라엘과 이방 사이의 경계를 넘어서는 일을 가리킨다. 성서는 피조물을 거대한 통일체로 볼 것을 요청한다. 그러나 서구의 해외선교는 서구로부터 제3세계로의 일방통행이 되었다. 그래서 서구 선교는 정신적 제국주의와 동의어가 되다시피 했다. 하나님께서 아브라함을 선택하신 것은 '다수(열방)를 위한 한 백성(이스라엘)'을 선택하신 것이다.

기독교 선교는 영토 확장주의가 아니라 소수의 고난을 통한 민족·다수의 치유와 화해의 선교를 지향해야 한다. 기독교 선교는 본질적으로 고난의 선교이다. 제2 이사야의 종의 노래는 기독교 선교의 본질에 대한 최상의 증언이다. 고난의 선교는 초대교회에서 볼 수 있다. 그렇지만 로마 제국에서 기독교가 공인되고 국교가 되면서 영광의 교회로 변질되었다. 영광의 교회는 하나님의 영광이 아니라 인간의 영광을 구하는 교회이다. 영광의 교회를 구제하는 두 가지 요소는 종교개혁의 모토처럼 늘 개혁하는 교회와 제3세계 교회들이다. 종교개혁가들의 투쟁은 영광의 교회의 변절에 대한 투쟁이었다. 제3세계 교회들은 서구 교회를 구제하는 요인으로 작용했다. 해외선교를 통해 서구 교회들은 자신에 대한 관심을 제3세계 교회로 돌리게 했다. 그렇지만 비서구 지역 일부 지식인들은 기독교 선교

1 C. S. 송/이계준·김진서 역,『희망의 선교 ─ 아시아 상황을 중심으로』(서울: 전망사, 1993), 13-22.

를 식민 지배자들이 가동했던 착취 장치의 일부로 본다. 서구 교회가 해외 선교지에 보냈던 막대한 원조는 본질적으로든 부분적으로든 정치적이었다는 사실을 부정하기 어렵다. 이제 기독교 선교의 새로운 시대가 시작되려면 이러한 가치체계와 삶의 형태가 소멸되든지 근본적으로 수정되든지 해야 한다. 다만 이 시점에서는 서구의 해외선교라는 낡은 시대가 끝났음을 축하하지만, 그렇다고 아직 기독교 선교의 새 시대는 등장하지 않았다. 이러한 새 시대를 탐색하고 깨닫는 것이 현재의 과제이다.[2]

송천성의 선교 이해는 서구의 해외선교가 종말을 맞이했다는 데서 출발한다. 서구 해외선교는 성서에 대한 오해, 하나님의 주권 찬탈, 피조물의 대등성 부정, 아시아 상황에 적응하지 못함에서 비롯된 것으로 서구 기독교 세계(Christendom)의 부산물이었다. 서구 기독교 선교는 정신적 제국주의와 동의어가 되었고, 식민 지배자들이 가동했던 착취 장치의 일부였으며, 선교 기관들은 제3세계 교회의 독립적 성장을 방해하는 기구가 되었으며, 그들이 소유한 것은 교회가 아니라 교회 건물, 선교 기관과 부동산이었다. 이러한 변질은 인간의 영광을 추구했던 영광의 교회 때문이었다. 영광의 교회로부터의 탈피는 늘 개혁하는 교회가 될 때, 제3세계 교회와 참된 교제를 통해 가능해진다. 아시아 교회들은 아시아에서의 기독교 선교가 식민 지배기 이후의 시대를 사는 아시아의 정치 현실에 적응하기로 결정했다. 아프리카 독립 교회들은 서구 교파·교회의 연장이 아니라 독자적인 교회로 급성장하고 있다. 1970년대 아시아 선교는 과도기에 처해 있다. 서구의 해외선교라는

---

2 위의 책, 23-32.

낡은 시대가 끝났다. 그렇지만 새 시대는 아직 도래하지 않고 모색되고 있을 뿐이다. 아시아 선교는 아시아 관계 상황에서 선교를 재고해야 하고, 구원과 창조를 모두 선교신학적 기반으로 삼아야 하며, 아시아 선교가 아시아의 해방을 위해 기여해야 한다.

III. 하나님의 선교

그의 하나님의 선교를 성부의 창조와 선교, 성자의 성육신의 선교, 성령의 희망의 선교라는 시각에서 조명하고자 한다. 송천성은 서구 선교가 구원론에 제한됨을 비판하면서, 창조와 선교가 어떤 관계에 있는지에 대해 해명하려 한다. 하나님의 구속행위는 창조 세계 전체에 새로운 관계를 형성한다. 이와 같이 구속의 경험은 궁극적으로는 창조의 경험과 관련되어 있다. 양자의 연결은 종교적 쇄국주의와 정신적 편협성에서 해방되는 데 도움이 된다. 창조 신앙은 포로기의 산물로서 하나님의 구속 행위를 창조세계(역사) 전체 맥락에서 보게 했다. 그 결과 이스라엘은 하나님과의 관계를 근원적으로 재조정하게 되었다. 제2 이사야에 나오는 야훼의 고난받는 종은 포로기 이스라엘을 위해 보냄 받은 것이 아니라, 민족적·국가적 경계를 뛰어넘어 모든 사람을 위해 살고 죽어야 한다. 이 종의 선택은 우주적 구원 사건이었다. 성서의 신앙은 혈통, 국적, 문화 및 종교의 한계까지도 초월하는 신앙이다. 창조주 구원자 하나님은 어느 특정한 민족적, 문화적 구조에 갇힌 국가화된 하나님이 아니다. 제3세계 교회 지도자들의 서구 기독교 선교에 대한 비판은 창조주 구원자 하나님을 민족이나 국가에 감금하고, 자유를 박탈했다는 점이다. 서구 기독교 선교는 선교지에서 본국 교회를 재건하려 함으로써 경계를 넘어서는 데 실패했고, 선교지 사람들과의 동일화에 실패했다. 서구 선교사들은 자신이 지녔던 하나님 이해와 이질적 문화 상황에서 하나님이 하시는 일 사이의 괴리를 통해 자신들의 신앙의 기본적 요소를 수정하거나 포기할 필요성을 느꼈는지, 그들의 신앙이 밑바탕부터 흔들렸는지가 문제였다. 왜냐하면 기독교 신앙의 재건은 토대가 흔들린 다음에야 가능하기 때문이다. 신앙의 재건이 일어날 수 있는 영역으로 문화, 역사, 사회, 정치를 제시하는 데 이 네 영역은 하나님의 창조의 네 측면과도 일치하는 영역이다.[3]

문화를 하나님과 인간의 창조적 동력의 표현이라면 창조세계 전체는 하나님의 문화로 피조물이 하나님의 지배 아래 있음을 알게 된다. 이는 타락과 부패를 부인하는 것은 아니다. 이런 문화 이해는 문화적 배타주의, 지방주의로부터 우리를 해방시킨다. 문화를 향한 기독교 선교의 전제는 문화적 다양성은 하나님의 본성의 풍요함과 창조세계와의 다원적 관계에서 비롯된다는 점이다. 기독교 문화와 비기독교 문화 사이의 이분법은 하나님과 피조물의 관계를 왜곡시킨다. 기독교 선교의 문화를 향한 이중적 책임은 인간과 세계를 향한 하나님의 사랑이 각 문화 속에서 얼마나 오해되고 왜곡되었는지를 밝히는 소극적 책임과 하나님의 사랑이 다양한 문화와 풍토 속에서 어떻게 반영되는지를 헤아리는 적극적 책임이 있다. 기독교 선교는 문화비판이어야 하고, 특정

---

3 C. S. 송, 『희망의 선교 — 아시아 상황을 중심으로』, 35-41.

문화의 영성을 창조자 하나님에 대한 성서적 신앙에 비추어 신학적으로 인지하고 해석하는 문화의 신학이다.[4]

서구 기독교 선교의 목적은 비서구 지역에 서구 기독교 세계를 확장하는 일이었다. 그렇지만 기독교 역사관은 신앙 없이는 이해가 되지 않기 때문에 기독교인과 이웃 종교인 사이에 역사의 의미에 대한 대화가 중단될 수밖에 없었다. 하나님에 대한 신앙은 기독교와 교회에 갇히면 안 된다. 신앙은 종교 간 만남의 출발점이 아니라 역사의 의미를 이해하고 해석하기 위한 출발점이다. 창조와 성육신을, 창조와 역사를 연결시켜야 한다. 그럴 때 역사적 배타주의를 극복하게 된다. 창조 행위는 역사 안에서 계속된다. 역사는 하나님의 뜻에 붙들린 인간의 손으로 이뤄지는 창조 작업의 연속이다. 서구 신학은 세계 속의 하나님의 행위를 해석할 때 이스라엘 역사와 교회사에 집중한 나머지 열방의 역사를 위한 공간이 없었다. 이렇게 서구 기독교 선교는 단절된 역사신학의 영향을 받았다. 예수 그리스도는 구속사에 속박된 상태로부터 해방되어 창조 작업의 역사 과정에 놓여야 한다. 이 창조의 차원을 기독교 선교에 복귀시키는 일이 시급하다.[5]

교회는 세계 속에서 하나님의 행위를 식별하고, 그의 일에 동참하는 것을 과제로 삼는 백성이기 때문에 교회 신학의 출발점은 사회변화의 신학이어야 한다. 그렇지만 교회는 사회변화에 대해 부정적으로 반응하는 경향이 있다. 교회가 사회변화에 참여하려면 사회문제에 대해 변하지 않는 신앙이 필요한 것이 아니라 회의와 미완성의 여백을 지닌 신앙,

---

4 위의 책, 42-48.
5 위의 책, 49-53.

세계와 미래에 대해 개방적인 신앙을 필요로 한다. 왜냐하면 신의 창조는 미완성이기 때문이다. 신의 본질적 관심은 미래에 대한 새로운 가능성을 수반하는 계속되는 창조사업에 인간이 참여하는 것이다. 하나님의 행위는 피조물 전체를 위한 해방의 행위가 될 것이다. 인간은 하나님이 창조한 생명을 방해하는 세력들을 정복함으로써 인간 창조의 의미를 실현한다. 그러나 현실적으로 교회는 사회변화의 속도를 좇아가지 못하고 오히려 과거의 유산에 끌려다닌다. 교회가 새로운 미래를 갖기 위해서는 변화된 상황에서 쓸모없어진 과거의 압제로부터 해방되어야 한다.[6]

서구 선교사들이 전한 기독교의 약점은 교회의 본질과 과제가 내포하는 정치적 의미를 병적으로 겁내는 경향이 있다는 점이다. 아프리카인들에게 선교사의 하나님은 교회의 하나님일 뿐 정치·사회적인 삶 속의 하나님은 아니다. 이러한 간극은 선교에서 양극화를 초래했다. 선교 이해에 나타난 양극화는 결국 선교지 기독교인들을 어느 한 편으로 편입시킴으로써 하나님의 구원을 희화화했다. 예언자들은 성전과 궁전을 오갔다. 제2 이사야는 고레스를 하나님의 목적을 완수할 목자라고 보았다. 예수는 바리새인들로부터 질문을 받았을 때 정치적, 종교적 상황에서 스스로 결정하도록 반문했다. 하나님의 창조 행위는 우주 전체에 미치는 정치적 행위라고 할 수 있다. 하나님의 창조를 힘의 관점에서 해석하는 것은 제3세계 교회들에게 적절하고도 중요한 과제이다. 아시아에서 기독교 선교는 서구 정치이데올로기에 대해 맞장구를

---

6 위의 책, 54-60.

쳐 왔으며, 정신적 지원을 해 왔다. 따라서 서구 기독교 선교는 자신의 예언자적 과업에 실패했다. 서구 교회의 원조는 제3세계 교회들로 하여금 하나님의 창조의 정치적 의미를 깨닫지 못하게 하는 수면제 역할을 했다. 이제 아시아 교회는 선교 울타리 기독교로부터 해방되어야 한다. 과거 기독교 전통들을 아시아 상황에 뿌리내리게 한다는 토착화는 부적합하다. 성육신이 보다 적합한 단어이다. 기독교 선교의 과제는 세계 기독교화하는 것이 아니라, 다른 종교와 문화 속에 뿌리내린 문명들을 갱신하는 데 일익을 담당하는 것이다.[7]

송천성은 교회 중심의 선교의 대안으로 성육신의 선교를 통한 그리스도 중심의 선교를 제시한다. 성육신이라는 하나님의 행동은 창조와 근본적으로 동일한 것이다. 예수는 설교를 통해 어떤 객관적 진리를 전달한 것이 아니라 자신을 전달했다. 그런데 서구 기독교 선교는 자기를 나눠 주는 그리스도의 선교를 본받지 않고, 자신의 영광과 부를 가난한 '이교적' 동양에 과시하는 것으로 변질되었다. 서구 선교는 비성육신적 선교요, 그 자본주의적 형태는 중국 공산당의 선교사 추방에서 보는 것처럼 역사에서 판정패를 받았다. 하나님의 성육신의 선교는 하나님 자신의 정체성을 잃을 위험을 수반한다. 그러나 하나님이 사람이 되심으로써 참된 자기 계시를 했다는 점에서 역설적이다. 이런 성육신의 논리를 따르면 기독교 선교도 하나님의 사랑과 정의를 사람들에게 드러내기 위해 자신이 아닌 존재가 되어야 한다. 이는 전통적 선교 방식, 사람들을 교회 안으로 데려오는 것과는 다르다. 아시아 기독교

---

7 위의 책, 61-70.

선교는 '울타리 기독교'와 같은 폐쇄된 집단을 넘어서야 한다. 이런 장벽(울타리)은 교회 중심의 선교를 초래한다. 선교사가 자기(문화, 교리, 도덕)를 부정할 때만 타자를 받아들이게 된다.

기독교 선교는 무엇을 하느냐에 달린 것이 아니라 그들과 어떤 관계를 맺느냐에 달려 있다. 성육신의 요점은 하나님의 인간에 대한 유용성에 있다. 마찬가지로 우리를 타자에게 유용하게 만드는 것은 우리를 타자의 처분에 맡길 때이다. 성육신의 선교는 타자를 위한 자기부정이다. 하나님의 자기를 부정하는 행위로 인해 하나님 안에 인간(죄인)을 받아들일 공간이 발생한다. 하나님은 인간을 받아들이기 위해 덜 하나님답게 되신다. 성육신 선교의 모델은 예수 그리스도이다. 예수의 성육신 선교의 본을 따르는 자들은 타자들을 하나님 안에 받아들이는 공간을 마련해야 한다. 선교사들은 타자와의 관계를 통해 자신의 정체성을 잃으면서 그들로 하여금 새로운 정체성을 갖게 한다. '나'와 '너'를 '우리' 안에서 잃고, 그 '우리' 안에서 나도 너도 발견된다. 이 포괄적 '우리'의 원형이 예수 그리스도이다.8

교회 중심의 선교를 극복하기 위해서는 선교론과 교회론의 바람직한 관계를 수립하는 것이 필요하다. 기독교 선교의 적법한 중심은 세계라는 상황 속에 있는 그리스도이다. 교회는 예수 그리스도를 따르는 자들의 역동적이며 개방적인 코이노니아인 한에서만 선교가 될 수 있다. 그리고 교회는 세계에 하나님의 나라를 선포하는 한에서만 교회라는 사건이 발생한다. 그런데 선교부에 의한 선교 활동에서 교회와 선교가

8 위의 책, 73-85.

분리된 실체로 이해되어 왔다. 서구 선교는 교회·교파의 확장으로 선교 사업을 진행함으로써 선교와 교회의 관계를 역전시켰다. 새 시대의 선교는 지역문화를 이해해야 하고, 서구 역사적 교회들이 지닌 전제와 가정들을 식별하여 포기해야 하고, 정체성을 벌거벗는 선교를 해야 한다. 기독교 선교가 벌거벗은 선교라고 함은 성육신이 하나님의 벌거벗음(자기부정)이기 때문이다. 우리는 하나님의 벌거벗음이 인간을 풍요롭게 하는 힘을 갖고 있음을 깨달아야 한다. 하나님의 벌거벗음은 재창조의 힘이지, 자기 전파나 자기 선전의 힘이 아니다. 새 시대의 선교는 내적으로는 철저한 비서구화를 이뤄야 하고, 이웃 종교가 지배적인 상황에서는 기독교 신앙 내용을 비서구적 형태로 체계화하고, 외적으로는 그리스도가 역사의 중심임을 개인, 가정, 국가, 세계에 말과 행동으로 선포해야 한다.9

　그리스도 중심의 선교는 자기를 비우는 선교이다. 서구 선교의 '선교사 울타리'는 울타리 안이 하나님의 나라와 진리와 동일시될 수 있다는 잘못된 전제 위에 세워져 있다. 교회 안에 있는 자들이 하나님에 의해 선택받은 자라는 내부 선택의 정치학으로서의 칼빈의 교회론은 자기를 비우는 것으로서의 하나님의 선교를 제대로 이해하지 못하고 있다. 자기 비움과 자기부정의 행위에 의해 내 안에 다른 피조물을 받아들일 수 있는 공간이 마련된다. 자기를 비운다 함은 자기소멸을 위한 것이 아니라 타자를 받아들이며 하나님의 사랑을 실천하기 위함이다. 자기를 비우는 행위는 새로운 존재 형태와 새로운 관계 방식이 시작됨을 의미한

9 위의 책, 87-94.

다. 이렇게 십자가에서 자기를 비우고 부정하여 수모당하고 종이 되시는 하나님의 행동에 인간의 희망과 구원이 있다. 교회가 재산, 자신의 안전과 복지에 몰두하는 한, 그리스도의 비우는 선교를 따를 수 없다. 기독교 선교는 약함보다는 강함에 의존하려는 유혹을 극복해야 한다. 그래야 기독교 선교는 안으로 성장(교회를 자체 구성원으로 채움)하는 대신에 밖을 향해 성장하게 된다. 타자를 섬김으로써 자아의 의미를 실천하는 것은 기독교 신앙이 추구하는 것이요, 자기를 비우는 선교의 의미이다.[10]

성령은 희망의 선교를 이끄신다. 기독교 선교는 자유를 상실하고 고통당하는 자들에게 희망을 선포하는 것이다. 하나님은 약속으로 가득 찬 미래를 우리에게 허락하신 분이다. 역사와 계시는 분리될 수 없다. 기독교는 역사적 미래를 제시하는 종교로서 과거의 압제와 현재의 절망, 미래의 환상으로부터 우리를 해방시킨다. 인류와 피조물의 궁극적 미래는 부활이다. 죽음이 세상에서 궁극적 힘인 것처럼, 그리스도인들의 궁극적 미래는 십자가 이후의 부활이다. 인간과 세계에 대한 그리스도인의 참여는 부활의 임무에서 비롯된다. 과거나 현재나 미래에 대한 잘못된 속박에서 비롯되는 모든 불의, 억압, 고난을 이기도록 하는 것이 부활의 참된 의미이다. 기독교 선교는 특정 교파 교인으로 만드는 것이 아니라, 부활의 삶이 지닌 힘을 자기 삶에서 드러나게 하는 데 있다. 하나님 나라의 표지인 기독교 선교는 본질상 종말론적이다. 현재에 희망을 가져 오는 것이 종말론적 선교이다. 그런데 교회가 종말론적

---

10 위의 책, 99-105.

성격의 선교와 분리되면 교회는 내적 역동성을 상실하고, 목회자의 경우 제사장 역할이 예언자적 역할을 압도하게 된다. 교회가 기독교 선교를 위해 존재해야지, 교회를 위해서 선교가 존재해서는 안 된다. 교회를 하나님 나라와 동일시 할 때 이런 일이 일어난다. 이는 희망의 선교를 이끄는 성령에 저항하는 일이다. 예레미야의 희망의 메시지는 현재의 고난을 하나님께서 이스라엘 백성에게 허락하신 희망의 미래에 비춰 해석한 것이었다. 심지어는 정복자들의 상처를 치유하는 일까지 포함하려 했다. 세계 안의 그리스도의 현존은 기독교 선교를 통해 가시화 되어야 한다. 이것이 기독교 선교를 희망의 선교로 만드는 일차적 요인이다. 여기서 문제의 핵심은 기독교의 현존이 아니라 그리스도의 현존이라는 점이다. 교회는 그리스도의 현존의 심판 대상이지, 자신이 심판자가 아니다. 교회는 그리스도의 현존에 대한 증인이 됨으로써 그리스도의 현존을 섬긴다. 기독교 선교는 그리스도의 현존을 현시할 때 희망의 선교가 된다.[11]

송천성이 말하는 하나님의 선교의 특징은 첫째, 성부의 창조가 구속과 어떤 관계에 있는지를 해명하려 한다. 창조 신앙은 하나님의 구속 행위를 창조세계(역사) 전체의 맥락에서 보게 한다. 야훼의 고난받는 종은 이스라엘만을 위한 선택이 아니라, 모든 사람을 위한 우주적 구원 사건이었다. 창조와 구속의 연결은 종교적 쇄국주의와 정신적 편협성으로부터 우리를 해방시킨다. 그러나 서구 기독교 선교는 창조주 구원자 하나님을 민족이나 국가에 감금하고, 현지인들과의 동일화에 실패했다.

---

11 위의 책, 311-350.

기독교 신앙의 재건이 필요한 영역이 문화, 역사, 사회, 정치이다. 창조세계는 타락과 부패가 있더라도 하나님의 문화로 본다. 문화적 다양성은 하나님의 본성의 풍요함과 창조세계와의 다원적 관계에서 비롯된다. 문화에 대한 기독교 선교의 책임은 하나님의 사랑이 각 문화에서 어떻게 왜곡되고, 어떻게 반영되었는지를 헤아리는 문화비판이어야 한다. 하나님에 대한 신앙은 기독교와 교회에 갇히면 안 되고, 역사의 의미를 해석하기 위한 출발점으로 창조와 성육신을, 창조와 역사를 연결시켜야 한다. 서구 신학은 이스라엘 역사와 교회사에 집중한 나머지 인류의 역사를 위한 공간이 없었다. 예수 그리스도는 구속사에 속박된 상태로부터 해방되어 창조의 역사 과정에 놓여야 한다. 교회의 출발점은 사회변혁의 신학이어야 한다. 이를 위해 필요한 신앙은 세계와 미래에 대해 개방적인 신앙이다. 하나님의 창조는 미완성이기 때문이다. 그런데 창조야말로 가장 심오한 사회변화를 초래한다. 서구 선교사들의 약점은 교회의 본질과 과제가 지닌 정치적 의미를 병적으로 겁내는 경향이다. 교회의 하나님과 정치, 경제 등 삶 속에서 하나님 사이의 간극은 선교에서 양극화를 초래함으로써 하나님의 구원을 희화화했다. 아시아에서 기독교 선교는 서구 정치의 이데올로기를 지원함으로써 예언자적 역할을 포기했다. 서구 교회의 원조는 제3세계 교회들로 하여금 하나님의 창조의 정치적 의미를 깨닫지 못하게 하는 수면제 역할을 했다.

둘째, 교회 중심의 선교의 대안으로 성육신 선교를 통한 그리스도 중심의 선교를 제시했다. 예수의 선교는 자신을 나눠 주었다. 그러나 서구 교회는 자신의 부를 나눠 주는 비성육신적 선교를 했고, 그 자본주의적 형태는 중국 공산당에 의한 추방에서 보는 것처럼 역사에서 판정패를 당했다. 그런데 성육신의 선교는 하나님 자신의 정체성을 잃을 위험을 수반한다. 선교사가 자기(문화, 교리, 도덕)를 부정할 때만 타자를 받아들이게 된다. 기독교 선교는 무엇을 하느냐가 아니라 어떤 관계를 맺느냐에 달려 있다. 성육신의 요점은 하나님이 인간에게 유용한가, 여부이다. 성육신의 선교는 타자를 위한 자기부정이다. 하나님이 자기를 부정하는 행위로 인해 죄인을 받아들일 공간이 생겼다. 예수의 성육신으로 인해 하나님은 덜 하나님답게(벌거벗음, 자기부정) 되었지만, 인간에게는 풍요로움, 재창조, 구원의 길이 열렸다. 이웃 종교가 지배적인 상황에서 기독교 신앙 내용을 비서구적 형태로 체계화하고, 그리스도가 역사의 중심임을 선포해야 한다. 그리스도 중심의 선교는 자기를 비우는 선교이다. 자기를 비움은 자기 소멸을 위한 것이 아니라 타자를 받아들이며 하나님의 사랑을 실천하기 위함이다. 자기를 비우는 행위는 새로운 존재 형태와 새로운 관계 방식이 시작됨을 의미한다. 십자가에서 자기를 비우신 예수로 말미암아 인간에게 희망과 구원이 주어졌다. 타자를 섬김으로써 자아의 의미를 실천하는 것이 기독교 신앙이 추구하는 것이다.

셋째, 성령은 희망의 선교를 이끈다. 기독교 선교는 자유를 상실하고 고통당하는 자들에게 희망을 선포하는 것이며, 하나님의 약속인 미래를 제시함으로써 과거의 압제와 현재의 절망과 미래의 환상으로부터 우리를 해방시킨다. 인류와 피조물의 궁극적 미래는 부활이다. 하나님 나라의 표지인 기독교 선교는 본질상 종말론적으로 현재에 희망을 가져오는 종말론적 선교이다. 세계 안에서 부활하신 그리스도의 현존은 기독교 선교를 통해 가시화되어야 한다. 이것이 기독교 선교를 희망의 선교가 되도록 한다.

IV. 가난한 자에게 복음을

송천성은 12간지에서 쥐가 황소를 제치고 첫째 자리를 차지한 민담과 요담의 우화(삿 9:8-15)를 통해 민중 정치신학을 전개한다. 쥐가 황소에게 도전장을 내자 사람들의 평가를 듣기로 하는데 쥐는 몸을 두 배로 불리고, 황소는 그냥 나갔다가 사람들이 쥐가 크다고 하여 12간지의 첫째 자리를 쥐가 차지했다는 중국의 민담이다. 송천성은 로마서 13장의 세상 권세에 복종하라는 말씀을 신정 체제 안에서 나온 말씀으로 이해한다. 그렇지만 세상 권세가 하나님의 목적을 파괴할 때 문제가 된다면서 대안적 정치윤리를 요한계시록에서 찾고 있다. 13장에는 하나님을 대적하고 하나님의 백성과 전쟁을 벌이는 짐승이 나온다. 이 짐승에게 힘을 부여한 용은 하나님과 대치 상태를 이룬다. 둘째 짐승은 양으로 변장한 짐승으로 경제 기적을 일으키면서 인간의 가치를 후퇴시키거나 전체주의를 보여 준다.[12]

요담의 우화에서 나무들은 세겜 주민들이고 가시나무는 잔인한 아비멜렉이다. 올리브나무는 제단에 필수적인 기름을 만든다. 올리브나무가 왕 되기를 거절한 것은 종교와 사회·정치적 세력 사이에 필연적 관계가 있음을 무시한 것이다. 예수는 베다니에서 기름 부음 받은 후

---

12 C. S. 송/이덕주 역, 『아시아 이야기 신학』(왜관: 분도출판사, 1988), 265-279.

종교와 정치가 합작한 십자가를 지러 갔다. 경제적 풍요를 상징하는 무화과나무는 정치를 골치 아픈 문제로 무시했다. 경제 실용주의를 추진하는 싱가포르의 이광요 수상의 정책은 인간을 도덕적 판단력이 없는 경제 동물로 취급한다. 예수는 무화과나무의 마름을 통해 예루살렘 심판을 예고했다. 주후 70년 예루살렘 성이 로마 군대에 의해 포위되었을 때 백만 명 이상의 유대인이 살해되었다. 포도나무가 내는 술은 허위 안보 의식을 창출하고, 아시아에서는 민중의 정신을 침해하여 민족문화를 뒤엎고 있다. 아시아의 혼은 이 술로 만취되어 내부적 갈등, 외세 침략 및 지정학적 투쟁으로 인해 받은 상처들에 아랑곳하지 않는다. 예수는 잡히시던 밤에 포도주잔을 들고 내 피로 세운 계약의 잔이라고 하신다(고전 11:25). 그 잔은 민중의 삶 속에, 세계의 생활 속에 새로운 피를 주입하여 예수의 힘으로 민중을 각성시키고 비전을 갖게 하며 새로운 미래를 만들도록 한다.[13]

중국 민담에 나오는 쥐와 황소의 대결은 민중정치와 권력정치의 대결을 상징한다. 신정 정치문화로부터 민주 정치문화에로의 전환이 이뤄지기 위해서 그리스도인들은 신앙윤리를 힘의 윤리로 전환시키는 길을 찾아야 한다. 하나님은 신학적 명제가 아니라 역사를 움직이는 힘이다. 하나님은 지성소 안에 은거하시지 않고, 인간으로 살 권리를 얻기 위해 투쟁하며 애쓰는 민중 속에 계신다. 민중정치를 가장 강하게 증언하는 것이 복음서이며 마리아의 찬가이다(눅 1:46-55). 20세기 초 아시아에서 민중정치를 가장 효과적으로 수행한 이가 간디이다. 그는

---

13 위의 책, 293-318.

종교가 정치와 무관하다고 말하는 사람들은 종교가 뭔지 모른다고 했다. 간디는 자신의 실존 속에 인도 민중의 절망과 희망을 용해시켜 영국 식민주의를 물리치는 데 기여했다. 니카라과의 독재자 소모사를 몰아내는 데 기여했던 산디니스타 저항운동 참여자의 상당수가 그리스도인이었다. 독재자의 잔혹한 정치에 저항하는 것은 시민의 의무이자 그리스도인의 의무이기도 하다. 그렇지만 그러한 저항과 혁명 안에서 그리스도인들은 저항 안에서 저항을, 혁명 안에서 혁명을 수행해야 한다. 예수는 세상으로 제자들을 파송하면서 비둘기같이 온순하고, 뱀처럼 지혜로워야 한다고 하셨다(마 10:16). 예수는 제자들에게 '비둘기 윤리'뿐 아니라 '뱀 정치'도 요구하셨다. 여기서 뱀은 사기, 술책, 유혹이 아니라 신중, 판단 및 지혜의 상징이다. 이처럼 민중정치는 비둘기 윤리와 함께 뱀 정치를 구비해야 한다. 이 두 가지를 겸비한 정치를 송천성은 십자가 정치라고 했다. 십자가 정치와 민중정치는 어떻게 연결되는가 하는 것이 가장 어려운 과제이다. 힘이 없어 보이는 십자가가 수 세기를 내려오면서 많은 사람들로 하여금 정의와 자유를 위해 투쟁하게 했다. 십자가 정치는 저항, 혁명, 반항의 형태로 나타난다. 민중정치는 예수를 십자가 정치로 이끌었다. 하나님의 혁명은 여기서 멈추지 않았다. 다시 십자가 정치는 민중정치로 환원되었다. 이러한 이유로 인해 교회는 계속해서 사회 및 정치투쟁에 참여하게 된다. 십자가는 하나님의 힘이며 지혜이다. 기독교 힘의 윤리의 핵심이다.[14]

그런데 아시아의 정치 역사 단계에서 정치 참여는 도덕적 참여,

---

14 위의 책, 280-292.

영적 참여이어야 한다. 이는 민중들에게 제공하는 꿈은 사람의 꿈이
아니라 하나님의 약속이기 때문이다. 이런 이유로 정치신학은 예수와
민중의 사이를 왕래해야 한다. 예수에게서 민중으로, 민중에게서 예수
에게로 왕복해야 한다. 민주정치, 민중정치는 예수 그리스도에게 나타
난 하나님의 세상 정치를 반영한 것이다. 이것이 곧 육의 정치를 극복할
수 있는 영의 정치이다.[15]

세상 권세가 하나님의 목적을 파괴할 때 대안적 정치윤리가 필요하
다. 송천성은 권력정치와 민중정치가 대결한다고 본다. 권력정치는
무자비한 힘을 휘두르기도 하지만 경제 기적을 일으켜 인간의 가치를
후퇴시키거나 전체주의를 통해 가난한 자들을 억압한다. 권력정치는
종교와 사회·정치적 세력 사이의 필연적 관계를 무시하거나 경제적
실용주의 일변도로 가거나 민중의 정신을 보존하는 민족문화를 말살하
면서 세력을 확장해간다. 이에 반해 예수는 자기 피로 세운 새 언약을
통해 민중의 삶 속에, 세계 생활 속에 예수의 힘으로 민중을 각성시키고,
새로운 비전을 갖게 하여 새로운 미래를 만들도록 한다. 이러한 민중정
치의 예를 간디에게서 찾을 수 있다. 그렇지만 그리스도인들은 그러한
혁명과 저항의 과정에서 혁명 안에서 혁명을, 저항 안에서 저항을 수행
해야 한다. 예수가 제자들을 파송하면서 요청하셨던 '비둘기 윤리'와
'뱀 정치'를 모두 지녀야 한다. 이 두 가지를 겸비한 정치를 송천성은
십자가 정치라 했다. 십자가는 하나님의 힘이며 지혜이다. 아시아 정치
역사에서 정치 참여는 도덕적 참여, 영적 참여이어야 한다. 민중에게

---

15 위의 책, 327-328.

제시하는 꿈이 인간의 꿈이 아니라 하나님의 약속이기 때문이다.

V. 다문화 상황에서의 선교

송천성은 아시아의 다양한 문화 속에, 아시아인들의 삶 속에 우리가
찾는 신학적 진리가 함께 있다고 전제한다. 그는 아시아의 문화적 유산,
종교적 신앙, 역사적 희망으로 점철된 아시아의 삶을 재경험하는 것이
아시아라는 모태로부터 신학을 하는 데 있어서 가장 본질적 요소라고
보았다. 바꿔 말하면 아시아에서 기독교 신학의 시급한 과제는 아시아
의 역사와 문화 속에서 임마누엘의 징조를 확인하는 것이며, 말 없는
대중의 삶과 역사 속에 있는 그 징조를 확인하는 것이다. 이런 신학적
작업을 위해 필요한 것이 신학적 상상력이다. 예수는 비유를 통해 인간
의 생활 속으로, 문제와 고뇌로 점철된 현실 세계 속으로 하나님의
나라를 가져온다. 비유로 인해 인간의 삶과 하나님의 나라가 서로 한데
어우러진다. 즉, 인간의 삶을 떠나서는 하나님의 나라를 볼 수도 들을
수도 없게 된다. 우리의 신학도 비유와 이야기로 하는 신학이 되어야
한다. 그런데 문화를 통해 신학은 인간의 가슴 깊이 들어가야 한다.
예수의 비유는 민중의 삶 속으로 들어가 그들의 깊은 내면을 치기 때문에
그 즉시 그들 가슴 속에서 우러나는 히비키(메아리)를 들을 수 있었다.
하나님의 말씀이, 복음 선포가 인간의 마음 가장 깊은 곳에 있는 그
핵심을 치기만 하면, 그 핵심에서 우러나는 히비키(메아리)를 듣게 된다.
히비키 없는 신학은 생명이 없는 신학이다.[16]

아시아의 문화는 고통의 문화이다. 한(恨)은 한국 민중의 독점물이 될 수 없다. 아시아 민중은 피압박 문화 속에서 살아왔다. 우리는 이제야 민중의 고통, 열정, 그들의 역사가 안고 있는 역동성을 민담, 민요, 마당극, 대중가요 등을 통해 감지하기 시작했다. 아시아에서 여성 신학은 고통의 문화의 깊은 곳에 뿌리를 내리고 있다. 이 고통의 문화는 나사렛 예수에게서는 십자가의 무덤과 무덤으로부터의 생명으로 변형되었다. 예수에게서 고통과 쓰라림은 용서로, 사랑으로, 생명으로 변화되었다. 우리는 예수에게서 하나님의 고통스러운 사랑, 용서하고 구속하는 하나님의 사랑을 만나게 된다. 열정(passion)이라는 단어에는 사랑과 고통이라는 두 가지 뜻이 있다. 다른 사람을 사랑하는 열정은 다른 사람을 위한 고통으로서의 열정으로 바뀐다. 다른 사람을 향한 사랑이 고통으로 전환되지 않으면 그를 사랑한다는 말은 거짓이 된다. 사랑과 고통을 모두 포함하는 어머니의 열정을 통해 우리는 사랑하시며 고통당하시는 하나님의 열정을 이해할 수 있다. 십자가에 달린 예수는 세상을 사랑하시며, 세상을 위해 고통을 당하시는 하나님 자신이다. 이러한 하나님의 열정, 사랑과 고통을 모두 지닌 하나님의 열정이 신학의 출발점이다.[17]

---

16 C. S. 송/이덕주 역,『아시아 모태신학』(왜관: 분도출판사, 1990), 40, 55, 85, 86, 100.
17 위의 책, 126-136, 189-197.

VI. 다종교 상황에서의 선교

송천성은 중국 민담을 인용해 다종교 상황에서의 선교에 대해 설명하고 있다. 마이산 밑 파라 마을이 큰 가뭄에 시달리자 해랑이라는 소녀는 나무하러 갔다가 연못을 발견하고, 마을에 물을 대기 위해 애쓰는 과정을 민담은 그리고 있다. 연못을 막고 있는 돌문을 열기 위해 용왕님의 셋째 딸을 만나 황금열쇠를 얻어 돌문을 열어야 했다. 그런데 해랑은 용왕님의 셋째 딸을 만나기 위해 민요를 불러야 했다. 인간은 끊임없이 돌문을 만들며 산다. 성 주변에, 국경에, 부족 경계선에, 예배 장소 입구에 돌문을 세운다. 율법과 교리로 막는 종교의 벽은 다른 어느 벽보다 더 견고하다. 구원을 가르치는 종교에서 수많은 이방인에게 자기 문을 여는 일보다도 교리의 순수성과 전통의 존엄성을 안전하게 지키는 것이 더 중요하다고 본다. 종교인들은 교리와 전통을 통해 자기 종교를 독점하려 하고, 하나님의 구원에 다른 사람들이 쉽게 접근하는 것을 막으려 한다. 역설적으로 신앙인들이 자기네 하나님께 가까이 가면 갈수록 그들은 다른 신앙인들로부터 멀어진다. 하나님에게뿐 아니라 그들 사이에서도 서로 마음을 열 황금열쇠가 있어야 한다.

그런데 이 황금열쇠는 민요를 부를 때 나타나는 용왕님의 셋째 딸을 통해 얻을 수 있다. 왜 종교인들은 서로의 종교를 비교하려고만 하는가? 종교 간에 친교나 종교 간 방문은 서로를 보다 잘 이해하게 하지 않는가? 신앙 옹호자들이나 종교 교사들에게는 종교가 이지적인 것으로 변하는 경향이 있다. 그들에게는 종교가 머릿속에만 있다. 종교인들은 민중의 노래인 민요에 귀 기울이지 못한다. 민중의 노래, 이야기, 꿈과 시는 우리로 하여금 인간의 마음에 도달하게 하며, 거기에서 하나님을 바라는 인간의 요구인 돌문을 열 수 있는 황금열쇠를 얻게 된다. 예수는 사마리아 여인과의 대화 속에서 종교(예루살렘이나 그리심산)보다 이 여인을 더 소중히 여기셨다. 교리가 사람을 갈라놓았다. 그렇지만 물은 모두가 마셔야 하는 생명인 것처럼 예수는 생명의 물이다. 이것이 예수의 신학, 민중의 신학의 핵심이다.[18]

기독교인들 다수는 타종교를 우상숭배와 결부시키지만 송천성은 이러한 태도를 비판한다. 그는 종교에서 상징의 중요성에 주목한다. 종교적 상징은 인생의 궁극적 실재와 통하는 인간 영성을 간직하고 있다. 그런데 모든 형상과 상징을 제거하면, 그것들이 표상하던 궁극적 실재 역시 대중의 종교의식으로부터 사라져 버린다. 엘리아데는 고대 기독교가 고대 유럽의 종교적 유산을 기독교화하면서 정화했기 때문에 유럽 농민층의 기독교화가 가능했다고 본다. 인간 영성은 그 깊은 심층에서 자신의 문화적, 역사적 특정성을 초월하여 다른 영성들과 상호교류를 한다. 유럽의 기독교화가 그 한 예이다.

그렇다면 십자가와 연꽃은 교류할 수 있는가? 송천성은 긍정적으로 답한다. 본래 십자가나 연꽃은 민중의 일상생활 속에서 솟아난 것으로 기독교와 불교는 민중 종교였다. 그런데 신학자들이 그 종교를 민중에게서 박탈하여 민중의 순수한 염원이나 경외심과는 무관한 신학 체계와 종교 원리로 변질시켰다. 십자가와 연꽃이 교류하는 장소는 민중의 친교이어야 하며, 민중이 사회적, 정치적, 종교적 차원에서 인생의 문제

---

18 C. S. 송, 『아시아 이야기 신학』, 235-262.

와 세계의 문제를 해결해 가는 길을 찾는 데서 시작해야 한다. 기독교 신앙은 하나님께서 기독교 밖에 있는 구세적 요소들을 사용하신다는 점을 인정하는 자세를 지녀야 한다. 즉, 기독교에 의해서 형성되지 않은 사회에서도 하나님의 부단한 현존이 엿보이는 사건들과 계기들, '구속적 사건'과 '구속적 계기'들이 있다. 비록 이들은 단편적이고 불완전하지만, 하나님의 구속적 사랑과 권능, 예수 그리스도 안에서 성육신한 사랑과 권능을 어느 모로든 반영한다. 기독교 신앙은 우리 눈을 열어 주어 다른 문화들과 역사에 깃들어 있는 사건과 계기에서 구속적 성격을 파악하고, 그 사건과 계기들이 본질적으로 예수 그리스도의 행업과 연관되는 것으로 간주하도록 이끌어 주어야 마땅하다. 아시아 기독교의 선교는 제도적 교회의 지역적 확산이나 신도 수의 증가로 보아서는 안 된다. 아시아 교회의 선교는 아시아의 문화와 종교들로 형성되어 온 아시아 영성에 예수 그리스도에게서 나타난 하나님의 사랑과 자비를 주입하는 더욱 근본적인 과업을 감당해야 한다. 또한 아시아 기독교인들은 신앙과 이데올로기가 다른 사람들과 합심하여 자유와 정의와 평등에 토대를 두고 아시아 사회를 변혁하고자 노력해야 한다.[19]

송천성은 『거울 나라의 앨리스』(『이상한 나라의 앨리스』의 속편)라는 동화에 나온 이야기를 통해 대화를 통한 개종의 7단계를 제시한다.[20] 제1단계는 자기 종교와 경험을 바탕으로 상대방을 일방적으로 강요하는 단계이다. 제2단계는 상대방을 만나러 나서지만, 자기가 옳다는 것을 증명하기 위한 이기적 만남으로 낯선 것 가운데 익숙한 것을 찾는

---

19 C. S. 송/성염 역, 『아시아인의 심성과 신학』 중권 (왜관: 분도출판사, 1982), 9-30.
20 C. S. 송, 『아시아 이야기 신학』, 201-234.

다. 이와 같은 이기적 만남 이면에는 상대방에 대한 두려움이 있다. 이는 대화가 아니라 독백이요, 침략이며, 전쟁이다. 제3단계는 서로 다르다는 것을 깨닫는 단계이다. 이렇게 서로의 차이를 인정하면 대화의 가능성이 열린다. 제4단계는 낯선 땅에서 자기 이야기를 쓰는 단계이다. 여기서는 상대방의 이야기를 참고 기다리며 들어야 하는데 자기이야기만 하는 실수를 한다. 그리고 상대방 종교에 대해 성급한 판단을 내린다. 상대방을 이해하려면 상대방의 언어와 의미론을 배워야 한다. 예수가 사마리아 여인과 나눈 대화처럼 우리가 이웃 종교인과 대화하려면 인내가 필요하다. 대화의 핵심은 용서이다.

제5단계는 축복된 무지이다. 4단계까지는 우리 스스로를 대화의 주체로 여겼다. 그러나 이제부터는 상대방에 대해 무지하다는 것을 깨닫게 된다. 이것을 '축복된 무지'라고 부르면서 종교 간 대화를 위한 일종의 통과제의라고 했다. 이제 전혀 새로운 빛 안에서 다른 사람들과 우리 자신을 보게 된다. 제6단계는 쌍무협정의 단계로 상대방을 재평가하는 데서부터 서로를 받아들이고 이해하는 단계로 나아간다. 그래서 서로 믿고 인격으로 인정하는 쌍무협정을 맺는다. 제7단계는 대화를 통한 개종의 단계이다. 자신의 꿈에 상대방이 나타나는 것만 아니라 상대방의 꿈에 내가 들어가게 된다. 공동의 꿈이 가능하고, 공동의 삶이 형성되면서 하나의 공동체가 형성된다. 이처럼 분열된 세계가 하나의 세계를 이루기 위해서는 대화를 통한 개종이 있어야 한다. 다른 종교인을 내 종교로 개종시키는 것은 안 되지만 공동체 형성을 위한 개종은 대화의 목적이 되어야 한다.

다종교 상황에서의 선교에서 반드시 고려해야 할 것은 기독교 범주 바깥에 있는 인류의 2/3에 해당하는 이웃 종교인들이라고 송천성은 주장한다. 이들은 하나님의 형상으로 지음 받았고, 하나님의 창조 안에 속해 있지만 선교의 대상일 뿐 신학적 교리의 대상이 되지 못했다. 이는 교회의 선교 열의 때문에 신학 사고가 막혔고, 신학적 감정이 마비되었기 때문이다. 이는 선교학이 신학을 배반한 것이다. 오직 이들을 다루는 신학과 손잡은 선교학만이 창조 전체를 구속하고, 재생시키며, 새롭게 만들어야 하는 하나님의 선교적 사명을 밝혀낼 수 있다. 그리스도인들의 이야기와 이웃 종교인들의 이야기를 한데 어우러지게 하여 한 이야기로 융합하게 해야 한다. 이는 인권투쟁, 평화시위 등에 동참함으로써 기독교인과 이웃 종교인들 사이에 있던 담을 무너지게 한 것이다. 담이 무너진 이유는 세계가 지구 도시로 변했고, 핵전쟁 같은 공동의 위협과 인류의 2/3가 굶주리는 빈곤 문제 등 공동의 위기 상황 때문이다. 이처럼 신학을 교회 안에 있는 교인들의 이야기뿐 아니라 교회 바깥에 있는 이웃 종교인들의 이야기에 귀를 기울이는 것은 신학적 모험이다. 그렇지만 이러한 신학적 모험은 예수의 신학적 방법이다. 선천성 시각장애인을 고치셨던 예수의 이야기(요한복음 9장)에 의하면 진리의 증인은 유대교 지도자들이 아니라 시각장애인이었다. 진리의 증인은 특정 종교공동체에만 속한 것이 아니라 그 바깥에도 있을 수 있음을 보여 주는 이야기다. 다종교 상황에 있는 아시아의 (선교)신학은 교회 안에 있는 사람들의 이야기뿐 아니라 교회 바깥에 있는 사람들의 무수한 증언에도 귀를 기울여야 한다.[21]

---

21 C. S. 송, 『아시아 모태신학』, 208-211, 216-220.

기독교와 타종교, 기독교인과 타종교인 사이의 문제는 진리 문제이다. 진리 문제는 판단 문제이다. 마오리 청년과 요정의 결합은 상반되는 양극의 결합으로 진리 문제 이상의 다른 문제가 개입되었다. 즉, 사랑 문제이다. 진리가 가능한 것의 예술이라면, 사랑은 불가능한 것의 예술이다. 진리는 '합해질 수 없는 것들'을 합하는 데는 한계가 있다. 사랑은 '합해질 수 없는 것들'을 하나로 묶는 데 타의 추종을 불허한다. 성서는 우리에게 불가능한 것의 예술로서 사랑을 말해 준다. 역사는 고통과 영광으로 점철된 인류와 함께하시는 하나님의 사랑 사건이다. 하나님께서 세상을 사랑하셔서 외아들을 포기하셨다. 이것은 믿기 힘든 것으로 진리의 능력에 의존해서는 안 되고, 사랑의 능력에 의존해야 한다. 기독교 선교는 사랑 문제여야 한다. 사랑 문제가 될 때야 원리가 아닌 인간들을 다루게 된다. 기독교 선교는 하나님께서 이미 사랑에 빠져 관계를 맺고 있는 다른 인간들과 교회 사이의 문제를 다뤄야 한다. 기독교인들이 하나님의 사랑 안에서 그들과 한 공동체를 세워야 한다. 불가능한 것의 예술인 사랑은 단순한 장식 이상이어야 한다.

　　마오리 청년과 요정의 사랑은 처음에는 장식 문신처럼 표피에 새긴 것 같았다. 그래서 둘은 헤어졌다가 피부 속으로 새기는 고통스러운 문신의 과정을 거쳐 참된 사랑으로 나아간다. 문신은 고통과 함께 가문의 내력, 희망과 절망 속에서 이루어진 부족의 역사를 말해 준다. 그런데 청년이 지하세계에서 자신의 방식과 다른 문신을 보고 가짜 문신이라고 했던 것처럼, 기독교 선교사들은 다른 종교인들을 보고 동일한 평가(우상)를 내렸다. 그러나 많은 인도인들이나 중국인들은 선교사들이 전하는 기독교가 서양 것으로만 보이고, 자신의 역사적 상황에서 자신들을 격리시키며, 자신의 문화적 뿌리에서 자신들을 이탈하게 만든다고 비판했다. 결국 얄팍한 기독교 선교를 통해서 얄팍한 기독교인을 만들어 내고 있다는 비판이다. 제3세계 교회들은 단편 신앙, 단편 신학을 넘어서는 큰 신앙과 희망 및 사랑이 필요하다는 것을 깨달았다. 그렇지만 이런 과정에는 고통이 수반된다.

장식 문신처럼 서구 선교사들이 중국에서 전했던 기독교는 중국 공산당 집권 이후 급속히 사라지는 것 같았다. 1949년 이후 '암흑'의 30년 동안 쇠퇴한 것은 예수의 복음이 아니라 서구가 전파했던 교회, 교파 및 기구였다. 이 고통의 30년 동안 중국 기독교인들은 피를 흘리며 진정한 문신을 새겼다. 중국 기독교인들은 비로소 자기 백성의 언어로 말하는 법을 배웠고, 무신론적 사회주의 국가 안에서 기독교 선교를 안고 씨름했다. 그 결과 중국 안에서 하나님의 선교가 이룬 성과가 얼마나 엄청난 것이었는지 모른다. 고통 없는 사랑은 환상일 뿐 사랑이 아니다. 고통하며 치료하는 사랑이 십자가요, 고통하며 새 생명을 주는 사랑이 부활이다. 예수는 하나님의 고통이 담긴 사랑의 말씀이다. 하나님의 선교는 고통이 담긴 사랑의 선교이다. 이것이 말씀이며 진정한 만남이 이뤄지는 선교이다. 성육신하신 예수는 십자가에 문신된 예수이다. 성육신이야말로 하나님에게는 가장 고통스러운 문신이다. 십자가는 하나님의 고통이 담긴 연가이다. 바울의 선교는 문신한 기독교 선교를 수행해 간 문신한 기독교인이다. 아시아를 비롯한 여러 나라에서 문신한 기독교인들이 나오고 있다. 자기 민족의 언어와 문화 속에 문신되고, 자기 동포의 고뇌와 희망 속에 문신된 기독교인들이 나타나고 있다. 하나님께서 이제 아시아에서도 문신한 기독교 선교 시대를 여셨다.

VII. 아시아 신학 방법론

송천성은 신학의 출발점을 마음에서 찾았다. 학문의 길은 놓친 마음을 찾는 데 있다는 맹자를 인용하면서 그는 신학이라는 학문은 잃어버린 마음(放心)을 찾는 데 있다고 했다. 아시아 신학자의 과제는 아시아의 종교와 문화, 사회적 격동 속에서 잃어버린 마음을 찾으시는 하나님을 깨닫고 이해하는 것이라 했다. 이를 위해 필요한 것이 '제3의 눈'이다. 사물과 현상의 표면 밑에 숨겨진 뜻을 간파하게 해 주는 자각과 직관의 힘을 소유한 눈을 '제3의 눈'이라 했다. '제3의 눈'은 불교에서 유래한 말이다. 선(禪)은 제3의 눈을 뜨게 하여 우리의 무지로 닫혀 버린 천계(天界)가 나타나고 거기서 우리 존재의 본질을 보게 된다. 우리에게 친숙한 서구 신학은 제1안 신학 또는 제2안 신학으로 평면 신학이다. 서구 신학이 서구 문화와 역사를 배경으로 신학한 것이라면, 이제는 아시아의 눈으로, 아프리카의 눈으로, 라틴 아메리카의 눈으로 그리스도를 뵙도록 단련하는 것을 '제3의 눈'으로 신학했다고 한다. 송천성은 서구 신학의 묵계라 할 수 있는 기독교와 서구 문명의 결합(결혼)이 20세기 초에 해체되었는데 이를 연장시키는 것이 서구 기독교의 선교라 비판했다.[22]

송천성은 아시아적 시각이라 할 '제3의 눈'으로부터 전위 신학으로 대안적인 신학 방법론을 발전시킨다. 그는 전위의 신학과 부동의 신학이라는 두 가지 신학 형태를 구분한다. 부동의 신학은 서구 신학처럼 기독교를 다른 종교나 문화에 적용할 수 없다고 본다. 전위의 신학은

---

22 C. S. 송/성염 역, 『아시아인의 심성과 신학』 상권, 5-23.

문화, 종교, 역사의 장벽을 넘어서서 지금까지의 서구 신학과는 전혀 다른 새로운 방법과 사고를 통해 아시아의 창조 세계 속에 계시는 하나님을 만날 수 있도록 하는 신학이다. 전위는 시간과 공간의 이동을 뜻하지만 여기서는 문화, 종교, 역사가 다른 곳에서 복음, 하나님 말씀의 의사소통을 가능하게 하는 신학, 하나님 말씀을 아시아의 문화, 종교, 역사속에 성육신하게 하는 신학이다.

그동안 서구 기독교 신학은 의사소통의 세계에서 예외적인 특권을 너무 오래 누려왔다. 사도 바울은 복음을 전할 때 믿음이 약한 자를 얻기 위해 약한 자가 되었다고 했다(고전 9:22). 서구 기독교의 선교와 신학은 복음의 놀라운 가변성을 과소평가해 왔다. 흑인 신학은 흑인의 검은 피부로부터 가난한 자, 압제당하는 자, 박탈당하는 자들의 아픈 가슴을 파고들어 고통받는 하나님의 가슴과 만난다. 이런 이유로 흑인 신학은 에큐메니칼 신학이 되었다. 아시아 여성 신학은 아시아 여성의 새로운 형상을 제시하지만, 아시아 남성에 대해서도 새로운 형상을 그릴수 있게 해 주었다. 이처럼 여성 신학은 남성과 여성 모두에게 새로운 형상을 제시했다. 전위 신학의 걸림돌은 중심주의다. 구약성서에서는 이스라엘 백성 중심으로부터 하나님과 열방과의 관계를, 열방과 이스라엘과의 관계를 주목해야 한다. 신약성서에서는 유대교나 유대인 중심으로부터 세계 속에서 활동하시는 하나님에게 주목해야 한다. 아시아 신학은 아시아의 역사에서 펼쳐지는 고뇌와 고통 속에 공감하시는 하나님의 가슴에 접해야 한다.[23]

---

23 C. S. 송/이덕주 역,『대자대비하신 하느님』(왜관: 분도출판사, 1985), 10-11, 21-32.

송천성은 전위 신학을 아시아 모태 신학으로 발전시키면서 전위 신학에 필요한 요소들로 상상력, 열정, 친교(코이노니아), 꿈을 제시한다.[24] 복음과 하나님의 말씀을 아시아에서 듣기 위해 전위 신학을 수립하기 위해서는 아시아의 문화, 종교, 역사 및 자유와 정의와 사랑을 위한 투쟁 이야기 등 아시아 자료를 활용할 줄 알아야 한다. 이를 위해 필요한 것이 상상력이다. 이제까지 신학적 노력을 경주해 온 익숙한 영역을 뛰어넘기 위해 상상력이 필요하다. 하나님의 형상대로 지음 받은 우리에게 주신 상상력을 사용해야 한다. 그리고 신학은 이성뿐 아니라 열정을 갖고 해야 한다. 우리와 다른 사람들 속에서 우리가 느낄 수 있는 하나님의 자비하심을 체험하도록 해 주는 것이 열정이다. 또한 신학적 작업을 시험해 볼 곳은 인간 공동체뿐이다. 우리로 하여금 다른 사람과 하나님에게 책임 있는 존재임을 깨닫게 해 주는 친교의 체험이 필수적이다. 마지막으로 신학은 사랑과 정의가 넘쳐흐르는 미래의 꿈에서 자양분을 얻는다. 세상 속에 나타나는 하나님의 구속적 현존의 꿈, 우리로 하여금 신학의 새로운 길을 가게 하는 희망이 필요하다. 이처럼 아시아 모태의 신학은 보다 나은 내일에 대한 꿈으로 자극을 받으며 인간 공동체 한가운데서 상상력과 열정을 동원해 이뤄지는 신학이다.

송천성의 신학은 기독론 중심적이다. 그런데 그의 신학에서 예수 그리스도에 대한 접근 방식은 첫째, 역사적이고 신학적이다. 서구의 전통적 신학은 예수에 대한 접근 방식이 전기적 기록(개인 중심)이고,

---

24 C. S. 송, 『아시아 모태신학』, 13-20.

철학적 접근 방식(인성과 신성)을 택했다. 이에 반해 송천성은 예수를 고립된 개인이 아니라 다양한 사회관계를 맺고 있는 공동체 속에 사는 분으로 이해했다. 예수의 삶과 선교에 대한 역사적, 신학적 서술을 보장하는 것은 하나님의 통치로부터 예수에게로 접근한 것이다.[25] 그리고 그의 또 다른 기독론적 접근 방식은 민중해석학이다. 그에 의하면 고난이 아시아의 역사를 역사적이 되게 하고, 아시아인 역시 상황적이 되게 한다고 했다. 참된 예수와 진짜 민중은 고난 속에 있다. 민중은 자유와 정의를, 생명을 추구한다. 예수는 이런 민중을 떠나서는 존재할 수 없다. 거지, 한센씨병 환자 등 민중은 예수 그리스도를 아는 실마리가 된다. 예수의 말씀과 활동은 몸과 영으로 고난을 당하는 민중을 떠나서는 이해될 수 없다. 따라서 기독론적 해석학은 민중해석학이 되어야 한다.[26]

송천성은 아시아 신학 수립을 위해 열 가지 명제를 제시한다. 명제를 제시하기 전에 그는 신학에 대해 두 전제를 제시한다.[27] 첫째, 신학은 역사적, 문화적 영향을 받아 형성된 것이지만, 마찬가지로 신학은 역사적, 문화적 평가와 비판을 받아야 한다. 둘째, 모든 신학은 각자 자신의 상황 속에서 평가되어야만 한다. 열 가지 명제의 핵심 내용을 보면 신학의 자료는 삶 전체이며, 세계(상황)가 바뀌면 신학적 질문 역시 바뀔 수밖에 없다. 신학의 초점은 이스라엘의 역사, 서양 기독교의 역사

---

25 C. S. Song, *Jesus and the Reign of God* (Minneapolis: Fortress Press, 1993), preface, x-xii.

26 C. S. Song, *Jesus, the Crucified People* (Minneapolis: Fortress Press, 1996), 9, 11-12.

27 C. S. 송, 『아시아 이야기 신학』, 15-49.

로부터 아시아의 역사로 이동해야 한다. 아시아 신학은 예수 그리스도를 아시아라는 구조 속에서 신학적으로 사고하고 행동을 전개해야 한다. 아시아 신학은 아시아의 가난한 사람들의 고통과 눈물, 분노를 수용하는 분노의 신학, 통곡의 신학이어야 한다. 이제까지 아시아 신학은 타향살이 신학이었다. 자기 고향인 아시아를 떠났기 때문이다. 아시아 신학의 관심은 아시아의 문화와 역사이다. 아시아 선교신학의 과제는 전통적 교회들로 하여금 하나님의 선교에 대한 관점을 넓혀 주는 데 있다. 기독교 신학은 다른 문화, 역사, 종교에 대해 개방적이어야 한다. 우리가보고 만지는 것만을 기독교적인 것으로 취급하려는 유혹을 물리쳐야 한다. 하나님은 구속의 현존을 기다리는 곳이면 어디든 가신다. 따라서 신학도 이웃 속에서 활동하시는 하나님에게 주목해야 한다. 아시아 신학은 현재뿐 아니라 미래를 위해서도 봉사해야 한다. 성체성사 때 그리스도의 현존을 찬양하는 것은 그리스도 안에서 하나님의 미래는 인간의 현재가 되기 때문이다. 하나님의 나라는 영적 욕구뿐 아니라 사회적, 정치적 투쟁까지도 포함한다. 에큐메니칼 신학은 다양한 문화, 사회, 정치적 상황에서 적용되는 다양한 방법을 사용하지만 각 신학을 종합하거나 혼합해서는 안 된다. 아시아 신학의 관심사는 아시아라는 오이쿠메네(oikoumene)가 되어야 한다.

VIII. 송천성의 선교신학의 특징, 쟁점과 과제

1. 송천성의 선교신학의 특징

송천성의 아시아 선교신학의 특징은 신학의 소재를 아시아 민담, 시, 종교(힌두교, 불교, 유교 경전)에서 취하면서 성서와 연계해서 신학을 전개했다. 그가 아시아 민중문학과 종교에 귀를 기울인 것은 이것이 아시아 민중의 마음속으로 들어가는 길이라고 생각했기 때문이다. 민중 문학과 종교에 대한 그의 독창적인 신학 해석으로부터 그의 선교신학의 독창성이 기인한다. 그가 아시아 민중문학이나 종교에 관심을 기울인 것은 1970년대 아시아 선교를 과도기로 보았기 때문이다. 즉, 서구의 해외선교는 종말을 고하지만 아직 아시아 선교의 새 시대가 열리지 않았기 때문에 그는 아시아 민중문학과 종교를 통해 아시아의 해방에 기여하는 아시아 선교신학을 개척하고자 했다.

그의 선교신학은 신학적으로는 구속 신학과 창조 신학의 균형을 이루고자 했다. 이러한 신학적 입장은 아시아 기독교 신앙의 재건을 위해 필수적인 영역으로 문화, 역사, 사회, 정치 등에서 관점의 변화를 초래했다. 문화의 선교적 과제는 문화 비판이며, 신앙을 역사의 의미를 해석하는 출발점으로 삼으며 창조와 역사를 연결지으려 했다. 교회의 출발점은 사회변혁의 신학이라고 강조했다. 그리고 그는 하나님의 구원 과 창조를 아시아라는 역사의 맥락에 자리 잡도록 했다. 그는 아시아 역사가 아시아 신학의 중요한 자료이기 때문에 신학의 초점을 이스라엘 의 역사와 서구 기독교의 역사로부터 아시아의 역사로 변경해야 한다고 역설했다.

　　그는 하나님의 선교와 관련해서 성부 하나님의 구속행위를 창조세계의 맥락에서 보게 하고, 성자 하나님은 교회 중심의 선교의 대안으로서 그리스도 중심의 성육신의 선교를 제시했다. 성육신의 선교는 자기를 부정할 때만 타자(죄인)를 받아들일 공간이 만들어진다. 성육신의 선교는 타자를 받아들이기 위해 자기를 비우는 선교이며, 이로써 새로운 존재 형태와 새로운 관계 방식이 시작된다. 성령 하나님은 희망의 선교, 종말론적 선교를 이끈다. 하나님의 미래를 제시함으로써 과거의 압제와 현재의 절망과 미래의 환상으로부터 우리를 해방시킨다.

　　그의 선교신학은 아시아의 문화, 역사, 종교를 신학적 자원으로 하고, 신학 방법은 기독론 중심적인데 이 둘 사이에 어느 하나에 치우치지 않고 조화와 균형을 추구하고 있다. 송천성은 아시아의 문화와 종교를 존중하지만, 거기에 집착하지 않으며, 기독론 중심적이지만 역사적, 신학적 접근 방식과 민중해석학을 견지하기 때문에, 그리고 아시아의 문화를 고통의 문화로 이해하기 때문에 양자 사이의 조화와 균형을 유지할 수 있다.

　　그는 정치윤리로 민중의 정치와 십자가 정치를 제시한다. 성만찬에서 예수가 나눈 피는 민중을 각성시키고 민중으로 하여금 새로운 비전을 갖게 한다. 대안적 정치윤리가 비둘기 윤리와 뱀 정치를 지니면 십자가 정치가 된다. 왜냐하면 정치윤리에서 민중에게 제시하는 꿈은 인간의 꿈이 아니라 하나님의 약속이기 때문에 정치 참여는 영적 참여이기 때문이다.

　　그는 아시아의 다양한 문화와 삶 속에 신학적 진리가 있다고 전제하면서 아시아의 문화적, 종교적, 역사적 유산에서 아시아의 삶을 재경험하는 것이 아시아라는 모태로부터 신학함에 가장 본질적 요소라고 보았다. 그리고 아시아의 문화를 고통의 문화라고 보았다. 그런 문화 속에 담긴 아시아인들의 절망, 좌절, 고통과 희망을 통해 사랑과 고통을 모두 지닌 하나님의 열정을 지닌 예수를 만나게 된다.

그는 기독교 범주 바깥에 있는 인류의 2/3를 신학적으로 다루는 선교신학을 해야 한다고 역설한다. 즉, 그들도 하나님의 형상으로 지음받았고, 하나님의 창조세계에 속한 사람들로 대해야 한다. 이렇게 선교신학을 할 때 창조세계 전체를 구속하고, 재생시키는 하나님의 선교활동에 참여할 수 있게 된다.

그는 십자가와 연꽃 사이의 교류가 민중의 삶의 교제 속에서 가능하다고 했다. 이 두 종교는 사회적, 정치적, 종교적 차원에서 제기하는 인생의 문제와 세계의 문제 해결을 모색하는 데 함께할 수 있다. 기독교인들은 기독교 밖에 있는 구세적 요소들, '구속적 사건'과 '구속적 계기'들을 인정하는 태도를 지녀야 한다. 이렇게 해서 아시아 영성에 하나님의 사랑을 주입해서 자유와 정의와 평등에 토대를 둔 아시아 사회가 되도록 해야 한다.

아시아 신학은 아시아인의 눈으로 신학을 해야 한다. 이때 과제는 존재자의 신비를 둘러싼 어두움과 기독교 영성과 아시아 영성 사이를 가르는 어두움을 제거하는 일이다. 하나님은 인간의 곤경 때문에 마음 앓이를 하신다. 인간의 죄 때문에 하나님이 당하시고 변하신다. 이는 하나님의 헤세드, 아가페 사랑 때문이다. 신학이 하나님의 사랑에 뿌리박은 고통에서 시작된다. 능동적 신학은 민중의 삶 속에서 자라나는 신학으로 이 신학은 사회갈등을 조장하는 원인에 대해 분석하고 조사를 하는 것과 병행해야 한다.

아시아 신학은 전위 신학, 아시아의 문화, 역사, 종교에 뿌리내리는 성육신 신학이어야 하고, 전위 신학을 구체화하는 아시아 모태 신학에서 필요한 것은 상상력, 열정, 친교(코이노니아), 꿈 등이다. 송천성의 아시아 신학은 기독론 중심적인데 역사적이고 신학적이며, 민중 해석학과 연계되어야 한다. 아시아 신학은 아시아라는 오이쿠메네에서 신학함을 하기 때문에 아시아 문화와 역사에 주목해야 한다. 세계(상황)가 바뀌면 질문도 달라질 수밖에 없다. 아시아 신학은 예수 그리스도를 아시아라는 사회구조 속에서 신학적으로 사고하고 그에 따라 행동해야 한다.

2. 송천성의 선교신학의 쟁점

송천성은 다른 종교와 기독교의 관계를 진리의 문제로 해결하기 어렵기 때문에 사랑의 문제로 해결해야 한다고 했다. 이에 대해 뉴비긴은 진리에 대해 평가절하한다는 문제 제기를 했다.[28] 물론 이 대목만 보면 문제가 있어 보이지만 다른 대목과 연계해서 보면 송천성의 의도를 이해할 수 있다. 우선 전통적 신학자들은 기독교인들의 이야기를 신학적 원리나 원칙, 명제나 반명제로 바꾸는 경향이 있다. 그들은 머리로 신학을 하고, 이성으로 진리에 도달한다고 생각하기 때문이다. 더구나

---

28 레슬리 뉴비긴/홍병룡 역, 『다원주의 사회에서의 복음』 (서울: IVP, 2007), 339.

전통적 신학자들은 교회 밖의 이야기에 귀를 기울이지 않는다. 송천성은 교회 안의 이야기와 인류의 2/3에 해당하는 이웃 종교인들의 이야기 속에서 하나님의 구속하시는 사랑을 헤아리기 위해 애써야 한다고 했다.[29] 다른 종교와 관련하여 진리의 문제를 머리로만 도달하고, 신학 자원을 기독교인들의 이야기에 제한하는 한 진리의 문제로 해결하기 어렵고 사랑의 문제로 해결해야 한다는 말이 용납될 수 있다.

둘째로 빌라도는 법정에서 예수에게 진리가 무엇이냐고 물었다(요 18:38). 그가 진리를 몰라서 질문한 것은 아니었다. 그에게 진리는 권력자 편에 있다. 지배자들은 권력을 독점했기 때문에 진리도 독점했다. 그래서 진리가 권력을 섬겨야 하지, 권력이 진리를 섬겨서는 안 되었다. 그러나 예수의 진리는 하나님의 통치가 이 세상에 속한 것이 아니라는 데 달려 있다(요 18:36). 즉, 하나님의 통치는 복수가 아니라 사랑, 저주가 아니라 용서, 착취가 아니라 정의, 교만이 아니라 겸손이다.[30] 식민지와 피식민지라는 권력관계에서 서로 다른 종교인 사이에 진리를 논하는 것은 권력자 편의 종교를 진리라고 강요할 위험이 있다.

마지막으로 송천성은 엔도 슈사쿠의『사무라이』라는 책을 통해 서구 선교사의 하나님과 일본인 배교자의 하나님을 대비하면서 이 문제에 대한 해결의 실마리를 제시했다. 일본인 배교자는 서구 신학을 배웠지만 그들의 신학을 거부하여 배교자로서 멕시코에서 원주민 인디언들과 함께 살고 있다. 그런데 멕시코를 방문했던 사무라이에게 배교자 일본인은 자기는 그리스도를 믿는다고 했다. 다만 서구 선교사들과는 달리

---

29 C. S. 송,『아시아 모태신학』, 215.
30 C. S. Song, *Jesus and the Reign of God*, 217, 208.

믿는다고 했다. 서구 선교사들은 멕시코에서 벌어졌던 인디언들의 고난을 망각하거나 무시하면서 미사여구로 복음을, 하나님의 사랑을 선포했다. 그들의 이런 행태가 배교자 일본인으로 하여금 구역질나게 했다. 그가 믿는 하나님은 버림받은 인디언들과 함께하시는 하나님이었다.[31] 이 대목은 이웃 종교인과의 진리 논쟁이 아니라 식민주의의 맥락에서 이뤄지는 기독교 내 진리 논쟁이라 할 수 있다. 여기서도 두 번째 이유와 동일하게 진리와 권력이 긴밀하게 연루되어 하나님의 사랑을 왜곡시켰다. 따라서 이런 맥락에서는 진리 문제보다는 사랑의 문제로 해결하는 것이 훨씬 더 설득력이 있다고 본다.

송천성이 아시아의 광대한 문화, 역사, 종교 등을 신학 자료로 사용하면서도 기독론 중심적 신학이기 때문에 낡은 방식을 새로운 형태로 전개한다는 비판을 받았다. 즉, 어떤 문화나 역사에서 선하고 구속적인 것은 기독교적 관점, 기독론적 관점에서 적합한 한에서만 그렇다는 주장이다.[32] 이러한 비판은 송천성의 기독론이 서구 기독론이라면 타당성이 있는 듯이 보인다. 그렇지만 위에서 언급한 대로 그의 기독론에서 예수를 십자가에 달린 민중과 동일시되고, 민중해석학과 연결되어 있다면 이러한 비판은 부적절한 비판이라 하겠다. 오히려 아시아 신학과 아시아 선교신학을 수립하기 위해서 아시아의 방대한 문화, 역사, 종교 그리고 다양한 고난과 투쟁의 이야기들을 신학적 자료를 사용할 때

---

31 C. S. Song, *Jesus, the Crucified People*, 219-224.

32 D. Preman Niles, "Reviewing and Responding to the Thought of Choan-Seng Song," *The Occasional Bulletin of Missionary Research*, Vol. 1, Issue 3 (July, 1977), 10.

이와 같은 신학적 관점이 없다면, 그러한 신학 작업을 기독교적이 되도록 담보하는 것이 없기 때문에 오히려 문제가 된다고 하겠다.

송천성 신학은 아시아적 상황에서 재해석된 기독론을 통해 아시아적 신학 자료를 다뤘다. 그런데 그의 신학은 창조세계와 아시아인들에 대한 하나님의 사랑을 강조하다 보니 하나님의 정의를 짓밟는 불의와 불평등, 창조세계에 대한 죄악을 심판하는 것에 대한 언급이 없다. 구약성서는 하나님의 사랑, 정의, 심판을 나란히 다루고 있다. 신약성서 역시 하나님의 통치를 선포하면서 회개를 반드시 함께 언급하고 있다. 송천성은 민중기독론의 시각에서 인류의 일치와 피조물의 일치를 지향하지만, 심판이 하나님의 집에서 먼저 시작함을 잊고 있다. 신학자들과 목회자들, 기독교인들 그리고 말씀을 들은 사람들을 향한 심판의 메시지는 하나님의 세상을 향한 사랑의 메시지와 함께 가야 한다.

3. 송천성의 선교신학의 과제

송천성 선교신학의 과제로는 문화적 분석과 비교해 볼 때 경제적, 사회적, 정치적 분석이 상당히 부족하거나 결여되어 있다는 점이다. 이야기는 신학적으로 해석할 수 있지만 이야기 자체가 경제적, 정치적 상황을 변화시켜가는 데 직접적으로 기여하기는 어렵다. 신학에서 문화적 분석과 정치·사회적, 경제적 분석 사이의 조화를 이루는 작업은 상황화 신학에서 일반적으로 제기되는 문제이다. 해방신학이나 민중신학처럼 정치·사회적, 경제적 측면을 강조하면 후에는 문화적 측면을 보완하게 된다. 송천성은 그 반대로 문화적 측면을 강조하기 때문에 정치·사회적, 경제적 측면을 보완해야 한다.

송천성의 교회 중심의 선교에 대한 대안으로 그리스도 중심의 선교를 제시하고 있다. 그런 이유 때문인지 아시아에서 기독교 바깥에 있는 하나님의 '구속적 사건'이나 '구속적 계기'를 인정한다 하더라도 기독교 교회가 성장하고 성숙해지는 것과 양립 불가능한 것은 아닌데 이 부분을 서구 선교의 유산이라고 생각해서인지 부정적으로만 보고 있다. 아시아 선교가 아시아 상황에 적합한 아시아 선교 과제를 감당하는 아시아 교회 세우기라고 볼 수는 없는가 하는 비판을 할 수 있다. 아시아 사회의 변화를 감당하는 아시아 기독교의 주체는 신학자인가? 아니면 그리스도인 개인인가? 민중해석학에 의하면 당연히 후자이다. 아시아의 민중들과 더불어 아시아의 정치·사회적, 경제적, 문화적, 역사적, 종교적 상황에 적합한 아시아적 교회를 세우기는 21세기 아시아 선교의 중요한 과제이다.

송천성의 신학에는 아시아의 빈곤 문제가 중요한 신학적 문제 중 하나이기 때문에 아시아의 생태계 보전, 창조보전에 대한 언급이 거의 없다. 이는 그의 신학이 창조와 구속 사이에 조화를 추구한다고 하지만 여전히 인간 중심적인 한계를 안고 있다. 아시아 신학, 선교신학의 과제로 아시아 창조세계의 보전이 반드시 포함되어야 할 것이다. 여기에는 핵 발전소를 폐쇄하고 기후변화에 대처하는 것 등 21세기의 새로운 도전들을 포함시켜야 할 것이다.

IX. 나오는 말

아시아 선교신학은 아시아의 역사적, 사회적, 경제적, 정치적, 문화적, 종교적 상황에서 아시아인들의 눈으로 제기된 문제들을 성서와 신학에 근거해 답을 제시해야 한다. 그렇지만 서구의 아시아 선교가 종말을 고하고 아시아의 대안적 선교신학이 나와야 하는데 그렇지 못한 과도기이기 때문에 답변보다는 여전히 질문을 더 많이 하는 것이 아시아 선교신학이다.

아시아 선교신학은 아시아의 가난한 자들로부터 나오는 질문과 문제의식, 욕구에 충실한 아래로부터의 신학 접근 방식을 취해야 하며, 신학의 자료는 아시아인의 삶 전체이지만 특히 아시아 문학, 역사, 종교 등을 중시해야 한다. 기독교 바깥에서 펼쳐지는 하나님의 구속과 창조 활동에 대해 주의를 기울여야 한다. 다종교 상황에서 종교 간 대화의 가능성과 한계에 대해서도 심층적인 연구가 이뤄져야 한다. 그리고 근대화와 도시화, 산업화가 초래한 생태학적 위기는 인류와 지구 생명 공동체의 지속이 불가능해지는 상황이기 때문에 이런 문제들에 대한 문명사적 성찰도 필수적이다.

그렇지만 아시아는 다종교 사회일 뿐 아니라 가난의 대륙이기 때문에 가난의 문제에 대해서는 경제적, 사회적, 정치적 분석도 중요한 연구 방법으로 채택되어야 한다. 지구화가 진행되어 전 세계적인 경제 위기와 생태계 위기가 동시에 진행되고 있기 때문에 아시아 상황에 대한 이해만으로는 전 지구적 위기와 아시아의 위기를 제대로 이해하기 어렵기 때문에 전 지구적 차원의 경제 위기와 생태계 위기에 대한 연구가 병행되어야 할 것이다.

아시아 신학 방법론으로는 마음 중심의 신학, 제3의 눈, 전위 신학, 상상력, 열정, 친교(코이노니아), 꿈 등을 포함하는 아시아 모태 신학, 역사적이고 신학적인 기독론과 민중 해석학을 송천성은 제시하고 있다.

그리고 서구 선교의 실패가 서구 신학의 실패에서 유래될 수 있다는 평가와 관련해서는 서구 신학에 대한 아시아 신학적 비판과 대안 제시가 시급하다. 이러한 노력들이 다양한 방식으로 제기되어 왔지만 선교신학적 노력은 아직 부족하다고 하겠다. 이러한 문제를 보완하기 위해서는 아시아 신학자들, 선교신학자들 사이의 에큐메니칼 대화가 필요하고, 지속적으로 제도적으로 에큐메니칼 만남이 필요할 것이다. 아시아기독교협의회는 교단 대표가 아니라 그리스도인 개개인들의 모임이기 때문에 장점도 있지만 단점도 있다. 한국교회가 이러한 문제를 보완하고 세계 선교를 위해, 아시아 선교를 위해 아시아 신학의 발전에, 아시아 선교신학의 발전에 기여하는 길도 필요하다.

참고문헌

송, C. S./이계준 · 김진서 역. 『희망의 선교-아시아 상황을 중심으로』. 서울: 전망사, 1993.

_____/이덕주 역. 『대자대비하신 하느님』. 왜관: 분도출판사, 1985.

_____. 『아시아 이야기 신학』. 왜관: 분도출판사, 1988.

_____. 『아시아 모태 신학』. 왜관: 분도출판사, 1990.

_____/성염 역. 『아시아인의 심성과 신학』. 왜관: 분도출판사, 1982. 상권, 중권, 하권.

Song, C. S. *Jesus and the Reign of God*. Minneapolis. Fortress Press, 1993.

_____. *Jesus, the Crucified People*. Minneapolis, Fortress Press, 1996.

Niles, D. Preman. "Reviewing and Responding to the Thought of Choan-Seng Song." *The Occasional Bulletin of Missionary Research*, Vol. 1, Issue 3 (July, 1977), 9-11.

5 장
알로이시우스 피어리스의
아시아 선교신학 이해

I. 들어가는 글

21세기 세계 기독교는 남반부 교회가 다수이기 때문에 여전히 신학함이나 신학적 논의를 서구 신학 중심으로 하는 것은 적합하지 않다. 신학, 예전, 목회, 선교 모두 남반부 교회가 다수인 세계 기독교라는 관점에서 재구성되어야 한다. 그렇지만 현실은 서구 기독교의 신학, 예전, 목회, 선교 이해가 관성처럼 남반부 교회에 이전과 같은 영향을 주고 있다. 그러나 제3세계 신학자 에큐메니칼협의회(Ecumenical Association of Third World Theologians)를 비롯해서 아시아 교회, 아프리카 교회, 라틴 아메리카 교회들이 자신의 신학을 하기 위한 다양한 시도가 이뤄지고 있다. 아시아 선교는 가난한 자들에게 복음을, 다문화 속에서 선교, 다종교 속에서 선교·종교 간 대화라는 삼중의 과제를 안고 있다. 아시아 선교신학자들은 세 가지 과제 중 가난한 자나 다문화나 다종교를 중심으로 선교신학을 전개하고 있다. 그러나 아시아 선교신학은 세 가지 주제 중 한 가지만 선택하고, 다른 두 주제를 배제할 수 없다. 왜냐하면 아시아에서 가난과 문화와 종교는 서로 밀접하게 연관되어 있기 때문이다. 그럼에도 불구하고 단순화시켜 분류한다면 한국의 민중신학이나 인도의 달릿신학은 가난의 문제를 중심으로 다루고 있다고 할 수 있다. 송천성(C. S. Song)과 고수케 고야마(Kosuke Koyama)는 선교와 문화의 문제를 주로 다룬 아시아 선교신학자라 할 수 있고, 선교와 종교·종교 간 대화를 주로 다룬 아시아 신학자는 알로이시우스 피어리스이다.

이 글은 불교와 기독교의 대화를 주로 다룬 알로이시우스 피어리스의 아시아 선교신학을 소개하고자 한다. 그는 기독교 신학을 공부한 가톨릭 사제로 스리랑카 최초로 불교로 박사학위를 받았다. 따라서 피어리스에 대해 이해하고자 하는 신학자는 불교에 대한 이해가 깊어야 한다. 필자는 불교에 대한 지식이 없어 그를 소개하기에 적합하지 않다. 그러나 아시아 선교신학을 연구하면서 피어리스를 피할 수는 없다. 필자의 한계에도 불구하고 불교와 기독교의 대화를 중심으로 연구한 아시아 선교신학자 피어리스를 소개하고자 한다. II에서는 그의 아시아 선교 이해를 제시하고자 한다. 그는 아시아 선교신학의 주제를 가난과 아시아 종교성으로 보고, 목적을 해방이라 했다. 먼저 가난과 해방을 다루고, 기독교와 해방·구원이라는 맥락에서 서구 기독교 선교에 대한 반성과 대안적 아시아 선교를 위해 필요한 기독론과 교회론을 제시하고, 아시아를 위한 새로운 복음 전도·선교를 살펴보고자 한다. III에서는 그의 아시아 선교신학의 주제인 문화화와 해방, 종교 간 대화와 해방,

아시아 해방신학, 페미니즘과 해방을 다루고자 한다. 이 과정에서 핵심은 어떻게 가난과 아시아의 종교가 함께 해방·구원을 이루는 데 기여하는가 하는 점이다. IV에서는 II와 III에서 다룬 주제들을 피어리스의 아시아 선교신학 이해로 정리한 후 그의 선교신학의 특징과 과제를 제시하고자 한다. 필자의 한계에도 불구하고 피어리스에 대한 연구는 아시아의 가난과 아시아의 종교라는 주제와 해방이라는 목적을 선교, 문화, 종교, 페미니즘, 아시아 해방신학의 관점에서 살펴보는 것은 어렵지만 동시에 여러 주제가 상호 관련되며 선순환하는 것을 볼 수 있다. 다만 필자가 지식이 얕아 피어리스의 주장을 번역하여 소개하다 보니 내용이 길어지고, 일부 내용들이 반복되기도 하고, 덜 이해된 부분도 있지만 이렇게 다양한 주제들을 한꺼번에 다룬 글이 없어 이 점을 이 글의 의의로 생각한다.

II. 피어리스의 아시아 선교 이해

1. 두 가지 만남

피어리스는 자신의 신학 여정을 돌아보면서 아시아의 신학적 탐구는 반드시 가난과 종교적 다원성을 붙들고 씨름해야 한다고 했다. 그의 신학 여정은 신학과 영성의 진화로 아시아적일 뿐 아니라 해방적이다. 그의 신학 여정을 결정지은 아시아의 종교성과 사회적 문제로서 가난은 처음에는 화해되지 않았지만 오랜 시간이 걸려서야 통합되었다. 그가 종교적 다원성과 씨름하게 된 것은 불교 연구를 하도록 선택되었기 때문이다. 그는 스리랑카에서 불교철학 연구로 박사학위를 받은 첫째 로마가톨릭 사제 중 한 명이었다. 이런 사실 자체가 대단히 새롭고 큰 투쟁이었다. 19세기 교회와 불교도 사이에는 오랫동안 소원한 관계로 인해 서로 의심하는 분위기가 형성되었다. 3-4%에 불과한 기독교인들이 스리랑카 교육의 90%를 통제하고 있었다. 불교 신문사도 없었다. 로마가톨릭은 상당히 격론을 불러일으키는 접근 방식으로 종교 간 대화를 함으로써 불교도의 반대를 불러일으켰다. 이런 상황에서 그의 불교학 연구가 허락을 받기까지 1년 3개월이 걸렸다.

그는 불교 연구를 하고, 불교 명상을 하면서 요단강에서 아시아 종교성의 세례를 받았고, 갈보리에서 아시아의 가난의 세례를 받았다. 세례는 누군가의 머리에 물을 뿌려 교회에 데려오는 것이 아니라 교회가 아시아 환경 속으로 세례받음에 의해 겸손을 통과하는 것이다. 그런데 불교도 청년들이 제도 불교에 대해 실망하고 마르크스주의의 영향을 받아 혁명에 나서게 되었다. 그런 불교도와의 만남 속에서 피어리스는 자신이 그들과 나누려는 돈이 어디서 왔는가 하는 질문에 답하는 과정에서 가난한 자들의 문제를 새롭게 깨닫게 되었다. 가난한 자에게 돈을 주지 않는 하나님은 불의한 하나님이다. 1971년 혁명에 나선 그 불교도는 살해되었다. 스리랑카에서 기독교 선교는 400년 동안 진행되었지만, 인구의 7%만이 기독교인이다. 불교 혁명가들은 하룻저녁에 많은 사람의 마음을 얻었다. 그들은 해방을 갈구했지만, 기독교인들은 그렇지 못했다. 그들은 해방의 메시지를 갖고 있지만, 그리스도인들은 교리를 갖고 있을 뿐이다. 불교식 전적 가난, 모든 것을 부인하고 새로운 차원에서 하나님을 받아들이고 재발견하기, 현실의 사회적 차원으로 되돌아오기, 심각한 불의, 맘몬과 타협한 종교, 가난한 자들의 무덤 위에 맘몬의 제단 만들기 등 이 모든 것이 피어리스로 하여금 종합에 이르게 했다. 이것은 로마의 그레고리대학에서 불교와 종교신학을 가르치는 과정에서 일어났다. 1974년 스리랑카로 귀국 후 그는 센터를 세우고, 먹을 것을 나누며 뜰에서 일하고 연구하고 가르친다. 그는 자신의 노동을 통해 돈을 번다. 아시아의 종교성과 가난의 사회적 문제는 하나님을 지향하게 할 뿐 아니라 예수가 자신과 동일시한 가난한 자들의 영성에 참여하도록 한다.[1]

2. 가난과 해방

1) 해방의 영성

제2차 바티칸공의회가 영성을 포괄적으로 정의하는 길을 열었음에도 불구하고 기독교 영성의 성사적 차원(전례), 관상적 차원(영성), 행동적 차원(참여)의 삼분법이 여전히 남아 있다. 실제로는 전례 대 영성, 영성 대 세속적 참여, 세속적 참여 대 전례라는 삼중의 이분법이 존재한다. 해방신학은 교회의 관심을 삶의 전례, 십자가의 신학, 역사적 예수와 그의 인간성 등 세 가지 모두에 집중하면서 이 세 가지를 똑같은 구원의

---

1 Aloysius Pieris, "Two Encounters in My Theological Journey" in R. S. Sugirtharajah (ed.), *Frontiers in Asian Christian Theology: Emerging Trends*, (Maryknoll: Orbis Books, 1994), 141-146.

신비를 파악하는 세 가지 다른 방식으로 이해한다.[2]

(1) 전례 대 영성의 이분법

전례는 그리스도 신비의 교회적 참여라고 하면 이러한 참여에 참다운 영성이 있다. 즉, 전례를 그리스도의 사제직, 그리스도의 몸과 지체 전체의 사제직의 행사라고 보면 전례와 영성은 일치한다. 그래서 전례 개혁이 교회의 참다운 영성 쇄신으로 변하기를 희망한 신자들이 많았다. 그러나 공의회의 의도와 달리 예식(전례)이 변했지, 삶의 변화는 오지 않았다. 영성과 전례의 개인적 성격을 되살렸고, 몰정치적 성격까지 강화했기 때문이다. 이는 로마가톨릭교회가 영성의 가장 요긴한 측면인 삶의 전례를 과소평가한 결과이다. 삶의 전례는 우리가 그리스도 안에서 하나님을 만나는 곳이 삶의 맥락임을 가리킨다. 즉, 성사 생활과 신비체험은 그리스도의 빠스카 신비, 그리스도의 지체들이 겪는 (세속적인) 생활과 투쟁 속에서, 그들의 죽음과 승리 속에서 지속된 빠스카 신비를 토양으로 한다. 따라서 성사 생활과 신비체험을 삶의 전례와 분리시켜서는 안 된다. 왜냐하면 그리스도는 전례의 중심인 성전 안이 아니라 성전 밖에서 돌아가셨기 때문이다. 참된 전례가 행해지는 곳에서 참된 영성이 생겨나기 때문이다. 예수는 십자가에서 제물이 됨으로써만 그리스도의 사제직을 행사했기 때문이다. 라틴 아메리카의 기초공동체들 가운데에는 전례와 영성과 세속 활동이 포괄되고, 그것이 교회

---

2 알리오시 피어리스/성염 역,『아시아의 해방신학』(왜관: 분도출판사, 1990), 12.

의 참된 쇄신을 가져옴을 본다. 이것이 실천적 해방신학이다.3

제2차 바티칸공의회는 서방 총대주교구에서 최근 일어난 가장 뜻깊은 사건으로 자기네 전통에서 교회를 쇄신하고자 했다. 즉, 율법주의적 세계관에서 자유주의적 세계관으로, 원죄론적 비관주의에서 희망의 신학으로, 교계적인 자기도취에서 세계를 향한 모험적 투신으로 전환하려는 시도였다. 화해의 태도가 가장 뚜렷했던 공의회 문서인 〈현대세계의 사목헌장〉에서 언급한 '현대세계'는 '제1세계'로 '현대' 세계를 건설하는 과정에서 희생된 '불의한' 세계인 제3세계와는 무관하다. 특히 공의회는 '개발주의'라는 위험한 선교학, 신식민주의적 개량주의와 더불어 제3세계 교회들을 부패시킨 선교학이 〈교회의 선교활동에 관한 교령〉(1장과 2장)에서 암묵적 승인을 받았다. 이런 주장은 〈교회에 관한 교의헌장〉, 〈사목헌장〉의 건실한 안목과는 상반된다. 결국 제2차 바티칸공의회는 서구 세계에서 '자유주의신학'을 촉진했지, '해방신학'을 육성한 것은 아니고, '진보주의' 신학을 배양했지, '혁신신학'을 길러낸 것은 아니었다. 라틴 아메리카 교회들은 '현대화'라는 구호 뒤에 '불의'가 잠복하여 있고, 기술 공학적 '진보'의 물결 위에 '불평등'이 기승을 부리며, '산아제한'을 외치는 열성 배후에 '부의 제한'이 도사리고 있음을 잘 알았기 때문에 메데인 회의를 개최해서 해방신학을 태동시켰다.4

구약의 예언자들도 참다운 예배는 인격적이고 친교적인 성화(聖化), 곧 계약에 대한 충실, 하나님께 드리는 순종, 정의의 실천을 말하지, 외형적 제사가 아님을 주장했다. 예언자 전통을 이어받은 예수는 반(反)

---

3 *Ibid.*, 14-17.
4 *Ibid.*, 17-18.

성전, 반(反)의례적 예배를 가르치셨다. 새로운 계약에 대한 충실, 사랑의 계명이 성화의 기준이다. 영성이 바로 이런 것이라고 주장한 까닭에 예수는 죽임을 당하셨고, 제자들도 박해를 받았다. '전례'(leitourgia)라는 단어가 기독교 영성의 새로운 관념을 전달하지 못했기 때문에 신약성서는 이 단어를 기피했다. 전례는 그리스도인 삶의 성성(聖性)을 의미한다. 이 성성은 그리스도의 정신으로 그리스도의 몸 전체가 머리 되신 분과 결합하여 아버지께 바치는 봉헌이며(삶의 전례), 성사를 통해서 특히 성찬을 통해서 교회식으로 표현되는 자기 봉헌이다. 바울에게 있어서 세계는 하나의 예식이라기보다는 그리스도와의 (신비적) 일치였고, 일상의 삶 속에 그분과 더불어 죽고 그분과 더불어 살아나는 길이었다. 다른 사람들은 굶주리는데 자신들의 배만 채우는 짓은 반(反)성찬이요 반(反)교회 행위로 "주님의 몸을 모독하는 죄"(고전 12:21-27)이다.

그런데 제2차 바티칸공의회는 낡은 성직주의로 인해 전체 교회의 예배(영적 희생 제사)가 사제직에 종속되는 결과를 초래함으로써 신도들의 사제직·삶의 전례를 간과하게 되었다. 바꿔 말하면 성사를 집행하는 사제들이 그리스도께서 제물이 되시는 경지에는 참여하지 않고, 그의 사제직만 차지하거나 신자들이 사제들이 드리는 전례를 뒤로 하고 사막으로 신비주의를 찾아 떠나면, 사제들의 '전례'와 신비가들의 '영성'이 동상이몽이 되어 '전례'가 일상의 투쟁·삶의 전례와 단절된다. 결국 전례와 영성의 이분법이 불가피해진다. 그러나 사랑의 새 계약에 응답하는 그리스도인들의 삶은 세속적 참여의 성사적 신비주의라 하겠다. 여기서 중요한 것은 성사(교회적 차원)와 신비주의(개인적 차원)의 초점이 세속적 참여라는 점이다. 이럴 때만이 전례와 영성과 세속적 참여가

일치할 수 있다.[5]

(2) 영성 대 세속적 참여의 이분법

영성 대 세속적 참여의 대립은 전통적으로 관상과 활동의 대립으로
표현되었다. 과거에 활동은 초심자가 관상으로 나아가는 정신적 활동으
로 여겼다. 관상을 '수직적' 관계로, 활동을 '수평적' 관계로 표현하는
것은 중세적 이해이다. 최근 로마가톨릭교회는 활동을 몰정치적 교회
내 봉사직무이며 관상을 통하지 않고는 효과를 내지 못한다고 본다.
관상의 헬라식 개념은 기도와 예배에 대한 성서의 가르침과 거기에
담긴 사회·정치적 요소를 말살시키려는 경향이 있다. 이냐시오 로욜라
는 활동하는 동시에 관상하는 사람(contemplativus simul in actione)으
로서 관상과 활동에 대한 종합적 해결을 시도했다. 그는 기도와 활동이
진짜인지 가짜인지 구별하기 위해 자기부정이라는 식별검사를 제시했
다. 식별검사는 기도와 활동이 본연성을 띤 것인지 알아보는 소극적
시험과 기도와 활동이 참다운 사랑에서 우러난 것인지 알아보는 적극적
시험으로 구성된다.

영성은 십자가에 달리신 그리스도의 정신에서 흘러나온다. 자기
자신을 추구하거나 그리스도의 잔을 마시기 거부하거나 십자가의 세례
받기를 거부할 때 관상과 활동, 둘 다 손상된다. 그에게 있어서 참된
예배는 '영적인 (희생) 제사'(롬 12:1-2)이다. 십자가만이 하나님에 대한

---

5 *Ibid.*, 18-20.

사랑과 인간에 대한 사랑이 환치될 수 있는 유일한 지점이다. 전적인 자기부정에서 하나님을 찾으면 자신의 심층과 타자들의 심층은 만날 수 있을 것이다. 역으로 자신을 전혀 찾지 않고 인간 해방에 투신할 때 이미 하나님을 체험한 것이다. 자기부정 없이는 기도도 활동도 착각에 그친다. 그러므로 복음의 힘든 요구, 자기 포기, 자기를 끊음, 십자가를 짐은 예수 그리스도의 참 제자가 되는 필수조건으로 진정한 영성의 근본 조건이다. 오늘날 교회의 위기는 제2차 바티칸공의회처럼 '현대 세계'(서구)가 허구적 그리스도, 십자가 없는 예수를 주창하거나, 그분이 계시지 않는 곳에서 그분을 찾거나, 예수께서 십자가에서 처형당하셨고 우리에게 그분의 투쟁에 동참하라고 부르시는 불의한 세계를 숨기려고 하기 때문에 생긴 위기이다.[6]

아브라함이 겪은 하나님 신앙을 갖기 위한 투쟁과 모세가 자기 백성을 위해 벌인 정의의 투쟁이 영성과 세속적 참여의 일치를 보여 준다. 두 신앙의 모범은 하나님을 지향하는 여정이 하나의 백성을 이룸으로써 절정에 이르고, 백성을 지향하는 참여가 하나님 체험에서 절정에 이름을 보여 준다. 그러나 그리스도께서 하나님의 백성을 백성(민중)의 하나님과 화해시켜 주시는 십자가 위에서만 이러한 변화가 가능하다. 아브라함은 하나님께서 부르시는 음성에 고향을 떠나 순종하며, 고난의 길을 걸으며 자식까지 포기하는 여정 속에서 하나님을 모든 백성의 하나님으로 계시받았다. 이처럼 하나님을 향한 아브라함의 여정은 하나의 백성을 이룸으로써 절정에 달했다. 반면에 모세는 자신을 포기하는

---

6 *Ibid.*, 22-24.

사랑으로 백성을 위해 투신하는 데서 시작하여 하나님을 만나는 데서 끝난다. 모세는 압제 체제의 일원이 되는 것을 거부하고, 억압받는 백성을 편들기로 결단을 내렸다. 신약성서는 이러한 결단을 그리스도를 위한 선택(히 11:24-26, 그리스도를 위해서)으로 간주한다. 이처럼 모세의 이스라엘 백성에 대한 사랑이 시내산에서 야훼와의 만남으로 고양되었다. 신앙의 두 모범이 보여 주는 것은 관상과 활동이 양자의 상호관계에서 그 신빙성이 입증되는 것이 아니라 십자가로부터 신빙성을 보증받는 것을 보여 준다. 즉, 예수 그리스도 안에서만 신(神) 체험과 인간들이 한 백성을 이룸이 하나로 결합될 수 있다. 그러므로 참다운 영성은 자기 초월에 근거를 둔다. 자기 초월은 자기부정—그것은 필히 자기완성으로 발전하게 되어 있다(마 16:25)—으로 타자 안에서 타자를 통하여 성립된다. 여기서 타자는 자신의 자아 안에 숨어 계셔서 기도를 통해 찾아뵈어야 할 분이며, 동시에 그 타자가 인간 불의의 희생자이자 그 불의의 심판자가 되는 타인들 속에 숨어 계셔서 우리의 활동을 통해 섬김을 받고자 우리를 기다리신다. 그리스도는 십자가에서 신을 찾는 추구와 인간을 위한 관심이 단일한 구원 과정, 즉 단일한 해방 과업을 구성한다.7

(3) 세속적 참여와 전례의 이분법

그리스도인 생활의 세속적 차원과 성사적 차원을 분리시킨 문제와

---

7 *Ibid.*, 25-27.

관련해서 피어리스는 스힐레벡스를 인용한다. 스힐레벡스에 의하면 갈보리는 "교회의 전례가 아니었고 인간 생활의 한 사건이었으며, 그런 생활의 한 시간을 예수께서는 예배처럼 보내셨다. 바로 그곳에서 우리의 구원을 찾아내지 않으면 안 된다." "인간 생활 자체가 전례 또는 하나님께 드리는 예배로 체득되었다." "예수의 자기희생을 근거로 해서 이제는 세상 한가운데 사는 그리스도인의 생활 자체가 예배가 될 수 있다." 스힐레벡스의 결론은 인간의 평화를 파괴하는 모든 불의에 저항하는 기독교인의 참여는 성서가 요구하는 세속 전례로 여겨져야 한다. "그렇게 함으로써만 그리스도 신앙이 세계로부터 도주하여 교회의 전례 속에 몸을 숨기는 도피가 되지 않을 것이다."[8]

그런데 공의회의 신학은 교회의 전례를 삶의 전례의 원천으로, 절정으로 여긴다. 이는 세속적 전례가 교회의 전례에 참여해야만 함을 의미한다. 이는 하나님의 백성으로서의 교회가 제도적 교회·전례가 표방하는 그리스도의 상징적 현존에 종속되는 것처럼 보인다. 그러나 해방신학은 공식 교회의 전례가 삶의 전례에서 그 원천과 절정을 발견해야 한다고 보며, 삶의 전례를 구원과 성화의 첫째가는 담보로 본다. 이는 해방신학이 역사적 예수의 인간성에 지상권을 부여해야 하고, 교회는 그것에 종속되어야 한다고 주장하기 때문이다. 즉, '교회가 있는 곳에 그리스도가 계시'는 것이 아니라 '그리스도가 계시는 곳에 교회가 있'기 때문이다. 그리스도는 정의의 나라가 임하기를 갈망하고 울부짖는 인간들의 살과 핏속에서 '성사적'으로 당신의 현존을 지속한다. 제도화된

---

8 E. Schillebeechx, *God the Future of Man* (New York: 1968), 98-103, 알리오시 피어리스/성염 역, 『아시아의 해방신학』 28-29에서 거듭 인용.

교회에서 제도화된 예배를 통해 현존하는 영지적 그리스도(gnostic Christ)를 우선할 것이 아니다. 참다운 평화를 위해 투쟁하다 찢어지고 흘린 살과 피가 '실체 변화를 거치는' 기회, 그것이 '성찬의 거행'이 되는, 예수께서 친히 바치시는 감사와 희망의 노래가 되는 기회를 부여하라는 요청이 '직무상의' 교회에 제기된다. 교회가 그런 기회를 제공할 수 없게 구조화되어 있다면, 그런 교회는 머리 되신 그리스도로부터 단절된 것이다. 반대로 그리스도께서 영과 육으로 당신의 빠스카 신비를 재현하는 곳이 바로 작은 교회들, 기초공동체들이다. 이것이 해방신학이 교회 전례를 삶의 전례에 종속시킴으로써 초래한 '교회론의 혁명'이다. 예수께서 교회를 세우는 방식은 갈보리를 거쳐 삶의 순간들을 예배처럼 살아가심으로써였다.[9]

(4) 결론

영성에 있어서 인간적 요소가 등한시될 때마다 신학에서 그리스도의 인간성이 가려지고 은폐되어 '예수 숭배'가 나타난다. 오늘날 그리스도의 인간성을 새로이 강조하는 운동이 기초공동체들의 실천에서 나타난다. 비해방적 노선을 띠는 신학은 '신심'을 만들어 내는 데 비해서, 해방신학은 이웃이 되신 하나님 예수에 대한 '참여'를 충동한다. 자신의 관상으로 상상하는 그리스도로부터 살과 피를 가지신 그리스도께로 전환하는 것이다. 이러한 인간적 그리스도는 우리 시대를 풍미하는

---

9 알리오시 피어리스/성염 역, 『아시아의 해방신학』, 29-31.

기독교적 인본주의와 상응한다. 기독교적 인본주의는 비인간화의 숨은 뿌리가 무엇인지 우리에게 밝혀 준다. 기독교적 인본주의는 이윤축적 (맘몬)이 아닌 인간성장이 기동력이 되는 그런 사회유형을 추구하며, 원수의 식별, 전략의 선택, 하나님 은총에 신뢰와 희망을 두고 하나님 나라를 위해 싸우는 투쟁 등을 식별하게 한다. 이를 통해 추구하는 그리스도는 만유를 회복시키는 그리스도, 고통을 받으나 희망을 안고 투쟁하시는 그리스도이다.[10]

2) 예수처럼 가난해지는 길

제3세계 신학자 에큐메니칼협의회(Ecumenical Association of Third World Theologians)는 세계교회가 가난한 자들의 곤경에 초점을 두고 그들을 신학의 좌표로 삼아야 함을 거듭 호소했다. 성서는 가난한 자들에 대한 하나님의 우려가 중심인 만큼 가난이 교회 영성의 출발점이자 도착점이 되어야 한다. 영성에 관한 신학자들의 명제는 첫째, 그리스도인은 예수를 따르기로 하는 돌이킬 수 없는 결단을 내린 사람이고, 둘째, 이 결단은 필연적으로 가난한 사람이 되겠다는 결단과 외연을 같이하고, 셋째, '가난해지겠다'는 결단은 가난한 사람들을 편들기 결단하는 한에서만 진정 '예수를 따르는 길'이 된다는 주장이다. 이런 논리의 신학적 배경은 성서의 두 공리에서 비롯된다. 하나는 하나님과 부(富, 맘몬)의 화해할 길 없는 반립(反立)이요, 다른 하나는 하나님과 가난한

---

10 *Ibid.*, 32-34.

사람들 사이에 맺어진 취소할 수 없는 계약이며, 예수가 친히 이 계약 자체가 되신다는 사실이다. 이 두 원리는 예수 안에서 하나님과 가난한 사람들이 공동의 적인 맘몬에 대항하여 동맹을 맺는다는 사실로 귀결된다. 예수와 그의 제자들에게 영성은 가난해지려는 투쟁에 있지 않고 가난한 사람을 위한 투쟁에 있다는 결론이 된다.[11]

(1) 영성: 가난해지기 위한 투쟁

하나님과 돈 사이에(마 6:24), 압바(abba)와 맘몬 사이에 결코 화해할 수 없는 대립은 복음 메시지의 핵심임을 산상설교에서 분명하게 강조하고 있다. 압바 하나님과 친밀해지면서 맘몬을 갈수록 배격하는 삶이 예수의 선교 사명 전체를 특징짓는다. 예수는 우리가 하나님과 맺는 계약 자체이시다. 누구든지 맘몬과 손을 잡는 자는 압바 하나님과 친분을 맺지 못한다. "아무도 두 주인을 섬길 수 없기 때문이다"(마 6:24). 기독교 수덕 신학에서는 재물에 대한 외적 포기와 하나님께 대한 내적 귀의를 한데 일컬어 '가난'이라는 말로 표현한다. 이냐시오 로욜라는 예수의 영성을 자신의 재산을 가난한 자에게 넘겨주는 '실제적 가난'과 자기 의지를 하나님께 넘겨드리는 '영성적 가난'으로 표현했다(〈영성수련〉, 98, 146, 147항). 맘몬은 우리 내부에서 움직이는 교활한 세력으로 인간을 '어리석은 사람'으로 만드는 소유욕이다(눅 12:13-21). 맘몬은 내가 부리고 동시에 나를 부리는 존재이다.[12]

---

11 *Ibid.*, 36.
12 *Ibid.*, 36-38.

예수는 자신의 선교가 실패로 돌아가면서 즉각적인 성공을 보겠다는 모든 희망을 내려놓고, 자신을 맘몬 체제의 희생 제물로 내어놓지 않고서는 하나님의 새로운 질서가 올 수 없다고 보시면서 십자가의 길을 언급하셨다. 이는 예수뿐 아니라 그를 따르는 모든 자들이 걸어야 할 길이다. 새 인간성은 권력과 명성을 수단으로 해서 달성되는 것이 아니라 약함과 실패와 비하를 통해서 이루어진다. 이스라엘의 인기 있는 지도자상이 고난받는 야훼의 종의 이미지로 대체된다. 바꿔 말하면 예수는 가짜 메시아 사상의 이미지를 비롯한 많은 유혹에 부딪치면서 부단히 하나님의 뜻을 분별하는 과정을 통해서 자신 안에서 '가난'이 은총과 지혜와 더불어 고통스럽게 성장해 나갔다.

복음서에서 하나님의 정반대가 성(性)이나 가정이 아니고 맘몬이다. 나뉘지 않는 마음으로 하나님께 헌신함을 보장하는 것은 독신생활이 아니라 가난이다. 독신생활도 성도 그 성사성을 상실하고 우상숭배의 대상으로 전락할 위험이 있다. 맘몬이 둘 다 타락시킬 수 있다. 정결과 복음적 가난이 결합을 이루지 않는 한 결실을 내지 못한다. 이냐시오의 〈영성수련〉도 두 개의 깃발, 부와 가난을 제시하면서 선택하도록 한다. 부는 반(反)하나님의 존재요, 허영에서 나오는 오만으로 하나님 나라를 파괴한다. 가난은 반(反)맘몬의 존재로서 비하의 결실이라 할 겸손을 통해 하나님의 나라를 건설한다(〈영성수련〉, 135-147). 이냐시오로부터 배워야 할 영성에 대한 교훈은 예수를 따르기 위해 그분의 가난 속에서 예수를 알고자 노력했고, 예수를 알기 위해 그분을 따라야 하는 것 그리고 영성을 마니교의 이원론으로 떨어지지 않도록 영성을 가난으로 간주하고, 가난을 곧 투쟁으로 간주하는 사고방식이다.[13]

(2) 영성: 가난한 이를 위한 투쟁

가난은 자발적 가난과 강요된 가난이 있다. 자발적 가난은 해방의 씨앗이요, 강요된 가난은 죄악의 열매이다. 자발적 가난의 보편적 실천과 결과로 강요된 가난을 제거한다는 관점에서 하나님의 나라를 보아야 한다. 하나님을 찾는 부자는 맘몬과 손을 끊도록 요구받으며 그의 포기가 가난한 자들에게 혜택을 주어야 한다(막 10:21). 강요된 가난이 존재하지 못할 정의로운 사회가 오려면 자발적 가난이 불가결한 선결 조건이다. 이것이 예수께서 선포하신 하나님 나라였다. 부를 축적할 때 죄악이 된다. 다수가 주릴 때 소수가 양식을 다 먹어 버리면 "주님의 몸과 피를 모독하는 죄를 범하는 것"이다(고전 11:21-27). 그렇지만 빵이 쪼개지고 나누어질 때 그분의 몸이 된다. '더' 있는 것을 포기하는 자발적 가난은 강요된 가난한 자들의 해방을 내적으로 지향한다.

성자를 가난하게 태어나게 하신 하나님이 당신의 새 백성으로, 당신의 몸으로, 자발적으로 가난해진 사람과 강요된 가난한 사람들을 모두 불러 모으셨기 때문이다. 즉, 하나님께서는 자신의 결단으로 가난을 선택한 예수를 따르는 사람들(마 19:21)과 '태생'적으로 가난한 사람들, 예수를 대리하는 사람들(마 25:31-46)을 부르셨다. 가난해지려는 노력이 기독교적 영성으로 인정받으려면 그런 그리스도인들은 가난한 사람이었던 예수를 따르고, 또한 지금 가난한 사람들 속에 현존하시는 그리스도를 섬겨야 한다. 아시시의 프란치스코는 재물을 나누는 서원을 가난의 서원으로

---

13 *Ibid.*, 39-44.

바꿔 개인뿐 아니라 집단도 구속하는 서원이 되게 했다. 이는 엄청난 가난이 '조직화된 탐욕'의 결실이라고 본 까닭이다. 압제자와 피압제자 사이에 중립을 지키는 하나님은 스스로 당신의 계약을 파기하는 분으로 성서의 하나님이 아니다. 우리가 하나님과 하나가 되는 것(신비주의의 목표)은 우리의 가난이 우리를 충동하여 가난한 이들에게 기울이시는 하나님의 관심을 우리의 사명으로 삼는 정도에 비례한다.[14]

3. 서구의 아시아 선교 실패와 아시아 선교를 위한 기독론과 교회론

1) 서구 기독교의 아시아 선교 실패

아시아에서 기독교인의 비율은 3%를 넘지 못한다. 서구 기독교가 라틴 아메리카에서 거둔 선교의 성공이나 아프리카 교회의 급성장과 비교할 때 서구 기독교의 아시아 선교는 실패했다. 피어리스는 아시아 선교의 실패를 종교에 대한 이해를 통해서 그리고 선교 역사에 나타난 사례들을 통해 살펴본다.[15]

---

14 *Ibid.*, 46-52.

15 Aloysius Pieris, S.J. *Fire & Water: Basic Issues in Asian Buddhism and Christianity* (Maryknoll: Orbis Books, 1996), 65-68.

(1) 종교성의 측면에서 본 서구 기독교의 아시아 선교 실패

피어리스는 종교를 우주적(cosmic) 종교와 초우주적(metacosmic) 종교로 구분한다. 우주적 종교는 자연과 자연의 힘을 존중하는 종교성을 지닌 부족종교를 포함하며, 부정적 의미로는 물활론·정령주의(animism)로 불린다. 초우주적 종교는 해방적 지식(그노시스)과 구속적 사랑(아가페)을 통해 인간과 만나는 초월자 신을 상정하는 소위 위대한 종교들을 가리킨다. 아시아가 서구 그리스도를 거절하는 메커니즘을 피어리스는 네 가지 역사적 관찰에 근거한 '종교적 확장의 헬리콥터 이론'으로 설명한다. 그는 우주적 종교를 헬리콥터 착륙장에 비유하고, 초우주적 종교를 헬리콥터에 비유한다. 첫째, 헬리콥터와 같은 초우주적 종교는 착륙장 같은 우주적 종교에 잘 안착한다. '문화화'(inculturation)는 초우주적 종교가 우주적 종교에 주입되어 잘 안착하는 것을 의미한다. 아시아에서 기독교 이외의 종교들이 이렇게 안착했다. 기독교의 경우 아시아에서는 필리핀이, 대륙으로는 라틴 아메리카와 아프리카가 기독교의 성장 사례이다.

둘째, 초우주적 종교의 경우 아시아 국가들에 먼저 도입된 초우주적 종교가 안착한다. 불교가 태국에 안착하고, 탄드라 힌두교가 자바에서 안착한 경우이다. 셋째, 일단 초우주적 종교가 안착한 국가의 경우 다른 초우주적 종교가 안착하기 어렵다. 기독교가 먼저 안착한 필리핀에서 불교가 뿌리내리기 어렵다. 우주적 종교가 남아 있는 아시아 지역에 기독교 선교가 가능하다. 넷째, 초우주적 종교가 기존에 안착한 초우주적 종교를 대체하는 것은 정치적 압력이나 군사적 압력을 통해 또는 인구의 대량 이주를 통해 가능하다. 그러나 아시아의 90% 정도는 이미 초우주적 종교가 안착한 지역이어서 기독교 선교가 어렵다.16

(2) 아시아 선교 역사에 나타난 선교사 · 지식인들의 비서구적 그리스도 전파 사례들

역사적으로 보면 기독교 지식인이나 선교사들이 아시아 선교를 위해 비서구적 그리스도를 전파한 사례들을 볼 수 있다. 첫째 사례는 중국에서 네스토리우스 선교사들이 불교라는 종교 위에 기독교를 전파하려고 시도했다(635~845). 피어리스는 이러한 시도를 문화화와 대비하여 종교화(inreligionization)라고 불렀다. 네스토리우스 선교사들의 시도는 기독교라는 초우주적 종교를 불교라는 다른 초우주적 종교의 언어와 정서 안에서 새롭게 정체성을 세우고자 했다. 처음으로 기독교 구원론을 불교 세계관에서 재구성하고자 했다. 이러한 시도는 중국에서 2세기를 넘어가지 못했고, 당나라 무종이 불교를 탄압하면서 네스토리우스 기독교는 845년에 사라졌다. 네스토리우스의 불교적 그리스도에 대해 중국 민중이 어떻게 반응했는지 알 길이 없다.

둘째 사례는 중국에서 약 천 년 뒤 마테오 리치가 기독교와 초우주적 종교인 불교와 공존하기 불가능함을 깨닫고 유교라는 우주적 종교 위에 기독교를 세우려던 시도였다. 이는 종교화 대신에 문화화를 시도한 사례이다. 이러한 시도는 로마가톨릭교회의 내분으로 실패했다. 셋째

---

16 *Ibid.*, 65-67.

사례는 인도에서 이탈리아 출신 귀족 로베르토 데 노빌리가 자신을 브라만 계층으로 동일시하여 그들처럼 생활하고 그들의 자제들을 대상으로 선교한 사례였다. 이 사례 역시 로마가톨릭교회의 내분으로 실패했다. 넷째 사례는 19세기 인도의 힌두 르네상스의 그노시스적 그리스도(Gnostic Christ)가 부상한 사례이다. 그노시스적 그리스도는 신-인으로 신과 인간 사이에 존재론적 일치 대신에 도덕적 일치를 이룬 그리스도를 가리킨다. 그노시스적 그리스도는 교회로부터 섬김을 받지만, 초우주적 종교인 힌두교의 용어에 익숙하다. 위의 네 가지 사례들은 모두 대중의 마음을 얻지 못하거나 해당 종교 엘리트 다수의 마음을 얻지 못했다.[17]

2) 현대 아시아 선교를 위한 그리스도론

피어리스는 현대 아시아에서 네 가지 그리스도의 모습을 제시한다. 인도 달릿신학의 그리스도, 한국 민중의 한을 지닌 그리스도, 수유하는 아시아 여성의 여성 그리스도, 아시아의 제3세계 그리스도 등 네 가지 그리스도의 모습을 제시한다.

(1) 인도 달릿신학의 그리스도론

달릿(Dalit)은 '깨어진, 짓밟힌, 파괴된'을 뜻한다. 1970년대부터 인

---

17 *Ibid.*, 67-69.

도의 소위 '불가촉천민'들은 자신을 달릿이라고 부르기 시작했다. 그들은 '그리스도성'보다는 '깨어짐'을 자신의 정체성으로 여기고, 그리스도 실천(christopraxis)의 기초로 삼았다. 달릿의 관점에서 보면 그노시스적 그리스도는 힌두교화된 기독교인들이 만들어 낸 유령에 불과하며, 참된 인도인 (달릿) 그리스도를 짓밟고 있다. 위대한 토착화 선구자들은 달릿 앞에서 심판을 기다린다. 힌두교와 대화를 시도하지만 부서진 그리스도로부터의 도전을 허용하지 않는 기독교 아쉬람 역시 그리스도의 몸에 이런 죄를 짓고 있다. 제3세계 신학자들 역시 인도의 가난한 자들이라고만 했지, 교회 내 달릿의 고통을 언급하지 않았기 때문에 신랄하게 비판받고 있다. 인도 교회의 구성원은 지역에 따라 60%에서 90%까지가 달릿이지만, 인도 교회의 지도자들의 90%는 상위 카스트에 속한다. 인도 교회조차 깨어진 그리스도의 자리가 없어 (십자가에서) 깨어진 그리스도의 몸이 될 수 없다. 달릿성을 달릿신학의 구성적 차원으로 받아들이기 때문에 깨어진 그리스도는 대부분의 경우 비기독교인들을 위한 그리스도이다. 달릿 그리스도가 시민사회에서 거부될 뿐 아니라 교회에서조차 거부되기 때문에 달릿 그리스도를 위한 투쟁은 공교회의 유럽 교회적 그리스도에 대한 투쟁일 뿐 아니라 힌두 그리스도의 아쉬람에 대한 투쟁이기도 하다.[18]

18 *Ibid.*, 69-71.

(2) 한국의 한에 억압당하는 그리스도론

한국 민중이 지닌 한은 무당에 의해 한풀이가 일어나기도 하지만, 탈춤을 통해 이뤄지기도 한다. 탈춤은 민중의 자유를 향한 열망을 상징적으로 구현한다. 민중신학은 기독교인들이 민중의 해방 전통을 전유하여 민중 기독교의 신학적 전유이다. 일제 시대 한글 성서는 민중에게 폭발적 영향을 줬다. 당시 조선인들에게 멸시당하던 한글로 해방이라는 단어를 선교사의 추상적 교리 학습과는 전혀 다른 이야기, 연극, 시를 통해 선포함으로써 민중과 연대하는 하나님을 보여 줬다. 아시아에서 억압당하는 민중이 성서에 접근이 가능해지면 성서는 참된 아시아적 기독교의 씨앗이 되었다. 그렇지만 목회자들에 의해 한국 기독교인들의 신앙을 탈정치화하고 사사화하려는 시도가 있었지만 성공하지 못했다. 오늘날까지도 신식민주의적 기독교와 개발주의자 이데올로기 사이의 공모가 대중으로 하여금 그들의 사슬을 끊어 버리고 메시아적 백성(민중)으로서 역할을 감당하려는 것을 방해하고 있다. 한을 지닌 고난받는 종으로부터 한풀이로 한을 승화시키는 것으로의 유월절 · 빠스카(passover)는 하나님과 억압받는 자 사이의 계약으로서의 그리스도, 아시아적 그리스도를 한국에 드러내는 유일한 길이다. 한국에서 아시아적 그리스도를 드러내는 것을 방해하는 것은 십자가 없는 그리스도만을 위해서 자리를 마련한 맘몬의 역전된 질서, 그러한 무질서에 안주하는 기독교이다.[19]

---

19 *Ibid.*, 71-72.

(3) 아시아 여성의 수유하는 여성 그리스도론

아시아 여성들은 가정이나 직장이나 들판이나 공장이나 교회, 절에 서조차 남성을 돕는 역할 이외에는 자리가 없다. 정현경은 이런 모습을 〈한국 여성 그리스도〉라는 목판화로 그렸다. 그는 연꽃 위에 서서 십자가를 향해 팔을 뻗는데 한 손에는 칼을 들고 다른 손에는 밥그릇을 들고 있고, 십자가에 달린 허리에는 창에 찔린 무당을 여성 그리스도로 그렸다. 여성 그리스도는 사람들에게 성령의 물을 마실 수 있도록 가슴을 열어 놓았다. 이 목판화에서 강조되는 것은 여성 그리스도가 사회에서 명성 높은 자리를 차지한 것이 아니라, 한을 지닌 여성 민중이 위로와 위안을 받을 수 있는 가장 편한 자리에 있다는 점이다. 그녀는 한의 사제이다. 아시아에서 여성을 옹호하는 대중적 종교성의 사례인 한국 무당, 중국 민속불교 관음, 필리핀의 이나는 가부장적 종교에 대한 여성들이 저항하는 증거이다. 여성 해방에 대한 세속주의자들의 입장은 가부장적 종교에 대한 반종교적 태도이다. 이에 반해 여성 해방에 대한 우주적 접근은 가난한 자들의 지구 친화성과 여성성과 종교성의 혼합이다. 억압받는 여성들이 생태운동에 참여하는 점이 아시아 여성 해방의 두드러진 특징이다. 그러므로 아시아에서 대중적·우주적 종교성을 신학적으로 전유하는 경향이 있다. 남성과 여성, 상위 카스트와 하위 카스트(주인과 노예), 기독교인과 비기독교인(유대인과 헬라인) 사이의 차별을 극복하게 하는 것이 아시아적 그리스도의 영성이다.[20]

---

20 *Ibid.*, 72-73.

(4) 아시아의 제3세계 그리스도론

제3세계는 사회 구성 방식이 제1세계와 제2세계와 다르고, 두 가지 극단적 세계에 대한 대안적 세계이다. 아프리카 신학자, 아시아 신학자, 라틴 아메리카 신학자들은 제3세계를 인간 해방을 위한 하나님의 프로젝트를 선택한 계약의 동역자로, 지상의 겸손한 사람들로 이해한다. 교회는 예수 그리스도를 통해서, 그 안에서 자신의 사명을 다시 체험하기 위해서 그렇게 자신의 교회적 정체성을 재창조하도록 부름 받았다. 굶주리던 야곱의 자녀들은 당시 두 강대국인 애굽과 바빌론 사이의 땅에서 제3의 길을 창조하도록 선택되었다. 정의와 사랑의 세계라는 새로운 꿈을 이루도록 야훼 하나님의 동역자로 부름 받은 제3세계는 그 다수가 아시아인이고 가난한 자라는 점에서 신학적인, 기독론적 도전을 받고 있다.[21]

(5) 갈등하는 아시아적 그리스도론

아시아 신학은 여러 가지 갈등을 해결하는 변증적 과정에서 발전한다. 피어리스는 네 가지 갈등을 제시한다. 첫째, 세 그리스도의 갈등이다. 전통적 기독론에서 그리스도의 이름은 삼위일체 신과 겹치고, 부활한 예수 그리스도는 그의 지상의 몸인 교회에 결속되어 있고, 그리스도는 지상에서 희생자이며 동시에 열방에 대한 종말론적 심판자인 가난한

---

21 *Ibid.*, 74.

자들과 빼앗긴 자들(마 25:36ff)의 삶과 투쟁에 함께했던 예수의 지상 사역의 연속성에 있다. 따라서 위에서 제시한 네 가지 아시아 그리스도 모습의 결정적 요소는 '비기독교인'적 그리스도라는 특성이다. 비기독교인들을 포함하여 모든 교인이 온 우주와 함께 지상에 하나님의 통치를 이루기 위해 그리스도처럼 죽기까지 투쟁하지 않으면 예수는 그리스도의 완전한 위상까지 성장할 수 없다. 아시아 공교회의 그리스도는 유럽적일 뿐 아니라 교회 중심주의적이어서 교회는 머리 되신 예수를 방해하는 어설픈 몸이다. 반면에 비유럽적인 아시아 엘리트의 그리스도는 교회적이지 못하다는 또 다른 극단으로부터 고통을 받고 있다. 즉, 교회는 예수가 그리스도로부터 단절된, 몸이 없이 머리만 있다. 이 두 그리스도와는 대조적으로 기초 인간 공동체로 인식되고 선포되고 섬김을 받는 아시아적 그리스도는 때로 비기독교적 그리스도라고 불리기도 하지만, 아직 그 머리의 이름을 제대로 부르지 못한다 하더라도 참된 그의 몸이다.[22]

둘째, 두 선교학의 갈등이다. 아시아에는 세 그리스도의 이미지를 반영하는 두 선교학이 있다. 하나는 선교를 아시아에서 그리스도를 위한 자리를 확보하려는 노력으로 정의한다. 다른 하나는 아시아에서 자리가 없는 그리스도를 인식하고 선포한 선교적 결과를 설명한다. 전자는 유럽적·교회 중심주의적 그리스도로 아시아에서 점차 영향력이 약화되고 있다. 이런 선교학의 약화로 인해 아시아를 기독교화하려는 선교가 약화되고 있다. 서구 기독교의 단순한 확장이 되기를 거부하는

---

22 *Ibid.*, 74-75.

일부 아시아 교회들이 모든 아시아인을 위하여 오래전 아시아에서 경험되었던 하나님의 통치를 위한 징표가 되고 접근 가능한 수단이 되고자 노력하고 있다. 이제 서구식 기독론은 새로운 교회론의 첫째 피해자이고, 개종은 그 둘째 피해자이다. 1947년 아시아대회에서 아시아 주교들이 선포한 아시아의 그리스도는 서구 교회들이 아시아에 도착하기 훨씬 전부터 아시아에 계셨고, 아시아에 있는 교회를 넘어서서 현재까지도 활동하신다. 아시아 주교들은 비기독교인들의 그리스도를 암묵적으로 인식하고 있는가? 새로운 교회론을 동반하는 기독론적 성찰은 선교학적 혼란을 초래하고 있다. 피어리스는 이런 혼란을 가톨릭 선교 문서인 〈구속자의 선교〉(Redemptoris Missio)에서 본다. 이 문서 서문에 숨겨진 의제가 나온다. 즉, 세속화된 서구에 대한 장악력을 상실한 교회가 종교적으로 남반부를 통제하려고 한다. 현재 남반부는 빠른 속도로 양적으로나 질적으로 기독교의 새로운 중심이 되고 있다. 일부 아시아 신학자들은 가톨릭 선교 문서처럼 상황과 무관하다. 그들은 예수처럼 태어날 근사한 장소가 없고(눅 2:7), 고향이나 직업에서 존경받을 만하지 않고(요 1:46), 억압적 지도자로부터 숨을 안전한 장소가 없고(마 2:13-14), 존엄하게 죽을 장소가 없고(눅 23:23), 묻힐 장소가 없는(마 27:59) 아시아의 가난한 자들의 그리스도성을 발견하기보다는 종교 엘리트의 정신 속에 '존경할 만한 장소'를 얻는 비서구적 그리스도를 발명하고자 노력하고 있다.[23]

셋째, 두 목회의 갈등이다. 아시아의 거처가 없고 가난한 종교인들

---

23 *Ibid.*, 75-76.

(다수가 비기독교인)의 그리스도성을 발견함은 새로운 선교학의 추구를 고무했다. 그런 선교학의 목적은 아시아에서 거처가 없는 그리스도를 위해 장소를 제공하는 것이 아니라 목회적으로 거처가 없는 그리스도와 관련을 맺게 하는 것이다. 이런 목회적 실천에서 두 집단에 주목한다. 한 집단은 아시아적 그리스도를 바라보며 교회의 치유 목회를 실천한다. 다른 집단은 교회와 사회를 바라보며 아시아적 그리스도가 실천하는 예언자적 목회에 참여하고자 노력한다. 예언자적 목회는 공교회의 주변부에서 활동하는 기초 인간 공동체에서만 성공할 수 있다. 치유 목회가 추구하는 위로를 약속하는 대신에 예언자적 목회는 아시아에서 아시아적 그리스도의 거처 없음이 시민사회와 종교사회를 감염시키는 죄를 구성한다는 믿음에 근거해서 신앙인으로 하여금 인간 해방과 사회적 변혁의 프로젝트에 참여하게 한다. 아시아적 그리스도가 이런 죄의 체계 속에서 장소를 얻으려 하지 않는 것은 아시아적 그리스도는 이런 죄의 체계의 공범자가 아니라 희생자이고 심판자이기 때문이다. 기독교 선교는 아시아 사회로 하여금 그리스도의 질서로 회심할 것을 요구한다. 세례는 아시아적 그리스도를 희생해서 교회를 확장시키려는 편리한 장치가 아니라 탐욕이 없는 나눔의 십자가의 길을 따라 "모든 민족을 제자삼"(마 28:19)음으로써 각 민족의 삶이 아시아적 그리스도의 요구에 따라 급진적으로 재질서화되는 것이다. 두 목회의 분리는 하나님 통치의 도래에 대한 장애물이다. 아시아적 그리스도가 모든 민족에 대한 하나님의 심판으로서 말과 행동으로 예언자적으로 선포되지 않는다면 치유 목회는 죄된 체계를 영속화하는 데 이바지한다.

넷째, 중심-주변의 갈등이다. 공교회는 아시아에서 소수 종교라는 열등감 때문에 종종 지배계급과의 연합에 의해서 그 복음 선교가 타협되기도 한다. 공교회는 아시아적 그리스도로부터 소외되어 아시아적 그리스도가 아시아에서 자리 없음에 간접적으로 기여하기도 한다. 공교회의 사도적 권위는 나사렛 예수와의 연속성에 좌우된다. 그러나 교회가 아시아적 그리스도와 연결된 몸이 아니라면 이런 연속성은 손상을 입게 된다. 기초 인간 공동체는 이 연결을 회복하고 교회의 상실된 권위를 회복하고 유럽 교회 중심적인 봉건주의와의 연계를 약화시키는 통로를 제공한다. 기초 인간 공동체 안에서 예수의 이야기는 아시아의 해방 드라마로서 전유되기 때문이다. 기초 인간 공동체에서 그리스도인은 소수이지만 그들이 아시아적 그리스도의 이야기로서 그들이 따르는 나사렛 예수가 아시아에서 섬기는 살아계신 그리스도이심을 말과 행동으로, 예배와 삶으로 선포하게 된다. 교회 위계질서의 중심은 주변부에서 일어나는 이런 '새로운 복음화'의 첫 번째 청중이다. 그러나 아시아적 그리스도를 향한 치유 사역과 아시아적 그리스도의 예언자적 사역이 하나의 기독론적 실천으로 통합되지 않는 그런 중심에서의 회심은 일어나기 어렵다. 만약 그런 일이 일어난다면 교회의 걸림돌이 되었던 아시아적 그리스도는 교회 구원의 반석으로서 섬기게 될 것이다.[24]

3) 아시아 선교를 위해 필요한 교회론의 혁명

피어리스는 오늘날 선교의 위기를 권위의 위기, 선교지를 세운 교회

---

24 *Ibid.*, 77-78.

권위의 위기, 제도 교회 지도자의 권위의 위기에서 비롯된다고 보았다. 이런 위기를 극복하기 위해서 아시아인들은 하나님의 신빙성 있는 상징물을, 아시아 민족들 가운데서 구원을 베푸시며 현존하시는 하나님의 상징을 새로 일으켜 세워야 한다. 아시아에서 하나님의 나라를 선포할 자격이 있는 새 선교 공동체를 만드는 것, 예수께서 자신의 삶과 죽음으로 시작하신 해방의 혁명을 전달하는 공동체를 만드는 것이 선교 위기를 극복하는 길이다. 오늘날 선교의 위기를 극복하기 위해 필요한 것이 교회론의 혁명이다.25 피어리스는 교회론의 혁명으로 가는 길을 아시아의 종교심이라는 요단강에서 아시아 교회들이 세례를 받는 길과 아시아의 가난이라는 갈보리에서 아시아 교회들이 세례를 받는 두 가지 길로 제시했다.

(1) 아시아 종교심의 요단강에서 세례 받기

피어리스는 아시아 종교심이라는 요단강에서 아시아 교회가 세례 받음은 예수 그리스도가 세례 요한으로부터 세례 받음에 근거한다고 보았다. 그래서 그는 요한에게 세례를 받은 것을 예수의 첫째 예언자적 행동이라는 스힐레벡스의 해석으로부터 아시아의 지역 교회들이 세울 네 가지 원칙을 아래와 같이 제시했다.26 첫째, 편협한 혁명당 이데올로기, 청교도적 에세네파, 스스로 의인이라 여기는 바리새파, 사두개파와 대제사장에게서 보이는 엘리트 유한계급 등을 넘어서 예수는 세례 요한

---

25 알리오시 피어리스/성염 역, 『아시아의 해방신학』, 70.
26 *Ibid.*, 89-94.

에게 나타나는 예언자 수덕 사상과 신명기 전통을 참다운 영성, 해방하는 종교심으로 보고 자신의 예언 사명의 출발점으로 삼았다. 둘째, 세례 요한이 지닌 영성은 세계 포기의 영성이었다. 그러나 그에게 세례를 받기 위해 온 사람들은 야훼의 가난한 사람들로 자기네 고유한 영성을 지녔다. 예수가 세례 요한에게 세례를 받은 것은 시골의 경건한 가난한 자들(아나윔)과 스스로 하나가 되기 위함이었다. 아시아 지역 교회들은 수행 종교의 초우주적 종교성과 소박한 농민의 우주적 종교심이 만나 통합됨을 본받는 것이 그 사명이다. 두 전통이 간직한 해방하는 능력이 합류함으로써 사제들의 귀족적 유한계급 사고방식도 농민들의 미신도 제거되는 그런 장소가 되어야 한다.

셋째, 예수는 세례 요한에게 세례를 받음으로써 자신의 권위를 드러냈다. 예수는 인간을 해방시키는 하나님의 통치가 아나윔에게 임박했음을 선포할 권한이 있음을 드러냈다. 이 겸손한 행동이 하나님 편에서, 가난한 사람들이 있는 자리에서 예수의 신빙성을 입증해 주는 계기가 된다. 이를 계기로 메시아로서의 자기 이해와 함께 백성 앞에서 선교사로서의 신임장이 예수에게 주어진 순간이었다. 아시아 지역 교회들도 자신의 주님만큼 겸손해져야 한다. 그리스도인들도 세례를 주기보다는 세례를 받도록 노력해야 한다. 기독교가 다른 종교에 세례를 베풀어 그들 종교를 완성시켜야 한다는 성취설과는 달리 기독교가 아시아의 종교들(요단강)에게 세례를 받을 때 비로소 교회는 사람들에게 인정받게 될 것이다. 선교의 위기가 해소되는 길은 교회가 아시아의 승려들과 아시아의 농민들이 간직한 이중의 전통, 해방을 주는 전통 속에서 세례를 받는 것이다. 가르치는 교회가 아니라 아시아의 경건한 가난한 자들

틈에 섞여 배우는 교회가 되어야 한다.

네 번째 선교학적 원리는 신원의 문제에 대한 답변이다. 서구 교회나 아시아 교회 모두 가진 공포는 기독교적 정체성이 위협당한다는 생각이다. 기독교적 정체성은 중립적 물체여서 거기서 서구적 요소들을 떼어내고 대신에 아시아적 형상을 첨가하면 되는 것처럼 상상하면 안 된다. 교회는 원천인 예수 그리스도에게로 돌아가야 한다. 예수 그리스도는 자신을 잃어버림으로써 자신을 찾는다는 원칙을 세우셨다. 요단강 세례가 바로 그런 사례이다. 뉘우치는 죄인들, 겸손한 사람들, 경건한 가난한 자들 가운데서 당신의 정체성을 상실한 바로 그 순간이 자신의 진정한 자아를 발견하는 계기가 되었다. 요한의 영성은 편협한 종교인들과 정치 지도자들을 저주하는 부정의 영성이었다. 예수의 영성은 가난한 자들과 죄인들에게 축복과 약속을 보내는 긍정의 영성이었다. 요한은 회개를 요구했지만, 예수는 백성을 변화시켜 사랑의 공동체를 만들고자 했다. 우리에게 그리스도인이라는 정체성을 부여하는 것은 세례이다. 자기 고유한 정체성을 잃어버릴 두려움이 아시아의 지역 교회로 하여금 참된 정체성을 발견하지 못하게 하는 것이 아닐까? 아시아 기독교의 새로움은 우리가 아시아의 경건한 가난한 자들의 생활과 염원에 전적으로 참여할 때 그 결과로써만 등장할 것이다.

(2) 아시아 가난의 갈보리에서 세례 받기

아시아 교회 혁명론의 두 번째 길은 아시아 가난이라는 갈보리에서 아시아 교회들이 세례를 받음이다. 예수의 권위, 교회의 권위는 가난과 결부된 것이지 권력 속에 있지 않다. 따라서 요단강에서 갈보리까지를 연결하는 가난의 여정이 선교학상의 또 다른 범례이다. 이는 예수가 부와 권력을 철저히 포기한 세례 요한의 영성만이 해방을 줄 것으로 보았기 때문이다. 이것이 예수의 설교 앞에서 권세 있는 자들이 권위를 상실한 까닭이다. 권력자들은 분에 받쳐 그를 죽이고 말았다(마 14:1-12). 철두철미하게 가난한 사람만이 하나님 나라를 설교할 자격이 있고, 가난한 자들만이 하나님 나라를 받아들일 태세를 갖추고 있다. 왜냐하면 하나님과 맘몬은 원수이기 때문이다. 예수는 세례 이후 부와 권력과 명예와 정면 대결해야 했다. 자신에 대한 세 가지 유혹을 예수는 세 가지 포기로 이겨냈다(마 4:1-11). 예수의 사명은 가난한 사람들의 사명이요, 가난한 사람들에게 가는 사명이요, 가난한 사람들에 의한 사명이요, 가난한 사람들을 위한 사명이었기 때문이다. 이것이 복음화의 실체이며, 아시아에 있는 지역 교회들이 받아들이기 어려워하는 진리이다. 가난한 사람들의 의식을 일깨워 전적으로 새로운 사회질서를 위해 가난한 사람만이 할 수 있는 해방의 역할을 깨닫게 하는 일을 의식한 복음 선포자로는 예수가 처음이었다. 십자가 상에서 완수한 것도 이 임무였다. 갈보리는 요단강에서 시작한 여정이 끝난 지점이다. 참다운 종교와 진실한 정치가 손 잡고 가난한 사람들을 일깨운다면, 맘몬도 종교와 정치를 동맹으로 삼아 복음 선포자를 거슬러 음모를 꾸민다. 종교와 정치는 반드시 보조를 함께한다. 종교는 하나님을 편드는 정치와 함께하든지 하나님을 거스르는 정치와 함께하든지 한다.[27]

---

27 Ibid., 94-95.

복음사가들이 요단강에서 예수께서 받으신 세례라는 용어를 갈보리 최후의 행위에도 적용한 것은 까닭이 있다(마 3:13-15; 막 10:38; 눅 12:50). 두 사건 모두 자기 정체성을 소멸시킴으로써 오히려 예수의 예언자적 권위를 드러낸 사건이었기 때문이다. 첫째 세례를 통해 예수는 하나님의 사랑받는 아들로 인정받았다. 둘째 세례를 통해 십자가 처형 집행자인 로마 백부장까지 예수를 하나님의 아들로 인정했다. 십자가는 예수의 자기 비하가 예수의 이름을 드높임을, 예언자적 공동체를 모을 수 있도록 그의 이름을 높임을 가져오는 것이니 그것은 '예언자적 계기'였다. 그러므로 십자가의 세례는 예수 그리스도의 복음을 설교하기 위해 치른 대가일 뿐 아니라 예수의 제자가 되기 위해서는 반드시 치러야 할 조건이 되었다(막 8:34). 이렇게 해서 삼중의 선교 명령—설교하고 세례를 주고 제자를 삼는 일—이 성립된다. 십자가야말로 설교가 올바른 것이라는 최종 증거요, 십자가야말로 성사라고 일컫는 행사에 의미를 부여하는 유일하게 참된 세례이며, 십자가야말로 진정 그리스도의 제자됨을 판단하는 기준이다.

역사적으로 용병 노릇하던 기독교가 외국 식민 세력의 도움을 받아 아시아에 십자가를 세웠다. 오늘날 아시아의 가난한 사람들이 이런 십자가에 달려 세례를 받고 있다. 지난 시대 용병과 상인과 선교사의 야합은 오늘날 더욱 치밀한 계략으로 지속되고 있다. 아시아에 심어진 지역 교회들은 과거 식민지 국가들의 교회로 남아 이제는 신식민지와 동맹을 지속하고 있다. 이러한 지역 교회들은 교회 내에 계급 분열을 초래하고, 선교 시대의 '식민 교육'이 '개발 계획'으로 바뀌었다. 개발이 새로운 형태의 '전(前)-복음화'라는 것이다. 이러한 개발이 '해방'의 길도 터놓았다는 주장은 기독교의 과대망상에서 오는 소산이다. 소수집단인 교회는 아시아 종교심이 갖춘 해방의 조류에 뛰어들지 않은 채로 아시아에 '해방'을 제공한다고 주장한다. 16세기 라틴교회가 4세기 동안 동양의 기후에 피부가 그을리면서 소위 '문화 순응'이 되어 이제는 아시아를 '해방'하겠다고 주장한다. 아시아가 그 교회를 '라틴의 지방색'에서 해방시켜 주겠다는데 그것을 허용하지 않고서, 아시아를 해방시키겠다고 주장한다. 아시아에 있는 교회가 아시아 교회가 되기 위해서는 아시아 가난한 자들의 종교심과 아시아 가난이 합류하는 지점에 뛰어들어야 한다. 이러한 교회론적 혁명 없이 아시아에 있는 교회들이 아시아 교회로 전환하는 길은 없다.[28]

4) 아시아를 위한 새로운 복음전도/선교

(1) 전도 · 복음화 · 선교의 전제

아시아 주류 교회들은 최근 새로운 전도 열정을 지녔다. 중요한 이유는 타종교의 종교성에 대한 과도한 염려와 기독교 이후 세속성과의 타협 때문이라 본다. 그러나 피어리스는 새로운 천년대를 향한 전도를 위해서는 과거의 전도에 대한 정직한 평가가 우선이라면서, 전도 · 복음화의 갱신을 위한 전제를 다음과 같이 제시했다. 먼저 복음화는 오늘 교회의 최우선적 과제이다. 둘째, 그러나 기독교는 2,000년 동안 복음

---

28 *Ibid.*, 96-97.

을 통전적 방식으로 전파하지 못했다. 셋째, 그러므로 기독교는 신앙의 전도와 정의의 증진을 함께 선포하는 통전적 복음화를 실천해야 한다. 넷째, 통전적 복음 선포는 단순히 말로 선포하는 것이 아니라 깨어진 세계에서 인간의 통전성과 같이 눈에 보이는 변혁의 징표를 동반하는 말씀 선포로 세상 사람들의 신뢰를 얻어야 한다. 즉, 말씀의 사역과 치유의 사역이 함께 전도를 형성한다. 다섯째, 이런 전도의 목적은 회심이다. 복음서에서 하나님의 통치로 언급되는 야훼 하나님의 해방 프로그램으로의 회심이다. 여섯째, 우리로 하여금 동역자 하나님께서 하나님의 통치를 도래하게 하리라는 희망을 갖게 하는 표준은 예수 그리스도의 십자가이다. 일곱째, 이는 우리가 예수 이야기를 우리 자신과 다른 사람들에게 지속적으로 말해야 하고, 우리 지역 공동체를 위해 복음을 다시 써야함을 의미한다. 마지막으로, 예수 그리스도의 탄생과 삶, 그의 말씀과 행동, 그의 죽으심과 승리의 이야기는 예수를 통해 하나님께서 말씀하시고 행하신 것뿐 아니라 예수가 누구인가를 계시해야 한다.[29]

(2) 통전적 복음화 · 선교

'통전적 복음화'는 1978년 예수회 제32차 총회에서 처음 사용된 단어이다. 예수회 회원은 죄인이지만 동시에 예수의 친구가 되도록 부름 받은 자로 십자가의 표준 아래에서 신앙을 위한 투쟁과 정의를 위한 투쟁에 참여하도록 부름 받은 자이다. 이후에 통전적 복음화는

---

29 Aloysius Pieris, S.J. *Fire & Water: Basic Issues in Asian Buddhism and Christianity*, 147-148.

신앙 선포의 핵심적 부분으로 정의의 증진을 포함시킴을 의미하게 되었다. 통전적 복음화를 실천하는 자 중에는 그리스도의 십자가 죽음 같은 폭력에 의해 순교한 자들이 적지 않다. 그러나 통전적 복음화에 대한 이런 이해를 불편하게 여기는 자들도 있다. 1971년에 열린 로마가톨릭 주교회의는 정의의 증진을 복음 선포를 구성하는 부분으로 선포했다. 이러한 통전적 복음화 이해는 성서적이며, 아시아에서 의미가 있다.[30]

(3) 복음화 · 선교를 위한 새로운 원칙

피어리스는 복음화를 위한 새로운 원칙 두 가지를 성서에 근거해서 다음과 같이 제시한다. 첫째, 예수는 하나님과 맘몬 사이의 화해할 수 없는 모순 속에서 맘몬을 거부하고 하나님께만 충성한다. 둘째, 예수는 하나님과 가난한 자 사이의 변경할 수 없는 계약이다. 이 두 원칙을 벗어나서는 예수를 만날 수도 없고, 선포할 수도 없다. 이러한 두 원칙을 무시하는 복음 선포는 그리스도의 이미지와 메시지를 왜곡시킨다. 첫째 원칙은 마태복음에서는 산상수훈, 누가복음에서는 축복과 저주로 나타나고, 제자의 조건으로 기술된다. 둘째 원칙은 예수의 복음 선포 메시지(눅 4 :18-19)의 전제로 나타난다. 첫째 원칙은 그리스도의 제자로 부름 받은 것의 의미를 밝히고, 둘째 원칙은 그리스도의 사도로 보냄 받는 것의 의미를 밝힌다. 그런데 오늘날 교회가 선포하는 복음은 이 두 원칙을 무시하고 있다. 맘몬을 거부하고 하나님께만 충성하라는 첫째

---

30 *Ibid.*, 148.

원칙은 예수의 영성을 형성하고, 결과적으로 제자의 영성을 형성한다. 하나님께서 지상의 약자와 언약을 맺었다는 둘째 원칙(하나님과 약자 사이의 동역 관계)은 예수 선교의 내용을, 제자들 선교의 내용을 알려 준다.31

(4) 새로운 복음적·선교적 비전

그리스도인으로서 분리할 수 없는 이 두 원칙에 충실하다면 그리스도에게 속한 작은 무리인 우리는 아시아의 심층적인 종교성과 아시아의 추문인 가난이라는 아시아적 상황에서 하나님께서 부여하신 참된 역할을 발견할 수 있다. 이러한 역할을 발견하기 위해서 우리에게 요구되는 것은 용기이며, 우리 정신의 전적 변화요, 엄청난 패러다임 변화요, 아시아의 현실뿐 아니라 자신을 보는 전혀 새로운 방식으로 회심이다. 첫째 원칙에 나타난 제자의 영성은 기독교와 아시아의 비성서적 종교들의 공통분모이다. 둘째 원칙으로 주어진 선교는 타종교 경전에 두드러지게 나타나지 않는다. 그러므로 기독교 선교는 타종교와 공유되지 않는 특별한 복음적 정체성을 우리에게 부여한다. 그러니까 타종교와의 연대는 선택이 아니라 전체 아시아 교회의 의무로 복음적 가난의 공동의 플랫폼에 서서 맘몬을 포기하는 것이다. 교회는 이런 플랫폼에서만 예수가 야훼와 이 세상의 아무것도 아닌 자들 사이의 언약임을 참된 권위를 갖고 선포하게 된다. 아시아에서 해방신학은 이런 특별한 선교

---

31 *Ibid.*, 148-149.

를 정교화한 것이다.[32]

(5) 공동의 플랫폼

산상수훈의 영성은 거의 모든 종교와 문화에서 성취되어야 할 이상이 되었다. 아시아를 그리스도에게로 회심시켜야 한다고 주장하는 서구 기독교에서는 대체로 이뤄지지 못했던 맘몬에 대한 거부 또는 자발적 가난이 아시아 대부분의 문화권에서는 의미가 있다. 아시아 종교에서 해방적 중심은 우리에게 자유를 제공하지 못하는 사물에 대한 집착으로부터 자유롭게 하는 것은 진리라는 가르침에 있다. 이는 힌두교, 불교(열반- 최종적 총체적 해방), 기독교(사사기, 사도행전) 등에 나타난다. 이러한 해방적 영성(산상수훈에 대한 비기독교적 설명)이 점차 사라지고 있다면, 아시아 문화의 종교적 기초를 흔들기 시작한 자본주의적 기술 문화의 영향 때문이다. 이익만을 추구하는 시장경제와 축적만을 쫓는 소비주의가 인간과 공동체와 지구를 삶의 중심에서 밀어내고 맘몬을 경배하고 있다.[33]

서구에서 이런 흐름에 실패했던 기독교가 아시아에서 성공할 수 있을까? 아시아에 새로운 복음 전도가 가능할까? 지역 교회가 기독교 제자도의 기본적 요소를 회복하기 전에는, 비기독교인 공동의 순례자들의 도움으로 아시아 기독교 문화에 그런 요소를 간직하기 전에는 가능하지 않다. 간디는 산상수훈을 실천하지 않기 때문에 교회가 그리스도의

---

32 *Ibid.*, 149-150.
33 *Ibid.*, 150.

제자가 아니라고 말했다. 간디가 산상수훈을 글자 그대로 실천한 것은 아이러니이다. 산상수훈의 제자도는 교회 밖에서 실천이 가능하다. 교회의 전도 의도에 대한 간디의 회의는 영구적 도전이 된다. 우리가 그의 제자됨을 거부한다면 우리는 어떤 신뢰성을 갖고 그리스도를 전파하는가? 우리가 선교적 확장을 위해 맘몬에게 의지한다면, 우리가 감히 무슨 권위로 이미 그리스도의 제자일지 모르는 비기독교인들을 복음화하려 하는가?[34]

III. 피어리스의 아시아 선교신학의 주요 주제

1. 문화와 해방: 문화화

1) 서구적 문화화를 아시아에 적용하기

피어리스는 기독교가 유럽화된 것은 그 자체로 탁월한 문화화의 표본으로 라틴 모델, 그리스 모델, 북유럽 모델, 수행 모델 등 네 가지를 제시했다. 그러나 그는 라틴 모델과 그리스 모델이 아시아에 적용이 되지 않고, 북유럽 모델은 아시아에 적용하기에는 너무 늦었다고 보았으며, 수행 모델은 아시아 정감에 가깝다고 하면서 아시아에서 문화화를 위한 새로운 길을 찾아야 함을 주장했다.[35]

---

34 *Ibid.*, 151.
35 알리오시 피어리스/성염 역, 『아시아의 해방신학』, 100-115.

(1) 아시아에는 적용되지 않는 라틴 모델과 그리스 모델

피어리스는 비기독교 문화에로 육화되는 것을 라틴 모델로 제시했고, 비기독교 철학에로 동화되는 것을 그리스 모델로 제시했다. 로베르토 데 노빌리와 마테오 리치의 선교는 이런 모델에 속한다. 그러나 이 두 모델은 오늘의 아시아에는 적용할 수 없다. 그는 두 모델을 아시아에 적용할 수 없는 이유 네 가지를 다음과 같이 제시했다. 첫째, 라틴-그리스 전통에 침투해 있는 종교신학은 아시아에는 무용하다. 이 두 모델은 제2차 바티칸공의회의 견해에 상응하지 않는다. 교부들의 전통은 타종교에 대한 평가에서 시종일관 부정적이었다. 그들은 로마의 문화와 그리스의 철학만이 교회가 받아들일 가치가 있다고 보았다. 즉, 이 두 가지만이 이교도 종교의 악마적 손아귀로부터 그리스도에 의해 구원받을 수 있다고 보았다. 이렇게 해서 타종교와 대립하는 그리스도 신학(Christ-against-religions-theology)이 시작되었다. 이런 신학은 수십 세기 동안 기독교 사상을 지배해 왔고, 19세기에 인도의 몇몇 신학자들이 타종교의 그리스도 신학(Christ-of-religions-theology)을 뿌리기까지 지속되었다.[36]

둘째, 라틴 기독교처럼 종교를 문화에서 분리하거나 그리스 기독교처럼 종교를 철학에서 분리하는 일은 아시아 사회에서 무의미하다. 남아시아의 문화적 맥락에서 문화와 종교가 상호중복되어 있어 불가분하게 단일한 구원 사상을 이룬다. 불교는 하나의 인생관(문화)이자 동시

---

36 *Ibid.*, 101-102.

에 해탈의 길(종교)이다. 하나의 철학으로서 종교관의 토대가 되는가 하면 하나의 종교로서 생활철학이 된다. 문화화는 로마가톨릭에 기원하고 교회의 염원을 표현하는 단어로 라틴계 사람들의 사고방식, 즉 문화와 종교의 이분법에 근거한다. 여기서는 '유럽 문화를 뺀 기독교 종교' 또는 '비기독교 종교를 뺀 아시아 문화'가 가능하다. 그렇지만 남아시아 배경에서는 이런 개념은 생각할 수 없다. 이 지역에서 가능한 일, 또는 필수적인 일은 교회의 문화화가 아니라 교회의 종교화(inreligionisation)이다. 이런 접근 방식은 이브 꽁가르와 같은 서구의 진보적 신학자조차도 혼합주의의 위험, 기독교 신앙을 비기독교 종교에 의해 오염시킬 위험이 있다고 경고할 정도였다. 꽁가르는 아말라도스와 파니카 같은 인도인들이 인도 기독교보다는 힌두 기독교를 거론해야 한다고 주장할 때 그들에게 경청한 서구 신학자였다.[37]

셋째, 그리스-라틴 모델은 문화화를 일종의 도구로 간주하는 이론을 교회에 물려주었다. 그리스 철학은 그 종교적 맥락에서 유리되어 기독교 종교에 이바지하는 도구, 기독교의 교의를 표현하기 위한 연장으로 바뀌었다. 알렉산드리아의 클레멘스는 이스라엘 남자들이 전쟁 포로 중 마음에 드는 아리따운 여자가 있으면 아내로 삼을 수 있다는 말씀(신 21:10ff)을 타종교를 정복하고 '마음에 드는 아리따운' 철학이 있으면 기독교에 이바지하는 시녀로 삼을 수 있다고 해석했다. 아시아에서 이런 정책이나 접근 방식은 아무런 효과를 내지 못할 것이다. 왜냐하면 어떤 철학을 그 구원론적 맥락에서 유리시킨다는 것은 그

---

37 *Ibid.*, 102-103.

철학에서 생명을 빼앗는 것이기 때문이다. 이렇게 죽은 철학을 갖고 기독교 교리체계를 건설하는 일은 지적 곡예에 지나지 않는다. 철학을 도구화하는 그리스적 방식이 아시아에서 비생산적이라면, 비기독교 문화를 기독교에 이용하기 위해 도구화하는 라틴 방식도 반대 효과를 낸다. 피어리스는 이와 관련해서 이런 시도를 하는 신학자들에게 일종의 '신학적 문화파괴'의 위험을 경고했다. 태국에서 기독교 측이 불교도의 성스러운 상징들을 함부로 빌어 사용한 것에 대해 심한 불쾌감을 표명했다. 이런 식의 문화화는 비기독교 상징에 들어 있는 구원론적 모형을 철저히 무시하는 행위여서 자칫하면 제국주의의 위장된 형태로 간주되기 십상이다.[38]

넷째, 2,000년 전 지중해 연안에서 전개되던 교회의 상황과 20세기 아시아의 상황이 너무 다르다. 로마 제국의 종교가 퇴락하고 기독교가 상승하던 초기 몇 세기에는 그리스-로마 모델이 통했고 정당화될 수 있는 토착화 과정이었다. 이런 문화화를 통해서 교회가 그리스와 로마 문화를 보존하여 후손들에게 물려주었다. 그러나 아시아에서는 정반대의 실정이다. 지금 위기에 처한 제국 종교는 식민주의적 기독교이며, 지금 활력을 얻어 사회 정치적 세력으로 부상하는 것은 소위 '이교도' 종교들이다. 이 종교들이 식민지를 벗어난 국가들에서 국가적 주체의식을 형성하고 기독교 이후의 서구 사회 속으로 전해지는 현대 영성의 주류를 이룬다. 이런 배경에서 보면 문화화의 열기는 교회에 아시아적 외관을 씌워 주려는 마지막 몸부림으로 보인다. 교회는 지난 4세기

---

38 *Ibid.*, 103-105.

동안 밑이 뚫리지 않은 화분 같은 그리스-로마 모델이 심겨져 있었다. 그 화분을 감히 깨뜨리려고 나선 사람이 없었기 때문에 교회는 결국 아시아에 뿌리를 내리는 데 실패했다.[39]

(2) 아시아에는 너무 늦은 북유럽 모델

피어리스는 그리스 모델과 라틴 모델을 아시아에 적용할 수 없지만, 중세 초기 북유럽 씨족사회와 아시아에 잔존하는 부족사회의 문화가 종교적으로 우주적(인류학자들이 말하는 정령론, animism)이어서 북유럽 모델이 아시아에 유효할 수 있지만 지금 적용하기에는 늦다고 했다. 우주적 종교는 초우주적 실재, 즉 아가페(구원을 주는 사랑)를 통해서나 그노시스(구원을 주는 영지)를 통해 인간 내면에 구원을 이루는 초우주적 실재를 요청하는 초우주적 종교들과는 대조를 이룬다. 초우주적 종교로는 아가페적이라 할 유다교와 기독교가 있고, 그노시스적이라 할 힌두교, 불교, 도교 등이 있다. 그런데 우주적 종교심과 초우주적 종교심의 관계는 상호배타적이 아니라 보완적이다. 초우주적 종교가 부족사회에 뿌리를 내리기 위해서는(문화화) 그 사회의 우주적 종교심의 맥락에 자리를 잡아야 한다. 역으로 우주적 종교는 개방된 영성이어서 초우주적 종교로부터 초월적 방향이 제시되기를 기다린다. 그러므로 이 두 종교의 관계는 어느 하나가 다른 것을 배척하는 것이 아니라 하나가 다른 하나를 보충하여 이차원적 구원 사상을 이룬다. 구체적 사례가

---

39 *Ibid.*, 105.

기독교가 북유럽 사회에 뿌리내린 것(문화화)으로, 우주적 현재와 초우주적인 피안 사이에 온건한 긴장 관계를 유지한다. 아시아에도 가능하지만, 아시아에 기독교보다 수 세기 먼저 온 여러 초우주적 종교들이 자리 잡았기에 기독교가 아시아의 우주적 종교들(남아시아의 데바 신앙, 티벳에 본 종교, 버마의 나트 예배, 태국과 버마와 캄보디아의 피/Phi 신령/악귀 숭배, 중국과 한국의 유교와 조상숭배, 일본 신도의 씨신 예배 등)에 뿌리내리기에는 늦었다. 어떤 초우주적 종교가 씨족사회에 문화화한 이후에는 강제력—대중을 종교적으로 전향시키는 비종교적 수단—에 의존하지 않고는 다른 초우주적 종교에 의해 축출되지 않음을 역사가 보여 준다.[40]

그런데 문화화는 비기독교 문화 속으로 침투하는 교회의 세력 확장이 아니라 아시아 종교들의 구원론적 전망으로부터 현지 교회의 정체성의 틀을 잡아가는 활동으로 보아야 한다. 이러한 문화화의 세 가지 이정표를 피어리스는 다음과 같이 제시한다. 첫째, 비기독교 종교들의 양 차원적 구원 사상은 기독교의 영성, 전례, 교회의 증언, 사회적 투신, 신학적 정립 등에 이미 짜여진 틀을 제공한다. 양 차원적 구원 사상은 현재에 대한 우주적 투신이 미래를 향하는 초우주적 노선에 의해 조정될 뿐 아니라 초우주적 노선은 지금 여기라는 상황을 부단히 상대화한다. 둘째, 아시아 신학은 사색의 결실이 아니라 해명의 과정이고, 해방을 위한 비기독교적 투쟁의 그리스도적 묵시 사상이라 하겠다. 셋째, 그리스도인들은 비기독교 구원 사상에 함축적으로 선재하는 신학을 설명할 따름이기에 그리스도인들이 채택할 과정도 비기독교 도식들을 '도구화'

---

40 *Ibid.*, 107-109.

하는 방식이어서는 안 되고, 비기독교 에토스에 참여함으로써 그것에 동화되는 방식이어야 한다. 예수처럼 우리들도 종교심이라는 요단강에서 세례를 받아야 한다. 이런 세례가 '신학적 문화 파괴' 위험을 없애고, 성스러움을 서로 나누는 활동이 되도록 한다. 베네딕도회 수사 스와미 아비식타난다(본명 앙리 르 수)가 힌두교에 세례 받아 힌두의 영성(신 체험이라는 일차적 신학)을 철저히 흡수하였으므로 그리스도 신비에 관한 그의 발언들(신에 관해서 말하는 이차적 의미의 신학)은 아시아인들이 교회를 찾는 데 중요한 길잡이가 되었다.[41]

(3) 아시아 정감에 가까운 수행의 모델

위에서 언급한 대로 초우주적 종교에는 아가페적 측면과 그노시스적 측면이 있다. 기독교 정통 교리는 항상 아가페적이었지만 그 속에도 합법적인 영지주의가 있었다. 영지적 종교인 힌두교와 불교 역시 바크티 운동처럼 아가페적 종교심의 모습이 있다. 서방 총대주교구가 자기네 수도승들에게 배워 영지적 요소와 아가페적 요소를 조화시킬 줄 안다면 오늘날 아시아가 필요로 하는 문화화가 어떤 것인지 파악할 것이다. 서구의 수도승들은 '세상의 도피라는 (영지적) 이상'(fuga mundi)이 세상의 가난한 사람들과 더불어 행하는 (아가페적) 참여에 의해서 보완되어야 한다는 사실을 배웠다. 가난한 사람들은 우리에게 그리스도의 현존을 중재한다. 그래서 부에 대한 기독교적 포기는 언제

---

41 *Ibid.*, 109-110.

나 가난한 사람들을 편드는 선택으로 간주되었다. 수도원운동을 시작할 때부터 수도승들의 하나님 추구는 불가분하게 가난한 자들을 위한 봉사 또는 연대와 결부되었다(John M. Lozano). 영성에 있어서 그노시스적 요소와 아가페적 요소가 균형을 잃었을 때 하나님의 적이자 인간의 원수인 맘몬에게 많은 것을 허용하게 되며, 그때 부패가 오고 수도 생활은 짠맛을 잃은 소금이 되어 사람들에게 버림받는다. 그러므로 교회가 기독교 수도승들에게서 아시아의 비기독교 수행자들이 사용하는 그노시스적 언어를 배우기 전에는, 아시아의 가난한 자들이 알아들을 수 있는 유일한 언어인 아가페적 언어를 완전하게 습득하기 전에는 교회가 아시아와 대화하고 사귀기 어렵다. 아시아의 비기독교적 종교의 승려들은 영적 조명의 경지, 즉 축재의 본능으로부터 내면적 해방을 보장하는 경지를 이야기한다. 그러나 아시아의 가난한 사람들은 사회적 해방을 부르짖는다. 승려들이 '우주적 현재'가 죄스러운 것임을 폭로하는 빛으로서 '초우주적 피안'을 가리키는 사람이라면, 가난한 사람들은 우주적 질서의 희생자들임과 동시에 그것을 타도할 주역이기도 하다.[42]

아시아 승려들이 자발적으로 실천하는 가난이 아시아 민중에게 제도적으로 부과된 가난을 덜어 주는 방향으로 나아가지 않을 때는 가난의 결과로 생겨난 혁명들이 아시아의 봉건화된 수도원들을 뒤엎었다(티벳과 몽골). 그러므로 진정한 문화화란 아시아 교회가 자발적 가난이 해방을 주는 차원 위에 뿌리를 내리는 작업이 되어야 한다. 예수를 따르는 사람은 복음을 위해 가난하게 되기로 결단을 내린다면, 그는 초우주적

42 *Ibid.*, 111-113.

실재를 찾아 아시아 승려들과 연대하고 사는 일 외에도 정의롭고 성스러운 우주적 질서를 염원하는 아시아 가난한 이들과 더욱 연대책임을 지고 살아야 한다. 아시아에 문화화된 교회는 맘몬으로부터 해방된 교회이고, 가난한 사람들로 이루어진 교회이다. 문화화란 '인간' 기초 공동체들이 이미 시작한 교회론의 혁명이다. 그 공동체에는 기독교 교인도 있고 비기독교도 교인도 있다. 거기에서는 신비주의와 투쟁 정신이 교차하고 함께 부상한다. 자발적 가난에 근거한 신비주의와 강요된 가난에 항거하는 투쟁 정신이 공존한다. 피어리스는 스리랑카에서 이뤄진 네 가지 실험을 소개한다. 첫째는 성공회 수도승 데바난다의 수도원인 데바나사라나(Devasarana)로 불교 문화권에서 수도 생활을 영위하면서 사회주의 노선에서 농민 운동에 투신하고 있다. 둘째, 칸디에서 예수회원 폴 카스페르츠가 지도하는 사티요다야(Satyodaya)로 인종과 언어와 종교가 다양한 사람들이 어울려 강경한 투쟁을 함으로써 인종 분쟁으로 갈라진 사회에서 계급 없는 사회의 표본이 되고 있다.

셋째, 크리스찬노동자동지회는 아시아 교회 역사상 최초로 출현한 노동자 단체로 신할레세인과 티밀인들을 포함해서 불교도, 힌두교도, 기독교인, 마르크스주의자 등이 활동하고 있다. 넷째, 마이클 로드리고 신부는 스리랑카 내륙의 농촌 지역 부탈라에서 비슷한 목적의 공동체를 설립하여 활동하고 있다. 토마스 머튼이 후원하여 1969년 열린 아시아 수도승대회는 아시아 수도 생활의 문화화를 토론했다. 1973년 열린 제2차 아시아수도승대회는 아시아의 가난이라는 스캔들에 부딪쳤다. 1980년 제3차 칸디대회는 수도적 가난이 아시아의 가난한 자들과의 연대 속에 실천되지 않는 한, 기독교적 가난이 아님을 깨닫게 되었다.

피어리스는 그리스도인이 전하는 복음이 예수께서 하나님과 가난한 자들이 공동의 적 맘몬에 대항하여 체결하는 '새로운 계약' 또는 '방위 동맹'이고, 이를 해방의 내용이라 했다. 왜냐하면 아시아에서는 해방과 문화화가 결코 둘로 나뉘지 않기 때문이다.[43]

2) 아시아에서의 문화화

(1) 개혁·갱신으로서의 문화화

문화화는 아시아의 문화적 과거로 되돌아가는 고고학적 실현이 아니라 아시아의 현실로 교회를 일깨우는 것이다. 문화화는 교황 요한 23세의 구호(*aggiornamento*)를 대체하는 새로운 용어이다. 개혁은 그동안 교회가 구태의연한 말로 했던 것을, 이제는 민중의 언어로 교회를 재교육하기 위한 소환이었다. 이는 교회가 성령과 함께 걷지 못하고(갈 5:25) 뒤쳐져 있음을, 복음을 이 세상에서 태어난 사람들에게 구원에 대해 가르치는 성령의 언어로 전달하는 데 실패했음을 보여 준다. 교회로 하여금 다시 한번 세상에 온 모든 사람(요 1:9)을 비추는 말씀에 맞추는 것이 교황이 사용한 개혁의 의미였다. 이는 교회를 그 오순절의 기원으로 소환하여 모든 민족으로 하여금 자신의 언어로 복음 메시지를 이해하도록(행 2:8) 선포하는 교회의 본래적 사명을 일깨우는 것이다. 요한 23세 교황이 개혁이라는 말로 의미한 것이 새로운 오순절이다.

---

43 *Ibid.*, 113-115.

이것이 여기서 피어리스가 말하는 문화화의 뜻이다. 이는 또한 공의회가 본래 의도한 것이었다. 문화화의 문제에 대해 성령론적 접근을 하는 이유이다.[44]

(2) 성령론적 접근은 말씀의 우선성을 의미

성령론적 접근은 성령에 대한 담론이 아니다. 성령은 어떤 담론의 대상이 아니다. 성령이 모든 담론의 주체이기 때문이다. 말하지 않는 말씀하시는 분(성령)이 말로 표현할 수 없는 분(하나님)에 대해 말씀하는 것은 말씀 자체이며, 계시를 조명하는 말씀으로 구원의 확실한 수단이며 변형으로 가는 유일한 길(Logos/dabar/hodos/Marga/Tao/Dharma)이다. 계시되고 구원하고 변형시키는 것은 그리스도·주님에 대한 우리의 말들이 아니라 말씀 자체이다. 오늘날 예수 그리스도는 세상에서 가장 작은 자들, 국가의 희생자들을 지상에서 자신의 대리자로 지명하시고, 그들의 피와 살 속에서 보이도록, 감지하도록 현존하신다. 아시아에서 불의한 사회제도와 운동(봉건주의, 카스트 제도, 담보 노동, 농산업, 인종 전쟁 등)의 노예들은 하나님의 말씀을 전달하는 목소리 없는 자들이다. 하나님의 말씀을 경청하고 순종하는 것은 그리스도의 빠스카 신비를 지속적으로 체험하는 몸인 작은 자들 안에서 역사하는 무언의 말씀하시는 분(Unspoken Speaker)의 언어 배우기를 포함한다. 그러한 배움을 문화화라고 한다.[45]

---

44 Aloysius Pieris, S.J. *Fire & Water: Basic Issues in Asian Buddhism and Christianity*, 127-128.

(3) 문화화와 복음화

복음화의 역설은 그리스도의 바로 이 대리자들이 또한 말씀의 핵심 청취자라는 점이다. 복음은 그들에게 먼저 선포되어야 하며, 그들을 통해 다른 사람들에게 전파되어야 한다. 그러므로 아시아에서 복음화는 권력 없는 자들 안에 계신 성령과 교회 안에 있는 성령 사이의 교류이고, 억눌린 사실 자체로 그리스도의 대리자가 된 대부분 비기독교인 억눌린 자들 안에서 들려지는 무언의 말씀하시는 분과 안으로부터 교회를 고무시켜 그리스도의 목소리가 되게 하시는 무언의 말씀하시는 분 사이의 교류이다. 한 마디로 교회가 지상에서 그리스도의 대리자라는 주장은 지상에서 가난한 자를 자신의 대리자로 세우셨다는 그리스도의 주장에 의해 도전받는다. 성령이 두 장소로 분열된 것은 우리 자신의 죄의 열매이지 그리스도의 의도는 아니었다.

본래 예수의 제자들은 하나님 나라를 위해 모든 것을 포기한 자들이었다. 그들은 태어날 때부터 가난했거나 자발적으로 가난을 선택했다. 그리스도가 제자로 부르신 자들도 그들이었고, 작은 자들로 복음을 듣던 자들도 그들이었다. 예수의 사명을 이어받은 그들은 빠스카 신비를 살고 선포했다. 그러나 시간이 지나면서 교회의 핵심 계승자와 이 세상의 가난한 자들 사이가 분리되어 각각 교회의 대리자라고 주장하고, 그리스도의 몸이라고 주장했다. 이 두 종류의 주장은 오직 올바른 유형의 복음화를 통해서만 하나가 된다. 그런 복음화는 가난한 자들에 의해 복음화된 교회

---

45 *Ibid.*, 128.

와 교회에 의해 복음화된 가난한 자들 사이의 교류이다. 문화화는 이 과정의 첫째 과정으로 교회가 가난한 자들에 의해 복음화되는 첫째 도전을 받아들임으로써 가난한 자들의 복음 전도자가 되는 자격을 획득하는 것이다. 문화화는 교회가 아시아 그리스도의 몸 안에서 아시아의 가난한 자들의 엄청난 고통을 인식하고, 그에 대해 값비싼 신앙으로 대응함으로써 성령의 자유 안에서 예수가 가난한 자에게 복음이었던 것처럼, 교회가 아시아의 가난한 자들에게 복음이 되려는 것이다.[46]

(4) 성령의 자유

위에서 정의한 문화화가 왜 지난 4세기 동안 아시아에서 느리게 진행되었는가 또는 교회가 그런 문화화에 적대적이었는가에 대한 답변은 십자가를 지는 삶에 대한 우리의 두려움, 과거의 편안한 방식의 삶을 포기하는 대가 때문이라 할 수 있다. 빠스카 신비를 향한 민중의 투쟁에 동참함은 사회적 갈등을 초래한다. 피어리스는 여기서 문화화의 실패의 여러 측면 중 교회가 성령을 말하는 자(the speaker)로 대체한 경향에 집중한다. 교회는 무언의 말씀하시는 분과 경쟁하려는 경향이 있다. 교회는 '그리스도의 지극히 작은 형제와 자매들' 가운데 무언의 말씀하시는 분이 자리 잡은 강단과 불일치하는 대항적 플랫폼을 세우는 유혹을 받는다. 이러한 유혹 때문에 교회는 문화화의 첫째 과정인 가난한 자에 의해 복음화되는 겸손한 배움의 과정을 간과하고, 잘못된 명칭

---

46 *Ibid.*, 128-129.

의 복음화, 즉 공격적 담론에 빠지게 된다. "당신의 구원을 위해 그리스도를 받아들여라", "그리스도가 답이다", "그리스도에게 마음을 열어라" 등 슬로건이 최근 아시아에서 종교적으로 민감한 많은 비기독교인들을 자극하는 것이 놀라운 일인가? 오직 성령만이 말씀(the Word)을 말할 수 있고, 이 말씀이 사람들의 마음을 연다. 가난한 자들의 이야기에 귀 기울이고 가난한 자들로부터 배우지 않고 소리쳐서 복음화하려는 지역은 어느 곳이든지 말씀은 우리 자신의 많은 이야기 소음 속으로 사라지게 된다.[47]

(5) 두 가지 기준

이 문제에 관한 식별의 두 기준을 피어리스는 다음과 같이 제시한다. 첫째, 가난한 자들이 문화화의 사회적 자리가 되어야 한다. 즉, 문화화는 교회가 가난한 자들에 의해 복음화되고, 성령에 의해 교육되는 과정이다. 둘째, 사회적 갈등(갈보리·십자가, 빠스카 신비를 가난한 자들과 더불어 살기)은 문화화 과정에 참여하는 교회의 불가피한 징표요 증명이다. 즉, 가난한 자들 속에서 가난한 자들을 통해서 그리스도의 대리자가 되고자 하는 교회는 또한 모순의 징표가 되어야 한다. 세상 권력 앞에서 명백한 실패로 드러나는 십자가에서 빠스카 신비가 실현될 때만이 우리가 전파하는 말씀이 "이 사람은 진실로 하나님의 아들이었도다"(막 15:39)라는 백부장의 고백과 일치하는 반응을 얻을 것이다. 베드로처럼

---

47 *Ibid.*, 129-130.

우리가 사회적 갈등의 영역(십자가의 길)에 들어가는 것을 방해받을 때, "사탄아 내 뒤로 물러가라"(막 8:33)는 책망의 말—네가 나를 인도하는 것이 아니라 내가 너를 인도한다는 뜻—을 이해할 수 없을 때 우리는 베드로처럼 갈등의 현장으로부터 우리 자신을 분리시키고, 다른 자리에 있음으로써 가난한 자들 편에 선 예수를 배반한다. 이런 배반은 우리가 하나님의 행동 프로그램을 이 세상의 권력 프로그램과 혼합할 때 일어난다. 피어리스는 "자기를 부인하고 자기 십자가를 지고 나를 따를 것이니라"(막 8:34)는 말씀을 통해 예수는 베드로에게 "네 정신은 세상에 속한 정신이지 하나님께 속한 정신이 아니다"라고 경고하신 것으로 보았다. 우리가 선택해야 할 사회적 자리는 아시아의 갈릴리이다. 이러한 선택이 초래하는 사회적 갈등인 아시아의 갈보리는 문화화, 복음화가 만들어지는 재료이다. 아시아의 가난한 사람들 속에서 말씀하시는 성령은 용기를 갖고 말씀에 개인적으로 응답하는 많은 고상한 기독교인들에게 이 말씀(막 8:34)을 주신다. 그러나 아시아 전체 교회는 머리 되신 아시아적 그리스도와 하나로 연결된 몸이 아니어서 축소된 그리스도를 제공한다. "내 뒤로 물러가라. 네가 하나님의 일을 생각하지 않고 도리어 사람의 일을 생각하는도다"는 것은 아시아적 그리스도로부터 듣는 말씀이다. 교회와 교도직은 결코 말씀 위에 있지 않고, 오히려 말씀을 위해 봉사한다. 하나님의 일을 촉발하는 성령은 말씀하시고 들으실 자유가 있다.[48]

---

48 *Ibid.*, 130-131.

(6) 구체적 설명

빠스까 연극을 본 한 불교 학자가 이 연극이 예수 그리스도를 잘못 표현한다고 비판하고 자신이 대본들을 작성했다. 이것을 보고 피어리스는 나쁜 미디어를 통해서도 말씀은 전파된다고 했다. 나쁜 미디어를 통해 전해지는 말씀도 여전히 말씀이고, 우리 모두에게 말씀하시는 보편적 성령과 내적 친화성을 지닌 단순하고 지혜로운 아시아인들에게 이것도 의미 있게 전달된다고 했다. 이 대본을 읽고 감동을 받은 피어리스는 그 자신 안에 있는 싱할라 문화와 기독교 신앙이 아주 오래되면서도 동시에 새로운 말씀을 듣는 자신 안에 있는 불교도를 발견했다. 피어리스는 이 대본들이 싱할라 문학사에서, 기독교 문학사에서 분수령을 이뤘다고 평가했다. 싱할라 문학사에서는 그리스도적 내용을 지녔기 때문이고, 기독교 문학사에서는 불교적 문화용어가 그리스도로 하여금 아시아적 영광을 지니게 했기 때문이다. 그 이후에 피어리스는 비기독교 친구들에게 그리스도가 아시아에서 무엇을 의미해야 하는지 자신과 교회에게 말해 달라고 요청했다.

그 이후로 아시아에 그리스도를 선포하는 오래된 선교적 실천이 최소한 피어리스가 활동하는 툴라나 연구소에서는 역전되었다. "너희는 나를 누구라 하느냐?"라는 질문이 어떤 교리나 예전이나 율법에 매이지 않는 성령, 무언의 말씀하시는 분에게, 민감한 불교도들에게 물어진다. 아시아에서 말씀을 듣고 따름 속에서 교회를 가르치도록 허용되지 않았다. 왜냐하면 교회가 항상 아시아인들에게 일방적으로 말을 해 왔기 때문이다. 지금까지도 교회는 비기독교인들에게 그리스도를 받아들이도록 큰 목소리로 귀찮을 정도로 말하고 있다. "어떤 그리스도인가?"라는 질문이 이런 선교를 하는 선교사들·교회에게 되묻는 질문이다. 그 대답에 관련해서 성령과 내적 친화성을 지닌 비기독교인들은 창조적 대답을 제공할 수 있다.[49]

2. 종교와 해방: 기독교와 불교의 대화

피어리스는 기독교인이 불교도와 대화하기 위해서는 불교도의 자기 이해 안에서 불교적 종교성을 확실하게 이해하는 것이 필요하다고 했다. 그는 기독교인이 불교도와 대화에 필요한 것으로 신학적 틀, 불교도 에토스에 대한 올바른 이해, 현대 불교도와의 대화 등 세 가지를 제시했다.[50] 여기서는 불교도에 대한 올바른 이해 부분을 생략하고, 종교 간 대화에 필요한 신학적 틀과 양 종교 사이의 핵심인 부처론과 기독론의 이해를 살펴보기로 한다.

1) 종교 간 대화를 위한 신학적 틀

(1) 아가페적 측면과 그노시스적 측면의 종합으로서 종교: 패러다임 변화

피어리스는 동양과 서양을 지리적으로 보지 않고 종교·영성의 그노

---

49 *Ibid.*, 131-133.

50 Aloysius Pieris, S.J. *Love Meets Wisdom: A Christian Experience of Buddhism*, (Maryknoll: Orbis Books, 1990), preface, xi.

시스적 측면과 아가페적 측면으로 보고, 종교는 이 두 측면의 종합이라
는 관점을 종교 간 대화를 위한 기조의 변화, 또는 패러다임 변화라
했다.[51]

가. 동양 종교에 대한 서구 기독교인의 편견

피어리스는 서구 기독교인이 동양 종교에 대해 갖는 편견 네 가지를
제시했다. 첫째, 보통 서구 기독교인이 그노시스에 대해 편견을 갖는
이유는 그노시스가 세상을 부정하는 금욕주의라는 생각이 널리 퍼졌기
때문이다. 이런 편견은 세상을 부정하는 금욕주의가 동양 종교의 특징
이라는 검토되지 않은 전제로부터 한 발자국 정도 떨어져 있다. 둘째,
동양의 셈족 문화보다는 서양의 그리스와 로마의 사고체계와 유사성을
지닌 힌두교, 불교, 자이나교 등 인도 종교들이 지닌 인도-유럽어족
조상의 언어적이고 문화적 구성 요소들을 무시해서는 안 된다. 기독교
의 서구적 내용(아가페적)은 동양의 셈족 문화로부터 직접 가져온 것인
데 반해, 기독교적 그노시스(기독교 영성 안에 있는 소위 동양적 용어)는
유럽 문명의 기초 중 하나인 그리스 문화, 서구의 직접적 산물이다.

셋째, 그노시스 종교들(인도-중국, 또는 그리스-로마)은 세상을 부정
하지 않으며, 세상을 넘어선 관점으로부터 세상을 상대화시킬 뿐이다.
이런 관점은 현재의 사물에 대한 우리의 근시안적 집착 또는 그노시스의
영을 결여한 소비주의 문화를 교정하는 데 필수적인 것이 아닐까? 넷째,
그노시스적인 종교들은 획일적이지 않다. 동양은 그노시스의 변증법적

---

51 *Ibid.*, 9-10.

대립으로서 아가페적 영성을 발전시켜 왔다. 바크티 영성은 중세 이후로 인도의 사회개혁 운동을 촉발시켰다.[52]

나. 서양이 필요로 하는 동양

토마스 머튼이 동양을 발견한 것은 아시아에서가 아니다. 그는 자신의 수도원에서 찾고 발견한 것을 동양으로 인식하고 동양이라고 불렀다. 서양은 서양의 수도자들과 대화함으로써 서양의 동양적 의미를 회복할 수 있다. 머튼은 제도화된 형태의 명상과 공동체 또는 정치로부터 도피할 수 없는 삶의 초점과 질로서의 명상을 구별했다. 여기서 머튼은 현대 서구 기독교인의 문화적 위기와 로마의 제국화된 기독교의 영적 공백에 직면하여 사막으로 간 4세기 기독교인들의 위기를 대조시킨 것으로 보인다. 사막으로 명상 생활을 하러 간 기독교 운동은 모두가 평등한 사회, 지혜와 경험과 사랑을 통해서 하나님으로부터만 오는 참된 권위가 있는 사회를 찾으려는 긍정적 목적을 지녔다. 평등과 자유, 지혜와 사랑으로서의 하나님 체험은 한마디로 삶의 질과 초점은 16세기 첫째 종교개혁, 18세기 계몽주의와 19세기 과학혁명에 대응하는 둘째 종교개혁에 이은 셋째 종교개혁이 의미하는 바이다. 4세기 기독교인들의 사막으로의 도피, 로마 제국 문화로부터 자연으로의 도피는 동양의 반쪽을 결여한 서양에 의해서 창조된 기술 지배적 제국주의의 부패한 현대 문화에 직면해서 그러한 서양으로부터 벗어나려는 현대 서양의 탁월한 선구자임을 보여 준다.[53]

---

52 *Ibid.*, 10-11.
53 *Ibid.*, 12-13.

다. 기술 문화에서 동양과 서양의 변증법

기술 지배적 세계관은 하나님이 만드신 모든 사물은 단지 하나님께 이르기 위한 도구이고, 역으로 인간이 만든 모든 도구는 단지 사물이라는 기독교에서 시작한 이런 주장이 최종적으로 진화한 형태이다. 비기술 지배적 문화인 동양에서 음악가에게 플루트(악기)는 도구가 아니라 음악가 자신의 확대 또는 '또 다른 자아'이다. 음악 연주자와 악기 사이에는 창조적 친구 관계가 있다. 음악은 연주자와 악기 사이의 친교의 산물이요, 둘 사이에 발전된 조화에 대한 증거이다. 연주자들에게 악기는 사물도 아니고 도구도 아니다. 왜냐하면 자연은 우리 자신의 우주적 연속이요, 우리 자신의 확대된 자아이기 때문이다. 자연을 오염시키는 것은 우리 자신을 흉하게 만드는 것이다. 이런 신앙은 정령신앙적 미신이라고 무시될 수 없다. 이런 신앙은 기술 문화가 단지 '사물'로 취급하는 것을 살아 있는 것 같은 동역자로 여기는 '우주적 영성'의 사례이다. 이런 영성은 힌두교, 불교, 도교와 같은 초우주적 영성으로부터 직접 파생된 것이 아니라 인류학자들이 정령신앙이라고 부적절하게 부르는 우주적 종교의 전통에서 유래한다. 이것이 아시아 종교성의 통합적이고 핵심적 구성 요소이다.[54]

라. 동양의 우주적 영성

우주적 영성은 그노시스적 구원론이 아시아에 확대될 때도 그대로 간직되었다. 그노시스적 용어에서 절대자는 사랑받고 경외 받아야 할

---

54 *Ibid.*, 14.

'인격적 당신'(Personal Thou)이라기보다는 자신 안에서 실현되어야 할 '비인격적 그것'(nonpersonal It)이다. 소위 정령주의자들이 그노시스적 종교들을 포용하면서 생태적 친교의 영을 포기한 적이 결코 없다. 이는 기독교가 아시아 문화로 들어올 때 일어나지 않았던 일이다. 경외는 두려움과 존경을 포함한다. 그런데 기독교 선교사들이 우주적 영성(소위 애니미즘)에 대한 두려움이라는 잡초를 제거하려는 열정 때문에 우주적 영성에 대한 존경이라는 알곡까지 제거했다. 기독교는 개종자들을 우주적 힘의 두려움으로부터 해방시키려 했지만, 결국은 그들이 오랫동안 간직했던 자연과의 교류를 박탈했다. 이런 종류의 '탈신성화' 또는 '세속화' 때문에 아시아의 비기독교 문화에 명백했던 생태적 감수성을 아시아 교회에서는 찾아볼 수 없다. 아시아 기독교인들은 우주적 영성을 '미신'으로 거부하도록 배웠다. 이렇게 해서 우주적 실재에 대한 성례전적 접근 방식은 자연을 도구로 여기는 이론으로 전락하게 되었다. 서양은 모든 도구조차 동반자로 여기는 동양을 무시하기 때문에 동반자(자연)를 도구로 만들어 버렸다.

성서적 기독교의 아가페적 용어들은 세상을, 신에게로 도달하는 디딤돌로, 인간을 섬기며 인간을 위해 만들어지고 지배되는 비인격적 우주적 힘으로 축소했다. 우주 전체는 하나님과의 인격적 교제를 이루기 위한 도구로 환원되었다. 자연과의 친교는 자연 신비주의라는 부정적 용어로 표현되었고, 하나님과의 친교와 대조적인 것으로 여겼다. 따라서 자연과의 친교에는 그리스도의 몸에 대한 존경을 찾아볼 수 없었고, 전체 우주는 인간과 우주의 친교를 통해서 존재하는 것으로 보았다. 기독교 영성의 도구론과 자본주의 기술 지배의 도구론은 같은 부류에 속한다. 두 경우 모두 인간을 사물로 축소시켜 자신의 목적에 이르게 하는 도구로 사용한다. 하나의 목적은 하나님이고, 다른 목적은 맘몬이다. 도구주의로 손상된 세계에서 현재 형태의 기독교나 기술 지배 모두 우주와 인간과 신이 연결된 세상과 접촉하지 못하게 한다. 떼이야르 드 샤르뎅은 그리스도의 우주적 차원에 대해 썼다. 그에 의하면 하나님께서 그리스도와 우주를 창조하셨는데 이 둘은 동일한 한 분 하나님의 하나의 자기표현이다. "나로 말미암지 않고는 아버지께로 올 자가 없느니라"(요 14:6)는 말씀처럼 그의 몸에 의식적으로 일부분이 되지 않고서는 아들을 만나는 길이 없다.

그노시스와 아가페의 공생만이 창조에 대한 성례전적 접근을 서양 교회에 회복하게 할 수 있다. 머튼이 병든 기독교에 대한 치료제로 추천한 것이 일상생활의 구체적 현실, 자연, 몸, 자신의 일, 친구, 주변 환경에 대한 단순한 존경이다. 이 길은 아시시의 성 프란치스코로 되돌아가는 길이지만, 발전된 사회의 기계화된 단순함을 방해하는 평화 행진에서 고통의 울부짖음, 반핵 시위, 생태운동 등의 형태로 나타난다. 자연에 대한 존경과 친밀함은 동양이 사랑스러운 하나님께서 근본원리가 되심을 고백하는 방식이며, 이 길이 셋째 종교개혁으로 가는 길이다.[55]

---

55 *Ibid.*, 14-16.

(2) 동양 종교에 대한 서구 기독교의 반응

가. 신학자들의 반응 : 세 가지 범주

서구 기독교의 동양 종교에 대한 반응은 신학자들의 반응과 바티칸을 비롯한 주교·교회의 반응 등 두 가지가 있다. 이들의 출발점은 그리스도라는 종교 또는 그리스도의 유일성이다. 서구 신학자들은 동양 종교에 대해 배타주의, 포용주의, 다원주의라는 세 가지 범주로 대응한다. 배타주의는 기독교만이 배타적으로 구원의 종교이기 때문에 교회 밖에는 구원이 없다는 입장이다. 그러므로 타종교인을 기독교인으로 개종시키는 길이 구원받지 못한 자들을 사랑하고 공감하는 길이다. 포용주의는 기독교 안에 절대적 구원자 예수 그리스도를 두지만, 타종교 안에서도 그리스도가 신비롭게 활동하시기 때문에 타종교도 간접적으로 구원에 이르게 된다는 입장이다. 타종교인도 익명의 그리스도인인 한 구원받는다. 다원주의는 타종교인을 자신의 종교인으로 만드는 것을 비종교적이라 여겨 거부하고, 각 종교가 구원에서 독특한 역할을 한다고 보는 입장이다.[56]

나. 로마가톨릭의 〈구속자의 선교〉의 반응

가톨릭교회는 그리스도의 유일성에 주목하여 포용주의와 다원주의를 염려한다. 피어리스는 카톨릭의 〈구속자의 선교〉(*Redemptoris Missio*) 문서를 포용주의와 다원주의에 대한 대항 문서로 옛 선교사의

---

56 Aloysius Pieris, S.J. *Fire & Water: Basic Issues in Asian Buddhism and Christianity*, 154-155.

정신을 감소시키는 것으로 해석한다. 이 문서는 아시아를 기독교화하는 것을 긴급한 선교적 과제로 특별히 언급한다. 비기독교인들이 그리스도에게로 문을 열어야 하며, 교회의 물리적 확장(교회 개척)은 선교의 실제 목적이다. 16세기 아시아에서 시작된 서구 선교는 배타주의적 태도를 지녔다. 점차 아시아 신학자들 사이에서는 포용주의·성취설이 설득력을 얻게 되었다. 그렇지만 피어리스 자신은 교실에서 학생들로부터 "당신은 포용주의자인가? 다원주의자인가?"라는 질문을 듣고 당황했다고 한다. 아시아에서는 기존 세 개의 범주, 배타주의, 포용주의, 다원주의가 의미가 없다. 아시아에서 종교 간 대화를 위한 출발점은 그리스도나 기독교의 유일성이 아니기 때문이다. 왜냐하면 아시아에서 사회적·영적 위기의 긴급성은 종교인을 위한 종교 간 대화 자체를 사치품으로 여기기 때문이다. 종교 간 대화를 위한 아시아적 패러다임을 위해서 세 가지가 필요하다. 첫째, 대화의 주체로서 신학자와 교회를 넘어서서 제3의 교권, 즉 가난한 자들을 필요로 한다. 둘째, 아시아의 종교신학을 정의할 해방적 추진력이 필요하다. 셋째, 아시아 종교신학의 사회적 위치는 기초 인간 공동체들이다(Basic Human Communities).57

다. 제3의 교권(가난한 자들)의 반응

가난한 자들은 아시아에서 다수를 차지하고 우주적 종교성을 지녔다. 기독교 활동가들은 하나님 나라의 언어, 해방의 언어를 가난한 자들을 통해 배운다. 이런 배움은 신학자들이나 교권에서 찾아보기 어렵다.

---

57 *Ibid.*, 155-156.

1986년 사회행동연구소의 제7차 대회를 준비하는 모임에서 주교와 신학자들이 아시아의 가난한 자들의 종교성에 대한 연구를 통해 아시아의 가난한 자들로부터 배우고자 했다. 그들은 아시아의 가난한 자들의 우주적 종교성으로부터 해방적 특징 일곱 가지를 배우게 되었다. 첫째, 가난한 자들은 이 세상 영성을 지녔다. 그들은 매일 일용할 양식과 필요를 위해 하늘에 부르짖는다. 매일 필요한 것이 풍족한 자들에게는 가난한 자들이 물질주의적으로 보인다. 그들의 매일의 필요들이 그들의 기도 생활과 영성에 영향을 준다. 둘째, 가난한 자들은 맘몬을 자기 마음대로 부리지 못한다. 그들의 무기력함 속에서 그들은 전적으로 하나님을 의지한다. 하나님에 대한 전적 의지가 그들의 영성이다. 셋째, 그들이 정의를 위해 부르짖는 대상은 하나님이다.

넷째, 하나님과 종교를 향한 가난한 자들의 '이 세상적' 접근 방식은 세속적인 것이 아니라 우주적이다. 세속적인 것은 (상품) 획득과 소비의 순환에 의해 타락한 비종교적·성스럽지 않은 세상을 가리킨다. 반면에 우주적인 것은 성스러운 것, 여성적인 것, 지구에 속한 것의 혼합물로 자본주의 기술 지배에 의해 이뤄진 세속화의 악순환을 넘어 존재하는 세상이다. 다섯째, 가난한 자들의 우주적 영성에서 여성은 종종 자신의 억압된 상태를 상징적으로 표현하는 공간을 발견한다. 반면에 기독교를 포함한 초우주적 종교는 가부장제를 강화시킨다. 여섯째, 지구의 필요에 대한 지속적인 인식과 일상의 필요에 미치는 우주적 힘에 대한 신앙은 가난한 자들의 영성을 생태적으로 만든다. 인도의 칩코운동처럼 억압받는 여성들이 생태운동에 참여함은 아시아의 일부 지역에서 페미니즘의 중요한 특징이다. 일곱째, 가난한 자들의 종교적 전통에서 가장 강력한 의사소통 방식은 이야기이다. 인간 해방은 그의 백성 가운데서 행하는 하나님의 이야기이다. 세상은 거룩한 극장이다. 서사시, 이야기, 연극은 대중에게 매우 거룩한 매체이다.[58]

라. 아시아 종교신학에서 해방적 추진력

너무 오랫동안 기독교인들은 힌두교, 불교, 도교, 이슬람교와 같은 초우주적 종교들과만 대화하고, 절대자에 대한 우리의 경험을 그들과 나누기 위해서 신학적 언어를 만들려고 노력했다. 부족종교나 대중 불교, 대중 힌두교, 대중 기독교와 같은 우주적 종교는 영적 발전의 미성숙한 단계로 폄하했다. 이런 접근 방식은 아시아의 종교적 에토스에 대한 왜곡된 관점을 초래했다. 이런 왜곡의 한 측면은 우주적 종교성의 해방적 잠재성을 평가절하한 것이다. 아시아에서 일어난 여러 사회적 변혁은 우주적 종교로 알려진 부족종교의 개입 덕분에 일어났다. 종교가 민중의 아편이라는 비난과 달리 우주적 종교가 지닌 정의의 하나님에 대한 신앙과 이 세상성은 종종 혁명적 상황에서 자극제 역할을 했다. 대중의 가난과 비참에 대한 공동의 투쟁 속에서 초우주적 종교들의 신자들은 우주적 종교성의 해방적 요소들에 따라 자신의 신앙을 재해석하는 것을 배웠다. 기독교인들도 이런 경향을 따라 세미나나 성전에서가 아니라 가난한 자들의 교도권이 작동하는 기초 인간 공동체에서 초우주적 종교의 경전을 재해석하고 해방적 추진력을 얻게 된다.[59]

---

58 *Ibid.*, 156-157.
59 *Ibid.*, 157-158.

마. 기초 인간 공동체의 역할

기초 인간 공동체의 활동의 기원, 발전과 절정은 이상적으로는 하찮게 여겨지는 사람들의 완전한 해방이다. 기초 인간 공동체의 구성원들 각자가 자신의 종교의 유일성을 발견하는 것은 이러한 해방적 실천의 과정 안에서이다.

a) 기독교 유신론의 유일성

어느 기독교인은 하나님께서 억압받는 자들을 위한 방어 계약을 맺으셨음을 처음 들었다고 했다. 기초 인간 공동체에 참여하는 기독교인들은 자신이 따르는 예수가 바로 이런 계약이며, 이것이 기독교가 유일한 구원의 종교라는 주장의 내용임을 깨달았다. 만약 그리스도인들이 예수가 하나님께서 하찮게 여겨지는 자들과 맺은 방어 언약이라는 점을 고백하지 않는다면 그들은 영생을 얻지 못할 것이다. 기초 인간 공동체에 속한 기독교인들의 정체성과 그들이 믿는 예수의 유일성이 비기독교인들에게 발견되는 것은 바로 공통된 해방적 상황이다. 이것이 아시아 해방신학이 비기독교인인 가난한 자들의 중재를 통해서만 하나님에게 도달하고, 예수가 바로 이런 매개라는 것을 선포하는 이유이다. 그런 복음 선포는 다른 종교와 충돌하지 않고, 신자들을 얻기 위해 다른 종교들과 경쟁하지 않고, 오직 공교회의 신앙교육과 충돌할 뿐이다.[60]

---

60 *Ibid.*, 159.

b) 공통의 영성과 신뢰성의 틈

그리스도인들이 자기 종교의 유일성을 살아내고 기독교인으로 인식되게 하기 위한 필수불가결한 조건이 신뢰성이다. 이 신뢰성은 종교들의 공통분모인 욕심 없음에 참여하거나, 또는 맘몬을 거부(유신론적으로는 하나님에 대한 전적 의존)하는 타종교에 참여하는 정도에 좌우된다. 신뢰성은 산상수훈에서 제자도의 구성 요소로 선포된 복음적 가난이다. 이는 하나님의 통치의 기초적 영성이며, 아시아 대부분의 문화에서 익숙한 복음적 가난에서 나오는 예수의 영성이다. 그러나 기독교의 신뢰성은 유럽 교회의 권력을 향한 재정적, 이데올로기적 종속에 의해 위협을 받고 있다. 그래서 대부분의 아시아 교회들은 복음화의 두 가지 역할을 감당하지 못한다. 첫째, 아시아 교회들은 모든 종교에 공통적인 영성(산상수훈)을 증거함으로써 비기독교인들과 연대를 경험하는 것이다. 둘째, 아시아 교회들은 가난과 억압을 낳는 맘몬의 정세와 권세들에 대항하는 가난한 자들의 투쟁에 동참함으로써 예수를 새 계약으로 선포하는 것, 즉 기독교의 유일성을 드러내는 것이다.

이런 역할 대신에 아시아 교회들은 예수를 신이면서 동시에 인간이라고 표현하는 보다 편리한 형태의 유일성으로 도피한다. 더구나 예수를 이렇게 표현함은 아시아 언어로 번역될 수 없기 때문에 해방에 대한 관심을 갖는 구원론이 사라지고 존재론(예수의 신-인간 여부)으로부터 고통을 받는다. 생명의 하나님, 정의의 하나님, 해방자 하나님에 대한 가난한 자들의 열망은 우주적 종교성에 분명히 표현되었지만, 우주적 종교성의 자리에 '비우주적 절대자'와 일치하는 '미래세계'를 제안하는 초우주적 종교인에 의해 헛된 꿈으로 일축되었다. 교권에 의해 진행되

는 종교 간 대화는 가난한 자들의 우주적 종교성에 공명하는가? 아니면
엘리트의 초우주적 종교성에만 공명하는가? 기초 인간 공동체에서
제기되는 문제는 교회 조직이 가난한 자들에 대한 통제에 더 편한 것인
지, 아니면 가난한 자들의 해방을 위한 투쟁에 더 편한 것인지 하는
점이다. 일부 기초 인간 공동체는 서구 구호기관의 도움을 받아 비정부
기구로 활동하며 공통의 영성(선택된 가난)을 증거하는 데 실패함으로써
가난한 자들과의 투쟁이 기독교의 유일성이라 할 복음 선포를 무효화시
킬 위험을 무릅쓴다. 즉, 예수가 아시아의 가난한 자들의 부르짖음에
대한 야훼의 변경할 수 없는 답변인만큼 예수는 복음이다. 기초 인간
공동체에 속한 기독교인들이 자신을 하나님에게 전적으로 의존하는
가난한 자들과 하나가 되는 곳, 그래서 기독교인들이 예수를 하나님과
가난한 자들 사이의 새 계약으로 선포하는 곳이면 어디든지 예수는
계약의 동역자의 삶에서 하나님의 이야기로 부상한다.[61]

c) 종교 간 대화를 위한 새로운 범주들

피어리스는 종교 간 대화와 관련한 기존 범주인 배타주의, 포용
주의, 다원주의 대신에 혼합주의(syncretism), 종합(synthesis), 공생
(symbiosis)을 제시한다. 혼합주의는 종교들을 마구잡이식으로 혼합한
것으로 다른 종교의 영향으로 자기 종교의 정체성이 변하는 경우를
가리킨다. 가난한 자들 사이에서는 이런 혼합주의가 존재하지 않지만,
외부 관찰자인 일부 신학자와 사회학자들이 가난한 자들에게 혼합주의

---

61 *Ibid.*, 160-161.

가 있다고 주장한다. 종합은 두 종교 혹은 그 이상의 종교로부터 각 종교의 정체성을 파괴하여 제3의 종교를 창출하는 것을 가리킨다. 이는 특정 개인이나 집단의 특이한 방식이다. 기초 인간 공동체에서 일어나는 것은 종교들의 참된 공생이다. 각 종교는 가난한 자들의 해방적 열망에 독특한 방식으로 접근함에 의해 종교들은 상호 도전한다. 기초 인간 공동체에서 기독교의 유일성 역시 이런 맥락을 반영한다. 이런 맥락에서 유일성을 지닌 종교로의 회심은 한편으로는 산상수훈 같은 모든 종교의 공통 유산으로의 회심이고, 다른 한편으로는 각 종교의 독특성에로의 회심이다. 이 두 회심 사이의 만남을 종교 간 대화라고 부를 수 있다.62

2) 기독교와 기독론에 대한 도전으로서의 불교

(1) 불교의 무효화된 도전

아놀드 토인비는 불교와 기독교의 심층적 만남이 인류 역사에서 새로운 시대를 열 수 있다고 했다. 이 두 종교는 서로에게 만만찮은 도전으로 두 종교의 만남은 반대의 일치 속에서 보다 풍성하고 고상한 종합을 이룰 것으로 기대되었다. 그러나 이 두 종교는 참다운 형태로 만난 적이 없다. 대부분의 불교도와 기독교인의 만남은 오해된 불교와 기형의 기독교의 충돌이었다. 그리스도의 종교로 가장한 유럽 교회

---

62 *Ibid.*, 161.

확장주의의 이데올로기는 불교에 기쁜 소식이 아니라 심각한 위협이었다. 불교도들이 기독교인을 만나서 방어의 가면을 쓰게 만든 이가 바로 초기의 공격적인 기독교인들이었다. 불교도들은 이 가면을 여전히 착용하고 있다. 이런 입장이 고착화된 것은 19세기에 있었던 영국 기독교와 싱할라 불교 사이의 격렬한 논쟁 덕분이었다. 당시 기독교는 아시아에서는 불교 문화 가운데 정치적으로 공격적 입장을 취하고 있었지만, 유럽에서는 과학적 합리주의와 세속 이데올로기가 지배적인 분위기에서 불안정했다.

반면에 불교는 식민화된 국가에서 자신의 정당한 자리를 회복하려고 노력했고, 유럽에서는 불교를 과학적이고 합리적인 기초를 지닌 종교가 아닌 철학으로 제시함으로써 지적 존경을 받으려고 노력했다. 한 불교 사회학자는 이런 불교를 저항하는(Protestant) 불교라 했다. 즉, 이런 불교는 부처의 가르침과 인격에 대해 공격하고 경멸하는 비그리스도적 기독교에 저항하는 불교였다. 기독교에 대한 이런 반응은 형태와 내용에서 변론적인 '근대주의자 불교'라는 이름으로 20세기 중엽까지 계속되었다. 이런 형태의 불교는 부처의 영적 메시지를 서양에 해석할 목적으로 '합리주의', '경험주의', '논리적 실증주의'라는 철학적 용어를 차용하기를 주저하지 않았다. 에드워드 콘즈의 표현 방식대로 '수출용 불교'는 서양에서 널리 퍼지기는 했지만, 기독교에 도전하는 데 실패했다. 왜냐하면 이런 불교는 무미건조한 교리체계로 불교를 살아있게 하는 종교적 수액도 없고, 영적으로 영양분을 제공하는 수도승의 중심도 결여하고, 구원의 핵심을 이끌어 낼 부처에 대한 추종도 없기 때문이다. 이러한 19세기의 유산 때문에 기독교인들이 불교에서

진정으로 기독교에 도전적인 것을 찾아내는 데 방해를 받았다.63

　19세기 불교에 대한 교리적 접근 방식은 적대적 분위기에서 우호적
분위기로 바뀌었고, 이런 변화는 현대 신학자들에게서도 찾아볼 수
있다. 데이비드 스넬그로브(David Snellgrove)의 '부처신학'이 그런 예
이다. 존 캅과 조지 럽(George Rupp)은 불교도의 기독교 사상에 대한
도전에 의해 자신의 신학을 혁명적으로 변화시킨 신학자들에 속한다.
이런 시도가 지적으로는 매력적이긴 하지만, 화이트헤드의 과정철학과
나가르주나(용수) 같은 고대 불교 변증법가의 세부적 사항들을 대립시
키는 것은 복음과 다르마의 만남에서 아주 동떨어진 것이다. 아시아
신학자들은 덜 진취적이다. 대승불교는 일본 신학자들로부터 제대로
주목을 받았다. 그러나 전체적인 인상은 불교의 도전을 서구 신학, 특히
독일 신학의 모델을 통해서 걸러냄으로써 그 도전을 무력화시켰다.

　교리적 대립으로부터 궁극적 한계까지 밀어붙인 사람은 아시아에
서 린 데 실바였다. 그가 불교의 윤회에 대해 연구함으로써 자신의
개신교적 종말론에 대한 관점을 수정하게 되었다. 그러나 그의 가장
큰 성취는 상좌부 불교의 아나타(無我, 인간이나 영혼의 존재하지 않음)
교리를 신학적으로 전유한 점이다. '근대주의 불교도'와 기독교 신학자
사이의 신의 문제에 대한 공식 대화에서 불교도는 "영혼이 없기 때문에
신도 없다"고 주장한다. 반면에 데 실바는 이런 주장을 정반대로 전환하
여 "영혼이 없기 때문에 신은 존재한다"고 주장한다. 그는 기독교의
영혼 개념을 불교의 무아론(無我論)을 통해 자세히 설명했다. 기독교가

---

63 Aloysius Pieris, S.J. *Love Meets Wisdom: A Christian Experience of Buddhism*,
　83-84.

비기독교 교리를 사용함은 그리스 교부들에 의해 시작된 변증적 방법으로 오늘날 아시아에서는 거의 열매를 맺지 못한다. 그러나 데 실바는 불교의 무아론을 단순히 철학적 주장으로 취급하지 않음으로써 19세기 불교 접근 방식으로부터 자신을 해방시켰다. 오히려 데 실바는 무아론에서 기독교 영성의 원리와 기초에 해당하는 불교 영성을 인식했다. 데 실바는 비록 불교의 그노시스적 용어에 대해 적절히 주목하지 못했지만 두 종교의 구원론적 한계 안에서 작업했다.[64]

(2) 그노시스적 용어의 도전

영의 언어로는 환원되지 않는 두 가지 언어가 있다. 이 두 가지 언어는 하나님에 대한 경험과 세상에 대한 경험을 표현하고 중재하는 데 있어서 서로를 필요로 한다. 이 두 언어 중 하나는 그노시스로 해방적 지식의 언어이고, 다른 하나는 아가페로 구속적 사랑의 언어이다. 불교에서 카루나(karuna)·사랑은 본질적으로 구속적인 프라즈냐(prajna, 깨달음을 얻기 위한 진실된 지혜)에 도달하기 위한 필수적인 서곡이자, 그것의 불가피한 결과이다. 지혜와 자비의 변증법(그노시스적 거리 둠과 아가페적 참여)은 불교 주류 학파들에 의해 보편적으로 수용된 교리이다. 불교가 자비에 대해 말할 때 통상 그노시스의 용어를 사용한다. 전적으로 아가페적인 현대 기독교는 그노시스적 용어와 친숙함을 상실했다. 뿐만 아니라 현대 기독교는 반그노시스적 편견을 유산으로 물려받았다. 그렇

---

64 *Ibid.*, 84-85.

지만 교회 역사가들은 기독교 정통 그노시스 노선이 있고, 이단적 그노시스는 정통 그노시스 노선 가운데 무늬에 불과했다고 주장한다. 그리스도인이 불교 문화의 사회정치적 역사를 한 번 보기만 하면 그노시스주의가 결코 비역사적이거나 비정치적이지 않음을 확신할 것이다. 서구 사회학자들이 불교를 세상을 부정하는 금욕주의로 희화화하는 것은 그노시스에 반대하는 편견에 기인한다. 그러나 실제로 불교는 절대적인 것 앞에서 세상을 상대적으로 긍정할 뿐이다. 오늘날 그리스도인들은 그노시스와 아가페가 영혼의 두 눈이라는 것과 세상을 한 눈으로 보는 것은 우리를 우주적 재앙 가까이로 인도하는 것임을 알아야 한다.

불교도에게 우주는 인간과 하나의 생태적 공동체를 형성한다. 자연이 인간의 우주적 확장이라면, 인간과 우주의 연결 관계가 파괴되지 않고서는 자연이 잘못 다뤄질 수 없다. 불교도들은 절대자에 대해 세상을 도구화하지 않고서도 세상을 상대화하는 방법을 알고 있다. 이는 기독교의 유신론과 대조적이다. 기독교에서 절대자는 한 인격으로서 찬양받고 사랑받는다. 절대자 외의 모든 것(인간을 제외)은 하나님을 추구하는 과정에서 수단으로 전락한다. 이냐시오 로욜라는 이를 기독교 금욕주의의 기초적 원리로 삼았다. 우주적 세력들은 절대자를 향한 순례에서 존경받는 또는 침묵하는 동반자로 취급되는 인간과 유사한 존재라기보다는, 하나님과 인간을 위해 섬기기 위해 조작될 수 있는 비인격적 사물로 여겨졌다. 바로 이 '피조물의 도구론'이 아직까지 세상에 대한 그노시스적 비전에 의해 도전받지 않았으며, 현재 기술 지배의 파국을 초래하였다. 피어리스는 아가페의 한 눈으로 경도된 기독교 세계(Christendom)에서 기이한 사람으로 취급받았던 아시시의 프란치

스코가 두 눈으로 세상을 본 기독교인이라고 했다.[65]

(3) 기독론에 대한 도전

지식의 나무 아래 앉아 명상하는 인도 성자 석가모니와 항거의 표시로 사랑의 나무에 고통스럽게 달린 히브리의 예언자 예수는 각각 그노시스와 아가페의 패러다임을 상징하는 이미지이다. 고타마가 부처로 숭배되는 과정과 예수가 그리스도로 선포되는 과정의 병행은 다르마와 복음의 만남이 이 두 '인간 숭배' 사이의 케리그마적 갈등을 해결해야 함을 가리킨다. 19세기 인도의 힌두교 부흥과 스리랑카의 불교 부흥은 이런 사실을 보여 준다. 기독교에 대한 비판적 태도에도 불구하고 힌두교 개혁가들은 신-인간이라는 예수를 그들의 구원론적 구도에 넣음으로써 기독교의 창시자를 서구 기독교인들의 왜곡으로부터 구하려는 것처럼 보였다. 반면에 불교 부흥가들은 기독교를 비판했을 뿐 아니라 예수를 위대한 부처 앞에서 영적 난쟁이로 그렸다.

한편 에베소서와 골로새서에 나타난 기독론은 예수 그리스도를 한 분 우주적 매개자로, 우주의 보이는 것과 보이지 않는 모든 것의 초우주적 주로 그리고 있다. 이는 부처를 자연, 신, 영, 인격화된 모든 우주적 세력들을 지배하는 왕으로서 선포한 불교 포교자들에 의해서 아시아에서 이미 수 세기 전에 일어난 일이었다. 이것은 기독교의 복음 선포가 역사상 만났던 가장 큰 도전이었으며, 그 역도 성립한다. 전통적 기독론

65 *Ibid.*, 85-86.

의 존재론적 접근과 현대 신학자들의 구원론적·기능적 접근은 부처론의 역사에서 희미하지만, 유비가 있다. 그러므로 불교 문화권에 사는 기독교인들은 자신의 기독론적 공식을 개정하도록 도전받는다. 이러한 불교의 도전을 가장 잘 대응하는 것은 구원이 과거에 완성되었다는 기독론을 폐기하기보다는 새로운 '해방적' 접근을 기독론에 보완하는 것이다.66

불교의 도전에 바르게 응답하는 기독론을 구성하기 위해 피어리스는 네 가지 방향을 제시한다. 첫째, 영성의 그노시스적 모델과 아가페적 모델이 유일하게 만나는 지점이 자발적 가난이 구원적 경험을 구성한다는 믿음이다. 그러므로 하나님의 유일한 케노시스로서, 맘몬과 하나님 사이의 영원한 적대감의 증명이자 표징으로서 예수는 불교의 금욕과 포기를 지지한다. 가난해지기 위한 투쟁은 그리스도의 제자가 되기 위한 두 요소 중 하나이고, 부처의 내적 해방의 길, 즉 소유에 대한 탐욕으로부터의 해방뿐 아니라 소유로부터의 해방과 일치한다.

둘째, 위와 동일한 예수는 아가페적 공식에 따라 맘몬의 지배적인 질서에 대항해서 하나님과 가난한 자 사이의 방위조약, 즉 새 언약이시다. 가난한 자들이 자신의 자유와 인간의 존엄성을 위해 투쟁할 때 하나님께서는 그노시스와 아가페의 언어장벽을 깨뜨리시고, 인간의 사랑을 하나님을 아는 최고의 예술로 변화시킴(요1서 4:7-8)으로써 성자를 열방 앞에서 하나님의 언약으로 영화롭게 하신다. 셋째, 강요된 가난의 희생자이면서 동시에 신적 재판관이신 그리스도는 자신을 기독

---

66 *Ibid.*, 86-87.

교인 사역의 수혜자로 선포하신다(마 25:31-46). 가난한 자를 위한 투쟁은 기독교 제자도의 둘째 구성 요소이며, 예수를 역사의 주로 선포하는 수단이다. 이러한 해방적 실천으로부터 나오는 모든 기독론적 사고는 부처론적 이론과 경쟁하지 않는다. 넷째, 지금 가난한 자 가운데 임재하는 예수(마 25:31-46)를 섬기되 가난한 예수처럼 가난하지 않고 부자인 교회는 불교도들에게 신식민주의적 위협이 된다. 왜냐하면 부자 교회가 거짓 정치적 메시아주의를 그리스도 탓이라 하기 때문이다. 예수를 따르기 위해 '가난해지기 위한 투쟁'을 하되 '가난한 자들을 위한 투쟁'을 통하지 않고 그리스도를 섬기려는 기독교 아시람(힌두교 수행지)은 나사렛 예수를 그리스도로, 역사의 주로 선포하는 데 실패했다.67

3) 그리스도와 부처 이해: 해방의 매개자

(1) 종교 간 대화의 세 단계

종교 간 대화는 핵심 경험, 집단적 기억, 해석이라는 세 가지 관련된 단계로 진행된다. 어떤 종교든지 그 핵심은 그 종교를 탄생하게 하고 이어지는 세대에 유용한 해방(구원)의 경험이다. 이러한 원초적 경험이 어느 시기든지 어떤 장소이든지 특정 종교에 적합한 심리적·영적 분위기를 재창조하고, 그 종교의 특징을 사회문화적으로 나타나게 하는 종교의 핵심으로 기능한다. 이어지는 세대에게 종교의 핵심 경험을

---

67 *Ibid.*, 87-88.

전해 주는 매개체가 그 경험에 대한 집단기억이다. 그 핵심 기억을 영속시키는 그런 수단이 없는 종교는 사라진다. 특정 종교에 기인한 종교적 신앙, 실천, 전통과 기관들은 그 종교의 해방적 경험이라는 핵심을 신자들과 연결하는 의사소통 체계를 만들어야 한다. 의사소통 체계를 통해 집단적 기억을 전달하는 데 필수적인 것이 해석이다.68

(2) 기독교와 불교의 대화를 위한 두 단계: 핵심 경험과 집단적 기억

불교에서 핵심 경험은 그노시스·해방적 지식이다. 그에 대응하는 기독교 경험은 아가페·구속적 사랑이다. 두 종교 사이에 핵심 경험의 차이는 크다. 그러나 그노시스나 아가페 하나만으로는 각 종교가 해방의 궁극적인 분/자원을 경험하고 표현하는 도구로서 부적절하기 때문에 아가페와 그노시스 모두가 필수적이다. 바꿔 말하면 아가페와 그노시스는 '구원'(해방)이라 불리는 자기 초월적 경험을 매개하기 위해서 서로를 필요로 하는 보완적인 용어이다. 각 종교 역사가 증명하는 것처럼 종교적으로 유용한 영성은 지식(지혜)의 측면과 사랑(자비)의 측면이라는 종교적 두 극을 포함한다. 영의 운동은 사랑(자비)과 지혜의 변증법적 상호작용을 통해 나아간다. 기독교와 불교의 핵심 경험 사이의 차이와 보완성이 두 종교 간 대화를 하기 위해서는 그들 종교의 집단적 경험으로 들어가야 한다. 기독교인이 불교도와 대화하기 위해서는 기독교인이 불교의 핵심 경험의 참 본질에 대해 예비적이며 확실한 이해가

---

68 Aloysius Pieris, "The Buddha and the Christ: Mediators of Liberation," in R. S. Sugirtharajah, *Asian Faces of Jesus*, (London: SCM Press, 1993), 46-47.

필요하고, 이웃 종교의 핵심 경험에 이른 유일한 수단으로서 불교도가 기독교인에게 제공하는 종교적 체계를 이용하려는 의지가 필요하다.[69]

(3) 기독교와 불교의 대화를 위한 셋째 단계 해석: 기독론과 부처론

해석은 핵심 경험을 전달하는 수단이라 했다. 해석은 그 종교의 지적 성취와 그 시기 역사적 도전에 적응하는 이론적 틀거리를 만드는 정통 교리의 한계를 정의하고 재정의하는 그 종교의 능력이다. 해석 단계에서 기독교와 불교 간 대화의 초점은 신자들의 구원을 위한 역할을 감당했던 종교의 창시자들이다. 그 종교 창시자에 대한 주장은 타종교 인들이 만든 것이 아니다. 그럴 경우 종교 간 대화를 위험에 빠뜨린다. 이는 진정한 대화가 아니라 그리스도로 해석된 예수와 부처로 해석된 고타마 사이의 선교적 논쟁으로 번지게 된다.[70]

가. 부처론

연꽃이 물에서 자라지만 물로 인해 전혀 더럽혀지지 않은 것처럼 부처는 이 세상에서 태어나 자랐지만, 이 세상에 의해 전혀 더럽히지 않고 세상을 극복했다. 부처가 세상 다른 사람들과 구별되는 것은 티끌 하나 없는 순수함이다. 이러한 부처성을 표현하기 위한 노력은 고타마 의 인간성을 사라지게 한 것이 아니라 그것을 초월했다. 남방불교는 가현설을 이단으로 거부했고, 대승불교는 부처를 고타마에 선재하는

---

69 *Ibid.*, 47.
70 *Ibid.*, 48.

영원한 진리인 다르마(*dharma*)와 동일시했다. 이는 기독교의 요한복음이 나사렛 예수를 선재하는 로고스로 여긴 것과 비슷하다. 부처성이 그노시스와 아가페의 충만함으로 인식되기 때문에, 팔리 주석가들이 부처론의 두 특징인 지혜와 자비를 부처의 가장 중요한 두 명칭인 아라한(*araban*, 가치 있는 자)과 바가반(*bhagavan*, 축복받은 자)과 연결하는 것을 이해하게 된다. 아라한은 세상으로부터 거리를 두는 그노시스를 암시하고, 바가반은 만물을 다스릴 뿐 아니라 만물의 해방을 위해 세상에 개입하는 아가페를 가리킨다. 고타마는 그노시스에 의해서 윤회의 바다를 건너 열반에 이르고, 아가페에 의해서 중생을 열반에 이르게 한다. 부처에게서 지혜·반야(*prajna*, 그의 절대적 순수성)와 자비(*karuna*, 그가 중생의 최종적 운명에 영향을 주는 구원론적 영향력)의 융합과 집중은 그에게 세상을 아는 자(*lokavidu*)와 우주의 주(*lokanatha*)라는 명칭을 더하게 했다. 고타마 부처는 따라야 할 인간 스승(*satha*)이고, 모방되어야 할 성자(*araban*)인 만큼 또한 존경받고 찬양받아야 할 위대한 존재(*mahasatta*)이고, 사랑받고 신뢰받아야 할 주(*bhagavan*)이다.[71]

이제까지 살펴본 것처럼 부처는 완전한 인간이고, 또한 진정한 초월자이다. 이는 전통적 기독교가 예수 그리스도를 참된 신으로, 참된 인간으로 확정한 것과 같다. 그런데 부처에게는 참된 인간과 참된 초월자라는 측면 이외에 셋째 측면이 있는데 이것이 구원론적 측면이다. 상좌부 불교는 부처를 구원자로 여긴 적이 결코 없다. 그의 구원론적 역할은 자신에 선재하는 영원한 진리인 다르마를 발견하고 설파한 것과 교단

---

71 *Ibid.*, 49-51.

(sangha, 그와 같이 이 진리를 깨닫고 진리에 이르는 길을 설파하고 실천하려는 공동체)을 세운 것이다. 그러나 다르마가 부처와 동일시되면 대승불교의 일부 교파에서 보는 것처럼 교단이 평가절하되고, 신앙 안에서 부처를 일깨우는 사람들에게 부처는 구원의 은혜를 허락하는 구원자가 된다. 인격주의자의 용어를 사용하는 아가페적 종교성은 불교의 그런 교파의 특징이 된다. 대중 종교성과 관련해서 부처의 구원론적 영향의 보다 복잡한 요소는 그의 우주론적 주권이다. 신들에 대한 제의, 우주적 종교성은 인간 삶에 대한 정치사회적 규정을 포함한다. 이것이 부처가 사회 계약설을 선호하여 왕권신수설을 거부한 이유이다. 그러나 아시아에서 불교를 수용한 봉건적 윤리는 오래된 불교 이론에 의해 지배를 받았다. 그러므로 태국에서 보는 것처럼 불교 문화에서조차 부처, 다르마, 교단을 정치사회적 질서 위에 초우주적 종교성을 설정하는 우주적 종교성과 정치사회적 질서가 결합되어 있다. 그럼에도 불구하고 불교 윤리의 사회적 차원은 오늘날 부처의 정의로운 정치질서의 비전으로 주장된다. 그러므로 사회정의는 최소한 불교 구원론의 불가피한 부산물로 여겨진다. 이런 불교 교파들은 사회적 해방의 출입구로 불교를 포용한다. 이는 부처의 구원론적 역할에 대한 새로운 해석이다. 그의 우주적 주권에 대한 신앙은 부처의 구원론의 영향으로 가능하다고 믿어지는 근본적인 정치사회적 변형으로까지 확대된다.[72]

---

72 *Ibid.*, 52-53.

나. 부처론 맥락에서 본 예수 그리스도

a) 부처론과 기독론의 유사성

바울이 헬라 문화에서 그리스도를 전한 바울의 선교론이 뿌리내리기 수 세기 전에 아시아의 여러 문화에서 우주적 주로서의 부처를 포교하는 선교적 붓다론이 자리를 잡았다. 바울은 예수를 모든 피조물의 주가 되신다고 고백했고 선포했다. 우주적 요소들에 대한 헬라적 신앙을 억누르지 않으면서도 바울은 인간을 노예화하고(갈 4:3), 불순종을 일으키는(엡 2:2) 그들의 존재와 능력을 인정했다. 그들의 힘이 막강함에도 불구하고 그들은 모두 부활하신 예수에 의해 무력화되었다(골 2:15). 우리를 어둠의 지배로부터 해방시킴으로써(골 1:13) 그리스도는 자신을 그런 우주적 세력들의 머리가 되게 하셨다(골 2:10). 바꿔 말하면 그는 초우주적 능력이며 동시에 우주적 매개자이다. 왜냐하면 모든 존재가 그 안에서 정리되었고, 화해했기 때문이다. 부처론과 기독론 사이에 완전히는 아니지만 놀라운 유사성이 있다. 일부 아시아 국가에서 불교와 접한 첫 그리스도인이 부처를 밀어내고 그 자리에 예수를 모신 것은 놀라운 일이 아니다.[73]

b) 부처론과 기독론의 대립

19세기 말 불교와 기독교의 적대적 분위기에서 반식민주의 운동이 반기독교운동이 되었을 때 불교 부흥가 아나가리카 다르마팔라는 두

---

[73] *Ibid.*, 53-54.

종교 창시자를 끔찍하게 대조시켰다. 한마디로 부처라는 위대한 인물 앞에서 예수는 영적 난쟁이에 불과했다. 그러나 불교의 이런 공격적 태도는 이전에 기독교 선교사들이 불교의 교리뿐 아니라 부처에 대한 공격의 반격이라 할 수 있다. 불교 부흥 운동의 절정은 스리랑카 서해안의 주요 도시마다 불상을 건립한 것이었다. 이는 기독교에 대항해서 불교의 정치사회적 힘을 과시한 것이다. 이에 대한 피어리스의 해석은 다음과 같다. 농촌 지역에서 당연시되는 부처의 우주적 주되심이 서구 기독교의 식민지적 충격에 의해서 불교 엘리트 문화 속에서 사라졌기 때문에 서구화된 불교 엘리트의 도시 문화에 부처를 돌아오게 하려는 시도라는 것이다. 그리스도에 대한 부처의 우월성을 주장하는 덜 공격적 방식이 있다. 힌두교의 종교신학이 이런 기술을 지녔다. 힌두교는 타종교의 도전을 자신의 신학적 틀 안으로 흡수함으로써 무력화시켰다. 예수와 고타마가 힌두교의 아바타가 되면서 힌두교의 구원 체계 아래로 들어오게 함으로써 기독교인들과 불교도들은 힌두교의 구원 체계에서 그리스도와 부처를 거의 인식할 수 없었다. 이런 고대의 종교신학이 오늘날 주류 교회의 변경에 널리 퍼져있다. 부처는 그리스도의 선도자로 유일한 구세주인 그리스도의 길을 예비하는 '거룩한 이교도'로 받아들여졌다. 이런 이론은 포용주의를 예기하는 것으로 신약성서가 유대교의 족장들과 예언자들에게 접근하는 방식에 뿌리를 두고 있다. 이제까지 언급한 것의 결론은 배타주의와 포용주의 이론 모두 부처에 대해 그리스도가 우월성을 지녔다든가 아니면 그 반대라든가 하는 주장이다. 배타주의의 길을 피할 방법이 없는 것 같다. 다른 출발점은 없는가?[74]

c) 다른 출발점

피어리스는 여기서 배타주의와 포용주의와 다른 새 출발점을 제시한다. 그는 신학자들을 막다른 골목에 부딪치게 하는 잘못된 출발점이 그리스도의 유일성에 대한 집착이라고 했다. 자신의 결론을 기대하는 위험을 무릅쓰고 그는 그리스도, 하나님의 아들 등과 같은 용어의 절대성—불교에서는 다르마, 타타가타 · 如來(진여에서 오는 자, 부처의 이름 중 하나)—이라는 면에서 예수의 유일성이 진정한 문제라고 제안했다. 즉, 모든 이를 위한 구원의 유일한 중개자가 된다는 의미에서 예수 또는 고타마가 유일한지 여부가 이 문제의 핵심이다. 바꿔 말하면 예수의 유일성이 일부 기독론적 호칭에 의해 전달되는 그의 절대성을 구성하는지 여부가 문제이다. 고타마의 유일성이 다르마나 부처가 전달하는 절대성이라는 면에서 이해되어야 하는지 여부이다. 이런 맥락에서 '절대자'가 갖는 구원론적 함의에 주목해야 한다. 그리스도인들은 이를 구원의 신비로 알고 있으며, 이러한 신비에서 구원의 원천, 구원의 매개, 구원의 효력 등 세 가지 차원을 구별하도록 배웠다. 이것이 바로 경륜의 삼위일체 하나님(economic Trinity, 삼위일체 하나님의 구원 활동 내용)이 뜻하는 바이다. 즉, 하나님(*theos*), 말씀(*logos*), 성령(*pneuma*)이고, 성부, 성자, 성령 · 위로자로 칼케돈 신조처럼 본성은 하나이지만 삼위 위격은 세 분 다른 하나님이다.[75]

---

74 *Ibid.*, 54-55.
75 *Ibid.*, 55-56.

① 구원의 원천

피어리스에 의하면 세계 주요 종교들은 구원의 원천, 매개자, 효력 등을 분명히 제시한다. 그러나 불교는 구원의 원천에 대해서 명확히 제시하지 않지만, 우주 역사와 인간의 역사가 도달할 초우주적 최종 운명을 열반(니르바나)으로 제시한다. 구원의 원천에 대한 언급이 없기 때문에 불교는 창조론도, 종말론도, 은총론도 없다. 그러나 기독교는 구원의 원천을 역사의 알파(시작)로 볼 뿐 아니라 오메가(종말)로도 본다. 기독교의 아가페적 틀에서 볼 때 이 세계와 인간 삶은 종말에서 완성될 것이다. 기독교 신학의 추론적 특성은 열반을 현실을 구성하는 모든 존재의 절정이라기보다는 전적 중단으로 보는 불교 그노시스주의의 부정적 언어와 정반대이다. 열반은 개인 역사의 중단인 데 반해, 종말은 인류 전체 역사의 절정이다. 이런 차이에도 불구하고 두 종교 사이에 중요한 수렴이 두 가지 있다. 첫째, 두 종교 모두 적극적인 인간의 노력(금욕)이 최종 해방을 위해 필요한 조건으로 본다. 둘째, 최종 해방은 인간 노력의 결과가 결코 아니라는 점이다. 열반은 열매(phala)와 열매 없음(aphala)의 범주를 넘어서기 때문이다. 기독교의 종말도 인간의 지평과는 다른 측면으로부터 침투해 들어오는 것으로 믿어진다.[76]

② 구원의 매개

기독교와 불교는 구원의 원천에 대해서는 차이가 있지만, 구원의 매개자에 대해서는 일치하는 정도가 크다. 구원은 역설을 포함한다.

---

76 *Ibid.*, 56.

인간이 접근할 수 없는, 인간을 넘어선 구원의 원천이 인간을 구원하는 내부자(구원의 효력)가 되고, 인간이 이해할 수 없는 자가 인간 통찰의 범위 안에 온다. 이것이 가능함은 절대자가 그 자신 안에 매개자, 자기를 표현하는 계시자를, 인간이 도달할 수 있는 차원, 즉 다르마·로고스를 포함하기 때문이다.[77]

③ 구원의 효력

자신의 기원과 운명이 먼지에 불과한 인간(창 3:19)이 매개자에 적합한 반응 도구가 없다면 어떻게 이러한 구원의 매개자(다르마·말씀)에 응답할 수 있을까? 모든 종교는 인간 안에 해방적 진리를, 또는 절대자가 자신에게로 우리를 이끄는 내적 힘을 추구하고 발견하게 하는 능력이 우리 안에 주어져 있다고 가정한다. 이 '주어진 능력'이 기독교적 용어로는 '성령'으로 나타난다. 불교도는 영혼이 없고 신도 없다는 이중교리의 맥락에서 이 능력을 요청한다. 해방의 원시적 자원(신)이 없기 때문에 어떤 영구적인 기층(영혼) 없이 심신의 끊임없는 변동의 연속인 인간은 해방을 위해서는 자기 자아를, 또는 정신(citta)을 의지해야 한다. 그러므로 이 정신은 절대적 자유 또는 열반을 온전히 얻기 위해서 나아가야 한다. 자유하게 하는 진리를 실현하기 위해서 인간에게 주어진 잠재력이라는 생각은 불교 구원론에서 가장 중요한 전제이다.[78]

---

77 *Ibid.*, 56.
78 *Ibid.*, 56-57.

d) 종교적 의식의 해석으로서의 부처론과 기독론

부처론은 기독교 신학의 용어를 차용하면 '상승하는 부처론'과 '하향하는 부처론'으로 나눌 수 있다. 상승하는 부처론은 깨달음의 경지를 열반을 얻는 독특한 방식으로 정의한다. 여기서 부처는 자기 스스로 열반의 경지에 들어간 사람이다. 이런 부처론은 동남아시아에 널리 퍼져 있다. 북부 불교에서는 부처를 영원히 선재하는 다르마와 동일시한다. 고타마는 이런 구원을 계시하는 매개자의 인간적 현현 또는 육화로 이를 '하향하는 부처론'이라 부를 수 있다. 모든 부처론의 칭호들은 두 부처론의 맥락에서 부처의 초인간적 차원을 표현하려는 인간적 노력이다. 부처가 우주적 주재자라는 믿음은 두 부처론을 확대해석한 것이다. 기독론은 예수를 모든 사람의 구원을 위한 배타적 매개자, 로고스, 이미지, 말씀, 길로 해석한다. 부처론과 마찬가지로 기독론에서도 구원을 하는 것은 해석이 아니다. 구원을 매개하는 것은 이름이 무엇으로 불리든지 매개자 자신이다. 매개자의 칭호가 구원하는 것도 아니다. '그리스도', '하나님의 아들'과 같은 용어는 주어진 문화에 제한된 인간의 범주일 뿐이다. "예수는 주님이시다"라는 환호 자체가 구원적인 것도 아니다. "나더러 주여 주여 하는 자마다 다 천국에 들어갈 것이 아니요 다만 하늘에 계신 내 아버지의 뜻대로 행하는 자라야 들어가리라"(마 7:21). "예수는 말씀이시다"라고 말하는 것으로는 구원에 충분하지 않다.

그 말씀은 구원을 얻기 위해서는 들어야 하고, 실천되어야 한다. 매개자의 이름이나 칭호에 대한 지식이 아니라, 그 길에 대한 지식이 종말의 심판자에 의해 기대된다(마 25:37-39). 이는 부처론에도 적용된다. 불교도들과 기독교인들 모두 구원을 계시하는 매개자에 대한 칭호가 아니라 그 매개자를 받아들임에 의해서만 해방이 가능하다는 것에 동의해야 한다. 기독론적 칭호와 부처론 칭호의 주된 기능은 특정한 역사적 인물의 이름과 구원하는 매개자를 동일시하는 것이다. 고타마 또는 예수가 이들 칭호에 의해 구원의 매개자와 동일시될 때 두 종교는 다른 길을 간다. 우리가 다루는 것이 케리그마적 주장이기 때문에 막다른 골목에 봉착하는 것을 피하려면 두 종교 간 대화가 한 번 더 방향을 전환해야 하는 것은 바로 이 지점이다.[79]

e) 기독론과 구원 · 해방

케리그마는 항상 합리적으로 표현할 수 없는 초논리적(metalogical) 선포이다. 케리그마가 제시하는 유일하고 확실한 논거는 증거(*martyrion*)이다. 왜냐하면 우리가 다루는 것이 철학이나 수학이 아니라 구원론이기 때문이다. 다시 말해서 해방에 대한 유일한 증거는 해방이다. 예수가 구원의 매개자라고 말하는 것은 그렇게 말하는 사람이 자신에게서 해방의 열매를 보여 주는 것이다. 추측에 근거한 해석에 불과한 기독론은 예수에 대해 구원론적 선포가 되는 데 실패한다. 예수의 이야기가 그를 따르는 자들에 의해 삶으로 계속됨으로써 비록 구원의 신비 전체는 아니지만, 구원의 매개가 작동함을 증거하는 변혁의 실천으로부터 기독론이 참되다고 인정받는다. 이런 기동상의(inchoative) 기독론은 바울에게서 발견되며 개선될 필요가 있다.

개선 과정에서 이런 종류의 기독론은 최소한 두 개의 불완전한 모델

---

79 *Ibid.*, 57-58.

로 분리된다. 첫째, 고전적(칼케돈) 기독론 모델은 너무 협소하게 성육신하신 로고스(예수)의 신인 양성적 구성과 삼위 하나님의 구원의 신비의 관점에서 '일자와 다자'라는 철학적 문제에 주목함으로써 구원의 우주적 규모와 구원의 종말적 차원에서 일어나는 전체 구원 과정을 무시했다. 둘째, 대중 교리적 기독론 모델은 불변하게 창조된 우주에 대한 예수의 신적 지배(하늘에서 다스리시는 왕 그리스도)를 강조한다. 그렇지만 이 주권을 공동의 창조(이 세계를 심리영성적으로 그리고 사회정치적으로 정의와 평화의 왕국으로 변혁)의 과제 속에서 예수와 함께 매개자가 된다는 점을 정의하지 않는다. 두 기독론에서 빠진 집단적 그리스도의 공동의 구속적 역할은 불교도와 기독교인 모두에게 기쁜 소식이 될 수 없는 식민지 그리스도의 신학, 지배의 기독론에 대해 비판적이며, 케리그마적인 해방의 신학들에 의해 제공된다.[80]

f) 해방적 기독론

해방적 기독론은 구원의 길, 십자가의 길을 구성하는 이중적 극기의 상징인 십자가에 달리신 예수의 형태에서 구원의 매개자를 본다. 첫째, 예수는 세상에 자신을 연결하는 생물학적, 감정적, 물리적 끈을 포기하셨다(예수의 가난한 자가 되기 위한 투쟁). 둘째 인류를 부자 계급과 가난한 계급으로 나눔으로써 자신을 정세와 권세로 세우는 맘몬을 예수는 공개적으로 비난하셨다(예수의 가난한 자를 위한 투쟁). 예수의 극기의 첫째 형태는 내적 해방에 초점을 두는데, 이는 지혜의 나무에 앉은 부처에

---

80 *Ibid.*, 58-59.

의해 상징된다. 예수의 극기의 둘째 형태는 새로운 사랑의 질서, 또는 하나님의 왕국이라는 관점에서 인간관계의 구조적 변화를 요구한다. 이러한 요구는 예수를 십자가로, 사랑의 나무로 이끌었다. 예수의 유일성은 이중적 극기에 의해 십자가에 달린 것으로 인해 자신이 구원의 절대적 매개자임을 보여 준 사실에 있다.

그리고 예수의 극기로 완성되지 못한 것을 자신들의 몸에서 완성하는 지속적 구원 과정으로써 예수의 이중적 극기가 그의 추종자들에 의해 지속된다(골 1:24). 이런 이중적 극기는 아시아의 해방신학이 기독론으로 발전하는 핵심이다. 그런 기독론은 그리스도인들이 그노시스적으로 세상과 거리 두는(자발적 가난의 실천) 불교도에 동참하고, 불교도들이 아가페적으로 참여(강요된 가난에 투쟁)하는 기독교인들에 동참함으로써 부처론과 경쟁하지 않고 서로를 보완한다. 이런 보완적 협력이 아시아에 있는 기초 인간 공동체에서 일어나고 있다. 여기에서 공동의 순례자들이 각자의 경전을 설명하고, 예수와 고타마의 이야기를 들려줌으로써 그들의 가슴을 뜨겁게 할 종교 간 핵심 대 핵심의 대화가 일어난다. 엠마오로 가는 제자들처럼 그 길(예수) 자체는 오직 끝에 가서야 이름을 알아보게 될 것이다(눅 24:31).[81]

---

81 *Ibid.*, 59.

3. 아시아 해방신학

1) 아시아 해방신학을 향하여

피어리스는 아시아의 종교-문화적 경계를 이루는 특징을 언어상의 이질성, 아시아 종교에서 우주적 요소와 초우주적 요소의 통합, 비기독교적 구원 사상들이 압도적으로 성행하는 점 등을 제시했다.[82] 이 세 가지 특징은 이미 위에서 다뤘기 때문에 생략하기로 한다.

(1) 불교의 구원 사상과 기독교적 전망

불교 체험의 우주적 영역에는 사회정치적 활동과 기술 공학적이고 과학적인 진보를 포함하고, 초우주적 영역에는 인간 내면의 해방에 관련된 것이 포함된다. 불교는 이 두 가지를 철저히 융합시켜 체제의 균형이 거의 흔들리지 않는다. 승가는 불교를 전개하는 핵심체요, 불교 사회의 제도적 중심이자 정신적 정점이다. 승가는 인간실존을 초우주적 목표, 궁극의 완성(arahatta)에 관심을 갖게 유도함으로써 인간실존의 우주적 차원에 이바지한다. 그 경지는 소유와 욕망이 없음(aloha, 無貪), 억압과 미움이 없음(adosa, 無惡), 완전한 구원의 깨달음(amoha, 無癡)이 있음으로 얻어진다. 이것이 열반을 묘사하는 고전적 표현이다. 이런 공동생활의 토대는 재산과 가정을 포기하는 가난에 있다. 그러나 가난

---

82 알리오시 피어리스/성염 역, 『아시아의 해방신학』, 172-181.

이 재산을 쌓는 재가 신자들에 의해서 유지된다. 재가 신자들은 물질적 발전과 사회정치적 복지를 추구하는 과업을 담당한다. 그렇다면 불교는 우주적 종교심과 초우주적 종교심이 호혜 관계를 이루는 체제이다. 이런 호혜 관계를 부와 가난, 국가와 승가, 과학적 지식과 영성적 지혜 사이에 존재하는 양극성에 비추어 검토해 보자.[83]

가. 부와 가난

승가 세계에서는 재산을 포기한 사람이 포기하지 않은 사람의 재산으로 생활을 유지한다. 부가 가난에 봉사하여 쓰이고, 그 대신에 가난은 소유와 욕망으로부터 해방을 얻는 조건이 된다. 그래서 모든 물질적 진보가 무사무욕과 나눔이라는 이상에 의해서 통제를 받고, 승가 생활이 이상의 상징이 된다. 아시아 맥락에서 부의 반의어는 가난이 아니고 소유 또는 인색이며, 이것들이 부를 반종교적인 것으로 만든다. 따라서 제일의 관심사는 가난의 제거가 아니라 맘몬에 대항하는 투쟁이다. 정체를 알기 어려운, 인간 안에 존재하는 부를 반인간적, 반종교적, 압제적 사물로 만드는 세력이 맘몬이다.

아시아에서 기독교가 실패한 원인의 하나는 맘몬과의 결탁(상업적이고 식민지적 수탈)이요, 비기독교 구원론들이 지닌 수행 정신에 들어가기를 거부한 데 있다. 오늘날에도 소위 '개발' 계획을 내걸고 동일한 실수를 반복하고 있다. 개발 계획을 빌미 삼아 아시아 교회들은 서구식 오아시스(서구 원조로 운영되는 사립 교육기관, 기술기관, 농업기관들)를 만들어 물

---

83 *Ibid.*, 182-183.

질적 진보와 관련해서 비기독교인 다수를 기독교로 종속시키려 한다. 교회가 위압적으로 또는 교묘한 술수로 아시아에 존립하기 위해서 맘몬을 데려다 이용하는 일은 식민지 시대 정복과 권력을 내세우던 선교학의 연장일 뿐이다. 기존체제를 뒤엎는 혁명이 발생하면, 교회는 자신이 박해받는다고 비명을 지른다. 사실은 소금이 짠맛을 잃어버려 사람들에게 짓밟히는 것이다(마 5:13).[84]

그런데 맘몬은 승려들도 유혹한다. 승려에게 제일 힘든 덕은 금욕생활이 아니라 가난이다. 수행을 위한 포기 속에 담긴 역설은 다음과 같다. 승려의 덕성이 높아질수록 사람들이 그 승려에게 관대해진다. 가난해질수록 승려와 사원에 더 많은 기부와 증여가 온다. 승려가 부를 멀리 두고 달아날수록 부에 가까이 가는 셈이다. 사회에서 멀어질수록 사람들의 경외심은 더 모여든다. 그래서 음식 공양을 사람들에게 의존한다는 사실이 승려에게는 가장 근본되는 수행의 조건이면서 동시에 승가의 가난에는 제일 치명적 양상이기도 하다. 중세 유럽 못지않게 중세 아시아에서도 부를 축적한 사원이 많았다.

한때 티벳과 일본에서는 사원의 재산을 지키기 위해 군대를 양성하고 유지했다. 종교적 가난을 수행의 이상으로 삼아 현세 행복을 몽환으로까지 여기던 삶이 맘몬의 손아귀에 잡힘으로써 결국 현세적 제도가 되어 버렸다. 이런 배경 때문에 '환상적'인 행복을 가르치는 종교를 타도해야만 '참된' 행복이 얻어진다는 마르크스의 명제가 출현했다. 아시아에서 마르크스주의자들과 승려들이 이 지점에서 부딪친다. 마르

---

84 *Ibid.*, 183-184.

크스주의 정권 하의 종교박해와 자본주의 기술 지배 사상이 우리 문화권에서 종교 가치를 잠식하는 간교한 수법을 비교하면 어느 것이 더 악랄한지 구분하기 어렵다. 전자는 가난을 조장하는 자들과의 불순한 야합으로부터 제도적 종교를 정화시키는 결과를 초래할 수 있다. 후자는 종교를 맘몬에 팔아넘김으로써 종교를 부패시킨다. 그래서 승가 정신은 그 자체가 좋은 것이면서도 국가라는 장치를 필요로 했다. 사회정치 체제를 국가의 복지로 유도할 수 있는 장치를 필요로 했다. 종교 당국과 국가 당국의 상호연관이 불교 세계관에서는 본질적인 구성 요인이다.[85]

나. 국가와 승가

인간실존의 우주적 차원과 초우주적 차원이 상호의존한다는 사실은 승가제도가 정치 당국에 버금가는 정신적 지위에 올랐던 불교 국가들의 정치사가 증명한다. 특히 국가가 승가를 합법화하고, 그 대가로 승려들이 국가를 도덕적으로 승인하는 동남아시아 국가들의 경우에 더 절실하다. 그러므로 양자의 관계는 정신적일 뿐 아니라 정치적이기도 하다. 그 까닭은 불교도들에게 초우주적 것은 우주적인 것에 근거를 두기 때문이다. 불교의 승려 생활은 사회정치 현실에 결코 중립적이 아니다. 역사적으로 보면 승가제도가 국가에 의해 박해를 받은 적도 많고, 승가가 때로 정치적 혁명을 일으킨 적도 있다. 스리랑카, 버마, 인도차이나에서 일어난 반기독교 및 반식민주의 운동들은 거의 불교 사원에서 태동했다. 5세기 이래로 중국에서 일어난 봉기는 부처가 예고한 정의와 태평의

---

85 Ibid., 183-185.

시대가 현세에 군림하기를 바라는 일종의 메시아 운동들이었다. 속세 이탈과 세계에 대한 참여, 소위 관상과 활동 사이에 나타나는 변증법은 우주적인 것과 초우주적인 것의 상호연관성에서 기인한다. 이 변증 관계가 가장 분명하게 입증된 것이 불교 문화권에서 승려들이 수행해 온 정치적 역할에서였다.[86]

공산주의 국가와 불교의 관계를 살펴보자. 중국의 마오쩌둥은 통치 초기에 불교를 발본색원하지 않고, 종교가 어떤 사회경제적 구조의 부산물인 만큼 구조가 바뀌면 종교는 저절로 사라진다는 마르크스 이론을 따라 불교를 이용해서 사회구조를 개편하고, 그 결과 불교 소멸을 촉진하기로 했다. 중국 불교연맹과 산하 기구인 '현대불교'는 불교도들을 설득하여 사회구조의 변혁에 협조함으로써 불교도들도 공산주의 사회에서 보람을 갖고 살 수 있다는 생각을 심어 주려 했다. 그러나 불교도 중 반공 계열이 내세운 티벳 사태가 중국 불교연맹에는 치명타가 되었다. 그러자 1965년 종교에 대한 마르크스주의 명제에 변화가 일어 났다. 종교는 죽어가는 독사로 비유되어 숨이 끊어지기 전에는 사람을 물 수 있다는 논리가 나와 결국 독사는 죽일 필요가 있다는 주장이 대두되었다. 그때부터 '현대불교'는 자취를 감췄다. 1966년 문화혁명이 일어나자 대대적으로 승려를 환속시키고 평신도로 격하시켰으며, 불상과 성물을 파괴했다. 서기 644년과 845년 이래로 불교가 문화혁명 때만큼 혹심한 위기에 처한 적이 없었다.

절충에서 박해로 전환한 중국의 정책과 달리 소련의 정책은 적대적

---

86 *Ibid.*, 185-187.

태도에서 시작하여 대화로 끝났다. 러시아의 불교도들은 자기 종교의 무신론과 인본주의가 마르크스주의와 공통된다고 주장했다. 그러나 러시아혁명은 철저히 반종교적이었고 반불교적이었다. 소련의『철학백과사전』(1960)에 의하면 불교는 아시아의 피억압 계급들을 압제 정권에 순순히 복종하도록 무마시키는 '아편'이었다. 그러나『볼셰이 소비에트 백과사전』(1970)에 의하면 불교에 대해 온건한 입장을 표명했다. 마르크스주의자들이 불교에 관심을 가져야 할 이유로 고대 세계와 중세 시대 유럽과 중동에 대한 지식에 비해 아시아의 대문명에 대해서는 아는 바가 너무 적기 때문이라 했다. 불교에 대한 중국의 정책과 소련의 정책이 상반되지만, 공통점이 불교는 무시할 수 없는 사회세력이라는 점이다. 불교도는 지난 시대 경전에만 근거한 것이 아니라 국민의 문화 속에, 자신의 우주적 관심사를 초우주적 세계관에 통합시키고 정치를 영성과 통합시키는 법을 배워 익힌 국민의 문화 속에 근거를 두고 있기 때문이다.[87]

다. 과학적 지식과 영적 지혜

기술 공학은 우주적 능력들을 장악하여 인간에게 이바지하도록 종속시킨다. 과거에는 '종교의식'을 통해 우주적 세력들을 무마시켰지만, 기술 공학이 진보하면서 이런 의식은 무의미한 것으로 퇴색한다. 그래서 일종의 '비신성화' 과정이 일어나는데, 이는 인간을 미신으로부터 해방시키는 것으로 해석된다. 그렇지만 피어리스는 이런 해석에 반대한

---

87 *Ibid.*, 187-191.

다. 기술 공학이 우주적 세력을 손아귀에 넣고 길들인다고 주장할 때 오히려 양면성이 있다. 기술을 오용함으로써 우주적 능력들을 인간에 종속시키기는커녕 이 세력을 반발하게 만들어 기술은 오염, 소비주의, 세속주의, 물질주의 등으로 인간을 예속시켰고, 인간을 서구 기술 지배 사회가 창조해 낸 악마들의 희생 제물로 삼았다.

더구나 기술 공학은 인간에게서 신화와 의식을 도려내고 말았다. 기술 공학은 대중에게서 우주적 종교를 빼앗아 버리고 대신 노이로제를 주었고, 종교적 가난을 빼앗은 다음 맘몬을 데려다 주었다. 서구 기독교 선교적 맥락에서 보면 과학 및 산업혁명은 서구 기독교의 결실로 아시아 대중이 환영해야 마땅하다. 교회의 사명은 서구 이데올로기와 신학을 이용해서 아시아의 종교심과 가난을 뿌리 뽑는 데 있다. 그러나 바오로 6세 교황은 과학적 진보에 앞장선 기술자와 관상의 경지에서 그 기술자를 인도할 현자가 서로 도울 필요성이 있다고 호소했다. 서방 교회가 세속적 지식과 영적 지혜가 조화를 이뤄야 할 필요를 인정했다. 이는 이미 아시아에서 수십 세기 동안 전해 온 가르침이었다. 불교의 세계관에 따르면 참다운 그노시스는 과학 지식이 '본연적 개발'을 지향하게 하는 정신적 지혜이다. 기술 공학은 우주적 지식으로 초우주적 노선에 의해서만 인간적인 것이 된다. 아시아의 우주적 종교들은 이미 수행 종교들에서 받은 초우주적 향방에 의해 이미 정화되었다. 『작은 것이 아름답다』의 저자인 경제학자 슈마허는 아시아의 '서행적 진보'가 실은 현명한 지혜이며, 긴 안목으로 본다면 이것이 인간의 존엄성을 보전한다고 하면서 이를 불교 경제라 명명했다. 그러면 맘몬은 추하다. 서구 기술 공학이 추구하는 목표가 '가난으로부터의 자유'와 '가난으로부터 오는 자유'에 의해서 조정되지 않으면 결국 인간을 예속시켜 향락주의로 끝난다. 자발적 가난은 아시아인에게는 정신적 해독제이고, 라틴 아메리카인 들에게는 정치적 전략이다. 맘몬에 대항하기 위해서는 두 방법이 모두 필요하다. 아시아에 나타난 해방신행(解放-神行, liberation-theopraxis)은 마르크스주의의 방법론인 사회분석과 더불어 아시아 현자들이 찾아낸 내면적 성찰이라는 심리적 도구가 반드시 필요하다는 주장이다. 새 사회는 새 사람의 진화와 더불어 일어나며, 새 사람은 새 사회의 진화와 더불어 일어난다.[88]

(2) 신학을 하는 아시아 감각

아시아 기독교 의식에 아시아 감각이 생겨나려면 서구 교회로부터 물려받은 몇 가지 금기를 제거해야 한다. 아시아의 신학적 과거를 반성하면서 제3세계 관점과 아시아 관점에서 살펴보고자 한다. 여기서는 아시아 신학의 내용을 다루는 것이 아니라 아시아 신학의 스타일을 다루고자 한다.

가. 우리의 '신학적 과거'에 대한 제3세계 비판

인간을 가난에서 해방시키는 세속운동은 마르크스 사회주의와 개발 이데올로기이다. 아시아 교회는 대부분 서구 교회의 연장에 불과하다. 그래서 교회마저도 신학적 자기 이해에서 서구의 이데올로기적 갈등을 반영하게 된다. 아시아 교회는 자신의 고유한 신학이 없어 서구

---

88 *Ibid.*, 191-195.

에서 온 고전적 서구 신학과 라틴 아메리카 신학 사이에 끼어있다. 서구 신학들이 1960년대에 현대 철학들과 대화를 통해서 성취한 세상을 향한 개방은, 라틴 아메리카인들이 1960년대 이후에 달성한 것과 비교할 때 미미한 개혁에 지나지 않는다. 포이에르바하가 헤겔의 변증법에 행한 것과 동일한 것을 라틴 아메리카 신학자들이 서구 신학에 했다. 즉, 그들은 신학(theo-logy)을 신행 (theo-praxis) 위에 세웠다. 일찌기 칸트라는 궤도를 돌던 신학이 이제는 마르크스라는 축을 중심으로 돌고 있다. 라틴 아메리카 신학이 아시아 신학자들에게 준 도전은 새로운 신학이 아니고 신학을 하는 올바른 방법이다. 피어리스는 혼 소브리노를 통해 다섯 가지 신학 방법을 제시했다. 첫째, 이성을 권위로부터 해방시키려는 칸트의 시도는 신앙과 이성을 조화시키려는 신학의 길을 열어놓은 데 반해, 철학적 사변을 사회학적 분석으로 대체하고 불의의 세계를 설명하기보다는 변혁하려는 것이 해방신학의 근본 관심사였다. 둘째, 아시아인들에게 보다 더 중요한 것은 이론에 대한 실천의 우위이다. 영성은 신학의 실천적 결론이 아니라 가난한 사람의 투쟁에 참여이다. 길이신 예수를 따름으로써 진리이신 예수를 알게 된다.

셋째, 예수를 따르는 길은 '십자가의 길'이다. 십자가의 길이 모든 지식의 근본이다. 세계가 하나님 나라 안으로 성장함은 진보적 개발이 아니라 철저한 모순대립에 의한, 죽음과 부활의 체험(혼 소브리노의 '인식론적 단절')에 의한 과정이다. 성서적으로는 '십자가에 처형된 하나님의 초월'에 근거를 둔 과정이다. 넷째, '소유'의 문화를 정당화시키고 영속시키는 '개발의 신학'이 아니라, '포기의 고행'이며 '자발적 가난'을 요구하는 '해방의 신학'이 인간의 소유욕을 조롱하여 인간을 깨어나게 한다.

깨어난 영성을 지닌 자들은 가난한 자들과 수동적 연대를 넘어서 완전한 인간성을 위해 싸우는 가난한 자들의 투쟁에 적극적으로 참여한다. 역동적으로 그리스도를 따름이다. 다섯째, 하나님과 인간의 만남이라는 은총과 자유의 상호작용을 하나님 나라에 미리 참여하기 위해 인간적 역량을 활용할 의무와 연결시킨다. 아시아 신학의 과제는 라틴 아메리카의 신학적 방법을 고전 신학에 대한 아시아의 비판에 비추어 보완하는 일이다.[89]

나. 아시아 신학으로서의 아시아 스타일

서구 기독교 신학자나 마르크스주의자들은 아시아의 비성서적 구원 사상에서 종교와 철학이 불가분 융합되어 있음을 간과했다. 아시아에서 철학은 종교적 비전이요, 종교는 생활에 옮겨진 철학이다. 초우주적 구원 사상은 인도 용어로 표현하면 견해(darsana)이자 행업(行業, pratipada)이다. 삶의 '견지'와 삶의 '방식'이 상호 침투해 있다. 부처가 말한 사성제라는 네 가지 구원의 진리 속에는 도제, 즉 길이 있고, 팔성도는 진리를 실현하는 길에 해당한다. 아시아에서 철학과 종교가 밀접한 관련이 있는 것처럼 아시아 문화에서 방법과 목표가 분리되지 않는다. 신학을 하는 아시아 방법이 바로 아시아 신학이다. 신행(神行) 자체가 신학의 형식화이다.

신학을 하는 아시아 감각을 특징짓는 실천과 이론의 상호관련성이 종래 종교신학에 빠져 있다. 이는 교부들에게서도 발견된다. 교부들은

---

89 *Ibid.*, 196-200.

비성서적 세계와 대화에서 사람들의 종교적 차원보다는 철학적 차원에 관심을 제한했다. 즉, 교부들은 '이교도' 철학을 그 종교적 맥락에서 분리시켜 그 종교를 논박하는 지적 무기로 휘둘렀다. 이렇게 해서 이방인들의 종교와 철학을 분리시키는 이분법이 서구 신학 풍토에 깊이 뿌리박혔다. 그래서 철학은 기독교 신학의 시녀가 되었다. 서구의 '종교신학'이 지닌 두 개의 잇자국이 남아 있다. 하나는 종교를 박리하고 철학만 이용하는 태도, 즉 '종교신학'에 두뇌만 신뢰하는 자세이다. 이는 '이교도' 종교의식을 혐오하는 태도와 병행한다. 둘째 잇자국은 더 깊다. 비기독교 종교를 이용해서 그 종교를 비판하는 호교론의 수법이다. 이는 선교학의 전략이 되었고, 아시아의 '종교신학'마저도 그것에 의존하고 있다. 이런 도구화 과정은 적응주의 선교사들인 데 노빌리나 리치에게서조차도 찾을 수 있다. 초대 교부들이 비성서적 철학에 했던 바를 이 선교사들은 아시아 문화에 자행했다. 그들은 아시아 문화를 그 종교적 맥락에서 유리시켜 사람들을 개종시키는 수단으로 활용했다. 이런 식의 '신학적 문화 파괴'가 '세례'를 지칭하는 기독교 용어에도 완곡하게 표현되어 있다. 아시아 문화에 '세례를 준다'든가 아시아 종교심에 '세례를 준다'는 표현이다. 성서에서 세례는 지극한 겸손의 행동이었다. 예수의 요단강 세례와 십자가 세례가 지금은 기독교의 개선주의를 의미하게 되었다.[90]

피어리스는 아시아 신학으로서의 아시아 스타일의 결론으로 일곱 가지를 제시했다. 첫째, 아시아 신학은 아시아인들이 사물을 느끼고

---

90 *Ibid.*, 201-204.

행동하는 '아시아의 방식'이다. 아시아 국민이 정신적·사회적 해방을 얻고자 투쟁하는 가운데 발로되었고, 해방은 그런 투쟁이 산출해 낸 문화의 고유어와 일상언어로 표현되어 있다. 둘째, 아시아 문화에서는 하나님 이야기 자체가 넌센스이다. 왜냐하면 모든 말은 침묵을 기원으로 하고 종착점으로 삼기 때문이다. 하나님 이야기는 하나님 체험에 버금갈 따름이다. 본성이나 위격, 하나와 셋은 모두 말장난에 불과하다. 어떤 말에 의미를 부여하는 것은 '말 없음'(word-less-ness)이다. 말과 침묵의 내면적 조화가 아시아 본연성을 시험하는 기준이다. 어떤 말은 침묵으로부터 흘러나오게 하고 그 말을 침묵으로 돌아가게 하는 것은 곧 정신(얼)이요, 영원한 활력이다. 그러나 침묵은 발설되지 않은 말이요, 말은 귀에 들리는 침묵이기 때문에 양자 관계는 시간적 선후관계가 아니라 변증법적 상호 관계이다. 셋째, 동일한 '조화'가 '하나님 체험'이라는 침묵과 그것을 사람 귀에 들리게 만드는 '인간 관심' 사이에도 필요하다. 양자는 시간적 선후관계가 아니라 지혜와 사랑 사이에, 그노시스와 아가페 사이에, 플레로마(충만)와 케노시스(비움) 사이에 성립하는 상호 관계이다. 불교식 표현으로는 인간을 열반에 이르게 하는 깨달음과 인간을 세상에 내려가게 하는 자비 사이의 상호 관계이다. 넷째, 이 변증법이 가장 예리하게 나타나는 초점이 권위와 자유의 변증법이다. 아시아 교회는 스승께서 지니셨던 해방을 중재하는 권한에 의해 교회에 교도권이 주어졌음을 알아야 한다. 권위는 자유를 전달해 주는 권한이다. '하나님 체험'을 증언하는 '인간 관심'이었다. 하나님 체험과 인간 관심은 해방 투쟁의 양날에 해당한다.

다섯째, 실추된 '권위'를 회복하려면 아시아 교회는 권력과의 결탁을 완전히 청산해야 한다. 교회가 스스로 겸손해져서 아시아 종교심의 요단강에서 세례를 받고, 스스로 아시아 가난의 십자가에서 세례를 받아야 한다. 교회가 그동안 견지해 온 권력 지배와 도구화의 신학을 청산하고 대신에 겸손과 잠김과 참여의 신학을 채택해야 한다. 여섯째, '그리스도의 아시아 얼굴'을 찾으려는 노력이 성공하려면 오직 아시아가 그 얼굴을 찾는 노력에 교회가 합류하는 길밖에 없다. 아시아는 가난과 종교의 공통의 원천, 곧 신에게서 그 얼굴을 찾고 있다. 하나님은 일찍이 맘몬이 당신의 원수라고 선언하셨다(마 6:24). 일곱째, 이 행동 정식을 펼치는 현장은 교회 울타리를 넘어서 살아가는 하나님의 백성이 겪는 '하나님 체험'이자 동시에 '인간 관심'의 현장이다. 바꿔 말하면 아시아에서의 신학은 해방에 대한 비기독교적 체험들을 그리스도식으로 개진하는 작업이다.[91]

4. 해방과 페미니즘

1) 여성의 능력에 대한 두려움과 남성 두려움의 권력

(1) 물(여성)과 불(남성)의 조화로부터 가부장제로의 타락

피어리스는 성서에 나오는 낙원, 뱀, 타락, 구속자 등의 이야기와 흡사한 아르헨티나 인디언의 이야기를 통해 여성의 능력과 그에 대한

---

91 *Ibid.*, 204-207.

두려움을 남성들이 어떻게 자신의 권력을 강화하는 데 이용했는지를 설명한다. 고대의 설화에서 여성의 힘에 대한 남성의 두려움이 결국은 다양한 창조 설화를 만들었고, 남성의 권력을 강화시키는 가부장제를 초래했다. 피어리스는 여성적인 것을 물로 비유하고, 남성적인 것을 불로 비유하면서 물과 불의 우주적 갈등이 다양한 민족들 사이에서 다양한 방식으로 전개되었다고 했다. 즉, 남성의 여성 지배를 여성의 힘에 대한 두려움의 대응이라고 여겼다. 사람들은 물의 수분과 불의 따뜻함이 자연에서 생명과 죽음의 반복되는 순환에서 함께 작동함을 아는 우주적 감각을 지녔다. 불과 물의 순환과 조화를 낙원으로 보았다. 타락은 뱀, 유럽 식민주의자의 등장으로 시작되었다. 침략자에 의해 도입된 농업은 물이 불에 대해 우위를 갖게 되었다. 여기서 우주적 힘이 일어나서 타락으로부터 이런 불균형을 건져내야 한다. 구속의 시간이 다가왔다. 백인 남성의 종교(유혹자의 이데올로기)가 인디언의 땅(토바족)을 휩쓸었다. 신비와 침묵 속에서가 아니라 불과 천둥 가운데 사냥의 불 의식을 기억나게 하는 소음과 춤이 도래했다. 그것은 개신교의 오순절주의의 도래로 물세례 위에 있는 불세례를 강조했다. 이렇게 해서 기독교는 잃어버린 남성의 전통을 회복했다. 남성은 식민주의적 그리스도에 의해 구원받은 첫 사람이고, 여성은 남성 덕분에 구원받고, 아이들은 여성과 함께 구원받는다. 우리는 여기에서 식민주의-여성-남성의 구원 순서가 기독교-남성-여성의 순서로 역전되는 것을 본다.[92]

---

92 Aloysius Pieris, S.J. *Fire & Water: Basic Issues in Asian Buddhism and Christianity*, 8-10.

(2) 아시아에서 가부장 문화, 전통 종교와 서구 식민주의

아시아의 대부분 국가에서 초우주적 종교 전통의 지지를 받아 가부장적 사회질서가 고대 문화에 뿌리내렸다. 식민지 세력은 자유민주주의라는 허울로 전통적 사회 구속으로부터, 가정으로부터 여성을 해방시켰다. 그러나 해방된 여성은 후기 식민주의적 남성 자본주의자의 손아귀에서 저임금 노동력으로 이용되도록 직장으로, 공장으로, 농장으로, 광산으로 보내졌다. 상류층 여성들이 문화적 속박으로부터 벗어나 반식민주의적 민족주의 투쟁에 남성 동지들과 참여했다. 그러나 민족주의가 종종 '오리엔탈리즘'에 의해 오염되면서 여성이 남성에 종속되는 가부장적 형태로 되돌아갔다. 기독교가 토바족에게 행한 것이 아시아에서도 반복되었다. 토바처럼 아시아에서도 서구 기독교 식민주의자들의 영향을 받은 페미니즘은 오래 가지 못했다. 두 지역에서 전통 종교들은 수렴제 역할을 했다. 이런 상황에 대한 적절한 분석이 결여될 경우 아시아 페미니스트들은 두 극단에 빠질 수 있다. 하나는 전통 종교가 여성의 투쟁에서 이데올로기적 영감을 주는 것으로 과대평가하는 것이고, 다른 하나는 전통 종교를 전적으로 거부하고 일부 서구 여성 페미니스트들처럼 세속적 접근에 의지하는 것이다. 이 두 극단을 피하려면 필요한 것이 우주적 힘과 연계된 여성 공포증 문제를 다루는 것이다.[93]

---

93 *Ibid.*, 11.

(3) 여성 공포증

가. 아시아 페미니즘의 세 가지 공리

첫째 공리는 페미니즘은 여성 권리가 회복될 때까지만 지속되는 잠정적 운동이 아니라, 참 인간으로 성장하는 영구적 특징이다. 둘째 공리는 페미니즘이 좋든 싫든 종교와 불가분 관계가 있다는 점이다. 왜냐하면 종교는 우리가 자기 존재에 잠재적 영향을 주는 곳으로부터 말하고, 그곳을 향해 말하기 때문이다. 따라서 이런 밀접한 관계는 세속적 페미니즘에 대해 의문을 품게 한다. 종교가 이데올로기적 공백에서 작동하지 않기 때문에 우리는 잠재적인 여성 공포증을 전달하는 이데올로기에 대해 항상 주의해야 한다. 피어리스는 아시아 대부분 지역에 가부장적 조직이 이전 여성 중심적 사회조직을 장악한 것으로 가정한다. 아시아에서 주요 종교들은 소위 가부장적 혁명이 일어난 이후 발생했으며, 모든 종교는 여성을 두려워하고 남성이 지배하는 사회에서 여성의 역할을 다룬다. 이런 관점에서 볼 때, 페미니즘은 종교에 대한 영구적인 이데올로기적 비판이며, 종교는 이런 비판 없이 존속할 수 없다. 셋째 공리는 앞의 두 공리와 분리할 수 없다. 페미니즘은 우리 자신의 가장 정직한 부분인 무의식과 몸에 대한 인식론적 과정을 통해서만 바르게 헤아리고 표현할 수 있다. 반면에 이성과 지성은 인간 정신의 가장 교활한 기능이다. 페미니즘은 인간의 참됨을 추구하는 과정에서 잠재적인 것과 신체적(우주적)인 것의 역할을 주장하고 재강화시키려는 시도이다. 반면에 개인의 이익이나 집단의 이익을 이성적으로 합리화시키는 이데올로기는 우리 존재의 내적 핵심의 전체성에 드러나지 않은 이성의 기능에 의해 만들어진다. 이는 특히 성차별주의에 해당한다. 우리의 잠재적 자아에 그런 이데올로기를 드러내게 함으로써만 기만적 합리주의를 제거할 수 있다.[94]

나. 종교적 체험, 잠재적 체험과 우주적 힘

위의 세 공리를 합하면 실재에 대한 종교적, 잠재적, 우주적 경험은 그 자체가 종교적이고, 우주적이고, 잠재적 경험인 여성 공포증의 현상을 이해하는 열쇠로서 언급된다. 인간의 첫째 인식의 순간은 잠재적 의식이 한 여인의 자궁에서 편안한 물의 어둠으로 깨닫는 것으로 구성된다. 이 사실은 우리의 첫 번째 의식과 우리가 여성에 대한 첫 번째 경험 사이에 깨뜨릴 수 없는 연결이 있음을 보여준다. 우리의 우주(물)에 대한 기본적 인식은 여성(자궁)의 기동상(inchoative)의 지각력과 일치한다. 그러므로 인간은 존재의 양태에서 부인과학적 지향, 메리 데일리의 표현을 빌리면 여성-생태적 지향에 의해 프로그램화되었다. 인간의 현실 인식은 여성과 우주 사이의 잠재적 연결을 인간의 영원한 특징으로, 인간성이 충만한 존재로서, 해방의 최종 목적으로 추구하도록 생물물리학적으로 결정되었다. 인간의 성장에서 창조적인 남성의 개입을 불가피한 요소로 정당화하고 요청하는 것은 바로 이 엄청난 여성-생태학적 프로그래밍이다. 여성 공포증과 우주 공포증 사이의 상호연결됨은 페미니즘 인식에 근원적이다. 달리 말하면, 페미니즘은 남성으로 하여금 자연뿐만 아니라 여성에게 권력을 휘두르게 만드는 잠재적 두려움을

---

94 *Ibid.*, 12-13.

다루게 하는 방식이다.95

2) 페미니즘과 우주적인 것

(1) 성례전으로서 우주적인 것

피어리스는 일부 아시아 페미니스트들이 채택한 세속주의자 모델이 여성-생태적 결합을 부정한다는 점에서 아시아적이지도 않고 페미니스트적이지도 않다고 비판한다. 그는 자유주의적 서구 신학의 합리적으로 설명 가능한 비신성한 세계와 아시아 예언자들이 잠재적으로 인지한 종교적 세계관이 반대되는 것만큼 세속주의자와 우주적인 것이 반대된다고 강조한다.96

가. 세속주의자 대 우주적인 것

세속주의 또는 세속주의자 이데올로기는 우주를 비신성화하는 데 뿌리를 둔다. 그러한 세속주의의 기원은 수동적인 어머니 지구를 '객관적으로' 연구해야 한다고 주장하는 아리스토텔레스의 '지식의 남성화'와 세계를 생명 없는 기계로 보는 17세기 데카르트적인 환원주의이다. 이것이 서구 근대 기술 지배의 기원이며, 성서적 기독교의 자연에 대한 가르침으로부터 이단적으로 일탈한 결과이다. 아리스토텔레스의 목적론적 세계관을 대체한 기계론적 세계관이 뉴턴 물리학과 연계되어 있지

---

95 *Ibid*, 13-14.
96 *Ibid*., 15.

만, 17세기 유럽에 영향을 준 더 오래된 세계관이 있다. 자연은 예술가-마술사의 창조로 그는 자연에 미와 신비를 부여했다. 과학자의 작업은 자연에 숨겨진 원리와 비밀을 해독하는 금욕적 과제로 여겨졌다.

16세기와 17세기 저자들은 영을 포함한 존재하는 모든(인간이든 신이든) 것은 물질적이며, 물질이 하나님에게 기원을 두지 않으면 하나님이 물질 안에 성육신하는 것은 불가능하다는 터툴리아누스의 주장에 끌렸다. 영의 물질성에 대한 터툴리아누스의 개념은 성서의 루아흐, 푸뉴마 개념과 매우 유사하지만, 기독교에 뿌리를 내리지 못했다. 초우주적인 것(하나님, 종말, 브라만, 아트만 등)은 비우주적인 것이 아니다. 떼이야르 드 샤르댕은 그의 그리스도 생성론(christogenesis)에서 우주적인 것 안에서 초우주적인 것의 이런 의미를 찾고자 했다. 우주적 세계관에서 상징적이고 성례전적인 것들이 세속주의 세계관에서는 마술적이고, 미신적이라고 묵살되었다. 물, 불, 공기, 흙·지구 등 네 요소는 단순히 우주적 물질이 아니라 여성적인 것(물, 흙·지구)과 남성적인 것(불, 바람)으로서 우주적 에너지의 현현이다. 스콜라 철학의 시기에 불교 승려-철학자들은 이 네 요소를 우주심리적 특징으로, 즉 응집성으로서 물, 저항으로서의 흙·지구, 열과 빛으로서 불, 운동으로서 공기로 해석했다.[97]

나. 성서의 우주적 언어로서 젠더

네 가지 우주적 요소에서 젠더의 차별은 자의적 비유가 아니라 인간

---

97 *Ibid.*, 15-17.

의 심층 의식에서 경험되는 현실을 공유한다는 점에서 풍성한 상징이다. 그러나 우리의 우주적 경험이 그런 젠더의 차별을 넘어서는 초우주적인 것을 언급하면서 언어상의 혼란이 일어났다. 사도행전에 나오는 오순절 성령 강림 사건(행 2:1-4)에서 성령을 불의 혀로, 큰 바람(남성적 이미지)으로 묘사했다. 성서적 인간학에서 볼 때 성령을 받은 마리아와 교회는 우주를 창조하기 위해 성령이 머무른 깊고 어두운 물과 형태 없는 공허한 흙을 닮은 여성적 이미지를 일으킨다. 그러므로 오순절 성령 강림은 여성적 혼돈으로부터 남성 하나님의 재창조하는 질서로 표현되었다. 창세기에서 창조 이야기는 구조 작전의 관점에서 틀이 지워졌다. 물은 악과 위험의 근거로 상정되었다. 출애굽은 물을 건너는 것이었다(출 14:21). 이는 불교에서 열반을 윤회의 바다를 건너는 것으로 기억된다. 요한계시록에서 종말은 바다가 사라진 상태로 예상된다(계 21:1). 동일한 성서는 구원 과정을 표현하는 데 두 가지 여성적 상징을 사용함으로써 이런 경향에 대응하고 있다. 성령은 그리스도의 옆구리에서 나오는 물(요 7:38, 4:10)이고, 흙·바위·산의 이미지는 시편에서 야훼를 상징한다. 결론적으로 우주적 요소들은 구원론적 자료를 표현하는 데 불가결한 요소들이지만, 젠더 상징의 교환성은 궁극적 실재에 다른 성(sex)을 희생하여 특정한 성(sex)을 부여하는 것을 금지시킨다.[98]

다. 남성 성례전주의에 대항하는 여성 신비주의

여성은 남성이 지배하는 사회에서 살아남는 기술을 발견하는 데

---

98 *Ibid.*, 17-18.

실패한 적이 없다. 여성들은 남성 사제 중심 위계 제도의 성례전주의를 신비주의에 의지하여 우회하는 법을 배웠다. 성례전에서 남성 사제들은 자신을 유일한 매개자로 주장하지만, 하나님을 매개하지 않고 직접 체험한다고 주장하는 신비주의에서 여성들은 동일한 주장을 할 수 있다. 그러나 신비주의 안에서조차도 교회의 만연한 사제 가부장제는 여성의 신비주의 체험에 대한 진위를 결정하는 궁극적 권위가 남성의 특권임을 요구한다. 그러나 18세기 신비가 마가렛 메리 알라코크의 사례에서 보는 것처럼, 하나님과 남성의 소통을 위한 중개자가 여성이 됨으로써 성례전의 남성 중심적 질서가 역전되었다.99 이런 오류는 우주의 성례 전적 본성에 있는 것이 아니라 우주적인 것을 여성으로, 초우주적인 것을 남성으로 보는 남성중심적 해석에 기인한다. 종교의 가부장제는 실재의 성례전적 본성에 대한 남용이다.100

(2) 종교적 상징에 대한 페미니스트적 비판

종교적 상징에서 악, 감각적인 것, 여성, 우주적인 것을 동일시하고, 선, 영적인 것, 남성, 초우주적인 것을 동일시한다. 이런 이중적 동일시 는 여성 공포증에 대한 가부장적 반응이다. 오늘날 페미니즘은 이러한 동일시를 교정하려 하고, 초우주적인 것은 여성도 남성도 아니라 성을

---

99 로즈마리 류터는 여성 신비주의자들로 빙엔의 힐데가르트, 마그데부르크의 메히틸 트, 노르위치의 줄리안을 제시한다. Rosemary Radford Ruether, *Women and Redemption: A Theological History* (London: SCM Press LTD., 1998), 81-111을 참조하시오.
100 *Ibid.*, 18-19.

초월한다고 주장한다. 페미니스트들은 동일한 내용을 여러 방식으로 주장한다. 하나님에 대한 성을 언급하면서 성 차별적 용어 사용에 대한 페미니스트의 첫째 대응은 신에 대한 성을 번갈아 사용하는 것이다. 둘째 대응은 '아버지-어머니 하나님'처럼 양성적 용어를 사용하는 것이다. 셋째 대응은 신에 대한 종교적 담론에서 성을 제거하는 것이다. 초기 불교도들은 부처의 삶에서 주요 사건들을 설명하면서 '인간적 모습'을 회피하여 여행하는 포교자를 설명하는 발, 부처의 깨달음을 상징하는 나무, 부처의 해방 메시지 선포를 표현하는 바퀴, 부처의 최종적 해방을 기억하게 하는 사리탑의 양성적 상징 등 성 중립적 상징들에 의존했다. 그러나 일단 인간적 모습이 부처를 표현하는 매개로 수용되면 초우주적인 것은 필연적으로 나중에 부처가 된 역사적 모습인 남성으로 보였다. 기독교에도 이와 병행하는 발전이 있었다. 실제로 그리스도는 남성도 아니고 여성도 아니고 이 둘을 초월한 자이지만, 부활한 예수는 도상학적으로는 남성 모습으로 재현되기 시작했다. 만약 "그리스도 안에서는 남성도 없고 여성도 없다"(갈 3:27)면 어떻게 그리스도가 남성(여성)일 수 있는가?[101]

상징은 현실에 참여하고 현실을 재현하지만, 현실보다 더 강력하다. 왜냐하면 실재 또는 진리가 다양하게 인간 마음에 들어가는 입구를 발견하는 것은 상징이기 때문이다. 모든 종교, 문화, 철학에서 상징주의는 초월(자)을 표현하는 것만이 아니라 경험하는 것에서도 남성 중심적 용어를 인간에게 주입하고 있다. 그러므로 페미니스트들은 종교의 위대

---

101 *Ibid.*, 26-27.

한 창시자들의 해방적 메시지는 주어진 문화와 주어진 상징주의의 이데 올로기적 포로로부터 지속적으로 해방시켜야 한다고 주장한다. 현재 지배적인 종교들은 가부장적 시기에 형성되었기 때문에 우리를 무의식 적으로 여성을 혐오하게 하는 상징들(경전과 제의와 의식의 용어들, 경배 대상과 생활방식 등)을 사용하고 있음을 의식해야 한다. 모든 상징 중 인간의 말이 가장 효과적으로 연상되며, 가장 자주 사용된다.

여기서 문제가 되는 것은 구원의 말씀을 표현하는 경전에 사용되는 인간의 말에 영향을 주는 가부장적 편견이다. 기독교의 신구약 성경이 나 불교의 삼장(경장, 율장, 논장으로 구성된 불교 경전)은 여성 혐오적 본문 을 포함하고 있음을 우리가 부인할 수 없다. 여기에서 페미니스트 비판 은 성서학자와 양 종교의 경전 독자들에 의해 전유되어야 한다. 경전 자체를 절대적으로 신성한 것으로 여기는 것은 오류이다. 경전은 그 궁극적 기원보다 더 위에 있지 않다. 진리를 표현하고자 투쟁하는 인간 의 말은 절대적 말씀인 진리 자체와 혼동되어서는 안 된다. 서구 페미니 스트들은 신구약 성서를 성차별적이지 않은 기조로 읽도록 우리를 훈련 시킨다. 이런 방법은 불교 경전을 읽을 때도 사용되어야 한다. 그래서 남성 중심적 용어 밑에 숨겨진 종교적 체험의 페미니스트 양식은 경전 안에서 회복될 수 있다.[102]

---

102 *Ibid.*, 27-28.

3) 여성을 학대하는 종교

여성 공포증의 결과는 세 가지이다. 첫째, 어머니 이상형에 대한 남용이다. 둘째, 처녀성 숭배를 통해 여성을 중성화하는 것이다. 셋째, 여성에 부과되고 여성에 의해 수용된 도구적 역할이다.

(1) 어머니 이상형에 대한 종교적 남용

불교도와 기독교인 교권은 결혼의 신성함과 가족의 중요성을 정당화한다. 그러나 이는 결혼과 가정에 대한 두 종교 창시자의 가르침을 망각하는 것이다. 페미니스트들은 종교가 어머니 이상형을 이용하는 것은 남성이 지배하는 가정에서 여성을 통제하기 위함이라 비판한다. 아시아에서 이런 이데올로기적 조작이 가능한 맥락은 가정과 시민사회에 대한 전통적 개념이다. 그러므로 불교와 기독교에서 여성의 역할은 고타마와 예수가 인류를 위해 연 새로운 지평 안에서 정의되어야 한다. 예수가 선포했던 하나님의 통치는 내적 해방이라는 개인주의적 유형에 제한되지 않고, 사랑에 의해 지배되는 새로운 사회적 관계와 생물학적이고 감정적인 끈이라는 자연적 한계가 자유와 친교의 새로운 질서로 희미해진 새로운 사회를 포용한다. 결혼은 하나님의 통치의 성례전인 한 의미가 있고, 가정은 예수가 죽음의 위협을 무릅쓰고 선포한 이 새로운 사회를 반영할 때 추구할 가치가 있다. 예수는 가정을 절대화하지도 않았고, 당시 사회구조로서 당연하게 여기지 않았다. 이는 예수의 추종자들이 새로운 가정의 공동 창조자와 공동 상속자가 되기 전에 예수가 그들에게 요구했던 회심(metanoia), 즉 마음과 정신의 혁명적 변화를 설명한다.

가정을 상대화하면서 여성에 대한 전통적 역할은 불교와 기독교의 창시자에 의해 선포된 새로운 제도에 의해 도전받아야 한다. 예수는 하나님의 나라를 위해 부모와 배우자와 자녀를 떠나도록 남녀를 초대했다. 예수의 제자들 다수는 결혼했다. 그러나 그들이 예수의 사역에 동참했을 때 그들의 가족도 동참했고, 따라서 이후 결혼과 가정생활은 하나님의 통치의 도래라는 과제와 관련해서만 적절한 기능을 발견했다. 만약 부처와 예수가 여성들에게 남성들이 여성들의 몸, 노동, 성생활을 전유한 것으로부터 자유롭게 하는 기회를 부여했다면, 우리는 아버지됨이 가정에 대한 책임을 짐이라는 말이고, 어머니됨이 사회적 책임을 떠올리는 말이라는 것을 수용해야 한다. 가정과 사회에서 남성과 여성에 의해 노동이 공유되는 곳에서 성적 차별은 없지만, 성적 차이는 있다. 이것이 페미니스트들이 종교를 비판하는 목적이고, 아시아 문화가 간절하게 요구하는 것이다.[103]

(2) 처녀성 숭배와 중성화된 여성

페미니스트 시각에서 볼 때 여성 수도자의 서원식, 특히 아시아 수녀들의 경우 머리카락을 자르거나 머리를 미는 경우가 있는데, 이는 여성 정체성을 감추는 상징적 의식으로 여성됨을 중단하지 않고는 완전

---

103 *Ibid.*, 38-40.

한 자유를 얻을 수 없다는 뜻으로 해석된다. 여성 수도자의 서원식의 '포기' 선언에서 페미니스트들이 문제 제기하는 것은 첫째, 성적 차이가 아니라 가부장적 사회에 의해 부과된 젠더 고정관념이고, 둘째, 수도자로 독신이 포기한 것은 성욕이 아니라 관계를 맺는 도구의 표현으로서 생식기적 행위이다. 어떤 형태든지 여성성에 대한 억압을 통해서 여성을 중성화하는 것은 둘째 문제에서 기인한다. 종교 지도자들에 의해 조성된 여성의 중성화 형태 중 하나가 처녀 숭배 예식(parthenolatry)이다. 그리스-로마에서도 이런 의식은 행해졌는데 처녀의 순수성이 국가의 번영을 보증한다고 생각했다. 그리스의 파르테논 신전(처녀의 성전)은 아테네에서 가장 고상한 종교적 성전이었다.[104]

그러나 기독교에는 야훼 경배 외에는 다른 예배가 없다. 그렇지만 그리스-로마 기독교는 여러 의식을 수용했는데 그중 하나가 처녀 숭배이었다. 그리스도의 시각에서 볼 때 처녀성은 하나님의 통치와 관련하지 않고서는 가치가 없다. "하나님 나라를 위해 고자가 되는 것이다." 그러나 헬라화되고 로마화된 제국의 교회에서 처녀들은 남성 독신 사제처럼 사회적으로 상류층 직분을 얻기 시작했다. 이제 하나님의 통치가 인간 기관을 평가하는 기준이 되기를 멈췄다. 결혼을 평가하기 위한 새로운 기준은 '처녀성'이 된 것 같다. 이미 성례전을 통해 여성을 통제하던 남성 사제들과 독신자들이 여성의 영적 상담자 역할까지 맡으면서 여성이 하나님과 직접적으로 만날 수 있는 신비적 영적 생활까지도 장악하게 되었다. 이렇게 해서 남성 독신 사제들이 축성된 처녀들의

---

104 *Ibid.*, 40-41.

유일한 영적 지도자가 되는 건전하지 못한 전통이 생겼다. 축성된 처녀들은 자신의 영적 건강을 위해서 '영적 부인과 의사'에게 의존해야 했다. 그러나 이런 행위는 처녀 축성의 본래 목적인 하나님에게만 전적으로 의존함을 깨뜨리는 것이었다. 이런 전통은 여성들로 하여금 성인으로 성숙해져서 남성이 지배하는 사회에서 여성의 젠더 역할에 대해 질문하지 못하도록 하기 위해서 여성을 사제들의 미성숙한 '영적 딸'로서 영구적인 어린이가 되게끔 했다. 종교적으로 축성된 여성들 가운데 상호 영적 지도에 대한 보다 평등한 접근이 있어야 하지 않은가? 처녀성 숭배는 여성을 중성화시키려는 남성들의 강요를 보여 준다. 이런 강요는 생식기적 만족의 대상으로서 여성에 대한 은근한 집착이다. 처녀성 숭배와 성 숭배는 동일한 동전의 양면이다. 기독교에서 하나님 이외의 것에 최고의 가치를 부여할 때, 우상숭배, 이 경우에는 처녀 숭배가 일어난다. 이것이 그리스도의 구원에서 마리아의 역할에 대한 연구인 마리아론이 어떻게 종종 중성화된 마리아 숭배로 변질되는가를 보여 준다.[105]

(3) 여성의 도구화

가부장제는 가정과 공적 삶에서 여성의 몸, 노동, 성생활(sexuality)에 대한 남성의 전유·통제라고 정의된다. 여성과 우주는 남성 중심적 사회에서 공통의 희생자로 고통을 받아 왔다. 주어진 여성-생태적 결합

---

105 *Ibid.*, 41-42.

에서 볼 때, 남성이 여성을 폭력적인 방식으로 대하는 것이 남성의 여성 공포증에 대한 반응인 것처럼, 자연에 대한 폭력적 이용은 우주 공포증에 대한 남성의 반응이다. 이런 폭력은 결혼과 독신에 대한 전통적 종교 인식에 기록되어 있다. 이런 주제와 관련하여 창시자의 비전으로부터 벗어난 불교와 기독교의 전통은 페미니스트의 비판에 직면하면서 그들 종교의 본래적 비전을 회복하게 될 것이다. 여성을 남성의 완성을 위한 도구로 만드는 사회학적이고 이데올로기적 토대들에 대한 면밀한 조사를 통해 기독교는 결혼 신학을 개정해야 한다. 페미니스트들은 여성을 가정이라는 감옥-성지(prison-shrine)에 가두는 방식으로서 결혼을 절대화하고, 어머니 이상형을 우상화하는 종교적 경향에 대해 비판했다.106

　피어리스는 결혼의 두 가지 목적(출산과 자녀 양육, 정욕에 대한 해결책)에 대해 다음과 같이 비판했다. 오랜 세기 동안 기독교는 결혼의 최우선적 목적을 자녀 출산과 양육이라고 가르쳤다. 결혼의 둘째 목적은 부부 성관계의 확립이다. 일부 도덕 신학에서 둘째 목적은 첫째 목적의 우선성이 부인되는 만큼 죄악이라고 정죄했다. 여기에 나타난 남성 지배적 신(神)-이데올로기는 부부관계를 하지만 자녀 양육을 거부하는 아내는 어머니가 되기를 거부하기 때문에, 고통스럽지만 필수적인 자녀 출생 과정을 고려해서 성적 관계라는 무질서가 허용되었기 때문에 실질적인 창녀가 된다는 것이다. 여기에 나타난 전제는 아내는 남편을 위해 자녀를 생산하는 도구라는 것(첫째 목적)과 남편의 성적·감정적 만족을

---

106 *Ibid.*, 44.

위한 도구라는 것(둘째 목적)이다. 이런 논리에는 여성이 남성과 동역자라는 대등함뿐 아니라 부부관계가 반려자라는 고귀함, 결혼의 친밀성이 갖는 구원적 아름다움 등은 전혀 고려되지 않는다. 결혼이 두 가지 목적을 지녔다는 주장은 극단적인 경우 과거 기독교 세계의 많은 군주들처럼 왕좌를 이을 자녀를 왕비로부터 얻고(첫째 목적), 결혼의 둘째 목적은 정부(첩)로부터 얻는 사례를 합리화할 수 있다.[107]

여성을 도구화하는 것은 결혼생활만이 아니다. 여성 수도자들도 도구화의 대상이다. 불교와 힌두교의 탄트라는 여성 금욕주의자들이 위대한 표징의 역할, 즉 남성이 궁극적 해방을 얻도록 매개자 역할을 하는 '신비적 결혼'을 발전시켰다. 초대교회에서 '축성된 여성'인 처녀와 과부와 관련해서 남성 지배적 금욕주의가 언급되었다. 그들은 남성의 '천사와 같은 삶'을 시험하기 위한 도구가 되었다. 이러한 태도는 예수가 언급한 결혼이 불필요해질 천사와 같은 삶으로 들어가는 종말, 최종적 부활에 대한 오해에 기인한다. 처녀 친구를 지닌 일부 남성 독신자들은 바울의 권면을 오해하여 처녀와 영적 결혼을 하여 살고자 했지만 결국 그 처녀는 그의 첩으로 드러났다. 피어리스는 결론적으로 우리의 우주(창조)에 대한 태도는 도구적이거나 성례전적이라 했다. 자본주의 경제가 모든 사람과 사물을 맘몬 숭배(이익을 얻기 위한 자본증식)하게 만드는 것이 신성모독적인 것처럼, 피조물을 하나님께 이르는 도구로 만드는 태도는 신성모독적이다. 이에 반해 성례전적 접근 방식에서 인간은 타자(사물과 사람들)를 자기 자신의 인격적 확대로 보고, 거꾸로 세계를

---

107 *Ibid.*, 44-46.

인간의 몸으로 보며, 한 몸으로부터 서로 다른 남자와 여자가 나오고, 남녀가 한 몸이 될 것임을 세계가 반영한다. 이런 의미에서 페미니즘은 보편적 인간 양심으로부터 도구주의에 의해 탈신성화된 세계에서 성례전적 실천을 회복하도록 온 인류를 소환하는 것이다.[108]

4) 여성 해방적 비판과 새로운 종교적 비전

(1) 이론적 관점을 찾아서

가. 페미니스트 이론 중 다섯 가지 잘못된 출발점

억압받는 자들은 이기적이지 않은 성자이고, 억압자들은 이기적 돼지라는 생각은 병든 메시아주의의 기초이다. 성서는 가난한 자들을 성자라 여기지 않고, 하나님께서 가난한 자들이 거룩하기 때문에 그들과 계약을 맺었다고 말씀하시지 않는다. 해방신학은 하나님께서 억압받는 자들과 계약을 맺으신 것은 그들이 거룩하기 때문이 아니라 그들이 억압받는 자이기 때문이라고 본다. 억압받는 자들이 거룩해지는 것은 그들이 하나님과 맺은 계약을 진지하게 책임질 때만, 그래서 억압의 정세와 권세에 대항하는 하나님의 투쟁에 동참할 때만이다. 피어리스는 페미니즘의 잘못된 출발점 다섯 가지를 제시한다.[109] 첫째, 성에 의해서 억압받는 것 자체가 거룩함의 보증은 아니다. 풀뿌리 집단은 다른 여성

---

108 *Ibid.*, 46-48.

109 Aloysius Pieris, S.J. *Fire & Water: Basic Issues in Asian Buddhism and Christianity*, 50-52.

5장 _ 알로이시우스 피어리스의 아시아 선교신학 이해 | 397

을 정복하는 여성의 이기심을 너무 잘 알고 있다. 그들은 억압받는 자들 가운데 이기심이나 탐욕은 남성들에게 제한된 악이 아님을 알고 있다. 남성이 지배하는 사회에서 남성이 여성을 도구로 이용한다는 사실은 여성이 종교, 인종, 계급을 근거로 다른 사람을 착취하려는 경향으로부터 자유롭다는 보증이 아니다. 이와 달리 주장하는 페미니즘의 출발은 잘못된 것이다.

둘째, 사라스와티 라쥬는 인도에서 여성 이슈들(노동, 건강, 문맹 등)을 개별로 접근하는 것은 오류라 했다. 그녀는 젠더 이슈를 이론적으로 가장 중요하게 보며 젠더 연구를 하는 것은 젠더 연구를 이론적 진공상태에 두는 것이라고 비판했다. 그러므로 그녀는 젠더 문제를 계급 형성이라는 보다 큰 맥락에 두고 연구해야 한다고 주장했다.[110] 이는 여성이 다른 사람들처럼 자신의 사회계급에 의해 영향받음을 인식하는 것이다. 이와 다른 페미니즘의 출발점은 오류이다. 셋째, 탐욕의 능동적 희생자(탐욕스러운 자)와 탐욕의 수동적 희생자(억압적 체제에 의해서 희생된 자)는 계급과 젠더를 가로질러 확대된다. 이를 부인하는 페미니즘의 출발은 오류이다. 넷째, 페미니즘의 정치에서 오류가 일어날 수 있다. 페미니즘의 정치는 페미니즘을 여성과 남성과 동등한 권리를 위한 투쟁으로 환원시킨다. 그러나 페미니즘은 권리획득으로 끝나는 운동이 아니라, 인간 조건의 영구적 특징이 되어야 한다. 다섯째, 어떤 신학자들과 일부

---

110 Saraswati Raju, "Gender and Deprivation: A Theme Revisited with a Geographical Perspective," *Economic and Political Weekly*, XXIV/49, December 7, 1991, 2827-39, Aloysius Pieris, S.J. *Fire & Water: Basic Issues in Asian Buddhism and Christianity*, 51에서 거듭 인용.

페미니스트들은 우주적인 것을 인간적인 것과 반대되는 것으로 상정한다. 그들은 페미니즘의 이상적 틀을 구성하는 것은 인간 중심주의적 세계관이 아니라 우주 중심적 세계관이라고 주장한다. 우주적인 것과 인간적인 것 사이에 틈을 만드는 것은 페미니즘 철학의 잘못된 출발이다. 우주적인 것과 인간적인 것의 상호성이 해방을 구성한다.

나. 우주적인 것-인간-초우주적인 것의 연속체

초우주적인 것에 대한 우주적 경험으로서 해방을 정의하는 것은 경험을 우주의 구성 요소이면서도 초우주적인 것을 유일하게 꿈꿀 수 있는 인간에게 적합한 자기성찰적 지적 행위로 이해할 때 의미가 있다. 왜냐하면 상상력과 지성이 함께 우주에서 창조적이고 획기적인 흐름을 형성하는 곳이면 어디든지 인간이 존재하기 때문이다. 그러므로 기술과 종교는 인간화의 직접적 표현이며, 그들은 우주에서 인간이 중심됨을 점차적으로 보여 주는 증거이며, 초우주적인 것(인간)을 향한 진보의 연속성을 보장한다. 반대로 기술 지배와 무종교는 비인간으로 후퇴하며, 여성-생태적 재난을 불러올 도구적 접근을 반영한다. 초우주적인 것은 인간 마음의 무한한 가능성으로 이 가능성은 상상력에 의해 꿈꾸어야 하고, 직감에 의해 파악되어야 하고, 이성에 의해 전략을 마련해야 하고, 개인적이며 집단적인 노력에 의해 실현되어야 하지만 항상 지속적인 사랑으로 이끌려야 한다. 그러므로 인간은 우주와 초우주적인 것 사이를 경험으로 연결한다. 그러므로 구원론은 우주적인 것-인간-초우주적인 것의 연속체이다. 초우주적인 것은 현재 순간의 감춰진 미래이고, 우주의 '내부'로서 행하는 현재를 넘어선 것(the beyond)이다. 우주 안에 내재하는 자기를 초월하는 능력을 지닌 자, 우주적 진화에서 첫 순간부터 현존했던 타자(the Other)를 자기 안에서 펼치는 능력을 지닌 자가 인간이다. 그러므로 자의식적이고, 타자 지향적이며, 우주를 꿈꾸는 인간은 우주를 그 궁극적 완성으로 이끌고 가는 능력이요, 보다 나은 세계를 위한 완전한 지점을 인간으로 부르도록 한다. 우주를 그 완성으로 이끌고 가는 행위는 기술과 종교가 협력하는 과제이다. 인간은 부활한 자의 삶을 사는 그리스도인, 열반에 도달한 자의 삶을 따르려는 불교도, 각 종교의 그런 삶을 따르려는 종교인이다. 그러므로 초우주적인 것과 인간은 우주의 자의식적이고 능동적인 중심으로서 자기 초월적이고 내재적 중심으로서 일치한다. 그러므로 인간은 우주적인 것과 초우주적인 것 사이의 의식적 연결이다. 이것이 해방을 우주적인 것-인간-초우주적인 것의 연속체라고 말한 이유이다.[111]

만약 인간이 우주를 초우주적인 것에로 개방한 데 불과하면, 인간을 우주의 중심에서 추방한 결과인 소위 우주 중심적 관점은 세속주의에 대한 완곡어법에 불과하다. 그런 관점은 초월적 지평을 상실한 폐쇄된 세계에 대한 믿음이다. 그런 세계는 기술이 지배하는 사회이고, 무종교의 세계이다. 이런 세계관은 반페미니스트적이고, 반아시아적이기 때문에 우리는 거부한다. 피어리스는 인간과 초우주적인 것을 동일시하는 이유를 다음과 같이 제시했다. 신적인 것이나 신성은 아시아 맥락에서는 우주적 세력을 가리키지만, 기독교적 맥락에서는 초우주적인 것과 동일시되며, 불교도에서는 열반, 기독교에서는 구원이기 때문에

---

111 *Ibid.*, 52-53.

아시아에서는 오해될 수 있다. 초우주적인 것, 또는 인간은 기독교와 불교의 구원적 지평을, 불교에서는 열반·불성·아라한을 가리키고, 기독교에서는 야훼·하나님의 나라를 가리킨다. 우주는 초우주적인 것의 부정이 아니라 인간의 충만함이 퍼진 우주를 가리킨다. 이는 기독교에서 분명해진다. 우주(하늘과 땅)는 초우주적 기원(신에 의한 창조)을 가질 뿐 아니라 인간의 충만함이 퍼진 우주인 초우주적 운명(새 하늘과 새 땅의 재창조)을 갖는다. 불교는 무신론적 패러다임 안에서 기독교와 유사한 메시지를 준다. 상좌부 불교는 형이상학적 추측에 대한 (우주적) 경험의 우위성을 옹호하고, 해방의 프로젝트를 위해 지구가 그리는 (earth-drawn, 지구에 속박되는 것이 아닌) 경험적 기초를 놓는다. 기독교와 불교는 각 종교의 방식으로 우주적인 것-인간-초우주적인 것의 연속체를 주장한다.112

(2) 우주적인 것-인간-초우주적인 것의 연속체에서 남성-여성의 변증법

가. 기독교의 가능한 모델

이 연속체는 일직선이 아니라 지그재그의 길이다. 인간(정신)은 여성적 충동인 아가페와 남성적 충동인 그노시스의 변증법적 상호작용을 통해 연속체를 세운다. 변증법적 경향이라 부르는 것은 이들이 결코 순수한 형태로 발견되지 않기 때문이다. 사랑은 항상 지식으로 빛나고, 지식은 사랑으로 따뜻하게 된다. 정신을 지혜로 비추는 불꽃은 마음을

---

112 *Ibid.*, 53.

사랑으로 흥분하게 하는 동일한 불꽃이다. 무지의 어둠을 몰아내는 그노시스의 빛과 모든 소원해진 것을 녹이는 아가페의 온기는 우주의 중심인 사람 안에 있는 동일한 불의 작용이다. 그러므로 데카르트가 지식을 남성화한 것은 지식을 아가페적 (페미니스트적) 영향력으로부터 제거한 것이다.

사랑으로부터 분리된 과학 또는 지식은 권력과 짝을 지움으로써 잔인해졌고, 기술 지배라 불리는 흉측한 괴물을 만들어 냈다. 여성과 지구는 첫 번째 피해자였다. 여성과 자연은 지식의 대상인 사물로, 사용되어야 할 도구로, 관리되어야 할 기계로, 강간의 희생자로 환원되었다. 지식에 의해 밝혀진 사랑은 모든 사물을 사람·인격체로 변하게 한다. 그러나 사랑에 의해 접촉되지 않은 지식은 모든 사람을 사물로 취급한다. 기술 지배적 과학주의는 아가페를 결여한 그노시스로 인간을 생산 수단으로, 인간이 만든 도구의 노예로 전락시켰다. 반면에 지식과 사랑이 변증법적으로 상호작용하여 기술에 종교가 더해지면 영혼이 없는 도구로부터 노동의 동반자를 재생시킬 것이다. 그노시스와 아가페의 변증법에 대한 지나치게 단순한 이미지를 극복하기 위해서는 중요한 조건이 있다. 기독교에서 아가페적 취지가 사라진 이유는 참된 그노시스를 거부했기 때문이다. 창조에 대한 도구적 이론(모든 사물은 하나님께로 도달하는 것을 돕도록 이용되어야 한다)은 기독교에서 그노시스를 제거함으로써 그노시스의 일탈된 형태, 즉 비아가페적 그노시스가 자신을 기독교 문화에서 긍정함으로써 기독교의 사랑 용어가 약화되고 결과적으로 왜곡된 결과이다. 그러므로 과학주의라는 새로운 그노시스와 사랑 없는 지식인 기술 지배는 지식을 빼앗긴 사랑에 뿌리를 두고 있다.

기술 지배의 새로운 영지주의(과학적 지식을 통해 인간과 자연을 통제하거나 도구화하는 것을 강요하는 무종교)가 우리의 아가페적 가능성에 대한 전 세계적인 재발견에 의해서, 우리 존재의 위축된 부분을 상당히 재활성화함에 의해서, 우리 가운데 여성들이 재탄생하도록 허용함에 의해서 누그러뜨리고, 변형되지 않는 한 그 어떤 창조신학과 페미니스트 신학이 파열된 여성-생태적 결합을 회복할 수 없다.113

나. 불교의 패러다임

불교에서 우주적 참여로부터 분리된 그노시스는 더 이상 지혜가 아니라 타계 지향적 지식(비우주적 그노시스)이다. 대부분 아시아 과학과 기술(의학 제외)은 그들의 전달 수단인 구전 전통과 더불어 사라졌다. 잘못은 그노시스적 거리 두기와 아가페적 참여 사이의 이분법에 있다. 이런 이분법은 우주적인 것-인간-초우주적인 것의 연속체에 대한 불교적 관점에 반대된다. 불교 문화에서 초기 기술적 주도권이 사라짐은 불교 자체의 내적 약점 때문이 아니라 불교적이 되는 데 실패한 불교의 이야기 때문이다. 불교적 그노시스는 참된 기술 진보를 위해 필수적 조건이다. 우리는 기독교 서구가 이런 차원을 경시한다는 것으로부터 교훈을 얻는다.114

다. 페미니즘과 지혜 패러다임

남성에 의한 여성의 오래된 도구화와 그 결과 자기희생적 파트너로

---

113 *Ibid.*, 53-55.
114 *Ibid.*, 55-56.

서의 여성에 대한 이미지는 바로 잡아야 한다. 페미니스트들은 여성이 타자에게 사랑을 제공하는 전제조건으로서 자기사랑과 자기수용을 이런 이미지를 교정하기 위한 수단으로 제시한다. "네 이웃을 네 몸처럼 사랑하라." 엘리자베스-몰트만 벤델은 이런 페미니스트 주장의 기초로서 성서에서 간과되던 지혜 신학에 호소한다. 이런 제안은 두 가지 주장을 함축하고 있다. 첫째, 여성의 잃어버린 권리를 획득하는 문제이다. 조직적으로 자신의 존엄성과 자부심을 빼앗긴 여성들은 개인적 권리, 성서적 권리를 확언해야 한다. 둘째, 손상된 것을 회복하는 문제이다. 여기서 강조하는 것은 자기완성을 위한 조건으로서 자신을 수용하는 것이다. 몰트만-벤델은 이런 종류의 자기사랑을 타자를 통제하거나 가르치려는 사랑이 아닌 에로스와 동일시했다. 에로스적 사랑은 착취하지 않는 자기사랑이다. 지혜 언어, 신학과 영성에서 그노시스 용어의 필수불가결한 역할의 회복에 의해서 몰트만-벤델은 비이기적 자기사랑의 보완적 역할을 재발견했다.

피어리스는 몰트만-벤델의 치유하는 페미니즘을 지지하지만, 총체적 해방(초우주적인 것에 대한 우주적 경험)에 더 큰 관심을 갖는다. 그는 개인의 존엄성과 가치(서양의 권리 언어의 일부분이지만 성서와 아시아 종교들의 언어는 아닌)에 근거한 개인주의적 자유주의가 아시아에서 페미니즘을 위한 이상적 틀은 아니라고 했다. 자기 초월이라는 더 큰 관점이 우리의 윤리학을 지배하도록 허용되지 않는 한 자기사랑과 자기긍정의 이론은 자유주의적 개인주의의 함정으로부터 구조될 수 없다.[115]

---

115 *Ibid.*, 56-57.

라. 자기부인과 자기 초월

생명을 낳기 위해서 죽어야 하는 씨앗과 생명을 찾기 위해서 자신의 생명을 잃어야 한다는 예수의 역설적 가르침은 현재 자유주의와 개인주의의 맥락에서 비현실적이고 과장된 것으로 보인다. '자기 노력'과 '자기 부인'을 결합한 부처의 역설적 교리는 경쟁과 소비주의의 세계에서 유사한 운명에 직면한다. 우리는 창세기 저자의 직관, 즉 우리 안에 뱀이 있음을, 타락 이전에 권력을 획득하게 하는 지식을 향해 갈망하는 경향이 있음을, 각자 자신을 신으로 왕좌에 앉히려는 욕망이 있음을, 자신을 섬기는 도구로써 타자를 조종하려는 시도가 성공할 때 만족하는 탐욕이 있음을 무시해서는 안 된다.

우리 시대의 영적 위기는 죄가 뱀의 차원을 지닌 것을 무시하거나 격려한 데서 초래되었다. 파괴적 본능에 대항하는 끊임없는 투쟁은 모든 종교에서 자기부인, 또는 자기 절제가 의미하는 것이고, 내적 자유와 건강한 관계를 보증하는 것이다. 참된 자기사랑은 다른 사람의 인격뿐 아니라 자신의 인격도 파괴하는 방종을 용납할 수 없다. 가부장제는 타자 안에서 자신으로서 인간성 양육을 거절함으로써 자신의 인간성을 감소시키는 남성의 이야기이다. 남성들은 자기 안에 있는 뱀에 저항하는 대신에, 자신을 제어하는 대신에, 자연과 여성을 제어하고자 한다. 남성들이 자기를 파괴할 뿐 아니라 여성과 자연을 억압하는 것은 바로 여기에 기인한다. 남성은 여성에게 이기적으로 요구하는 것을 부정(중단)함으로써 자기 초월에 이르도록 해야 한다. 남성과 여성 모두 영성의 이런 기초적 원리에 충실하지 않으면 그들은 모두 노예로 살 것이다.[116]

마. 불교도와 기독교인의 공통적 영성

불교와 기독교는 강조하는 데 차이가 있음에도 불구하고 자기부인을 통한 자기 초월의 교리로 수렴된다. 이는 그노시스와 아가페가 만나하나의 구원론을 형성하는 방식을 보여 준다. 수렴점은 불교도의 그노시스와 기독교인의 아가페의 공통 메시지인 자기부인을 통한 자기 초월이다. 그노시스적 종교로서 불교는 열반 경험의 장소로서 개인에 초점을 맞춘다. 그러나 불교는 그노시스적 구원론에 통합되는 공감적 사랑을 통해 사회적 변혁의 씨앗을 뿌린다. 기독교는 이와 정반대이다. 하나님과의 만남의 상대방인 우리가 하나님의 백성 되는 것에 대한 기독교의 아가페적 강조는 사랑이 만들어 내는 지식을 식별함으로써 개인적 변화를 끌어내는 것으로 이어진다. 불교에서는 자아로부터 타자로 전환하는데 반해, 기독교에서는 백성으로부터 개인으로 전환하는데 이런 전환은 자기부인을 함축하는 자기 초월이라는 공통의 영성을 통해서 일어난다.

기독교는 백성을 사랑으로 섬김으로써 하나님을 경배하는 것을 구원으로 보고, 백성에 반대하는 자기 고립으로써 하나님에 반대하는 것, 자신을 섬김을 죄로 인식한다. 불교는 정신의 총체적 자유를 열반으로 보고, 자신을 믿음과 자기 중심성을 인간을 속박하는 족쇄로 여긴다. 예수가 자유의 길로써 제공했던 십자가의 지혜(아가페에서 태어난 그노시스)는 비이기적이고(alobha) 동시에 용서하는(adosa) 사랑을 동반하는 지식(amoha)에서 절정을 이루는 부처의 팔정도와 나란히 간다. 그 둘은 각각 자기 초월의 자유로 이끄는 수양의 길이다.[117]

---

116 *Ibid.*, 57-58.

117 *Ibid.*, 59.

(3) 여성-생태적 틀

가. 세속주의자의 관점과 우주적 관점

획득과 소비주의의 순환에 의해서 약화되고, 기술 지배에 사로잡히고, 자유민주주의의 방종적인 개인주의에 포화된 문화적 에토스인 세속주의자의 관점이 아시아 페미니즘을 설명하는 가장 적절한 맥락인가? 자기 초월에 근거해서 종교적 사회주의의 분위기에서 지구적인, 육체적인, 여성적인 꽃들에 대한 긍정이 아시아 페미니즘을 위한 여성-생태적 틀을 제공한다는 점에서 우주적 세계관이 더 적절한 맥락인가?118

나. 해방의 구성 요소로서 우주적인 것과 페미니즘

인간 해방은 초우주적인 것에 대한 우주적 경험이다. 초우주적 경험은 우주적인 것으로부터 해방이 아니라 세속주의로부터 해방이다. 인간 해방에서 우주적 차원은 결코 없어지지 않는다. 이것이 함축하는 주장은 다음과 같다. 첫째, 우주적 접근은 성례전적이다. 우주적 접근은 감각이 지각하는 데서 멈추는 환원주의적인 세속주의자의 접근보다 더 많은 것을 보고 말한다. 세상에 대한 도구적 접근이 세속주의의 산물이라면, 페미니스트 접근은 본질상 우주적이다. 둘째, 자기사랑과 자기긍정은 여성 도구화의 효과를 치유하는 치료적 수단에 불과하지만, 현재 여성-생태학적 위기를 가속화시키는 방종과 개인주의를 특징으

---

118 *Ibid.*, 59.

로 하는 자유주의 철학과 세속주의 모델을 포기하지 않으면 자기사랑과 자기긍정은 예방적 도구가 될 수 없다. 셋째, 우주적인 것이 자기 초월을 향한 여정에서 남성적 힘(그노시스)과 여성적 힘(아가페)이 변증법적으로 상호작용한다. 이는 한 힘에 대해 다른 힘이 우위를 차지하려는 속에서 변증법적 운동이 지속되는 인간 정신의 잠재적 본능을 기술하는 것이다. 넷째, 존재하는 것을 탈신성화된 것, 기계화된 것, 남성화된 것으로 지각하는 세속주의 관점은 남성적 그노시스와 여성적 아가페 사이의 긴장을 유지하지 못한다. 그런데 이 긴장은 자유를 향한 운동에서 필수불가결한 요소이다. 그러나 우주적인 것은 이런 양극성을 견지함으로써 남성화를 방지한다.

다섯째, 그러므로 우주적 영성은 여성적인 것, 지구적인 것, 몸에 속한 것들이 구원의 경험에 기여하도록 한다. 여섯째, 우주적인 것은 초우주적인 것과 인간을 향한 개방성과 연합된 종교성을 내포한다. 세속주의자의 접근 방식은 세계의 초월적 운명을 거슬러 세계를 봉쇄한다. 일곱째, 그러므로 페미니즘은 초우주적인 것(절대적 해방)에 대한 경험을 가능하게 하는 우주적 차원을 유지함으로써 온전한 인간성을 위한 투쟁의 영속적 특징이다. 여덟째, 그러므로 종교적 체험의 우주적 근거를 무시하는 위험을 무릅쓰고 초우주적인 추구를 지나치게 강조하는 모든 종교적 체계는 가부장화하는 경향이 있다. 이런 측면에서 볼 때 페미니즘은 주요 종교에서 우주적 종교성을 지속시키기 위해 끊임없이 투쟁하는 것을 가리킨다. 아홉 번째, 이 모든 것은 페미니즘이 종교에 대한 영속적인 비판을 수행함을 의미한다. 종교는 페미니스트 비판을 전유하지 않고는 미래에 생존할 수 없다. 마찬가지로 페미니즘은 그렇게 비판된 종교의

도움 없이는 페미니즘의 해방적 목적을 성취할 수 없다.[119]

IV. 피어리스의 아시아 선교신학의 특징과 과제

1. 피어리스의 아시아 선교신학의 이해

1) 피어리스의 선교신학의 전제, 주제와 목적

피어리스의 아시아 (선교)신학의 주제는 아시아 현실의 특징인 가난과 종교적 다원성이고, 그 목적은 해방(구원)이다. 그의 아시아 선교신학은 가난의 문제와 종교성의 문제를 각기 다루다가 오랜 시간이 지나서야 통합되었다. 따라서 그의 선교신학을 이해하는 것은 이 두 가지 문제가 어떻게 통합되는가, 가난한 자들의 해방과 종교적 구원·해방이 어떻게 통합되는가를 이해하는 것과 같다. 그는 이 두 가지 문제를 영성을 통해서, 십자가를 매개로, 페미니즘을 통해서 통합한다. 그의 선교신학은 성서적 공리에서 온 신학적 전제에 기반하고 있다. 첫째 공리는 하나님과 부(맘몬)의 화해할 길 없는 반립(反立)이요, 둘째 공리는 하나님과 가난한 사람들 사이에 맺어진 취소할 길 없는 계약이며 예수 친히 이 계약 자체가 되신다는 사실이다. 이 두 공리는 예수 안에서 하나님과 가난한 사람들이 공동의 적인 맘몬에 대항하여 동맹을 맺는다는 사실로 귀결된다.

---

119 *Ibid.*, 61-62.

2) 가난과 해방

(1) 가난과 영성

피어리스는 아시아의 현실인 가난을 영성의 측면에서 이해한다. 가난은 교회 영성의 출발점이자 목적이다. 영성에 대한 신학자들의 명제는 첫째, 그리스도인은 예수를 따르기로 돌이킬 수 없는 결단을 내린 사람이다. 둘째, 이 결단은 가난한 사람이 되겠다는 결단과 외연이 동일하다. 셋째, 이 결단은 가난한 사람을 편들기로 결단하는 한에서만 '예수를 따르는 길'이 된다. 이 논리의 신학적 배경이 위에서 언급한 그의 신학적 전제 두 가지 공리이다. 예수의 영성은 가난해지기 위한 투쟁과 가난한 사람들을 위한 투쟁으로 구성되지만, 하나님 나라는 예수께서 십자가에서 맘몬 체제의 희생 제물이 됨을 통해 이루어지게 되었다. 가난해지기 위한 투쟁과 가난한 사람들을 위한 투쟁은 십자가에서 하나가 된다. 그의 몸인 교회는 자발적으로 가난해진 사람들과 강요된 가난한 사람들로 구성된다. 하나님과 하나됨은 가난해진 그리스도인들이 가난한 자들을 위한 투쟁에 참여하는 정도에 비례한다.

(2) 해방의 영성

영성은 십자가에 달리신 그리스도의 정신에서 흘러나온다. 해방신학은 삶의 전례, 십자가 신학, 역사적 예수와 그 인간성 등을 구원의 신비를 파악하는 세 가지 방식으로 이해했다. 라틴 아메리카의 기초교회공동체는 전례와 영성과 세속 활동을 모두 포괄하며 교회 쇄신을 초래했다. 반면에 십자가를 중심에 두지 않는 영성 이해로 인해 전례와 영성과 세속 활동의 참여 사이에 삼중의 이분법이 발생했다. 성직주의로 인해 전례가 사제직에 종속되면 전례와 영성의 이분법이 발생한다. 이는 사제들이 십자가에 참여하지 않고 사제직만 차지할 때 발생한다. 그리스도인이 십자가 세례를 거부할 때 영성과 세속적 활동의 참여 사이에 이분법이 발생한다. 왜냐하면 그리스도인은 십자가를 지는 것이 제자됨과 영성의 필수조건이기 때문이다. 갈보리 십자가 사건은 종교 현장이 아니라 일상생활, 세상의 현장에서 일어났기 때문에 불의에 저항하는 세속적 참여는 삶의 전례로 보아야 한다. 그러나 제2차 바티칸공의회는 교회 전례를 삶의 전례의 원천과 절정으로 여겼다. 이로써 세속적 참여와 전례 사이의 이분법이 발생했다. 이에 반해 기초공동체와 해방신학은 교회 전례를 삶의 전례에 종속시킴으로써 교회론적 혁명을 초래했다. 예수는 갈보리 십자가 사건을 통해 삶을 예배처럼 사셨다.

(3) 기독교와 해방 · 구원

가. 기독교의 아시아 선교와 구원 · 해방

서구의 아시아 선교가 실패한 것은 우선 우주적 종교와 초우주적 종교의 관계를 이해하지 못한 데 있다. 피어리스는 종교 확장의 헬리콥터 이론을 통해 우주적 종교를 착륙장으로, 초우주적 종교를 헬리콥터로 비유하여 기독교라는 초우주적 종교가 다른 초주우적 종교(힌두교,

불교 등)가 이미 안착한 지역에 들어갔기 때문으로 보았다. 문화적으로는 종교와 문화, 종교와 철학을 분리한 라틴 모델과 그리스 모델은 종교와 철학, 문화가 일치하는 아시아에 적용되지 않고, 북유럽 모델은 아시아에 늦었고, 수행 모델은 아시아 정감에 가깝다.

아시아 선교에 필요한 그리스도는 유럽 신학의 기독론, 교회 중심적 기독론도 아니고, 비유럽적 아시아 엘리트의 기독론도 아니라 비기독교적 그리스도이다. 아시아에 필요한 선교학은 아시아에 자리가 없는 그리스도를 위해 자리를 마련하려는 유럽 중심적, 교회 중심적 선교학이 아니라 아시아에서 자리가 없는 그리스도를 인식하고 아시아의 가난한 자들 속에서 그리스도성을 발견하려는 선교학이다. 아시아 교회는 아시아적 그리스도를 향한 치유 목회와 아시아적 그리스도의 예언적 목회를 통해 하나님 나라를 이루려는 목회를 필요로 한다. 아시아 교회 위계질서의 중심부는 기초 인간 공동체에서 일어나는 새로운 복음화의 첫 대상이다. 이를 수용할 때 아시아적 그리스도는 아시아 교회의 걸림돌이 아니라 교회 구원의 반석이 될 것이다.

아시아 선교를 위해 필요한 것은 교회론의 혁명이다. 아시아에 있는 교회가 아시아 교회가 되기 위해서는 아시아 종교심이라는 요단강에서 세례를 받아야 하고, 아시아 가난이라는 갈보리(십자가)에서 세례를 받아야 한다. 세례는 겸손의 상징이면서 동시에 정체성 상실의 두려움에 직면한다. 아시아 기독교의 새로움은 아시아의 경건하고 가난한 사람들의 삶과 염원에 참여하는 데서 나온다. 교회의 권위는 예수의 권위에서 비롯된다. 예수의 권위는 가난과 결부되어 있다. 요단강에서 갈보리까지 연결된 예수의 선교 여정은 가난의 여정이다. 아시아에 있는 교회가 아시아 교회가 되기 위해서는 아시아 가난한 자들의 종교심과 아시아 가난이 합류하는 지점에 뛰어들어야 한다. 이것이 아시아 교회가 되기 위한 교회론적 혁명이다.

아시아를 위한 새로운 복음 전도·선교의 전제는 신앙의 전도와 정의의 증진을 함께 도모하는 통전적 선교, 말씀의 사역과 치유의 사역을 함께하는 통전적 선교이다. 새로운 선교의 목적은 하나님의 통치로의 회심, 하나님의 해방 프로그램으로의 회심이다. 새로운 선교의 두 원칙은 하나님과 맘몬 사이의 화해할 수 없는 모순 속에서 예수처럼 하나님께만 충성해야 하는 원칙과 예수 자신이 하나님과 가난한 사람들 사이의 변경할 수 없는 계약이라는 원칙이다. 첫째 원칙은 제자로 부르심의 의미로 예수의 영성이요 제자의 영성을 가리킨다. 둘째 원칙은 제자 파송의 의미로 예수 선교의 내용이자 제자 선교의 내용이다. 새로운 선교의 비전은 두 원칙 중 첫째 원칙은 아시아 종교와 공유하는 공통분모이고, 둘째 원칙은 기독교에만 있는 독특한 원칙, 특별한 복음적 정체성으로 이웃종교와 나눌 아시아 교회의 선교적 과제이다. 아시아 교회는 복음적 가난의 공동의 플랫폼을 열어 이웃종교인들과 산상수훈의 영성을 실천해야 한다. 그런데 아시아에서 해방적 영성이 사라지고 있다면 이는 자본주의 기술 문화, 시장경제, 소비주의의 영향 때문이다. 간디는 산상수훈을 실천하지 않는 교회는 예수 그리스도의 제자가 아니라고 했다. 교회에 대한 간디의 회의는 아시아 교회에 대한 도전이다.

나. 문화화와 해방 · 구원

아시아 교회가 아시아와 대화하고 사귀기 위해 필요한 것은 아시아의 비기독교 수행자들이 사용하는 그노시스적 언어를 배우는 것과 아시아의 가난한 사람들이 알아들을 수 있는 아가페적 언어를 습득하는 것이다. 아시아에서 이웃종교 승려들은 축재의 본능으로부터 내면적 해방을 갈구하고, 가난한 사람들은 사회적 해방을 부르짖는다. 아시아 승려들의 자발적 가난이 민중에게 강요된 가난을 덜어 주는 방향으로 나아가지 못할 때 가난으로 일어난 혁명은 수도원을 뒤엎었다. 따라서 아시아에서 진정한 문화화는 자발적 가난이 해방을 주는 차원 위에 아시아 교회가 뿌리내리는 작업이다. 즉, 아시아 교회는 아시아 승려들과 가난해지기로 결단하고 사는 데 연대해야 하며, 아시아 가난한 사람들이 정의롭고 성스러운 우주적(사회적 · 국가적) 질서를 염원하는 데 연대 책임을 지도록 해야 한다. 따라서 아시아에서 문화화된 교회는 맘몬으로부터 해방된 교회요, 가난한 사람들로 이뤄진 교회요, 자발적 가난에 근거한 신비주의와 강요된 가난에 항거하는 투쟁 정신이 공존하는 교회이다. 이처럼 아시아에서 해방과 문화화는 결코 분리되지 않는다.

문화화는 아시아 교회를 개혁하는 데 기여한다. 성령의 언어로 구원을 전달하는 데 실패한 교회는 가난한 사람들의 언어, 민중의 언어로 교회를 소환함으로써 교회를 개혁한다. 이런 면에서 개혁으로서 문화화는 각 민족의 언어로 복음 메시지를 이해하도록 선포하는 새로운 오순절이다. 문화화에 대한 성령론적 접근은 말씀의 우선성을 가리킨다. 빠스카 신비를 체험하는 작은 자들 안에서 무언의 말씀하시는 분의 언어를 배우는 것이 문화화이다. 복음화·선교는 가난한 사람들에 의해 복음화된 교회와 교회에 의해 복음화된 가난한 자들 사이의 교류이다. 여기서 교회가 가난한 사람들에 의해 복음화되는 첫째 과정이 문화화이다. 이 과정을 수용하여 자신을 변화시킨 교회만이 가난한 자들에게 복음을 전할 자격을 얻는다. 그런데 교회가 성령(무언의 말씀하시는 분)을 말하는 자로 대체할 때 문화화가 실패한다. 이는 첫째 과정을 간과했기 때문이다. 이러한 교회의 선교는 공격적인 담론을 전개한다. 오직 성령만이 말씀을 말할 수 있고, 사람의 마음을 연다. 참된 문화화는 성령의 자유로 진행되며, 가난한 자들이 문화화의 사회적 자리라는 기준과 사회적 갈등은 문화화 과정의 불가피한 징표라는 기준을 준수한다. 하나님의 해방 프로그램을 세상의 권력 프로그램과 혼합할 때 성령을 배반하여 문화화가 실패한다.

다. 종교 간 대화와 해방·구원

종교 간 대화를 위한 신학적 틀로 먼저 종교 이해의 패러다임 전환을 요청한다. 즉, 종교는 그노시스적 측면과 아가페적 측면의 종합이다. 서구 기독교인들은 그노시스에 대한 부정적 편견 때문에 아시아 종교들을 바르게 이해하지 못했다. 그들은 서구 수도자들로부터 그노시스에 대한 올바른 이해를 얻을 수 있다. 서구의 기술 지배적 세계관은 하나님이 만든 모든 것을 하나님을 인식하기 위한 도구로, 사물로 취급한다. 비기술 지배적 세계관은 악기를 연주자의 도구가 아니라 자아의 확대로 보며, 음악을 연주자와 악기의 창조적 친구 관계의 산물로 본다. 이런 세계관을 지닌 우주적 영성은 자연을 인간의 우주적 확장으로, 우리 자신의 확대로, 살아 있는 동역자로 본다. 이러한 우주적 영성은 그노시스적 구원론을 지닌 종교가 아시아에 확대될 때 그대로 간직되었다. 그러나 기독교가 아시아에 들어올 때는 이런 일이 일어나지 않았다. 기독교로의 개종자들은 우주적 힘의 두려움으로부터 해방되었지만, 자연과의 교류를 박탈당했다.

서구 기독교 선교사·선교학자들의 동양 종교에 대한 태도는 배타주의, 포용주의, 다원주의였다. 그러나 피어리스는 종교 간 대화를 위한 아시아적 패러다임으로 아시아 종교신학을 제시했다. 그에 의하면 아시아 종교신학의 주체는 신학자나 교회가 아니라 가난한 사람들이고, 아시아 종교신학을 정의할 해방적 추진력은 우주적 종교이며, 아시아 종교신학의 사회적 자리는 기초 인간 공동체들이다. 아시아 종교신학 수립에 참여하는 자들은 가난한 자들로부터 해방의 언어를 배워야 하고, 이 세상 영성(우주적 영성)과 이 세상 접근 방식(우주적 접근 방식)을 배울 필요가 있다. 해방적 추진력과 관련해서 그동안 서구 신학자들은 우주적 종교성을 평가절하했다. 그러나 실제로 사회변혁에 기여한 것은 우주적 종교들이다. 가난한 자들의 완전한 해방을 지향하는 기초 인간 공동체들은 해방적 실천 과정에서 각 종교의 유일성을 발견한다. 기초 인간 공동체 안에 있는 교인들은 예수가 그런 계약이며, 이를 기독교의 유일성의 내용으로 이해한다. 기독교의 유일성을 담보하는 신뢰성은 맘몬에 저항하는 이웃종교에 기독교인들이 연대할 때이다. 기독교의 신뢰성이 위협을 받는 것은 권력을 위해 재정적으로 이데올로기적으로 종속되는 경우이다. 이때 기독교인들은 산상수훈을 증거하며 비기독교인들과 연대하지 못하고, 맘몬에 대항하는 가난한 자들의 투쟁에 동참하지 못하게 된다. 종교 간 대화의 새로운 범주로는 혼합주의, 종합, 공생이 있는데 피어리스는 공생을 대안으로 제시했다. 공생에는 유일성을 지닌 기독교로의 회심은 종교 공통 유산인 산상수훈으로의 회심과 기독교 독특성에로의 회심으로 구성되는데 공통적인 회심과 특수한 회심 사이의 대화가 종교 간 대화이다.

불교가 기독교에 도전하는 것은 그노시스적 용어의 도전이다. 종교는 지혜(그노시스적 거리 두기)와 자비(아가페적 참여)의 변증법적 통합이다. 그노시스와 아가페가 영혼의 두 눈이라면 한 눈으로 세상을 보는 것은 인류를 우주적 재앙으로 인도한다. 불교도에게 우주는 인간과 하나의 생태적 공동체를 형성한다. 그러나 기독교는 이냐시오 로욜라처럼 피조물을 하나님 이해의 도구로 보는 도구론이 우세하여 불교의 그노시스적 비전에 의해 도전을 받고 있다. 아가페라는 한 눈으로 세상을 보는 기독교 세계(Christendom)에서 두 눈으로 세상을 본 그리스도인은 아시시의 성 프란치스코였다. 에베소서와 골로새서가 우주적 그리스도를 선포하기 수 세기 전에 부처를 우주의 모든 세력을 지배하는 왕으로 선포한 것은 기독론에 대한 불교의 도전이었다. 피어리스는 불교의 도전에 응답하는 기독론의 방향을 다음과 같이 제시했다. 첫째, 자발적 가난이 구원적 경험을 구성하기 때문에 예수는 불교의 금욕과 포기를 지지한다. 둘째, 가난한 자들의 투쟁에 참여할 때 하나님께서 인간 사랑을 하나님을 아는 최고의 기술로 변화시켜 예수를 열방 앞에서 하나님의 언약으로 영화롭게 하신다. 셋째, 가난한 자를 위한 투쟁은 제자도의 둘째 구성 요소로 예수를 역사의 주로 선포하는 수단이다. 이런 해방적 실천에서 나오는 기독론과 부처론은 서로 경쟁하지 않는다. 넷째, 예수를 섬기되 부자인 교회는 불교도들에게 식민주의적 위협이 된다.

종교 간 대화는 핵심 경험, 집단기억, 해석의 세 단계로 진행된다. 그리스도와 부처에 대한 해석에서 중요한 질문은 모든 사람의 구원의 유일한 중개자가 예수 또는 고타마인가 하는 질문이다. 피어리스는 이 질문에 답하기 위해 구원의 원천, 구원의 매개, 구원의 효력 세 가지를 살펴본다. 불교는 구원의 원천에 대해 언급하지 않지만, 구원의 목적을 열반으로 제시한다. 기독교는 구원의 원천인 창조론과 목적인 종말론을 제시한다. 불교와 기독교가 수렴하는 지점은 구원을 위해 인간의 노력(금욕)이 필요하며, 이를 해방의 필요조건으로 제시하는 점과 최종 해방은 인간의 노력만으로 성취되지 않는다는 점이다. 구원의 매개자는 절대자 안에 매개자를 포함한다는 점에서 유사하다. 모든 종교는 구원의 효력과 관련하여 인간 안에 해방적 진리를 추구하며 발견하는 능력이 있음을 가정한다. 기독론의 구원·해방을 일으키는 것은 예수 이야기가 추종자들에 의해 삶으로 계속되어 변혁의 실천이 이뤄질 때 기독론이 참되다고 인정받고 구원·해방을 일으킨다. 그런데 기독론이 개선될 이유는 고전 기독론이 신-인 양성 논쟁이나 일자-다자 논쟁에 치우쳐 구원의 우주적 범위와 종말적 차원에서 일어나는 전체적 과정을 간과했기 때문이며, 전통 기독론은 우주에 대한 예수의 신적 지배를 강조할 뿐 이 세계를 정의와 평화의 왕국으로 변혁하는 공동의 창조 과제 속에서 그리스도인들이 예수와 함께 이 주권의 매개자가 된다는 것을 무시하기 때문이다. 이 두 기독론에서 결여된 집단적 그리스도의 공동의 구속적 역할은 식민지 기독론과 지배의 기독론에 대해 비판적인 해방의 신학을 제공한다. 해방적 기독론은 구원의 길, 십자가의 길을 구성하는 이중적 극기의 상징인 십자가에 달린 예수에게서 구원의 매개자를 본다. 예수의 극기의 첫째 형태는 가난한 자가 되기 위한 예수의 투쟁으로 내적 해방을 지향한다. 둘째 형태는 가난한 자를 위한 예수의 투쟁으로 하나님 왕국의 관점에서 인간관계의 구조적 변화를 요구한다. 이런 해방적 기독론은 그리스도인들이 그노시스적으로 세상과 거리를 두는(자발적 가난의 실천) 불교도에 동참하고, 불교도들이 아가페적으로 참여(강요된 가난에 투쟁)하는 기독교인들에 동참함으로써 부처론과 경쟁하지 않고 서로를 보완한다. 이러한 보완적 협력이 아시아 기초 인간 공동체에서 일어나고 있다.

라. 아시아 해방신학

아시아 해방신학은 가난과 종교·기독교가 어떻게 함께 구원·해방을 이루는가를 해명한다. 아시아 종교는 우주적인 요소와 초우주적인 요소의 통합이다. 불교의 구원 사상이 기독교에 주는 전망을 알아보기 위해 우주적 종교심과 초우주적 종교심의 호혜 관계를 이루는 불교에서 부와 가난, 국가와 승가, 과학적 지식과 영성적 지혜 사이의 양극성을 살펴보자. 물질적 진보가 무사무욕, 나눔의 이상에 의해 통제를 받아야 한다. 부와 가난의 제일 관심사는 가난의 제거가 아니라 맘몬에 대항하는 투쟁이다. 이런 면에서 볼 때 서구의 아시아 선교의 실패는 맘몬과 결탁하고, 아시아 종교심의 수행 정신에 들어가기를 거부했기 때문이다. 국가와 승가 사이에는 정신적 관계뿐 아니라 정치적 관계가 존재하여 양자 사이에는 변증법적 관계가 있다. 기술 공학이 우주적 세력을 길들이는 것은 양면성이 있다. 즉, 미신으로부터 인간을 해방시킨 것 같지만, 인간이 환경오염, 소비주의, 물질주의에 예속된다. 기술 공학은 인간에게서 우주적 종교를 빼앗고 노이로제를 주었으며, 종교적 가난을 박탈하고 맘몬을 주었다. 기술 공학은 초우주적 노선에 의해서만 인간적인 것이 된다. 맘몬에 대항하는 자발적 가난은 정신적 해독제일 뿐 아니라 정치적 전략이다. 아시아의 해방을 위해 필요한 것은 사회분석과 내면적 성찰을 아우르는 해방신행(解放神行, liberation-theoprxis)이다.

라틴 아메리카 신학이 아시아 신학자들에게 준 도전은 신학을 하는 올바른 방법이다. 첫째, 신학은 사회학적 분석을 통해 불의한 현실을 이해하고 그 현실을 변혁하는 것이다. 둘째, 가난한 사람들의 투쟁에 참여하는 것이 중요하기 때문에 신학은 이론에 대한 실천의 우위를 강조한다. 셋째, 예수를 따르는 길은 십자가의 길로 예수를 따름으로써 진리이신 예수를 알게 된다. 넷째, 소유의 문화를 정당화하는 개발 신학이 아니라 포기의 고행, 자발적 가난을 요구하는 해방의 신학이 온전한 인간성을 위해 가난한 자들의 투쟁에 참여하게 한다. 다섯째, 아시아 신학의 과제는 라틴 아메리카의 신학적 방법을 고전 신학에 대한 아시아의 비판에 비추어 보완하는 일이다.

피어리스는 아시아 신학으로서 아시아 스타일 일곱 가지를 제시한다. 아시아 신학은 아시아인들이 사물을 느끼고 행동하는 아시아의 방식이다. 둘째, 아시아에서 하나님의 이야기는 말과 침묵의 내면적 조화로 변증법적 상호 관계로 표현된다. 셋째, 동일한 조화가 '하나님 체험'이라는 침묵과 그것을 사람에게 들리게 만드는 '인간 관심' 사이에, 케노시스(비움)와 플레로마(충만) 사이에, 그노시스와 아가페 사이에도 필요하다. 넷째, 이러한 변증법이 가장 예리하게 나타난 초점이 권위와 자유의 변증법이다. 아시아 교회는 예수께서 지니셨던 해방을 중재하는 권한을 교회에 주셨다는 것을 알아야 한다. 권위는 자유를 전달하는 권한이다. 다섯째, 실추된 권위를 회복하려면 권력과의 결탁을 단절하고 교회는 아시아 종교심에 세례를 받아야 하고, 아시아 가난에 세례를 받아야 한다. 여섯째, 교회가 아시아 그리스도의 얼굴을 찾으려면 아시아가 찾는 그 노력에 합류해야 한다. 아시아는 그 얼굴을 가난과 종교의 공통 원천인 하나님에게서 찾아야 한다. 일곱째, 이것을 찾는 현장은 교회 울타리를 넘어서 하나님의 백성이 겪는 하나님 체험이자 인간 관심의 현장이다.

마. 페미니즘과 인간과 피조물의 해방·구원

여성의 능력에 대한 남성의 두려움에 기반한 남성의 권력의 결과인 가부장제는 가정과 공적 삶에서 여성의 몸, 노동, 성생활에 대한 남성의 전유·통제이다. 인간의 삶은 본래 물(여성)과 불(남성)의 조화로부터 출발했으나 가부장제로 타락하게 되었다. 가부장제는 아시아에서는 전통 종교로 인해, 근대에는 서구 식민주의로 인해 지속되었다. 피어리스는 아시아 페미니즘의 공리 세 가지를 제시한다. 첫째, 페미니즘은 여성의 평등한 권리를 지향하는 것이 아니라 참 인간으로의 성장을 지향한다. 둘째, 페미니즘은 종교와 불가분 관계가 있다. 페미니즘은 종교에 대한 영구적인 이데올로기적 비판이다. 셋째, 페미니즘은 인간의 가장 정직한 부분인 무의식과 몸에 대한 인식론적 과정을 통해서만 바르게 헤아리고 표현할 수 있다. 이성과 지성은 인간 정신의 가장 교활한 기능으로 개인의 이익이나 집단의 이익을 이성적으로 합리화시키는 이데올로기는 이성에 의해 만들어진다. 인간이 잉태되었을 때 가진 첫 번째 의식과 여성에 대한 첫 번째 경험(어머니) 사이에는 연결이 있다. 피어리스는 이를 근거로 인간 존재의 양태가 여성생태적 지향에 의해 프로그램화되었다고 주장한다. 이런 맥락에서 페미니즘은 남성으로 하여금 자연과 여성에게 권력을 휘두르게 만드는 잠재적 두려움을 다루게 하는 방식이다. 세속주의 세계관은 우주를 비신성화할 뿐 아니라 여성 생태적 결합을 부정한다. 자본주의 경제가 모든 사람과 사물을 맘몬 숭배하게 만드는 것이 신성모독적인 것처럼, 피조물을 하나님께 이르는 도구로 만드는 태도 역시 신성모독적이다. 세속주의의 기원은 아리스토텔레스의 지식의 남성화와 데카르트적인 환원주의이다. 이에 반해 성례전적 접근 방식에서 인간은 타자(사물과 사람)를 자신의 인격적 확대로 보고, 거꾸로 세계를 인간의 몸으로 본다.

종교 역사를 보면 여성에 대한 학대가 지속되었다. 어머니 이상형에 대한 종교적 남용, 처녀성 숭배와 여성의 중성화 그리고 여성의 도구화가 있다. 그래서 페미니스트들은 종교 창시자들의 해방적 메시지에 근거해서 종교적 상징을 비판하여 문화와 상징주의의 이데올로기적 포로로부터 해방시키고자 한다. 피어리스는 페미니스트의 잘못된 출발점 다섯 가지를 지적하면서 구원론은 우주적인 것-인간-초우주적인 것의 연속체라고 했다. 그는 해방을 초우주적인 것에 대한 우주적 경험으로 정의하면서 우주를 완성으로 이끌고 가는 것은 과학기술과 종교의 협력으로 과학기술과 종교는 인간화의 표현이다. 인간은 우주적인 것과 초우주적인 것을 의식적으로 연결하는 우주의 중심이다. 그는 여기서 한발 더 나아가서 우주적인 것-인간-초우주적인 것의 연속체에 남성과 여성의 변증법을 추가한다. 인간은 아가페(여성적 충동)와 그노시스(남성적 충동)의 변증법적 상호작용을 통해 우주적인 것-인간-초우주적인 것의 연속체를 세운다. 데카르트가 지식을 남성화한 것은 지식으로부터 아가페적 페미니스트적 영향력을 제거한 것이다. 사랑으로부터 분리된 지식은 권력과 짝을 지음으로써 잔인해지고 기술이 지배하는 사회를 만들어 내면서 괴물이 탄생한다. 이런 괴물의 희생자는 여성과 지구이다. 반대로 지식에 의해 밝혀진 사랑은 모든 사물을 사람·인격체로 변하게 한다. 사랑에 접촉하지 않은 지식은 모든 사람을 사물로 취급한다.

불교 패러다임은 그노시스적 거리 두기와 아가페적 참여의 통합을 지향한다. 우주적 참여로부터 분리된 그노시스는 타계 지향적 지식이다. 자기사랑과 자기긍정을 지향하는 치유하는 페미니즘은 자기 초월 없이는 자유주의적 개인주의의 함정에 빠질 위험이 있다. 치유하는 페미니즘은 자기 초월을 통해 총체적 해방을 지향해야 한다. 남성은 자신 안에 있는 뱀에게 저항하는 대신에 여성과 자연을 제어하고자 한다. 여기로부터 남성들은 자기 파괴뿐 아니라 여성과 자연을 억압하게 된다. 따라서 남성과 여성에게 요구되는 것은 자기부인을 통한 자기 초월이다. 이것이 기독교와 불교가 공통적으로 요구하는 영성이다. 두 종교의 수렴점은 불교도의 그노시스와 기독교인의 아가페의 공동 메시지인 자기부인을 통한 자기 초월이다.

여성 생태적 틀에서 볼 때 해방의 구성 요소는 우주적인 것과 페미니즘이다. 이 주장이 함축하는 것은 첫째, 인간 해방이 초우주적인 것에 대한 우주적 경험이라고 하면 우주적 접근은 세속주의적 접근이 아니라 성례전적 접근이다. 둘째, 우주적인 것이 자기 초월을 향한 여정에서 남성적 힘(그노시스)과 여성적 힘(아가페)이 변증법적으로 상호작용한다. 셋째, 존재하는 것을 탈신성화, 남성화된 것으로 지각하는 세속주의 관점은 남성적 그노시스와 여성적 아가페 사이의 긴장을 유지하지 못한다. 우주적인 것은 이런 양극성을 견지함으로써 남성화를 방지한다. 넷째, 우주적 영성은 여성적인 것, 지구적인 것, 몸에 속한 것들이 구원의 경험에 기여하도록 한다.

다섯째, 세계의 초월적 운명을 거슬러 스스로를 세계에 폐쇄시키는 세속주의자와는 달리 우주적인 것은 초우주적인 것, 인간을 향한 개방성과 연합된 종교성을 내포한다. 여섯째, 페미니즘은 초우주적인 것(절대적 해방)에 대한 경험을 가능하게 하는 우주적 차원을 유지함으로써 온전한 인간성을 위한 투쟁에서 영속적인 특징을 지닌다. 일곱째, 종교적 체험의 우주적 근거를 무시하고 초우주적 추구만 하면 가부장화하는 경향이 있다. 그래서 페미니즘은 주요 종교에서 우주적 종교성을 지속시키기 위해 끊임없이 투쟁한다. 그러므로 페미니즘은 종교에 대한 영속적 비판을 수행한다. 종교는 페미니스트 비판을 전유하지 않고서는 미래가 없고, 페미니즘은 그렇게 비판된 종교의 도움 없이는 자신의 해방적 목적을 성취할 수 없다.

2. 피어리스의 아시아 선교신학의 특징

첫째, 피어리스의 아시아 선교신학의 주제는 아시아 현실인 가난과 종교적 다원성이고, 목적은 해방(구원)이다. 그의 아시아 선교신학을 이해하는 것은 가난과 종교성이 어떻게 해방(구원)에 통합되는가를 이해하는 것이다. 그는 이러한 통합을 영성을 통해서, 십자가를 통해서, 종교에 대한 새로운 이해를 통해서, 페미니즘을 통해서 이룬다. 그의 아시아 선교신학의 전제는 두 가지 성서적 공리에서 온다. 첫째 공리는 하나님과 맘몬의 화해할 길 없는 반립(反立)이요, 둘째 공리는 하나님과 가난한 사람들 사이에 맺어진 취소할 길 없는 계약이며, 예수 친히 이 계약 자체가 되신다. 이 두 공리는 예수 안에서 하나님과 가난한 사람들이 공동의 적인 맘몬에 대항하여 동맹을 맺는다는 사실로 귀결된다.

둘째, 피어리스는 가난을 영성의 측면에서 이해하면서, 동시에 가난한 자의 해방(구원)을 십자가와 연결 짓는다. 가난은 교회 영성의 출발점이며 목적지이다. 그리스도인은 예수를 따르기로 결단한 사람이요, 이런 결단을 한 사람은 가난한 사람이 되겠다는 결단과 외연이 같고, 이 결단은 다시 가난한 사람을 편들려고 결단할 때만 예수를 따르는 길이 된다. 예수는 가난한 자들의 해방(구원)을 위해, 하나님 나라를 이루기 위해 십자가에서 맘몬 체제의 희생 제물이 되었다. 해방이 초우주적인 것에 대한 우주적 경험이라면 가난한 자들의 해방·구원을 위한 하나님 나라(초우주적인 것)의 성취를 십자가 사건·경험(우주적 경험)을 통해 이루었다. 또한 하나님과의 하나됨(초우주적인 것)은 가난해진 그리스도인들이 가난한 자들을 위한 투쟁에 참여하는(우주적 경험) 정도에 비례한다.

셋째, 십자가를 중심에 두지 않는 영성으로 인해 전례와 영성과 세속 활동에의 참여 사이에 삼중의 이분법이 발생한다. 사제들이 십자가에 참여하지 않고 사제직만 차지하면, 전례가 사제직에 종속되어 전례와 영성의 이분법이 발생한다. 그리스도인이 십자가 세례를 거부하면, 영성과 세속적 활동 참여 사이에 이분법이 발생한다. 왜냐하면 그리스도인이 십자가를 지는 것이 제자됨과 영성의 필수조건이기 때문이다. 갈보리 십자가 사건은 종교 현장이 아니라 세상의 현장에서 불의에 항거하여 일어났기 때문에, 이런 세속적 참여는 삶의 전례로 보아야 한다. 그런데 제2차 바티칸공의회는 교회 전례를 삶의 전례의 원천과 절정으로 보았다. 이로써 세속적 참여와 전례 사이의 이분법이 발생했다. 반면에 기초공동체와 해방신학은 교회 전례를 삶의 전례에 종속시킴으로써 교회론적 혁명을 초래했다.

넷째, 피어리스는 서구 아시아 선교의 실패를 종교적인 측면과 문화적인 측면에서 제시하면서, 아시아 선교를 위해 필요한 기독론은 유럽적 교회 중심적 그리스도나 비기독교 엘리트적 그리스도가 아니라 비기독교적 그리스도—경건한 가난한 자들의 그리스도—라 했다. 특히 아시아 선교를 위해 필요한 것으로 교회론적 혁명을 요청했다. 즉, 아시아에 있는 교회가 아시아 교회가 되려면 아시아 종교심이라는 요단강에서 세례를 받아야 하고, 아시아 가난이라는 갈보리에서 세례를 받아야 한다. 이렇게 이중적 세례를 받은 교회는 아시아의 가난과 아시아 종교성이 합류하는 지점에 세워진 교회이다. 이렇게 세워진 아시아 교회는 자발적 가난을 수행하는 타종교에 동참할 수 있지만, 하나님과 가난한 자 사이에 맺어진 계약이 예수라는 메시지는 기독교의 독특한 복음 메시지이기 때문에 아시아 교회의 새로운 선교 과제이다. 아시아 교회의 교회론적 혁명 중심에 가난의 세례와 종교성의 세례가 있어 교회론 역시 가난과 아시아 종교성으로 해명한다.

다섯째, 아시아 교회의 문화화는 자발적 가난이 해방을 주는 차원 위에 뿌리내리는 작업이다. 즉, 아시아 교회는 아시아 승려들과 가난해지기로 결단하고 사는 데 연대해야 하고, 아시아 가난한 자들이 정의롭고 성스러운 사회질서를 염원하는 데 연대 책임을 져야 한다. 아시아에서 문화화된 교회는 맘몬으로부터 해방된 가난한 사람들로 이뤄진 교회요, 자발적 가난에 근거한 신비주의와 강요된 가난에 항거하는 투쟁이 공존하는 교회이다. 문화화가 아시아 교회를 개혁하는 것은 아시아 이웃종교 승려들로부터 그노시스적 언어를 배우고, 아시아 가난한 자들의 아가페적 언어를 습득하게 하기 때문이다. 교회 개혁 역시 가난한 자와 이웃종교로부터 배우는 것이다. 특히 빠스카 신비를 체험하는 가난한 자들(우주적 경험) 속에서 무언의 말씀하시는 분(성령, 초우주적)의 언어를 배우는 것이 문화화이다. 선교는 가난한 사람들에 의해 복음화된 교회와 교회에 의해 복음화된 가난한 자들 사이의 교류이다. 여기서 교회가 가난한 자들에 의해 복음화되는 첫째 과정이 문화화이다. 문화화의 실패는 첫째 과정을 생략하고, 둘째 과정으로 들어가서 공격적인 담론을 전개하거나 하나님의 해방 프로그램을 세상 권력 프로그램과 혼합할 때 일어난다. 아시아 교회의 문화화는 가난한 자들에 의한 복음화로 가난한 자들이 핵심이다. 또 개혁으로서의 문화화는 타종교인들의 언어를 배우는 것으로 종교성이 또 다른 핵심인 것을 알 수 있다.

여섯째, 종교는 그노시스적 측면(세상과의 거리 두기)과 아가페적 측면(세상에 참여)의 종합이다. 이러한 종교 이해는 영과 육의 이분법, 믿음과 행함·삶의 이분법을 극복한다. 종교 간 대화를 위한 새로운 패러다임으로 아시아 종교신학을 제시한다. 아시아 종교신학의 주체는 신학자나 교회가 아니라 가난한 자들이고, 아시아 종교신학을 정의할 해방적 추진력은 우주적 종교이며, 아시아 종교신학의 사회적 자리는 가난한 자들의 완전한 해방을 지향하는 기초 인간 공동체들이다. 종교 이해 역시 가난한 자를 떠나서 이뤄지지 않으며, 초우주적 종교 이해도 우주적 종교성을 근거로 해서 이뤄진다.

일곱째, 기독교와 불교의 대화에서 보면 불교가 기독교에 도전하는 점을 식별하고, 두 종교의 유사성을 찾아볼 수 있다. 지혜(그노시스적 거리 두기)와 자비(아가페적 참여)의 통합으로 이뤄진 불교는 아가페적으로 치우친 기독교에 그노시스적 용어로 도전한다. 그리고 에베소서와 골로새서에 나타난 우주적 그리스도가 선포되기 수 세기 전에 부처를 우주의 모든 세력을 지배하는 왕으로 선포한 것은 기독론에 대한 도전이다. 불교의 도전에 응답하는 기독론도 가난을 중심으로 만들어진다. 자발적 가난이 구원적 경험을 구성하기 때문에 예수는 불교의 금욕과 포기를 지지한다. 그리스도인들이 가난한 자들의 투쟁에 참여할 때 하나님은 예수를 영화롭게 하신다. 가난한 자를 위한 투쟁은 제자도의 둘째 요소로 예수를 역사의 주로 선포한다. 이런 기독론은 부처론과 경쟁하지 않는다. 불교와 기독교가 수렴하는 지점은 구원(열반)을 위해 인간의 노력(금욕)이 필요하며, 최종 해방은 인간의 노력만으로는 안 된다는 점이다. 전통적 기독론이 개선되어야 할 내용은 구원의 우주적 범위와 종말적 차원에서 일어나는 전체적 과정과 이 세계를 정의와 평화의 왕국으로 변혁하는 공동 창조 과제에서 그리스도인들이 예수와 함께 우주를 다스리는 주권의 매개자가 된다는 점이다. 구원의 길, 십자가의 길의 예수는 가난해지기 위한 투쟁으로 내적 해방을 지향하고, 가난한 자들을 위한 투쟁으로 하나님 나라를 지향한다. 이런 해방적 기독론은 그리스도인들이 그노시스적으로 세상과 거리를 두는 불교도에 동참하고, 불교도들이 아가페적으로 참여하는 기독교인들에 동참함으로써 부처론과 경쟁하지 않고 서로를 보완한다. 기독교와 불교의 수렴에서도 가난한 자들의 투쟁에 참여함과 지혜와 자비의 통합이 있고, 하나님 나라 · 열반(초우주적인 것)을 지향하되 가난한 자들을 위한 투쟁(우주적인 경험)을 통해서 이루려 하고, 변혁의 공동 창조에 우주에 대한 주권의 매개자로 참여함은 각 종교의 유일성이 예수 · 부처로 끝나지 않고 제자로 이어짐을 볼 수 있다.

여덟째, 아시아 해방신학은 가난과 종교가 어떻게 구원 · 해방을 이루는가를 해명한다. 아시아의 해방을 위해 필요한 것은 가난의 현실을 파헤치는 사회분석과 내면적 성찰로 이뤄진 해방신행(liberation-theopraxis)이다. 아시아 신학의 올바른 방법으로는 사회분석을 통해 불의한 현실을 이해하고 그것을 변혁하고, 가난한 자들의 투쟁에 참여하는 것이 중요하기에 이론에 대한 실천의 우위를 주장하고, 십자가의 길을 걸음으로써 예수를 알게 되고, 포기와 자발적 가난을 요구하는 해방의 신학이 온전한 인간성을 위해 가난한 자들의 투쟁에 참여하게 한다. 아시아 신학의 아시아 스타일로는 아시아인이 사물을 느끼고 행동하는 아시아의 방식, 말씀과 침묵의 조화인 하나님의 이야기, 하나님 체험과 인간 관심, 케노시스와 플레로마, 그노시스와 아가페의 조화, 아시아 종교심의 세례와 아시아 가난의 세례, 아시아 그리스도의 얼굴을 가난과 종교의 공통 원천인 하나님으로부터 찾기 등이다. 아시아 신학 방법에서도 가난한 자들의 투쟁에 참여함과 그노시스적인 것과 아가페적인 것의 통합이라는 아시아 종교성이 핵심인 것을 알 수 있다.

아홉째, 페미니즘이 인간과 피조물의 해방·구원을 위해 어떻게 기여하는가를 해명한다. 인간의 삶은 본래 물(여성)과 불(남성)의 조화로 시작했으나 가부장제로 타락했다. 피어리스는 아시아 페미니즘의 공리 세 가지를 제시했다. 페미니즘은 여성의 평등한 권리 획득이 아니라 참 인간으로 성장을 지향하고, 페미니즘은 종교에 대한 영구적인 이데올로기적 비판이며, 페미니즘은 무의식과 몸에 대한 인식론적 과정을 통해서 논의되고 표현될 수 있다. 종교 역사는 여성 학대가 지속된 것을 보여 준다. 페미니스트들은 종교 창시자의 해방적 메시지에 근거해서 종교적 상징을 비판하여 가부장적 문화와 상징주의의 이데올로기적 포로로부터 해방시키고자 한다. 그래서 페미니즘은 종교에 대한 영속적인 이데올로기적 비판이다. 피어리스는 구원론(해방)을 우주적인 것-인간-초우주적인 것의 연속체라 했다. 우주를 완성으로 이끄는 것은 과학기술과 종교의 협력이고, 인간은 우주적인 것(과학기술, 정치사회 등)과 초우주적인 것(종교적 이상, 하나님 나라, 열반 등)을 의식적으로 연결하는 우주의 중심이다. 그런데 인간은 아가페(여성적 충동)와 그노시스(남성적 충동)의 변증법적 상호작용을 통해 우주적인 것-인간-초우주적인 것의 연속체를 세운다. 아리스토텔레스와 데카르트처럼 지식을 남성화하면서 아가페적, 페미니스트적 영향을 배제하면, 사랑으로부터 분리된 지식은 권력과 짝하면서 잔인해지고 기술이 지배하는 괴물 같은 사회가 출현한다. 이런 괴물의 희생자는 여성과 자연이다. 지식에 의해 밝혀진 사랑은 모든 것을 인격체로 변하게 한다. 자기긍정과 자기 사랑에 근거한 치유하는 페미니즘도 자기 초월을 지향하지 않으면 자유주의적 개인주의의 함정에 빠질 위험이 있다. 치유하는 페미니즘은 자기 초월을 통해 총체적 해방을 지향해야 한다. 남성은 자기 안에 있는 뱀에게 저항하는 대신에 여성과 자연을 제어하고자 한다. 결국 남성은 자기 파괴뿐 아니라 여성과 자연을 억압하게 된다. 남성과 여성에게 요구되는 것은 자기부인을 통한 자기 초월이다. 이는 기독교와 불교가 공통으로 요구하는 영성이다. 두 종교의 수렴점은 불교도의 그노시스와 기독교인의 아가페의 공동 메시지인 자기부인을 통한 자기 초월이다.

여성 생태적 틀에서 볼 때 가부장적인 사회와 초우주적인 것만 강조하는 종교가 인간 해방을 지향하기 위해서는 페미니즘과 우주적인 것이 필요하다. 존재하는 모든 것을 비신성화, 남성화하는 세속주의가 만연한 사회에서 우주적인 것이 양극성을 견지함으로써 남성화를 방지한다. 우주적 영성은 여성적인 것, 지구적인 것, 몸에 속한 것들이 구원·해방의 경험에 기여하도록 한다. 페미니즘은 초우주적인 것에 대해서 우주적 차원을 유지하게 함으로써 온전한 인간성을 위한 투쟁에서 영속적 가치를 지닌다. 종교는 페미니스트 비판을 전유하지 않고서는 미래가 없고,

페미니즘은 그렇게 비판된 종교의 도움 없이 해방의 목적을 이룰 수 없다. 페미니즘이 인간과 피조물의 해방·구원을 이루는데 아가페와 그노시스의 통합이라는 아시아 종교성이 핵심이다. 동시에 자본주의 기술 지배 사회의 희생자인 여성은 사회적 약자·가난한 자들이다. 페미니즘을 통한 인간 구원·해방도 종교성과 가난한 자가 중심인 것을 알 수 있다.

열째, 피어리스 선교신학이 지닌 생태학적 함의이다. 억압받는 여성들이 칩코운동처럼 생태운동에 참여하는 것은 아시아 여성 해방 운동의 특징이다. 우주적 영성은 생태적 친교의 영을 포기한 적이 없다. 그렇지만 서구 식민주의와 선교가 아시아에 들어오면서 우주적 영성을 박탈하면서 생태적 민감성을 상실했다. 세 번째 종교개혁은 자연에 대한 존경과 친밀함을 회복하는 것이다. 자연은 인간의 확대된 자아, 또는 인간의 우주적 연속이다. 바꿔 말하면 우주와 인간과 신이 연결된 세상이다. 구원론은 우주적인 것-인간-초우주적인 것의 연속체로 인간은 아가페(여성적 충동)와 그노시스(남성적 충동)의 변증법적 상호 작용을 통해 연속체를 세운다. 이처럼 인간의 해방·구원과 피조물·자연의 해방·구원은 연속체를 지향하고 형성하고 완성하는 데서 이뤄진다. 우주의 완성도 과학기술과 종교의 연합으로 이뤄진다. 이런 연합과 연속체 형성에서 인간의 역할은 우주적인 것과 초우주적인 것을 연결하는 것이다. 남성은 여성과 자연을 억압하는 대신에 자신의 뱀에 저항함으로써, 자기부인을 통해 자기 초월을 이루도록 해야 한다. 피어리스 선교신학에는 종교성인 아가페와 그노시스의 통합과 가난한 자(남성과 여성)들의 자기부정을 통한 자기 초월을 통해 초우주적인 것에 대한 우주적 경험인 해방을 지향하는데 그 과정에서 생태적 회복이 일어나는 것을 볼 수 있다.

3. 피어리스의 아시아 선교신학의 과제

첫째, 그의 선교신학이 가난과 종교심을 다루되 해방을 목표로 한다. 아시아 교회는 아시아 종교의 요단강에서 세례를 받고, 아시아 가난의 갈보리에서 세례를 받는 교회론적 혁명을 요구받는다. 그런데 피어리스 자신이 언급한 것처럼 종교심도 예속하는 종교심이 있고, 해방하는 종교심이 있다. 가난도 예속하는 가난이 있고, 해방하는 가난이 있다.[120] 종교에도 양면성이 있고, 가난에도 양면성이 있다. 피어리스의 신학적 전제(성서적 공리)는 하나님과 가난한 자의 공동의 적인 맘몬을 상정한다. 그렇지만 가난한 사람 중 일부는 맘몬을 적으로 여겨 사회구조를 변혁하기 위해 투쟁하기도 하지만, 또 다른 일부는 맘몬에게 예속된 삶을 살고 있다. 상황을 좀 더 복잡하게 만드는 것은 피어리스 자신도 인정한 것처럼 예속하는 종교심이 있다는 점이다. 따라서 예속하는 가난과 예속하는 종교심이 만났을 때 가난한 자들이나 종교의 심리적 차원이나 사회학적 차원에 대한 분석이 보다 복잡해질 뿐 아니라 대안을 찾기가 마땅하지 않다. 그런데 피어리스는 가난한 자들이나 종교의 부정적인 부분을 극복하는 대안을 제시했지만, 맘몬에 예속된 가난한 자들이 예속하는 종교에 속했을 때 어떻게 극복해야 하는지에 대한

---

120 알리오시 피어리스/성염 역, 『아시아의 해방신학』, 75-76.

언급을 제시하지 않은 것 같다. 이 문제를 깊이 있게 다룰 필요가 있다고 생각한다.

둘째, 이데올로기와 종교의 문제이다. 피어리스는 '이데올로기와 종교'를 다루면서 나쁜 이데올로기를 이해(利害)에 의한 이성의 부패 (마르크스), 불의한 사회질서를 창조해 낸 자들이나 그 희생자들이 지닌 허위의식(헤겔) 등으로 소개했다. 프로이트는 인간 무의식에 뿌리박은 이해관계에 의해서 이성이 얼마나 부패하는지를 발굴해 냈다. 부처는 프로이트보다 2천 년 앞서서 무의식을 발견하여 지성이 진리를 포착하지 못하도록 가로막는 허상(moha, 愚)의 베일이라 했다. 기독교 신비주의도 이성의 남용을 경고한다.121 그런데 피어리스는 세계종교 들이 전해 준 '인식의 심리학'에다 '인식의 사회학'을 보충하면 종교집 단의 순진한 이데올로기들이 사라질 것이라 했고, 종교와 이데올로기 는 규명하고자 하는 '진리'에 의해서 부단히 초월되어야만 한다고 했 다.122 서구 철학이 현실분석에만 매몰되다가 현실변화라는 기조로 전환을 이룬 것처럼 사회학적 분석과 심리학적 분석을 통해 얻은 새로 운 현실 이해 자체가 현실변화로 귀결되지 않는다. 종교인 중에 가난해 지려는 투쟁에 참여한 자들이라도 나중에 절·수도원에 재산이 쌓여가 면서 종교가 부패한 사례들은 종교 역사에서 쉽게 찾아볼 수 있다. 마찬가지로 가난한 자들의 투쟁에 참여한 종교인들도 끝까지 동일한 삶의 태도를 유지하기 쉽지 않은 것을 볼 수 있다. 인간의 긍정적 측면 못지않게 부정적 측면인 죄성에 대한 심층적 이해가 필요하다고

---

121 *Ibid.*, 58-59.
122 *Ibid.*, 61, 63.

생각한다.

셋째, 피어리스는 승가와 국가의 관계를 다루면서 중국 사례를 제시했다. 모택동 정권이 초기에는 절충적 태도를 보이다가 나중에 탄압으로 돌아섰다. 그런데 피어리스는 기독교와 공산주의 정권의 관계에 대해서는 언급하지 않았다. 기독교에도 동일하게 절충적 태도를 보이다가 탄압으로 돌아섰다. 문화혁명을 거치면서 교회와 신학교가 문을 닫았고, 목회자들이 쫓겨나 감옥에 갇히거나 공장으로, 농촌으로 하방했다. 그런데 70년대와 80년대를 거치면서 중국 교회가 비약적으로 성장했다. 박해 속에서 교회도 목회자도 신학교도 없이 교회가 성장한 것은 아주 놀라운 일이었다. 그렇지만 예외적인 사건이 아니었다. 제2차 세계 대전 직전에 에티오피아에 머물던 서구 선교사들이 추방당했다. 전쟁이 끝나 선교사들이 다시 가보니 에티오피아 교회가 급성장했다. 초대교회처럼 박해를 받던 시절 선교본부나 선교사 없이 교회가 성장한 사례들은 선교 역사에서 드물지 않게 찾아볼 수 있다. 그렇다면 이런 현상을 어떻게 이해해야 할까? 박해 상황에서 선교사가 없고, 목회자가 없는 상황에서 그리스도인들, 특히 여성을 통한 하나님의 선교가 이뤄졌다고 할 수 있다.[123] 그리고 기독교 신앙의 긍정적 측면에 대한 심층적 이해가 필요하다고 생각한다.

넷째, 피어리스는 16세기 아시아에서 서구 선교가 시작되면서 라틴 모델과 그리스 모델이 적합하지 않다고 했다. 그런데 기독교는

---

[123] 황홍렬, "기독교 세계선교역사 기술 목적에 관한 연구" 부산장신대학교, 「부산장신논총」 제21집(2022), 380. Andrew F. Walls는 이와 유사한 사례들을 소개하고, 평신도와 여성의 역할을 높이 평가했다.

본래적으로 아시아에서 발생한 종교이다. 팔레스타인에서 발생한 기독교가 유럽에 뿌리를 내린 다음에 다시 아시아로 온 것을 볼 것이 아니라 본래 아시아에서 태어난 기독교를 아시아 종교로 재해석할 필요가 있다고 생각한다. 세계 선교 역사를 기술하거나 신학에 대해 논할 때 서구 신학이나 서구 기독교를 중심에 두는 태도는 남반부 교회가 다수를 차지하는 21세기 세계 기독교의 입장에서 볼 때 바람직하지 않다.[124]

V. 결론을 대신하여

피어리스의 아시아 선교신학으로부터 배운 것을 그의 아시아 선교신학의 특징과 과제를 요약하는 것으로 대신하고자 한다. 그의 선교신학의 특징으로는 첫째, 피어리스의 아시아 선교신학의 주제는 아시아 현실인 가난과 종교적 다원성이고, 목적은 해방(구원)이다. 그의 아시아 선교신학의 전제는 두 가지 성서적 공리에서 온다. 첫째 공리는 하나님과 맘몬의 화해할 길 없는 반립(反立)이요, 둘째 공리는 하나님과 가난한 사람들 사이에 맺어진 취소할 길 없는 계약이며, 예수 친히 이 계약 자체가 되신다. 이 두 공리는 예수 안에서 하나님과 가난한 사람들이 공동의 적인 맘몬에 대항하여 동맹을 맺는다는 사실로 귀결된다. 둘째, 피어리스는 가난을 영성의 측면에서 이해하면서 동시에 가난한 자의

---

124 *Ibid.*, 389-391.

해방(구원)을 십자가와 연결 짓는다. 가난은 교회 영성의 출발점이며 목적지이다. 그리스도인은 예수를 따르기로 결단한 사람이요, 이런 결단을 한 사람은 가난한 사람이 되겠다는 결단과 외연이 같고, 이 결단은 다시 가난한 사람을 편들려고 결단할 때만 예수를 따르는 길이 된다. 예수는 가난한 자들의 해방(구원)을 위해, 하나님 나라를 이루기 위해 십자가에서 맘몬 체제의 희생 제물이 되었다. 셋째, 십자가를 중심에 두지 않는 영성으로 인해 전례와 영성과 세속 활동에의 참여 사이에 삼중의 이분법이 발생했다. 넷째, 피어리스는 서구 아시아 선교의 실패를 종교적인 측면과 문화적인 측면에서 제시했다. 아시아 선교를 위해 필요한 것으로 교회론적 혁명을 요청했다. 즉, 아시아에 있는 교회가 아시아 교회가 되려면 아시아 종교심이라는 요단강에서 세례를 받아야 하고, 아시아 가난이라는 갈보리에서 세례를 받아야 한다. 다섯째, 아시아 교회의 문화화는 자발적 가난이 해방을 주는 차원 위에 뿌리내리는 작업이다. 아시아에서 문화화된 교회는 맘몬으로부터 해방된 가난한 사람들로 이뤄진 교회요, 자발적 가난에 근거한 신비주의와 강요된 가난에 항거하는 투쟁이 공존하는 교회이다. 선교는 가난한 사람들에 의해 복음화된 교회와 교회에 의해 복음화된 가난한 자들 사이의 교류이다. 여기서 교회가 가난한 자들에 의해 복음화되는 첫째 과정이 문화화이다.

　여섯째, 종교는 그노시스적 측면(세상과의 거리 두기)과 아가페적 측면(세상에 참여)의 종합이다. 종교 간 대화를 위한 새로운 패러다임으로 아시아 종교신학을 제시한다. 아시아 종교신학의 주체는 신학자나 교회가 아니라 가난한 자들이고, 아시아 종교신학을 정의할 해방적 추진력은 우주적 종교이며, 아시아 종교신학의 사회적 자리는 가난한 자들의 완전한 해방을 지향하는 기초 인간 공동체들이다. 일곱째, 지혜(그노시스적 거리 두기)와 자비(아가페적 참여)의 통합으로 이뤄진 불교는 아가페적으로 치우친 기독교에 그노시스적 용어로 도전한다. 그리고 에베소서와 골로새서에 나타난 우주적 그리스도가 선포되기 수 세기 전에 부처를 우주의 모든 세력을 지배하는 왕으로 선포한 것은 기독론에 대한 도전이다. 불교와 기독교가 수렴하는 지점은 구원(열반)을 위해 인간의 노력(금욕)이 필요하며, 최종 해방은 인간의 노력만으로는 안 된다는 점이다. 해방적 기독론은 그리스도인들이 그노시스적으로 세상과 거리를 두는 불교도에 동참하고, 불교도들이 아가페적으로 참여하는 기독교인들에 동참함으로써 부처론과 경쟁하지 않고 서로를 보완한다. 여덟째, 아시아 해방신학은 가난과 종교가 어떻게 구원·해방을 이루는가를 해명한다. 아시아의 해방을 위해 필요한 것은 가난의 현실을 파헤치는 사회분석과 내면적 성찰로 이뤄진 해방신행(liberation-theopraxis)이다. 아시아 신학의 올바른 방법으로는 사회분석을 통해 불의한 현실을 이해하고 그것을 변혁하고, 가난한 자들의 투쟁에 참여하는 것이 중요하기에 이론에 대한 실천의 우위를 주장하고, 십자가의 길을 걸음으로써 예수를 알게 되고, 포기와 자발적 가난을 요구하는 해방의 신학이 온전한 인간성을 위해 가난한 자들의 투쟁에 참여하게 한다. 아시아 신학의 아시아 스타일로는 아시아인이 사물을 느끼고 행동하는 아시아의 방식, 말씀과 침묵의 조화인 하나님의 이야기, 하나님 체험과 인간 관심, 케노시스와 플레로마, 그노시스와 아가페의 조화, 아시아 종교심의 세례와 아시아 가난의 세례, 아시아 그리스도의 얼굴을 가난과 종교의 공통 원천인 하나님으로부터 찾기 등이다. 아시아 신학 방법에서도 가난한 자들의 투쟁에 참여함과 그노시스적인 것과 아가페적인 것의 통합이라는 아시아 종교성이 핵심인 것을 알 수 있다.

아홉째, 페미니즘이 인간과 피조물의 해방·구원을 위해 어떻게 기여하는가를 해명한다. 피어리스는 아시아 페미니즘의 공리 세 가지를 제시했다. 페미니즘은 여성의 평등한 권리 획득이 아니라 참 인간으로 성장을 지향하고, 페미니즘은 종교에 대한 영구적인 이데올로기적 비판이며, 페미니즘은 무의식과 몸에 대한 인식론적 과정을 통해서 논의되고 표현될 수 있다. 페미니즘은 종교에 대한 영속적인 이데올로기적 비판이다. 피어리스는 구원론(해방)을 우주적인 것-인간-초우주적인 것의 연속체라 했다. 우주를 완성으로 이끄는 것은 과학기술과 종교의 협력이고, 인간은 우주적인 것(과학기술, 정치사회 등)과 초우주적인 것(종교적 이상, 하나님 나라, 열반 등)을 의식적으로 연결하는 우주의 중심이다. 그런데 인간은 아가페(여성적 충동)와 그노시스(남성적 충동)의 변증법적 상호작용을 통해 우주적인 것-인간-초우주적인 것의 연속체를 세운다. 자기긍정과 자기사랑에 근거한 치유하는 페미니즘은 자기 초월을 통해 총체적 해방을 지향해야 한다.

남성은 자기 안에 있는 뱀에게 저항하는 대신에 여성과 자연을 제어하고자 한다. 결국 남성은 자기 파괴뿐 아니라 여성과 자연을 억압하게 된다. 남성과 여성에게 요구되는 것은 자기부인을 통한 자기 초월이다. 이는 기독교와 불교가 공통으로 요구하는 영성이다. 두 종교의 수렴점은 불교도의 그노시스와 기독교인의 아가페의 공통 메시지인 자기부인을 통한 자기 초월이다. 열째, 피어리스 선교신학이 지닌 생태학적 함의이다. 억압받는 여성들이 칩코운동처럼 생태운동에 참여하는 것은 아시아 여성 해방 운동의 특징이다. 우주적 영성은 생태적 친교의 영을 포기한 적이 없다. 그렇지만 서구 식민주의와 선교가 아시아에 들어오면서 우주적 영성을 박탈하면서 생태적 민감성을 상실했다. 세 번째 종교개혁은 자연에 대한 존경과 친밀함을 회복하는 것이다. 자연은 인간의 확대된 자아, 또는 인간의 우주적 연속이다. 바꿔 말하면 우주와 인간과 신이 연결된 세상이다. 구원론은 우주적인 것-인간-초우주적인 것의 연속체로 인간은 아가페(여성적 충동)와 그노시스(남성적 충동)의 변증법적 상호작용을 통해 연속체를 세운다. 이처럼 인간의 해방·구원과 피조물·자연의 해방·구원은 연속체를 지향하고 형성하고 완성하는 데서 이뤄진다. 우주의 완성도 과학기술과 종교의 연합으로 이뤄진다. 이런 연합과 연속체 형성에서 인간의 역할은 우주적인 것과 초우주적인 것을 연결하는 것이다.

피어리스의 아시아 선교신학의 과제로는 첫째, 그의 아시아 선교신학은 가난과 종교심을 다루되 해방을 목표로 한다. 피어리스의 신학적 전제(성서적 공리)는 하나님과 가난한 자의 공동의 적인 맘몬을 상정한다. 그렇지만 가난한 사람 중 일부는 맘몬을 적으로 여겨 사회구조를 변혁하기 위해 투쟁하기도 하지만, 또 다른 일부는 맘몬에게 예속된 삶을 살고 있다. 피어리스는 가난한 자들이나 종교의 부정적인 부분을 극복하는 대안을 제시했지만, 맘몬에 예속된 가난한 자들이 예속하는 종교에 속했을 때 어떻게 극복해야 하는지에 대한 언급을 제시하지 않은 것 같다. 이 문제를 깊이 있게 다룰 필요가 있다고 생각한다. 둘째,

피어리스는 '이데올로기와 종교'를 다루면서 나쁜 이데올로기는 세계종
교들이 전해 준 '인식의 심리학'에다 '인식의 사회학'을 보충하면 종교집
단의 순진한 이데올로기들이 사라질 것이라 했고, 종교와 이데올로기는
규명하고자 하는 '진리'에 의해서 부단히 초월되어야만 한다고 했다.
그러나 사회학적 분석과 심리학적 분석을 통해 얻은 새로운 현실 이해
자체가 현실변화로 귀결되지 않는다. 종교인 중에 가난해지려는 투쟁에
참여한 자들이라도 나중에 절·수도원에 재산이 쌓여가면서 종교가
부패한 사례들은 종교 역사에서 쉽게 찾아볼 수 있다. 마찬가지로 가난
한 자들의 투쟁에 참여한 종교인들도 끝까지 동일한 삶의 태도를 유지하
기 쉽지 않은 것을 볼 수 있다. 인간의 긍정적 측면 못지않게 부정적
측면인 죄성에 대한 심층적 이해가 필요하다고 생각한다. 셋째, 피어리
스는 승가와 국가의 관계를 다루면서 중국 사례를 제시했지만, 기독교
에 대해서는 언급하지 않았다. 문화혁명을 거치면서 교회와 신학교가
문을 닫았고, 목회자들이 쫓겨나 감옥에 갇히거나 공장으로, 농촌으로
하방했다. 그런데 70년대와 80년대를 거치면서 중국교회가 비약적으
로 성장했다. 박해 상황에서 선교사가 없고, 목회자가 없는 상황에서
그리스도인들, 특히 여성을 통한 하나님의 선교가 이뤄졌다고 할 수
있다. 그리고 기독교 신앙의 긍정적 측면에 대한 심층적 이해가 필요하
다고 생각한다.

넷째, 피어리스는 16세기 아시아에서 서구 선교가 시작되면서 라틴
모델과 그리스 모델이 적합하지 않다고 했다. 그런데 기독교는 본래적으
로 아시아에서 발생한 종교이다. 팔레스타인에서 발생한 기독교가 유럽
에 뿌리를 내린 다음에 다시 아시아로 온 것을 볼 것이 아니라 본래

아시아에서 태어난 기독교를 아시아 종교로 재해석할 필요가 있다고 생각한다. 세계 선교 역사를 기술하거나 신학에 대해 논할 때 서구 신학이나 서구 기독교를 중심에 두는 태도는 남반부 교회가 다수를 차지하는 21세기 세계 기독교의 입장에서 볼 때 바람직하지 않다.

참고문헌

피어리스, 알리오시/성염 역. 『아시아의 해방신학』. 왜관: 분도출판사, 1990.
황홍렬. "기독교 세계선교역사 기술 목적에 관한 연구." 「부산장신논총」 제21집 (2022): 340-395.

Pieris, Aloysius S. J. *Love Meets Wisdom: A Christian Experience of Buddhism*. Maryknoll, New York: Orbis books, 1990.
_____. "The Buddha and the Christ: Mediators of Liberation." in R. S. Sugirtharajah, ed. *Asian Faces of Jesus*. London: SCM Press, 1993. 46-61.
_____. "Two Encounters in My Theological Journey." in R. S. Sugirtharajah (ed.), *Frontiers in Asian Christian Theology: Emerging Trends*. Maryknoll, New York: Orbis Books, 1994, 141-146.
_____. *Fire & Water: Basic Issues in Asian Buddhism and Christianity*. Maryknoll, New York: Orbis Books, 1996.

논문 출처

1장_ 제3세계 신학자 에큐메니칼협의회(EATWOT)의 역사
　　(1976~1992)와 선교신학적 의의와 과제
　　한국선교신학회 편. 「선교신학」 제9집(2004): 287-320.

2장_ 달릿신학에 나타난 생명 사상
　　황홍렬 외. 『제3세계 신학에 나타난 생명 사상의 비교연구』.
　　　　　　　　　　서울: 생각의 나무, 2002: 170-242.

3장_ 고수케 고야마의 선교신학의 주요 이슈와 과제
　　부산장신대학교. 「부산장신논총」 제11집(2011): 258-292.

4장_ 송천성(C. S. Song)의 선교신학의 특징과 과제
　　부산장신대학교. 「부산장신논총」 제14집(2014): 313-353.

황홍렬 교수 저서 및 논문 목록

저서

『생명과 평화를 향한 선교학 개론』. 서울: 동연, 2018.

『한반도에서 평화선교의 길과 신학-화해로서의 선교』. 서울: 예영 B&P, 2008.

『한국 민중교회 선교역사(1983~1997)와 민중선교론: 예장 일하는 예수회 20주년 기념출간 I』. 서울: 한들출판사, 2004.

공저

이원돈 · 정승현 · 최동규 · 한국일 · 황홍렬.『선교적 목회 길잡이: 선교 목회부터 마을 목회까지』. 서울: 동연, 2022.

강성열 외 7인.『코로나19와 한국교회의 회심: 신학 · 목회 · 선교의 과제』. 서울: 동연, 2020.

노영상 편.『마을교회 마을목회』. 서울: 한국장로교출판사, 2018.

총회한국교회연구원 편.『하나님 나라를 구현하는 마을목회』. 서울: 동연, 2018.

황홍렬 엮음.『'헬조선'에 응답하는 한국교회 개혁』. 서울: 동연, 2018.

강성열 · 백명기 편.『한국교회의 미래와 마을목회』. 서울: 한들출판사, 2016.

대한예수교장로회총회교육부 편.『주님, 우리로 화해하게 하소서!』. 서울: 한국장로교출판사, 2015.

『생명봉사적 통전선교 이해와 전망』. 서울: 도서출판 케노시스, 2015.

총회 사회봉사부 편.『장애인 신학』. 서울: 한국장로교출판사, 2015.

총회산하연구단체협의회 편.『화해의 공동체』. 서울: 한국장로교출판사, 2015.

한국문화신학회 편.『남겨진 자들의 신학: 세월호의 기억과 분노 그리고 그 이후』. 서울: 동연, 2015.

한국선교신학회 편.『선교적 교회론과 한국교회』. 서울: 대한기독교서회, 2015.

황홍렬 편저.『에큐메니칼 협력선교: 정책, 사례, 선교신학』. 서울: 꿈꾸는터, 2015.

Wonsuk Ma & Kyo Seing Ahn(eds). *Korean Church, God's Mission, Global*

Christianity. Oxford: Regnum Books International, 2015.

세월호의 아픔을 함께하는 신학자들/NCC 세월호참사대책위원회.『곁에 머물다: 그 봄을 기억하는 사람들의 겨울편지』. 서울: 대한기독교서회, 2014.

John Gibaut & Kund Jørgensen(eds.). *Called to Unity for the Sake of Mission*. Oxford: Regnum Books International, 2014.

『성경으로 읽는 북한선교』. 서울: 한국기독교통일연구소, 2013.

하충엽 외12인 지음.『그래도 우리는 계속 선교해야 한다: 성경적, 신학적, 역사적 연구』. 서울: 굿타이딩스, 2013.

황홍렬 외 4인 지음.『이주민선교 기초조사 보고서』. KD한국교회희망봉사단, 2013.

Building Communities of Reconciliation Vol. II. Seoul: nanumsa, 2012.

대한예수교장로회총회교육부 편.『그리스도인, 세상의 소금과 빛』. 서울: 한국장로교출판사, 2011.

부산장신대 생명목회와생명선교출판위원회 편.『생명목회와 생명선교 I, II』. 서울: 올리브나무, 2011.

강성열 · 오현선 · 박홍순 · 황홍렬.『다문화사회와 한국교회』. 서울: 한들출판사, 2010.

조흥식 · 이승열 · 황홍렬 · 김기원 · 손의성.『빈곤복지선교론』, 서울: 학지사, 2010.

총회산하연구단체협의회 편.『생명을 살리는 교회』. 서울: 한국장로교출판사, 2010.

참된평화를만드는사람들 편.『신자유주의 시대, 평화와 생명 선교』. 서울: 동연, 2009.

대한예수교장로회총회교육부 편.『사랑으로 섬기는 교회』. 서울: 한국장로교출판사, 2008.

총회산하연구단체협의회 편.「하나님 나라와 생명살림: 노회의 사례와 신학적 평가」. 2008.

총회산하연구단체협의회 편.『하나님 나라와 생명목회: 생명목회 실천을 위한 신학적 길라잡이』. 서울: 한국장로교출판사, 2007.

한민족평화선교연구소.『둘, 다르지 않은 하나: 북한이탈주민 선교의 과제와 전망』.

서울: 한들출판사, 2007.

Center for Peace and Mission. *Peace and Mission in Korea*. Seoul: Handl Publishing House, 2006.

대한예수교장로회총회교육부 편.『하나님 나라와 경건』. 서울: 한국장로교출판사, 2005.

총회산하연구단체협의회 편.『하나님 나라와 생명살림: 생명살리기운동 10년의 신학적 기초와 방향』. 서울: 한국장로교출판사, 2005.

한민족평화선교연구소 엮음.『조선족 선교의 현실과 미래』. 서울: 도서출판 평화와 선교, 2005.

대한예수교장로회총회교육부 편.『하나님 나라와 문화』. 서울: 한국장로교출판사, 2004.

일하는예수회 편.「가난한 자에게 복음을: 일하는 예수회 20주년 기념출간 II」. 2004.

『지구화 시대 제3세계의 현실과 신학』. 서울: 한들출판사/한일장신대출판부, 2004.

한민족평화선교연구소 편.『평화와 통일신학 2』. 서울: 도서출판 평화와 선교, 2004.

이남섭 · 강남순 · 차정신 · 황홍렬.『제3세계신학에 나타난 생명 사상』. 서울: 생각의 나무, 2002.

대한예수교장로회총회교육부 편.『하나님 나라와 생명』. 서울: 한국장로교출판사, 2001.

한국선교신학회 편.『선교학 개론』. 서울: 대한기독교서회, 2001.

대한예수교장로회총회교육부 편.『하나님 나라와 성령』. 서울: 한국장로교출판사, 2000.

Werner Ustorf & Toshiko Murayama (eds.), *Identity and Marginality: Rethinking Christianity in North East Asia*, New York: Frankfurt am Main: Peter Lang, 2000.

논문

"기독교 세계선교역사 기술 목적에 관한 연구."「부산장신논총」 제21집(2022): 340-395.

"영등포산업선교회 조지송의 산업선교 역사와 선교신학적 해석."「선교신학」제65집(2022): 306-339.

"세계교회협의회의 산업선교신학과 한국교회의 산업선교신학 이해."「부산장신논총」제20집(2021): 205-243.

"한국전쟁을 통해 본 한국 개신교의 평화선교 과제: 죄고백, 회심, 치유, 화해."「선교신학」제61집(2021): 267-301.

"태국선교의 현황과 과제: 선교사 인터뷰를 중심으로."「부산장신논총」제19집(2020): 242-276.

"3 · 1운동에 나타난 기독교적 정신과 한국교회의 선교에 대한 함의."「선교신학」제57집(2020): 358-390.

"주의 기도를 따르는 선교."「부산장신논총」제18집(2019): 229-261.

"총회 '우리의 선교신학' 개정 방향에 대하여: TTL, 케이프타운 헌신, 치화생을 중심으로."「PCK 해외선교 저널」제3집(2018): 169-202.

"학교폭력으로부터 평화로운 학교만들기를 위한 교회의 선교과제: 좋은교사운동의 회복적 생활교육을 중심으로."「선교신학」제49집(2018): 433-474.

"박창빈 목사의 월드비전을 통한 북한 사역 16년: 주의 기도를 통한 평화선교의 개척자."「부산장신논총」제16집(2016): 238-275.

"에큐메니칼 운동에서 본 한국기독교의 회심과 변혁의 과제."「선교와 신학」제40집(2016): 107-150.

"비정규직 이해와 한국교회의 비정규직 선교의 과제."「선교신학」제40집(2015): 409-444.

"21세기 선교의 새로운 패러다임."「부산장신논총」제15집(2015): 259-293.

"선교적 교회론에서 본 한국 민중교회."「선교신학」제36집(2014): 489-529.

"송천송(C. S. Song)의 선교신학의 특징과 과제."「부산장신논총」제14집(2014): 313-348.

"WCC의 생명선교와 한국교회의 생명선교 과제."「선교와 신학」제34집(2014): 45-82.

"탈핵 세상을 향한 생명선교의 과제."「부산장신논총」제13집(2013): 257-305.

"한국교회의 태국선교." 「선교신학」 제34집(2013): 471-508.

"한반도에서 남북의 화해와 평화통일을 위한 한국교회의 평화선교 과제." 「선교신학」 제32집(2013): 321-357.

"WCC 개종전도 금지 논란과 그 대안으로서의 '공동의 증언'" 「기독교사상」 (2013/9), 47-55.

"부산·경남 지역 이주민 현황과 이주민 선교의 과제-결혼이주여성/다문화가족을 중심으로" 한국선교신학회 편, 「선교신학」, 제29집(2012), 215-254.

"WCC의 선교이해: CWME 대회를 중심으로." 「부산장신논총」 제12집(2012): 264-298.

"아시아 선교신학 서설: 고수케 고야마 선교신학의 주요이수와 과제." 「부산장신논총」 제11집(2011): 258-292.

"성령과 선교: 변화된 세계에서 새로운 선교 이해와 대안 모색." 「부산장신논총」 제10집(2010): 257-296.

"에딘버러 대회에 나타난 중국선교에 대한 비판적 고찰." 「선교신학」 제24집 (2010): 219-254.

"부산지역 이주민현황과 이주민선교의 과제." 「선교신학」 제22집(2009): 283-317.

"민중교회의 선교역사(1983~2005)와 새로운 과제." 「선교신학」 제17집(2008): 35-76.

"아프간 사태 이후의 선교는 달라져야 한다." 「말씀과 교회」 제45호(2008): 46-87.

"한국기독교의 디아코니아 사례와 선교신학적 의의." 「선교신학」 제19집(2008): 11-40.

"산업선교 신학과 특징." 「내 아버지께서 일하시니 나도 일한다」 대한예수교장로회 국내선교부 총회 도시산업선교 50주년 기념 도서 (미간행 자료집, 2007): 111-184.

"기독교 사회운동의 패러다임 전환." 「농촌과 목회」 통권 33호(2007년 봄호): 51-62.

"지역교회·선교단체·신학교, 그 발전적 협력을 위하여." 「목회와 신학」 (2006/3):

78-87.

"한반도에서 화해로서의 선교."「장신논단」제27호(2006): 369-440.

"1907년 대부흥운동과 사회개혁, 그리고 그 현재적 의미."「선교와 신학」제18집
        (2006): 75-114.

"제3세계 신학자 에큐메니칼협의회의 역사(1976~1992)와 선교신학적 의의와
        과제."「선교신학」, 제9집(2004): 287-330.

"예장 실직노숙인 선교(1998~2002)의 평가와 전망." 대한예수교장로회 총회 사회
        부.「예장 실직·노숙인 선교 평가와 전망」. 미간행자료집(2003): 28-99.

Hong Eyoul Hwang. "Searching for a New Paradigm of Church and Mission
        in a Secularized and Postmodern Context in Korea." in *International
        Review of Mission*, Vol. XCII No. 364(January. 2003): 84-97.

"사회복지, 디아코니아/사회봉사와 선교."「선교신학」제5집(2002): 11-62.

"NCC 21세기 신학선언에 대하여."「기독교사상」제508(2002): 199-213.